高等职业院校国家技能型紧缺人才培养培训工程规划教材·汽车运用与维修专业

U0835885

汽车空调原理与维修

解文博　解相吾　主　编
熊银苟　雷源春　副主编

電子工業出版社
Publishing House of Electronics Industry
北京·BEIJING

内 容 简 介

本书分 7 个项目，全面系统地介绍汽车空调原理与维修，主要内容包括初识汽车空调、汽车空调无暖气故障检修、汽车空调完全不制冷故障检修、汽车空调制冷不足故障检修、汽车空调间歇性不制冷故障检修、自动空调系统的故障检修、汽车空调的使用与维护。本书图文并茂，深入浅出，通俗易懂，并配有动画视频，可通过扫描二维码链接，方便读者下载到手机上观看。

本书既可作为高职、高专院校汽车类相关专业的教材，也可作为学习汽车空调技术的培训教材，还可作为汽车驾驶员、汽车空调专业维修技术人员的阅读参考书。

图书在版编目（CIP）数据

汽车空调原理与维修 / 解文博，解相吾主编. —北京：电子工业出版社，2016.9
高等职业院校国家技能型紧缺人才培养培训工程规划教材·汽车运用与维修专业

ISBN 978-7-121-29655-0

Ⅰ. ①汽… Ⅱ. ①解… ②解… Ⅲ. ①汽车空调—理论—高等职业教育—教材②汽车空调—车辆修理—高等职业教育—教材 Ⅳ. ①U463.85②U472.41

中国版本图书馆 CIP 数据核字（2016）第 187473 号

策划编辑：程超群
责任编辑：郝黎明
印　　刷：三河市良远印务有限公司
装　　订：三河市良远印务有限公司
出版发行：电子工业出版社
　　　　　北京市海淀区万寿路 173 信箱　邮编　100036
开　　本：787×1 092　1/16　印张：15.75　字数：403.2 千字
版　　次：2016 年 9 月第 1 版
印　　次：2016 年 9 月第 1 次印刷
定　　价：38.00 元

凡所购买电子工业出版社图书有缺损问题，请向购买书店调换。若书店售缺，请与本社发行部联系，联系及邮购电话：（010）88254888，88258888。

质量投诉请发邮件至 zlts@phei.com.cn，盗版侵权举报请发邮件至 dbqq@phei.com.cn。

本书咨询联系方式：（010）88254577，ccq@phei.com.cn。

前言

进入21世纪以来，我国汽车市场迅速发展，汽车保有量急剧上升，各种新技术在汽车（尤其是轿车）上得到广泛应用，对汽车维修人员提出了更高要求。教育部将汽车运用与维修专业领域人员列为当前四大技能型紧缺人才之一，并启动了"制造业和现代服务业技能型紧缺人才培养培训工程"。为适应现代高等职业教育的发展需求，特编写了本教材。

本书以职业岗位所需的知识和技能为出发点，以素质教育、创新教育为基础，以工作过程为导向，按照维修工场的实际操作流程重点介绍了汽车空调的系统的结构组成、工作原理、试验检修及故障诊断与排除方法，更好的贴近实战要求；理论内容以"必需、够用"为度，具有较强的针对性和操作性。

本书将先进的教学内容、教学方法与教学手段有效地结合起来，形成课本、课件和习题（含参考答案）三位一体的立体教学模式。书中部分图片配有动画视频（有需要的老师，请发邮件至xwx5918@163.com索取），丰富和增强了真实感，便于学生理解，提高课堂学习效率。为方便教师备课，本书还提供有课程标准、电子教案等。

本书参考学时为64学时，各校可根据自身的实际情况灵活调整，大体安排如下。

项　目	课程内容	学　时
1	初识汽车空调	4
2	汽车空调无暖气故障检修	8
3	汽车空调完全不制冷故障检修	12
4	汽车空调制冷不足故障检修	12
5	汽车空调间歇性不制冷故障检修	8
6	自动空调系统的故障检修	12
7	汽车空调的使用与维护	8

本书可作为高职、高专汽车类相关专业的教材，也可作为广大汽车维修一线技术人员的自学参考，以及作为职业技能鉴定的应试辅导书。

本书由湖北咸宁职业技术学院解文博老师和广东岭南职业技术学院解相吾老师担任主编，

广州工商学院熊银苟老师和广州科技职业技术学院雷源春老师担任副主编，项目 1～项目 4 由解文博和熊银苟共同编写，项目 5～项目 7 由解相吾和雷源春共同编写，徐小英、许自敏、黄新艳、陈涛等为本书的出版做了大量的工作。本书在编写过程中参考和借鉴了国内外大量资料，并得到了电子工业出版社的大力支持，在此一并表示衷心的感谢！

由于编者水平有限，书中不妥或错误之处在所难免，敬请广大读者批评指正。

编　者

目录

项目 1　初识汽车空调

项目描述

本项目通过对汽车空调的工作原理及发展历程的了解，对空调系统有个初步认识。通过对不同类型汽车空调控制面板的操作，提高对空调系统学习的兴趣；通过对汽车空调的总体认知，引导读者进一步学习汽车空调的相关知识。

知识目标

1. 了解汽车空调的功能及特点。
2. 了解空调的发展历程和发展趋势。
3. 了解与空调相关的热力学知识。
4. 掌握空调系统的类型及基本组成。
5. 理解汽车空调控制面板各功能键的含义及其在汽车空调上的应用。

技能目标

1. 根据汽车的类型，辨别所装空调的类型。
2. 能对空调系统各组成部件的安装位置进行认知。
3. 能现场观察汽车空调各部分的工作情况和特点。
4. 正确掌握各类型汽车空调控制面板的操作。

重点掌握内容：汽车空调控制面板的操控。

1.1 接待登记

维修接待人员应具有良好的形象气质和较强的组织协调能力，并善于和客户进行有效的沟通，表现出对顾客的关注与尊重，体现出高水平的业务素质。

在接待过程中，维修接待人员要做两项重要工作：一是填写接车问诊登记表（又称接车检查单）；二是签订维修施工单（又称任务委托书、维修任务委托书或委托维修合同）。

1．填写接车问诊登记表

为避免顾客在提车时产生不必要的误会或纠纷，在客户车辆进入维修车间前，维修接待人员必须与顾客一起进行环车检查。环车检查的主要内容包括车辆外观是否有漆面损伤、车窗玻璃是否完好、内饰是否有脏污、仪表盘表面是否有损坏、随车工具附件是否齐全、车内和后备箱是否有贵重物品等。检查完成后，填写接车问诊登记表并经顾客签字确认。接车问诊登记表如表 1-1 所示，一般一式两份，一份交顾客保管，一份由企业保管。

2．维修施工单

维修施工单（又称任务委托书、维修任务委托书或委托维修合同）是顾客委托服务企业进行车辆维修的合同文本。

维修施工单的主要内容包括顾客信息、车辆信息、维修服务企业信息、维修作业任务内容、附加信息及顾客签字，如表 1-2 所示。

维修施工单一式三份，其中一份交给顾客，作为顾客提车时的凭证，以证明顾客曾经将该车交付维修企业维修，顾客结算提车时收回或盖章（“已提车”字样）；企业自用两份，一份用于维修车间派工及维修人员领料使用，另一份留底保存，以便查对。

根据车辆维修项目的不同，维修施工单的内容也有所不同。车辆如果只是进行一级维护，则接待人员可以直接同顾客签订维修施工单。车辆如果需要进行故障修理，则应对顾客车辆进行技术性检查和初步故障诊断，验证故障现象，必要时需请技术人员和顾客一起试车检验或用仪器检测。根据检测诊断结果，拟订维修方案，初步估算修理工时费用、材料费用及其他费用，预计完工时间，打印好任务委托书，并请顾客签字确认。

维修接待人员同顾客签订维修施工单时需向顾客解释清楚维修施工单的内容。重点解释说明维修项目、估算修理工时费用、材料费用、其他费用和预计完工时间等。

表 1-1　接车问诊登记表

接车问诊登记表

车牌号：________ 车架号：________ 行驶里程：________（km）

用户名：________ 电话：________ 来店时间：________

用户陈述：（故障发生时的状况）

故障发生状况提示：（行驶速度、发动机状态、发生时间、部位、天气、路况、声音等描述）

接车员检测确认建议：

车间检测确认结果及主要故障零部件：

车间检查确认者签名：________

外观确认：（请在有缺陷的部位作标识）

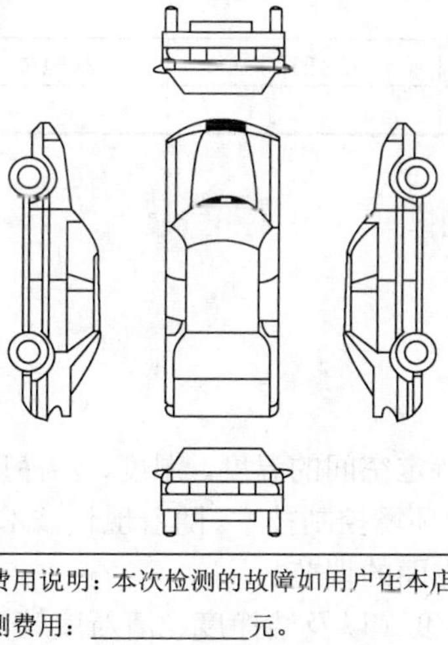

功能确认：（工作正常√　不正常×）

□音响系统　□后视镜　□全车灯光　□工具

□门锁（防盗器）□天窗　□点烟器　□座椅

□玻璃升降器　□玻璃

物品确认：（有√　无×）

□贵重物品提示

□工具　□备胎　□灭火器　□其他

旧件是否交还用户　□是　□否

用户是否需要洗车　□是　□否

检测费用说明：本次检测的故障如用户在本店维修，检测费用包含在修理费用内；如用户不在本店维修，请您支付检测费用。本次检测费用：________元。

贵重物品：在将车辆交给我店检查修理前，已提示将车内贵重物品自行收起并保存好，如有遗失恕不负责。

接车员：________ 用户确认：________

表 1-2 维修施工单

顾客签字			业务接待员签字		
工单 NO.			业务接待员：		
车牌号		VINNO			
顾客 ID		顾客姓名			
邮政编码		地址			
电话 1		电话 2			
车型		SFX	外观色		内饰色
入厂履历					
上次行驶公里		入厂预定		卡号	
入厂日	维修内容		入厂日	维修内容	
此次入厂情况			交车预定时间		
此次行驶公里			下次入厂预定		
委托事项	维修内容			必要的零件	
开始时间	完成时间	主修签字	主任签字	检验员签字	

1.2 知识储备

1.2.1 空调的工作原理

空调又称为空气调节，是指通过一定的技术手段对某一特定空间的温度、湿度、洁净度和气流速度进行调节和控制，以满足人体舒适和工艺过程要求的一种环境控制技术。随着现代技术的发展，空气调节已涉及环境压力、病菌、气味、噪声和气体成分等方面的调节。

最常用的空调方式是通过空调系统将具有一定温度和湿度（以及洁净度、清新度等）的空气送入室内，以维持要求的室内空气参数。这一送入室内的空气称为送风。为了保持室内空气量的平衡，在向室内送风的同时必须从室内排出相同量的空气。一般情况下，排出空气的参数就是室内空气参数。

空调系统通常由以下部分组成。

1．空气处理设备

空气处理设备的功用是将送风空气处理到一定的状态。这些设备包括空气加热或冷却设备、空气加湿或去湿设备和空气净化设备等。

2．热源和冷源

热源是用来提供热能以加热送风空气的。常用的热源有：提供热水或蒸汽的锅炉、电加热器等。冷源则是用来提供“冷能”以冷却送风空气的。目前用得较多的是蒸汽压缩式或吸收式制冷机组。无论是何种形式的冷源或热源，都是非常耗能的。

空调系统获得冷气而制造和维持必要的冷源的过程称为制冷，制冷和空调是相互联系而又彼此独立的两个领域。

3．空调风系统

空调风系统由风机和风管系统组成。风机是使空气在风管中流动的设备。空调风系统将送风空气从空气处理设备输送到室内，同时从室内排出空气。

4．水系统

水系统由水泵和水管系统组成。水泵是使水在水管中流动的设备。空调水系统包括将冷冻水（或热水）从制冷系统（或热源）输送到空气处理设备的水系统和制冷设备的冷却水系统。

5．控制、调节装置

这一装置的作用是调节空调系统的冷量、热量和风量等，使空调系统的工作适应空调工况的变化，从而将室内空气状态控制在要求的范围内。

1.2.2 汽车空调的基本组成

空气调节系统简称空调系统。在现代汽车上，采暖与空气调节系统已具有新鲜空气的通风功能，在英文中也常用缩写字母 HVAC（Heating Ventilating Air Conditioner）来表示，因此又称为采暖通风与空气调节系统。

汽车空调系统的功用是通过对汽车车厢内的空气进行冷却、加热、净化或过滤，使之满足乘坐人员舒适性的需要。汽车空调系统一般由制冷系统、采暖系统、通风系统和控制系统 4 个子系统组成。各型汽车空调系统的组成大同小异，图 1-1 所示为汽车空调系统的安装位置。

图 1-1　汽车空调系统的安装位置

1．制冷系统

制冷系统是汽车空调系统最重要的子系统，其功用是在夏季为车内提供冷气，主要由压缩机、冷凝器、蒸发器、膨胀阀等组成，如图 1-2 所示。因为作为冷源的蒸发器的温度低于空气的露点温度，所以制冷系统还具有除湿和净化空气的作用。

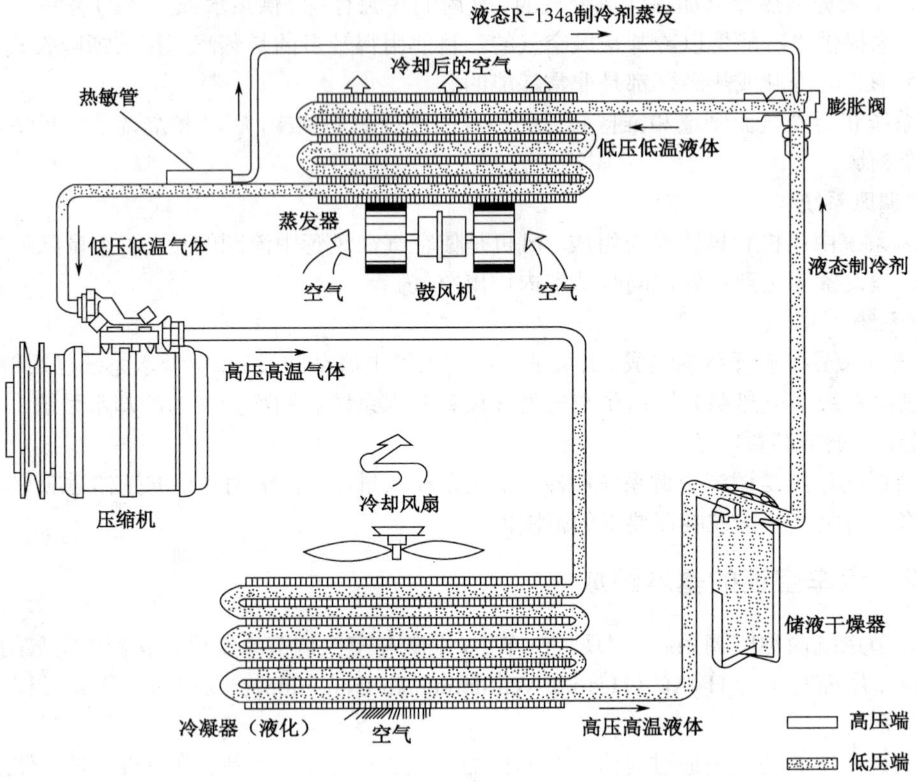

图 1-2　制冷系统结构

2．采暖系统

采暖系统又称为暖风系统，是由加热器、水管、水阀等组成，其主要功用是在冬季为车内提供暖气及为风窗玻璃除霜除雾。根据获取热源的方式不同，汽车空调暖风系统可分为独立式和非独立式暖风系统两种类型。

独立式暖风系统是利用柴油或煤油等燃料在一个专门的燃烧装置内燃烧产生的热量为车内提供暖气。独立式暖风系统的特点是供暖充分，不受汽车运行状态的影响，但结构复杂，耗能高，因此主要用于需要较大供暖量的大、中型客车。

非独立式暖风系统是利用发动机工作时冷却液的余热（95℃左右）为车内提供暖气，因此也称为水暖式暖风系统。它具有结构简单、成本低、不耗能、操作维修方便等优点。虽然非独立式暖风系统的供暖量较小，但对小型客车和轿车来说足以满足车内供暖需求，因此广泛应用于小型客车和轿车。其缺点是供暖量受汽车发动机工况的影响较大。

3．通风系统

通风系统也称送风系统，由风机、风门、风管等组成，其功用是净化车内空气，保持车内空气新鲜舒适。汽车通风分为自然通风和强制通风两种形式。自然通风是利用汽车行驶时，在汽车内、外产生的风压来实现的换气通风；强制通风是利用鼓风机将车外空气强制送入车内来实现的换气通风。

4．控制系统

控制系统主要由电器部件、真空管路、操纵机构和控制开关等组成，其功用是控制空调系统工作，实现制冷、采暖和通风。控制系统一方面要对制冷和采暖系统的温度、压力进行控制，另一方面要对车内空气的温度、风量、流向进行操纵控制，从而实现空调系统的各项功能。

在大中型客车上，上述各系统通常独立安装并可单独使用。例如，在车顶安装两个或三个独立的强制换气扇用于车内通风换气，冬季采用独立的燃油燃烧式加热器为车内供暖，夏季则用专门的空调发动机（副发动机）驱动独立式制冷系统为车内提供冷气。

在小型客车和轿车上，则将上述各系统有机地结合起来，组成具有采暖、通风、降温、除湿、风窗玻璃除霜除雾等功能的冷、暖一体化空调系统。这种空调系统冷、暖、通风共用一个鼓风机和一套操纵系统，采用冷暖混合式调温方式和多种功能的送风口，使整个空调系统具有总成数量少、占用空间小、安装布置方便，操作调控简单、温湿度调节精度高、出风分布均匀等优点，而且能十分容易地实现自动控制，为自动空调系统奠定了良好的基础。

1.2.3 汽车空调系统质量的指标

汽车空调是使车内空气环境达到人体最适宜的状态，主要影响因素有车内空气的温度、湿度、风速及空气的清新度等。能否将车内的空气调节到人体感觉最舒适的程度，成为衡量汽车空调质量的评价指标。

1．空气温度

温度指标是最重要的一个指标，人体感觉最舒适的温度是 20～30℃。对空气温度的调节包括冬季加热和夏季降温两种情况。加热一般是利用冷却液或排气管的余热来进行的；降温则必须用专门的制冷设备，即汽车空调制冷系统来进行。在实际使用中，当汽车空调系统制冷时，设定的制冷温度比环境温度低 5～10℃即可，车内、外温差过大，不但使司乘人员易患感冒，而且压缩机工作时间过长，不仅导致压缩机故障增多、寿命缩短，而且损耗过多的功率。推荐使用的调节温度为：冬季 18～20℃，夏季 25～27℃。

2．空气湿度

空气的湿度是指空气中水蒸气含量的百分数，湿度的指标用相对湿度来表示。人体觉得最舒适的相对湿度为 50%～70%。对湿度的调节一般都是降低湿度，即除湿，特别是在夏季尤其如此。在同样的温度下，湿度越大人感到越热。因此，在降低温度的同时降低湿度能使人感到更凉爽、更舒适。湿度的降低是通过车内空气中的水蒸气在蒸发器表面凝结成水，然后流出车外完成的。

我国南方比北方的空气湿度大；夏天比冬天的空气湿度大；雨天比晴天的空气湿度大（雨天时的空气湿度几乎达 100%）。南方夏季的空气湿度为 70%～80%，冬季为 60%～70%；北方夏季为 60%～70%，冬季为 40%～50%。人们感到最舒适的空气湿度为 60%～70%。实践证明，如果空气湿度过小，会使人感到口干舌燥；相反，如果空气湿度过大，又会使人感到闷热憋气。因此，当空气湿度过大或过小时，都应进行调节。

3．空气流动速度

汽车空调系统的空气流动速度包含两个方面的含义：一是内部空气的流动速度，主要解决车厢内温度不均现象。这种情况主要由出风口的位置、出风方向、鼓风机挡位等来决定。二是车内、外空气的交换速度，即引入车外新鲜空气的比例，车内新鲜空气的进入量由空气阀门开度的大小来控制。

4．空气清新度

汽车门窗长时间关闭，车内充满了人呼出的二氧化碳和排出的汗味等各种影响空气洁净的气味，因此必须将这些难闻气味除去。此外，道路上的粉尘、汽车排出的尾气等也容易进入车厢内，造成车内空气混浊，影响人体健康。可采用引入外界新鲜空气（经过滤）、使用活性炭吸附剂、安装负离子发生器等方法来解决。

5．热辐射调节

太阳的辐射会对车内产生一股热浪，容易灼伤人的眼睛和皮肤，对人体的舒适性影响很大，选用太阳膜和阳光传感器能立即对车内温度做出必要的校正。

6．操作简便、稳定

汽车空调必须做到不增加驾驶员的劳动强度，不得影响驾驶员的正常驾驶。

1.2.4 汽车空调系统分类

汽车空调系统的分类方法有很多种，如按控制方式分类、按压缩机的排量是否可变分类、按驱动方式分类、按节流装置和系统结构分类、按功能分类等，下面就详细介绍这几种分类。

1．按控制方式分类

汽车空调按控制方式不同可分为手动空调、半自动空调、全自动空调三种。

1）手动空调

手动空调的风机转速、出风口温度及送风方式等功能是由驾驶员操纵和调节的。车内通风的温度控制是通过仪表板上空气控制杆、温度控制杆、进气杆和风扇开关等来操纵通风管道上的各种阀门来实现的。大多数经济型轿车都采用旋钮式的手动空调，如桑塔纳、富康、捷达、别克等轿车一般都采用半机械半电子式的空调系统，图 1-3 所示为别克 GL 手动空调控制面板。

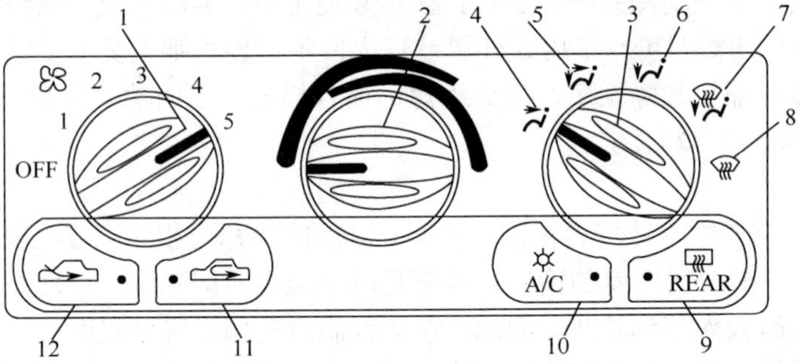

图 1-3 别克 GL 手动空调控制面板（C60）

1—鼓风机旋钮；2—冷热调节旋钮；3—出风模式旋钮；4—正面出风；5—混合出风；6—往下出风；7—除雾模式；8—除霜模式；9—后窗除霜；10—A/C 开关；11—内循环；12—外循环

2）半自动空调

半自动空调系统与手动空调系统的差别不大，其主要不同是半自动空调系统采用程序装置、伺服电动机或控制模块等操纵机构。半自动空调可以设定温度值，系统自动保持恒温，但是风速是手动调节的。半自动空调一般装配在中档轿车上，如大众 Polo、速腾等，图 1-4 所示为别克 GLX、新世纪半自动空调控制面板。

3）全自动空调

全自动空调是利用传感器随时检测车内、外温度的变化，并把检测到的信号输送给空调的电子控制单元（ECU）。ECU 则按预先编制的程序对信号进行处理，并通过执行元件，不断地对风机转速、出风温度、送风方式及压缩机工作状况等进行调节，从而使车内温度、空气湿度及流动状况始终保持为预设水平。全自动空调系统具有自诊断功能，可以及早发现故障隐患，它一般装配在中高档车上，如广州本田雅阁、一汽奥迪系列、通用别克系列、丰田凯美瑞、福美来、雪铁龙毕加索等自动挡豪华版轿车就装配自动空调。图1-5所示为丰田轿车自动空调控制面板。

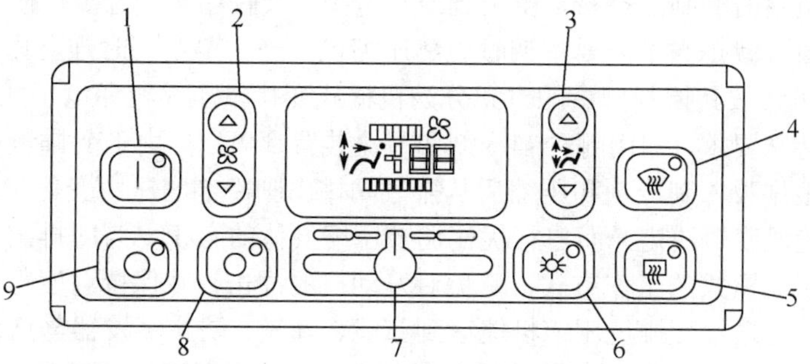

图1-4 别克GLX、新世纪半自动空调控制面板（CJ4）

1—A/C开关；2—鼓风机转速控制按钮；3—出风模式选择按钮；4—前除霜按钮；
5—后窗除霜按钮；6—压缩机控制开关；7—调温开关；8—内循环按钮；9—系统关闭按钮

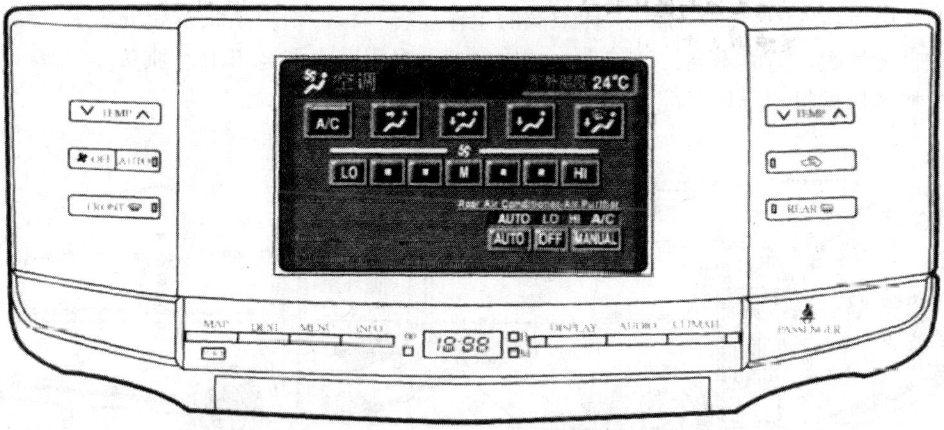

图1-5 丰田轿车自动空调控制面板

2. 按压缩机的排量是否可变分类

根据压缩机的排量是否可变，空调系统可分为定排量空调和变排量空调。

1）定排量空调系统

定排量空调系统又称为循环离合器系统。定排量空调系统是通过离合器的循环工作来调节温度的。该系统当蒸发器温度下降到一定程度时切断离合器电路，使压缩机停转即停止制冷。当蒸发器温度上升到一定值时再接通离合器，让压缩机运转，开始制冷，如此循环往复。由于定排量空调系统中压缩机的排量是固定的，因此在制冷系统中加了许多保护装置，比较常用的是减压安全阀和易熔塞。

定排量空调系统有两种温度控制方法，即使用恒温控制器或者压力控制器进行控制。恒温控制器是用温控开关使压缩机和离合器在预设的温度下开、关。压力控制器是用对系统压力敏感的压力开关在预设的压力下使压缩机和离合器开、关。

2）变排量空调系统

变排量空调系统，也称非循环离合器系统。该系统采用的是可变排量压缩机，它依靠可变排量（VD）压缩机的自身调节来控制温度。当系统的环境温度（蒸发器温度）高时，压缩机增大活塞冲程来增加制冷剂量，以达到增加吸热和降温的作用。反之，当蒸发器温度低时，压缩机则减小活塞冲程从而减少通过蒸发器的制冷剂量，由于制冷剂量少，吸收的热量也少，使蒸发器的温度得到回升。离合器的工作原理就是当不需要空调时脱离压缩机，当需要空调时连上压缩机。

变排量压缩机虽然按其控制排量的方式分为机械式变排量压缩机和电子式变排量压缩机，但是它对制冷系统没有特殊要求，即用哪种制冷剂和节流装置都可以。由于变排量空调压缩机能够在每次工作循环过程中根据吸入制冷剂和压缩后从排气阀排出制冷剂的压力变化（由汽车转速、运行状况、日照条件和环境温度等决定）而自行优化调节压缩气体的容积——即排出制冷剂的体积，因此它可实现取消压缩机间歇式的工作方式，避免对发动机的冲击，并保持温度与压力的稳定性，提高压缩机的使用寿命。总之，变排量压缩机能达到节能、降噪、防止蒸发器与低压管结霜及实现车厢环境最优化控制的目的。目前新生产的乘用车空调系统中大多采用了变排量压缩机。

3．按驱动方式分类

空调系统按驱动方式不同可分为独立式空调和非独立式空调两种。

1）独立式空调

独立式空调最显著的特点是空调驱动动力源与汽车的主发动机分开，单独用一台发动机（副发动机）带动，构成独立的空调系统。这种空调的工作运转平稳，制冷系统不受汽车主发动机载荷的影响，空气调节量大，但成本高、体积大、结构复杂，多用在大型客车上。独立式空调一般采用较大功率的定排量压缩机和分体式配气方式，如图1-6所示。

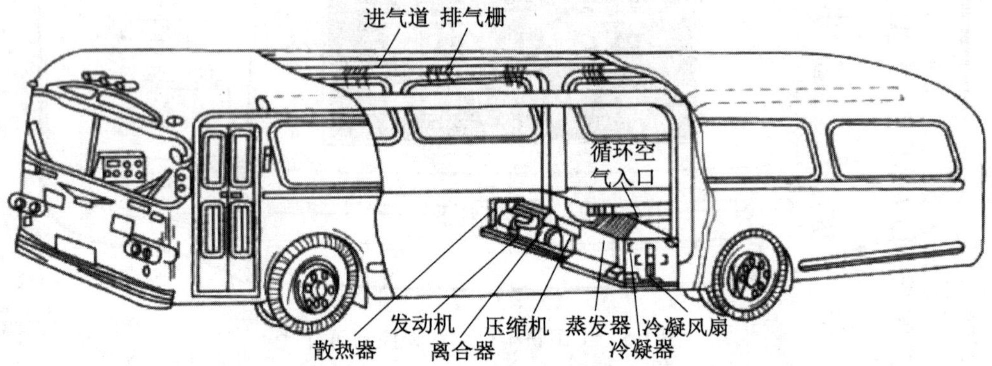

图1-6　独立式空调

制冷时，车内、外空气混合后流向蒸发器，蒸发器内制冷剂吸收热量使车内降温，在压缩机作用下，制冷剂被排到车外冷凝器散热后又流回蒸发器，制冷剂在制冷系统中由液态变为气态（吸热），又从气态变为液态（散热），从而使车内降温，如此循环往复。

供暖时，热水从主发动机流向加热器，对车内、外混合气体加热，加热后的气体被蒸发器降温后又被加热器升温，达到车内的送风状态。若不需送冷风，制冷系统关闭或电磁离合器不吸合，车内、外混合气体经加热器加热向车内送暖风。

优点：制冷工况较稳定，不受车速影响，制冷系统对汽车的行驶也无影响，而且在汽车怠速行驶或停驶时，其制冷系统照常运行。

缺点：重量、成本都增加，安装空间大，有时由于主机、辅机类型不同（如主机是柴油机，辅机是汽油机），需要单独提供燃料箱。

2）非独立式空调

为了乘用车自身空间的利用率，常常采用非独立式空调，即空调压缩机由汽车发动机带动，如图 1-7 所示。因此，汽车空调系统的制冷性能受汽车发动机工况的影响较大，工作稳定性较差，尤其是低速时制冷量不足，为此发动机均提高了空调制冷时的怠速。为了避免影响汽车发动机怠速稳定性和汽车加速性能，其压缩机均采用电磁离合器，这样遇到紧急情况时会自动分离。其空调装置配置的冷凝器大部分都装在发动机之前，且为冷凝器增设了电风扇，使冷凝器的冷却不受汽车行驶速度的影响。

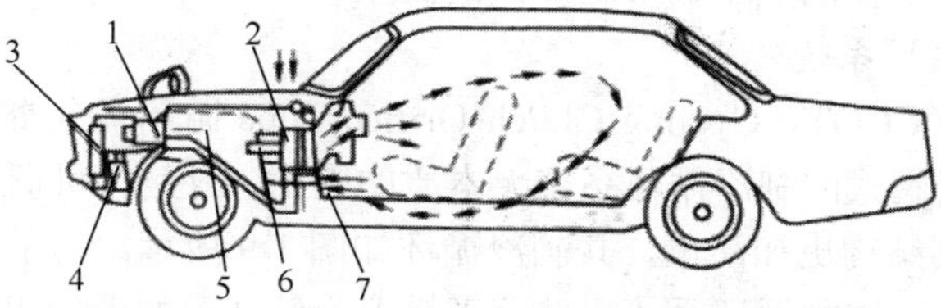

图 1-7 非独立式汽车空调系统示意图

1—压缩机；2—蒸发器；3—冷凝器；4—储液干燥器；5—主发动机；6—风机；7—加热器

压缩机使制冷剂在制冷系统中循环流动，制冷剂通过蒸发器时汽化吸收车内空气热量，使车内温度降低，流过冷凝器时冷却放热，将热量散到车外。

优点：与汽车合用一个动力源，结构简单并降低了设备成本和车的重量，也减少了空间的占用及发动机维护工作量。

缺点：制冷工况受发动机转速的影响较大，发动机转速越高，压缩机转速越高，消耗功率越大，影响汽车的加速运行，当发动机低速或怠速运转时，由于空调可能会造成发动机过热而熄火，也影响汽车爬坡。

4．按节流装置和系统结构分类

汽车空调的制冷系统根据采用节流装置和系统结构的不同可分为两类：一类是膨胀阀制冷系统；另一类是节流管制冷系统。它们的差别是所用的节流膨胀装置的结构不同和储液干燥器的安装位置不同。在膨胀阀制冷系统中，储液干燥器安装在高压侧的冷凝器之后、膨胀阀之前，用以保证无气体的制冷液供给节流装置。

1）膨胀阀式制冷循环系统

图 1-8 所示为膨胀阀式制冷循环系统。该循环系统主要包括压缩机、冷凝器、储液干燥器、膨胀阀、蒸发器和管路等主要部件。

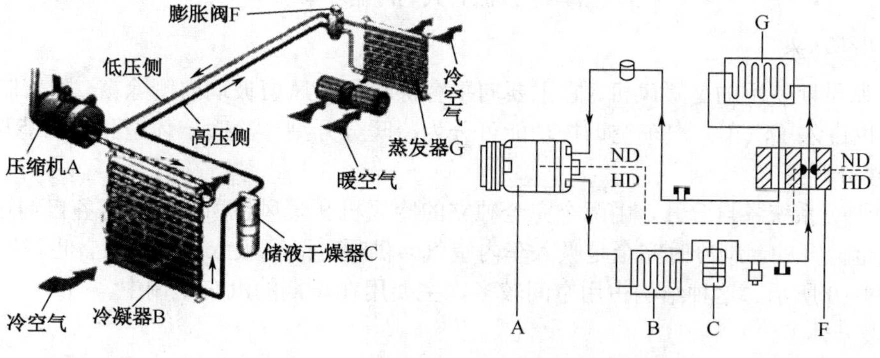

图 1-8 膨胀阀式制冷循环系统

这种制冷循环的工作原理是压缩机将气体的制冷剂提高压力（同时温度也提高），目的是使制冷剂比较容易液化放热。高压的气体制冷剂进入冷凝器，冷凝器风扇使空气通过冷凝器的缝隙带走制冷剂放出的热量并使其液化。液化后的制冷剂进入储液干燥器，滤掉其中的杂质、水分，同时存储适量的液态的制冷剂以备制冷负荷发生变化时制冷剂不会断流，从储液干燥器出来的制冷剂流至膨胀阀，形成雾状制冷剂从膨胀阀中的节流孔喷出，雾状的制冷剂进入蒸发器。由于制冷剂的压力急剧下降，便很快蒸发汽化，吸收热量，蒸发器外部的风扇使空气不断地通过蒸发器的缝隙，使其温度下降，车内温度降低，蒸发器出来的气态制冷剂再进入压缩机后重复上述过程。这种循环系统中的膨胀阀可以根据制冷负荷的大小调节制冷剂的流量。

（2）膨胀管式制冷循环系统

膨胀管式制冷循环（CCOT，Cycling Clutch Orifice Tube 循环离合器节流孔管）系统，从制冷的工作原理来看，与膨胀阀式的制冷循环系统无本质的差别，只是将可调节流量的膨胀阀换成不可调节流量的膨胀管，使其结构更加简单，其制冷循环如图 1-9 所示。为了防止液态的制冷剂进入压缩机而造成压缩机的损坏，这种循环系统将储液干燥器安装在蒸发器的出口，并按照它所起的作用更名为集液器，同时进行气液分离，液体留在罐内，气体进入压缩机，其他部分的工作过程与膨胀阀式的制冷循环相同。

膨胀阀系统也称为传统空调系统。汽车空调膨胀阀系统的特征是：只要驾驶员开启空调，电磁离合器就总是处于啮合状态，从不断开，压缩机始终处于运行状态，靠吸气节流阀或靠绝对压力阀把蒸发器温度控制在 0℃左右。

汽车空调膨胀管（孔管）系统的特征是：电磁离合器时而啮合，时而断开，压缩机根据车内、外温度时而运行，时而停止，因此也称为循环离合器系统。循环离合器系统也有使用膨胀阀的，但只是作为一种节流装置而已。

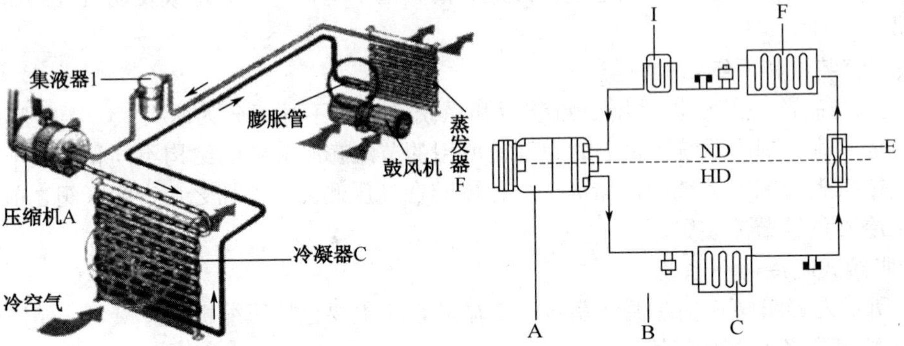

图 1-9　膨胀管式制冷循环系统

5．按功能分类

汽车空调早期使用的是暖风机，它主要向乘客供暖和为风窗玻璃内侧除霜。随着制冷技术的发展，冷风机也进入了汽车。汽车空调按功能可分为冷暖分开型、冷暖一体型和全功能型三种。

1）冷暖分开型

制冷和供暖系统各自分开，由两个完全独立的冷风机和暖风机所组成，有各自的送风机，控制系统也是完全分开的。制冷时完全是吸入车内空气，供暖时既可吸入车内空气，也可吸入车外新鲜空气，如图 1-10 所示。这种结构占用空间较多，主要用在早期的汽车空调中。

2）冷暖一体型

冷暖一体型是指在制冷系统的基础上增装加热器及暖风出口，但制冷与采暖各自分开，如

图 1-11 所示。它的出现避免了驾驶员因冬季寒冷而出现手脚不灵活的现象，提高了行车的安全性。夏季，为驾驶员提供一个舒适凉爽的工作环境，减轻驾驶员的疲劳度。目前，许多轿车（如桑塔纳等）都是采用这种结构形式。这种形式虽然结构合一了，但制冷和供暖的功能仍是分开的。

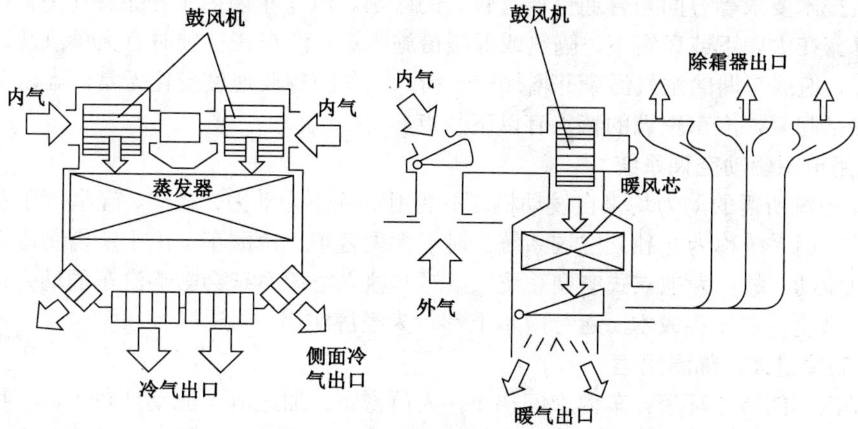

图 1-10　冷暖分开型汽车空调

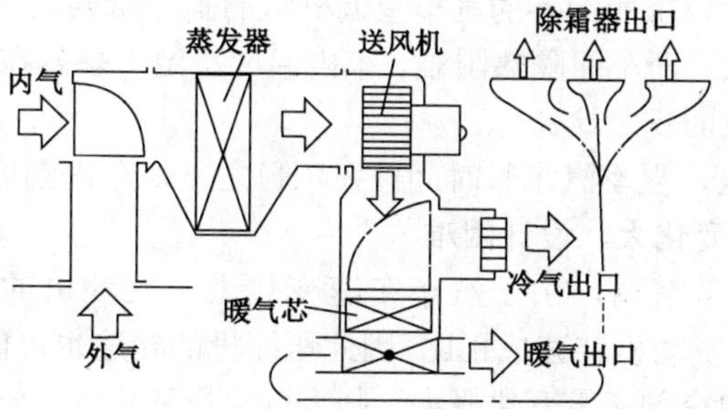

图 1-11　冷暖一体型空调

冷暖一体型空调汇集了单一功能型空调的优点，缺点是需要手动控制其出风量和冷暖转化模式（也就是日常所说的手动空调），增加了驾驶员行车时的操作项目。

3）全功能型

全功能型空调集制冷、供暖、除霜、去湿、通风及净化等功能于一体，是在冷暖一体型空调的基础上改良而来的，如图 1-12 所示。其制冷和供暖完全用一套温度控制系统，可同时工作，实现除湿、供暖和新风制冷，从冷到热进行连续温度调节。它又可分为空气混合型和再加热型两种。

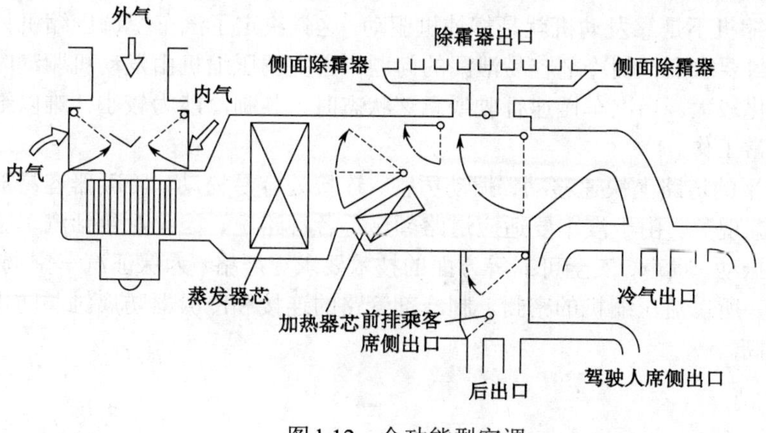

图 1-12　全功能型空调

1.2.5 汽车空调系统特点

汽车空调是用于调节车厢内空气环境的。由于使用的特殊性，决定了它在结构、材料、安装、布置、设计、技术要求等方面与普通空调有较大的区别。汽车车厢内工作条件比室内要恶劣得多，如汽车直接暴露在太阳下或风雪下，隔热或保暖措施困难；汽车在行驶时有大量风沙、废气从各种缝隙钻入车厢，造成车厢的空气污染并增加热负荷；汽车的行驶速度变化无常，难以保证稳定的空调工况等。概括起来，汽车空调的特点有以下几点。

1．不能用电源驱动空调系统

汽车空调系统所需的动力均来自发动机，不能用电源作为动力，轿车、轻型汽车及中型客车都是如此，这种空调系统称为非独立空调系统。对于大型客车、冷藏车，由于所需制冷量比较大，采用专用发动机驱动，故称为独立式空调系统。虽然非独立空调系统会影响汽车的动力性能，但相对于独立式空调系统，在设备成本、运行成本上都较为经济实用。

2．要求制冷量大，降温迅速

（1）由于汽车的特定环境，车内空间狭小，人员密集，加之汽车流动性较大，车身散热性能和密封性能都较差，其热、湿负荷大，气流分布难以均匀，因此，要使汽车空调能在较短的时间内使车厢内达到舒适的温度，就要求所配备的汽车空调机组的制冷量要大，能迅速降温。

（2）太阳辐射热负荷大，而车厢隔热困难。车内温度决定于暴露在太阳下的表面积与车厢内容积之比及门窗面积与车厢表面积之比。

（3）在我国大部分地区，夏季汽车长时间停在烈日之下，车内温度会上升到50℃以上。

3．系统中制冷剂流量变化大，设计困难

对于发动机驱动的汽车空调，由于汽车车速变化大，发动机的转速可从600r/min增加到4000r/min，压缩机的转速与发动机转速成正比，因此压缩机的转速也可能比发动机转速高7倍以上，这必然导致压缩机输送的制冷剂流量变化极大，制冷剂流量变化大，轻者引起制冷效果不佳，重者会引起压力过高，压缩机出现敲击现象，发生事故。所以汽车空调系统的流量控制、冷量控制等方面的设计要复杂得多。

4．冷凝温度（压力）高

对于轿车、货车、小型旅行车等大多数车辆，冷凝器置于汽车散热器的前面，其散热效果受发动机散热器辐射的热量、汽车行驶速度、路面尘土污染的影响，尤其在汽车怠速状态或爬坡时，不仅冷凝器温度及冷凝压力异常升高，而且影响汽车发动机散热器散热。

5．制冷剂容易泄漏

汽车空调的压缩机不是靠发动机就是靠辅机驱动，这就决定了汽车空调压缩机只能采用开启式结构，这带来了轴封要求高、制冷剂容易泄漏的问题。当空调压缩机由发动机驱动时，其制冷能力随车速和负荷的变化较大。当汽车慢速行驶或怠速状态时，其制冷能力较小，难以维持稳定的空调工况，甚至无法正常工作。

汽车在颠簸不平的道路上快速移动、振动厉害、连接处容易松动，冷凝器容易被飞石击伤或泥浆腐蚀，而产生渗漏现象。由于汽车要适应道路颠簸等各种路况，因此对包括汽车空调系统各组成部件在内的零部件振动、噪声、安全可靠等方面的技术要求更严格。为保证汽车空调工作的可靠性、减少制冷剂的泄漏，所以对压缩机的密封、制冷剂管路的连接和冷凝器防腐蚀与防击伤等措施，都比普通空调要求得高。

1.2.6 汽车空调的控制面板

驾驶员对汽车空调的操控是通过控制面板进行的。按照自动化的程度不同，控制面板分为手动、半自动及全自动三种。手动、半自动控制面板的按键形式虽然有所不同，但它们的功能键控制内容基本相同，切诺基、桑塔纳等车就是采用这种控制面板。

1．手动空调控制面板及功能

1）滑块式手动空调控制面板

图 1-13 所示为滑块式手动空调控制面板。该控制面板上设置了送风模式选择开关、空气循环模式选择开关、鼓风机风速控制开关及温度调节开关 4 个滑块式开关，分别用来控制出风口风门的位置、进风口风门的位置、鼓风机电机转速和冷暖空气混合风门的位置，实现送风模式、进风空气循环模式、出风风量及送风温度的调节。

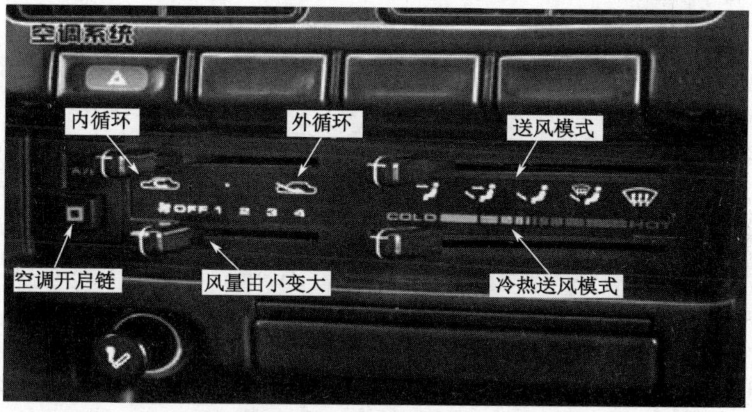

图 1-13 滑块式手动空调控制面板

2）旋钮式手动空调控制面板

旋钮式手动空调控制面板如图 1-14 所示，该控制面板除了按键空调开关外，三个旋钮的功能如下。

图 1-14 旋钮式手动空调控制面板

（1）送风模式/空气循环选择开关。该开关为复合开关，分别控制出风口风门和进风口风门，可实现除霜/送风模式、空气循环方式等的调节。

（2）温度控制开关。该开关用来控制冷暖空气混合风门的位置，以实现送风温度的调节。

（3）风扇转速开关。用于调节鼓风机的转速，通过控制进风量实现温度、湿度的调节。

2．半自动空调控制面板及功能

半自动空调控制面板的控制键形式与手动式有所不同，但它们的功能键控制的内容基本相同。

通用汽车电控气动汽车空调面板为典型的半自动空调控制面板，如图 1-15 所示。控制面板上只有温度选择键和空调功能选择键，其功能如下。

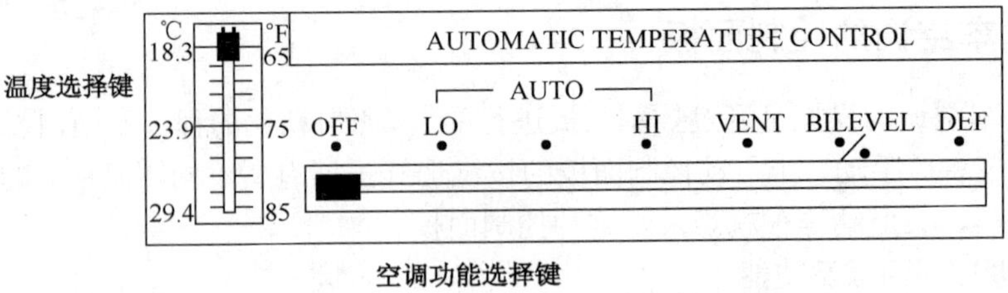

图 1-15 通用汽车电控气动汽车空调控制面板

1）温度选择键

温度选择键供驾驶员选择所需的温度。只要选定某个温度，汽车空调的自动控制系统就会自动工作，将温度稳定在设定温度。

2）功能选择键

功能选择键供驾驶员选择不同的空调系统功能，通常设有如下 7 个位置。

（1）OFF（停止）位。功能选择键处于此位置时，不接通点火开关，空调系统不工作。如果接通点火开关，压缩机不工作，但车内温度高于 26.7℃，空调鼓风机会自动以低速运转吹入微风；如果车内温度低于 26.7℃，但发动机的温度高于 82℃时，空调鼓风机也会自动运转吹入自然风。

（2）LO（低速）位。功能选择键在此位时，风扇低速运转。如果发动机的温度高于 82℃，且车内温度低于设定值时，空气经蒸发器后再经加热器，送出暖风；如果车内温度高于设定的温度，空气经蒸发器冷却后不通过或部分通过加热器，并使冷空气从中部吹出，热空气从下风口吹出，以形成头冷脚暖的温度分布。

（3）AUTO（自动）位。功能选择键在此位时，空调系统的工作情况与在 LO 位时基本相同，只是鼓风机不限于低速运转，而是根据车内的温度自动选择转速。如果车内温度比设定值高出较多时，控制系统自动控制鼓风机高速运转，以使车内温度迅速下降；如果车内温度与设定值相近，则鼓风机会自动低速运转。

（4）HI（高速）位。功能选择键在此位置时，空调系统的工作情况与在 LO、AUTO 位时基本相同，但鼓风机只能高速运转。在此位置时，热水阀关闭，从各出风口吹出的均为净风；当车内温度降至设定值时，鼓风机的转速也会自动降低。

（5）VENT 位。功能选择键在此位置时，为自然通风，此时加热器不通热水，制冷系统也不工作，鼓风机将车外的新鲜空气吹入车内。当车内温度高时，鼓风机高速运转；车内温度低时，鼓风机则低速运转。

（6）BILEVEL（双向）位。功能选择键在此位置时，鼓风机可以在任意转速下运转，自动控制系统可根据设定的温度和车内的温度情况，自动控制中风口吹出冷风，从上、下风口吹出暖风，用以暖脚和除霜。

（7）DEF（除霜）位。功能选择键在此位置时，鼓风机高速运转，此时大部分暖风从上风口吹出用于除霜，小部分暖风从下风口吹出。

3．全自动空调控制面板

全自动空调控制面板上的自动模式提供了最适宜的系统控制，自动监控并调节温度、鼓风机速度和空气分配，并且不需要手动干预，手动模式允许忽略单个功能的自动运行，以适应个人偏好，典型的全自动空调控制面板如图 1-16 所示。

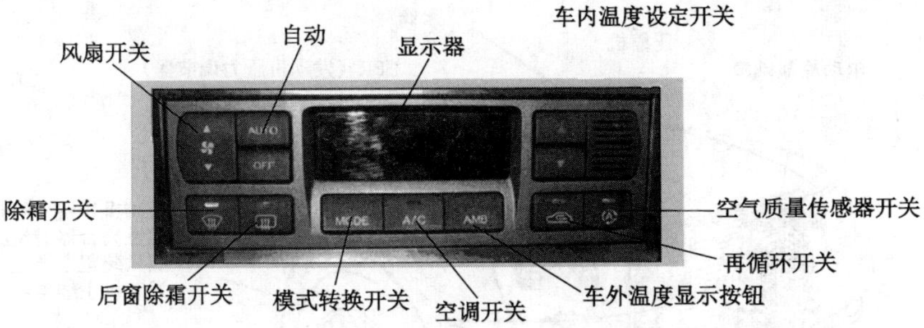

图 1-16　全自动空调控制面板

1.3　实训作业

【实训要求】

整车性能良好，汽车空调正常工作，汽车车型多样化的汽车实训场地。

【实训时间】

气温适当的季节，以便体验汽车空调的效果。

【教学要求】

将学生合理分成若干小组，每组共用一辆整车，教师按照入门指导、示范操作、巡回指导的步骤，引导学生进行正确的动手操作。

1.3.1　认识汽车空调的总体结构

汽车空调的车内布局如图 1-17 和图 1-18 所示。不同品牌的汽车因控制方式不同和安装位置的不同略有差异。

图 1-17　驾驶室内布局

（1）冷凝器和储液干燥器安装在汽车的前部，与汽车发动机散热器左右并排或前后重叠放置，便于冷凝器和储液干燥器通风散热；电动冷却风扇置于冷凝器的前端或后端，以加强通风散热。

（2）双重压力开关安装在储液干燥器上，用于感应汽车空调制冷系统高压端的压力。

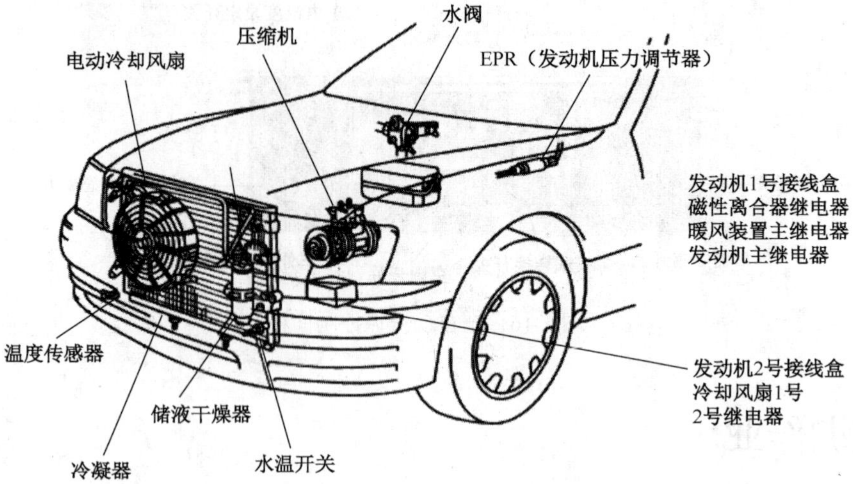

图 1-18　汽车空调部件的布置位置

（3）汽车空调压缩机安装在发动机前端，通过发动机曲轴皮带轮驱动运转工作。

（4）膨胀阀和蒸发器安装在汽车驾驶室的仪表台下面，便于向驾驶室吹风配气，如图 1-19 所示。蒸发器位于通风配气通道中；暖风系统加热器、鼓风机也置于其中，夏季将蒸发器周围的低温空气吹入驾驶室，冬季将加热器周围的暖空气吹入驾驶室。

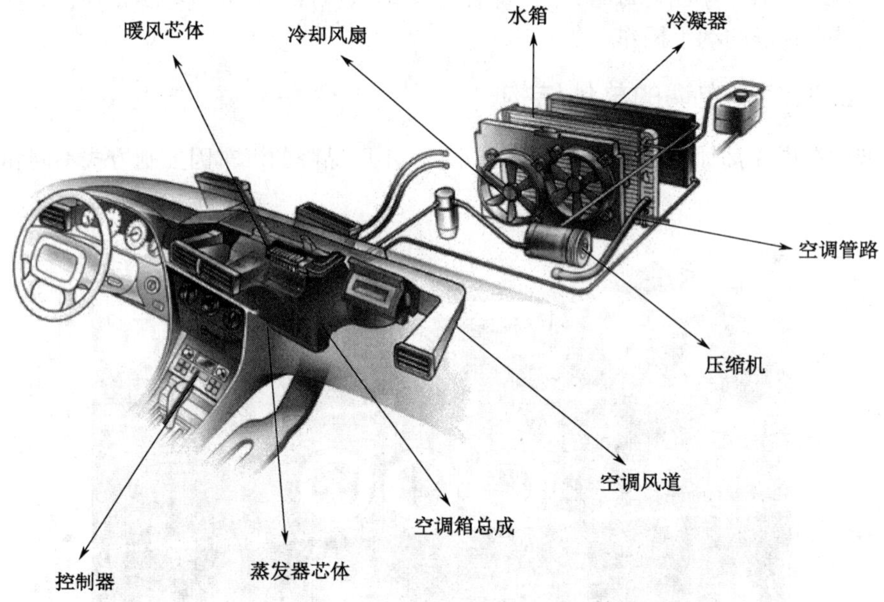

图 1-19　蒸发器在驾驶室的位置

（5）由金属管道或橡胶软管连接制冷系统各部件，在汽车空调压缩机的作用下，制冷剂在各个部件和管道中循环流动，作为制冷系统热传递的媒介，空调制冷系统管路连接如图 1-20 所示。

（6）通风口气通道总体位于驾驶室仪表台的下面。进风口通过进风风门连通前挡风玻璃下的大气和驾驶室，进风风门控制汽车空调通风系统的内外循环；出风口通过各气流方式风门连通驾驶室出风口，如仪表台中部出风口、仪表台下部下出风口、驾驶室侧出风口、驾驶室后排座中部的后出风口等。出风口及控制面板的位置如图 1-21 所示。

（a）打开前盖所见

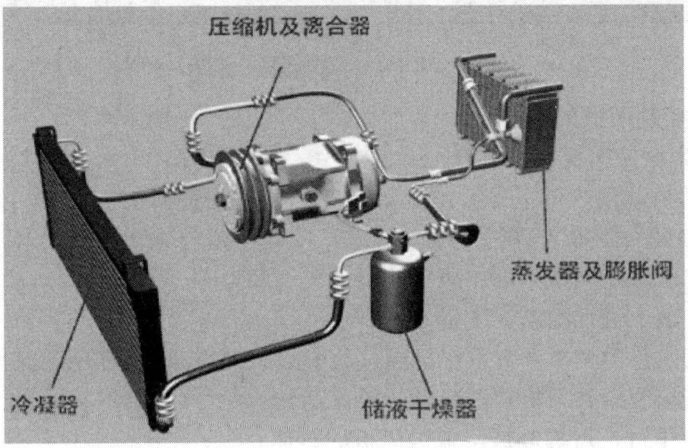

（b）分布情况

图 1-20　空调制冷系统管路的连接

图 1-21　出风口及控制面板的位置

1—前风窗玻璃除霜或除水气通风口；2—前车门玻璃除霜或除水气通风口；

3—侧面通风口；4—中间通风口；5—前排下部通风口；6—后排下部通风口

（7）各风门通过伺服电动机控制，安装在风门一侧，直接或间接控制风门的开闭和转动。

1.3.2　对汽车空调控制面板进行操控

汽车空调控制面板如图 1-22 所示。

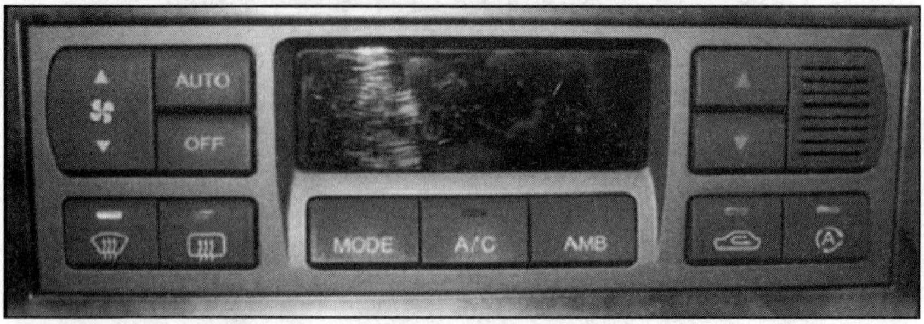

图 1-22　空调控制面板

1．汽车空调控制面板的操控

图 1-23 所示为操控面板按钮。

（1）启动发动机，预热至正常工作温度，使发动机怠速运转。

（2）按 AUTO 键，汽车空调进入工作状态，发动机运转速度提高，出风口风量增大。

（3）天气炎热时，冷风从中部出风口吹出；天气寒冷时，大部分暖风从下部出风口吹出，少部分暖风吹到挡风玻璃上进行除霜。

（4）如果温度发生改变，调节系统会通过改变鼓风机转速和调节温度门进行调节，一旦温度达到设定的温度，汽车空调鼓风机将以最低的转速运转。

（5）按左侧上下键，可提高或降低鼓风机的转速。

（6）按右侧上下键，可改变设定的温度。按一下上键，温度可升高 1℃，超过 29℃，显示“HI”；按一下下键，温度下降 1℃，低于 18℃，显示“LO”。HI 和 LO 分别对应于全自动空调的最大供暖能力和最大制冷能力。

（7）关闭空调则再按 AUTO 键即可。

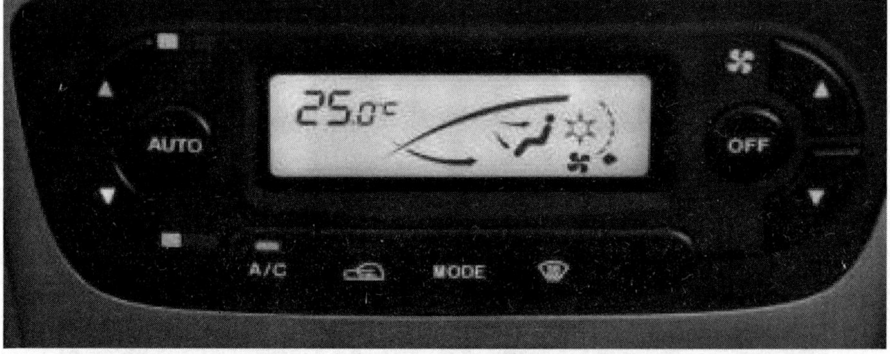

图 1-23　操控面板按钮

2．汽车空调调节效果的感受

启动发动机，预热至正常工作温度，使发动机怠速运转。按下 AUTO 键，开启汽车空调。图 1-24 所示为奥迪 A6 自动空调控制面板。

（1）感受面板中部出风口的凉风，驾驶室温度下降、湿度降低、舒适度上升。驾驶室一旦达到设定温度，空调鼓风机将以最低转速运转。

（2）按内外循环按钮，改变内外循环，感受车外空气从进风口进入车内，体验空气质量的变化。

（3）按调风按钮，改变出风量，体验风量的变化。

（4）按调温按钮，改变驾驶室的设定温度，体验温度和出风量的变化。

两区自动空调，完全通过空调控制单元操作，无 MMI 显示，座椅加热 3 挡调整，驻车加热通过 MMI 操作，循环空气过滤器，左/右独立风量分配。

图 1-24　奥迪 A6 自动空调控制面板

两区自动空调，操作如同 Audi A8 自动空调，常用功能 MMI 显示，座椅加热 6 挡调整，间接通风，驻车加热通过 MMI 操作，循环空气过滤器，左/右独立风量分配。

1.4　阅读资料

1.4.1　汽车空调的发展概况

汽车空调自 1925 年问世以来，经过几十年的发展，已经由最初的奢侈品成为必需品，它大大改善了车内环境，改善了驾驶员的工作条件，提高了乘员的舒适性。汽车空调示意图如图 1-25 所示。

汽车空调技术是随着汽车的普及和高新技术的应用而发展起来的。汽车空调技术的发展经历了由低级到高级、由单一功能到多功能的六个阶段。

第一阶段：单一取暖。1925 年，首先在美国出现了利用汽车冷却液通过加热器取暖的方法，到 1927 年发展到具有加热器、风机和空气滤清器的比较完整的取暖系统。该系统直到 1948 年才在欧洲出现，而日本到 1954 年才开始使用加热器取暖。目前，在北欧、亚洲北部地区，汽车空调仍然使用单一取暖系统。

第二阶段：单一制冷。1939 年，由美国通用汽车帕克公司（Packard）首先在轿车上安装了机械制冷的空调器。欧洲、日本到 1957 年才出现加装这种单一制冷空调器的轿车。单一制冷降温的方法目前仍然在热带、亚热带地区使用。

第三阶段：冷暖一体化。1954 年，美国通用汽车公司首先在纳什（Nash）牌轿车上安装了冷暖一体化的空调器，这时的汽车空调基本上具有调节控制车内温度、湿度的功能。随着汽车空调技术的改进，目前的冷暖一体化汽车空调基本上具有降温、除湿、通风、过滤、除霜等功能。这种方式目前仍然在大量的经济型汽车上使用，是目前使用最多的一种方式。

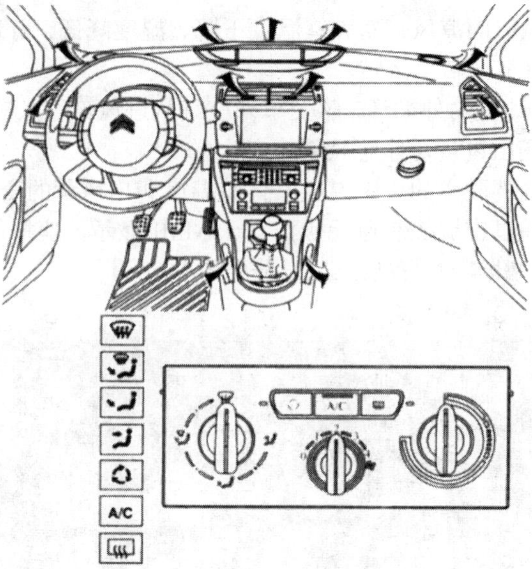

图 1-25 汽车空调示意图

第四阶段：自动控制。冷暖一体化汽车空调需要人工操纵，这显然增加了驾驶员的劳动强度，同时控制效果也不太理想。自从冷暖一体化汽车空调出现后，美国通用汽车公司就着手研究自动控制的汽车空调，并于 1964 年首先安装在凯迪拉克（Cadillac）牌轿车上，紧接着福特、克莱斯勒等汽车公司竞相在各自的高级轿车上安装。日本、欧洲国家直到 1972 年才在高级轿车上安装自动控制的汽车空调。目前，高档轿车的全自动空调与其他电控系统组成局域网，根据车内、外的环境情况，自动控制汽车空调系统的工作，既提高了调节效果，又节约了燃料。

第五阶段：微机控制。1973 年，美国通用汽车公司和日本五十铃汽车公司联合研究微机控制的汽车空调，1977 年同时安装在各自生产的汽车上。微机控制的汽车空调功能增加了，且数字化显示。微机根据车内、外的环境条件，控制汽车空调的工作，实现了汽车空调运行与汽车运行的相互统一，极大地提高了调节效果，节约了燃料，从而提高了汽车的整体性能和舒适性。

第六阶段：注重环保。汽车空调的制冷剂多年来采用 R12，但现已被证明对臭氧层有害。因此，自 1996 年以后，已采用 HFC-1134a（R-134a）作为制冷剂，同时采用聚烃乙二醇（PAG）冷冻机油。

1.4.2 我国汽车空调发展方向

我国汽车空调工业的发展大致经历了三个阶段。

第一阶段，从 20 世纪 60 年代初到 70 年代末，主要是利用汽车发动机排出的废气或冷却液循环产生的热量来供车内取暖。

第二阶段，20 世纪 80 年代初至 90 年代初。80 年代初期，我国从日本购进制冷降温用的汽车空调系统，装配在红旗、上海等小轿车和豪华大客车上；80 年代中后期，我国一汽等生产厂从日本、德国引进先进的空调生产线和空调生产技术，生产大中型客车、轻型车及轿车的空调系统，为我国的汽车空调发展打下了良好的基础。

第三阶段，从 20 世纪 90 年代开始至今。国内有一批形成生产规模的汽车空调制造企业，分别从国外引进最先进的压缩机、冷凝器和蒸发器的生产技术和生产线。同时，按照《蒙特利尔议定书》和中国消耗臭氧层物质逐步淘汰国家方案的要求，普及应用汽车空调制冷系统制冷剂由 R12 向 R134a 的转换。至此，我国汽车空调技术在短时间内接近了世界先进水平。

我国现有主要汽车空调生产厂家20多家，其中绝大部分都引进国外技术生产线和生产设备，还有些是中外合资企业，国内汽车空调技术的研究和开发与国外的差距正逐渐缩小。

从市场占有情况看，由于目前大多数汽车空调生产未具规模，加上汽车空调种类繁多，国内汽车空调销售市场仅为几家所垄断。其中上海德尔福汽车空调系统有限公司生产的爱斯牌汽车空调为别克、帕萨特、桑塔纳、捷达、富康、切诺基等车型配套；杰克赛尔汽车空调有限公司生产的空调主要为奥迪、红旗轿车及解放牌重、中、轻型车配套；湖北沙市电工仪表集团生产的空调为东风汽车公司、神龙富康汽车公司的载货车和富康轿车配套；广州豪华空调器有限公司生产的空调为海南马自达、奥拓、广汽本田、长安之星配套。随着我国汽车配件市场的逐步放开，国内汽车空调生产厂家面临国外汽车空调专业生产厂家的挑战，因此国内汽车空调生产如何走上专业化、规模化经营之路，将成为我国未来几年汽车空调业迫切需要解决的问题。

当前，从市场需求方面看，汽车空调装置应进一步降低成本，提高燃油经济性；从制造方面看，随着车厢底板的降低及车辆向大型化、高级化发展，需进一步提高汽车空调各组成装置的紧凑性和效率；从乘员和驾驶员方面看，车内温度要合理分布、设备操作要简便，空调装置应向全季节型发展。

1．日趋自动化

早期的汽车空调进出风系统、冷气系统和暖气系统彼此间互相独立，因而它们的控制系统也自成一体，且汽车空调都是手动控制，仅凭人的感觉来调节开关，因而温度、湿度及风量很难控制。近年来，随着电子计算机的普及并逐步应用到汽车空调系统，使得空调系统的控制效果日趋完善，空调设备的性能也越来越高。使用这种空调系统能进行全天候的空气调节，集制冷、取暖、通风于一体。在人为设定的最佳温度、湿度及风量的情况下，该系统可根据车厢内人员数量及其他情况的变化进行多挡位、多模式的微调，从而达到设定的最佳值，使车内始终保持舒适的人工气候环境，同时可进行故障自动诊断和数字显示，进而缩短其检修和准备时间。

2．提高舒适性

目前不少汽车空调系统的制冷和取暖是各自独立的系统。每当梅雨季节，车窗玻璃上常常蒙上雾气，若要去掉雾气，必须启动冷气装置，但这样会使车内太冷。为了克服此缺点，厂商开发了一种全季节型的空调系统，该系统具有换气、取暖、除湿、制冷等功能，夏天由发动机驱动制冷系统，冬天由加热器制热取暖，过渡季节（如梅雨季节）则采用制冷与取暖混合方式吹出温和风进行除湿，使车厢内换气情况达到最佳状态。

3．高效节能、小型轻量化

要进一步降低空调装置的重量和外形尺寸，必须提高各组成装置的结构紧凑性和效率。在压缩机方面，以往的空调系统多采用斜板式压缩机，这种压缩机制冷能力相对较低，性能系数和容积效率也相对较小。为了提高压缩机性能，现已使用了制冷效率高的旋转式压缩机和三角转子压缩机。在冷凝器和蒸发器方面，管片式换热器已逐渐被管带式换热器取代。目前散热性能更佳、结构更为紧凑的平行流冷凝器和层叠式蒸发器又有取代管带式换热器的趋势。在制冷管路方面，进行优化设计使管路结构更为合理，并在管路上装配防振橡胶块以防共振等。

4．向环保型汽车空调发展

由于汽车空调制冷剂R12对大气臭氧层有一定的破坏作用，根据《蒙特利尔议定书》规定，发达国家1996年开始禁用R12，发展中国家2006年完全禁用R12，世界各国都在积极研制一种更适合环境保护的新型制冷剂。目前世界各国一致公认R134a是R12的首选替代物，并基本上解决了空调系统的匹配和材料等一系列问题。

5．新型空调结构和系统得到发展

空调制冷方式有许多种，目前应用于汽车空调的制冷方式全部为蒸气压缩式，其他制冷方式，如吸收式、吸附式、蒸气喷射式、空气压缩式等，很少在汽车空调上采用。但利用发动机的余热来驱动制冷系统是一个理想的节能方案，所以世界各国都在研究这种新技术，如氢化物汽车空调系统、二氧化碳汽车空调系统、固体吸附式汽车空调系统和吸收式汽车空调系统等。

6．出现新型空调部件

新结构、新材料、新工艺将不断应用于汽车空调部件，主要体现在热交换器和管口连接上，以保证得到更理想的性能。据了解，奔驰、宝马、奥迪、凯迪拉克等豪华轿车的空调系统，在继承自动恒温空调的数字变频恒温、内外循环和后排出风等优点的基础上，具有了更先进、更人性化的特点，前后左右四个座位的温区均可由乘客自己动手调节。

1.4.3 热力学基础知识

1．空调系统中常用的基本物理量

1）温度

温度是用来衡量物体冷热程度的物理量，用温标来表示。工程上常用的温标有：摄氏温标，用℃表示；开氏温标，用 K 表示；华氏温标，用℉表示。

（1）摄氏温标。它将标准大气压下水的冰点（海平面）定为 0℃，水的沸腾点定为 100℃，间隔 100 份，每份为 1℃。用摄氏温标标定的温度称为摄氏温度，用符号 t 表示，单位为℃。

（2）华氏温标。它将标准大气压下水的冰点定为 32℉，沸点为 212℉，间隔 180 份，每单位分度为 1 华氏度，表示为 1℉。用华氏温标标定的温度称为华氏温度。

（3）开氏温标。在开氏温标中，将分子完全不运动的温度定为 0K，是可能存在的最低温度，用摄氏温标表示为-273.15℃，华氏温标表示为-459.67℉，开氏温标与摄氏温标的间隔相同。

在我国，表示温度通常使用摄氏温标，在欧美，华氏温标使用比较普遍，三种温标的比较换算如表 1-3 所示。温标对照如图 1-26 所示。

表 1-3 温标的比较换算

温标名称	代号	单位	换算方法
摄氏温标	t	℃	t=5/9（θ-32）
华氏温标	θ	℉	θ=9/5t+32
开氏温标	T	K	T（K）=t+273.15

2）压力（压强）与真空

（1）压力单位压力（压强）。是指单位面积上所承受的均匀分布且垂直于该表面的力。在工程上俗称压力，压力的法定计量单位是“帕斯卡”，单位符号为“Pa”。物理意义是 1 平方米（m^2）的面积上作用有 1 牛顿（N）的力。由于此单位较小，常用的单位是千帕（kPa）和兆帕（MPa）。

$$1MPa=1000kPa=10^6Pa$$

在实际使用中还有几个常用的压力单位，如工程大气压（kgf/cm^2）、毫米汞柱（mmHg）、大气压（atm）及磅/平方英寸（psi）等。它们之间的换算关系如表 1-4 所示。

此外，还有些地方采用巴（bar）作为压力单位，它与工程大气压的换算关系如下。

$$1bar \approx kgf/cm^2$$

（2）标准大气压。纬度 45° 的海平面上常年平均气压称为标准大气压（atm）。

$$1atm=1.033kgf/cm^2=760mmHg$$

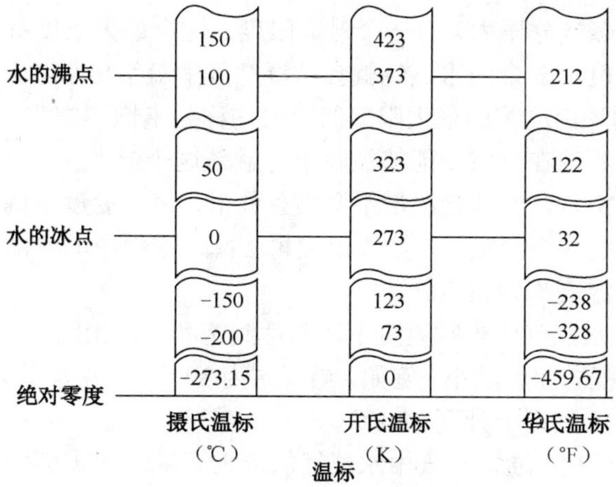

图 1-26 温标对照

表 1-4 几个常用压力单位之间的换算关系

kPa	Kgf/cm^2	mmHg	psi	atm
1	1.02	7.50	0.145	9.87×10^{-3}
9.81	1	7.36×10^{2}	14.2	0.98
0.133	1.36×10^{-3}	1	1.93×10^{-2}	1.32×10^{-3}
6.89	7.03×10^{-2}	51.72	1	6..80×10^{-2}
101.32	1.03	760	15.97	1

（3）真空与真空度。真空是指低于标准大气压的气体状态与标准大气压下的气体状态相比较，单位体积中气体的分子数目减少了的一种现象，因此是一个相对概念，绝对真空是不存在的。真空度用来表示实现真空的程度。由于真空程度越大，意味着单位体积中气体分子数减少得越多，也就是说压力随之减小得也越多，所以真空度是以气体压力大小来表示的。压力越低，表示真空度越高。反之，压力越高，表示真空度越低。若以汞柱高度来表示，当压力高到 760mmHg 时，则意味着真空“消失”了，若压力继续升高，即超过了标准大气压时，则用“正压”表示。相反，低于标准大气压，即真空状态的压强，则以“负压”来表示。

（4）绝对压力与表压力。实际运用中，压力的表示方法有三种，分别为绝对压力、表压力和真空度。绝对压力表示作用于单位面积上压力的绝对值，指完全真空状态下测出的压力；表压力是指用压力表测出的压力，表示比标准大气压高出的压力数值，即

绝对压力=表压力+1 个标准大气压

为了与绝对压力相区别，常在表压力的具体数字后面加一个“(G)”，如 10kPa (G)。真空度表示比标准大气压低多少的具体数量。它们之间的基本关系如图 1-27 所示。

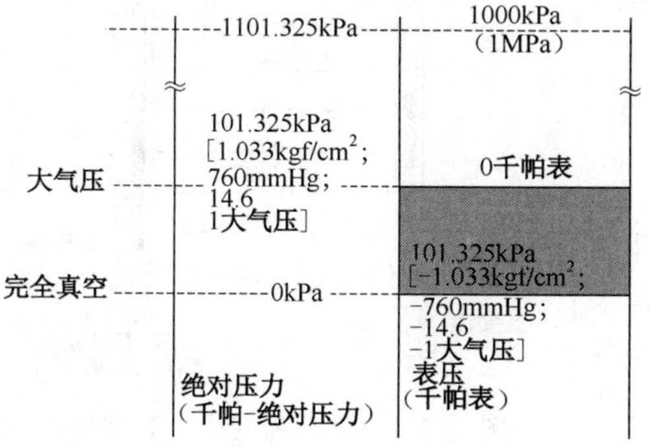

图 1-27 绝对压力、表压力和真空度的关系

3）湿度

湿度用来表示空气中水蒸气的含量。湿度较高时，会使人感到不舒适。空气中常因含有一定数量的水蒸气而呈现为湿空气。

（1）饱和空气和未饱和空气。在一定温度下，空

气所含的水蒸气量（即水蒸气分压力）有一个最大限度，这个最大限度就是空气湿度所对应的水蒸气饱和压力，超过这一限度，多余的水蒸气就会从湿空气中凝结出来。

凡水蒸气含量未达到该温度下的最大限度的空气均称为未饱和空气。未饱和空气具有吸收和容纳水蒸气的能力，如湿衣服挂在空气中能够被晾干，就是这个道理。

（2）露点。对未饱和空气，如在含湿量不变的条件下，将其温度下降，当降到相当于该含湿量的饱和空气温度时，它就变成饱和空气。如果温度再下降，空气中的一部分水蒸气就会凝结成露珠而被析离出来，这一临界温度称为露点。

露点是指空气中所含水蒸气由当时温度下降而达到饱和（开始结露珠）时的温度。显然，湿度越高，露点温度和当时温度之差就越小。例如，当气温为30℃时，湿度为60%，露点温度为20.9℃；而当湿度为90%时，露点温度则上升到28.1℃。

（3）相对湿度和绝对湿度。通常空气中水蒸气的最大含量，随温度不同而异；空气温度较高时，水蒸气的最大含量要比温度较低时大。湿度大小有两种表示方法，一种叫相对湿度，另一种叫绝对湿度。

相对湿度：在某一温度下，空气中实际含水蒸气量（以重量计）与空气在该温度下所能含水蒸气量（重量）之比。通常随着温度的升高，空气中所能含的水蒸气量会增加，如果空气的实际含水蒸气量不变，温度升高，则空气的相对湿度下降，如图1-28所示。它常用百分比表示，100%称为饱和空气，0%称为干燥空气。

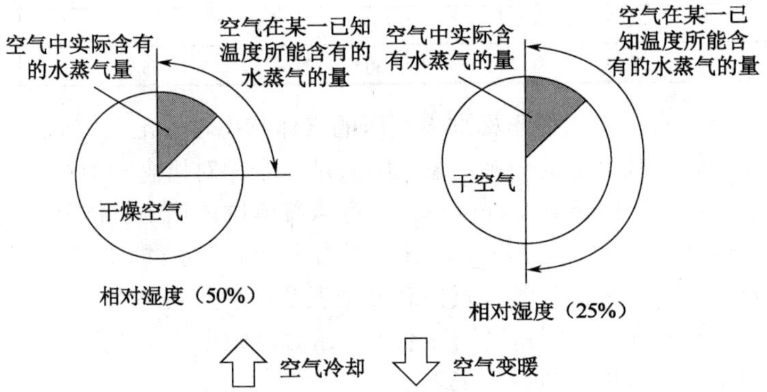

图1-28　空气的相对湿度

空气的相对湿度是衡量制冷系统工作性能的一个重要因素，实验表明，在26℃相对湿度为30%和在22℃相对湿度为90%这两个环境里，人体的感觉是一样的。

绝对湿度：空气中所含水蒸气的量（重量）与干燥空气量之比。

（4）湿度的测量。湿度的测量通常用干湿球温度计，干球温度计就是普通的温度计，湿球温度计是将干球温度计的玻璃球处包上纱布，再将纱布浸在水中，如图1-29所示，水便在毛细管的作用下湿润温度计，由于在湿球处的水分蒸发带走一部分热量，使湿球处的温度降低，这样就形成了湿球温度，通过计算干球温度和湿球温度的差值，就可以算出空气的湿度。

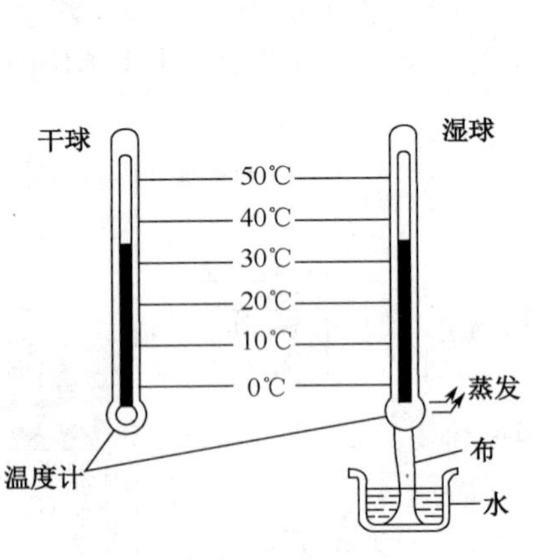

图1-29　干湿球温度计（干湿计）

4）饱和温度和饱和压力

在图 1-30 所示的封闭容器中，其内部的液体因吸收外界热量，就会有部分液体蒸发成蒸气。当吸收的热量不变时，蒸气的温度和压力也随之稳定不变。这时液面以上的蒸气就称为饱和蒸气，此时的温度称为饱和温度，压力称为饱和压力。饱和温度和饱和压力为不定值，它们随着吸收热量的多少而增减，但饱和温度和饱和压力的值是一一对应的。通常所说的蒸发温度和蒸发压力就是指饱和温度和饱和压力。

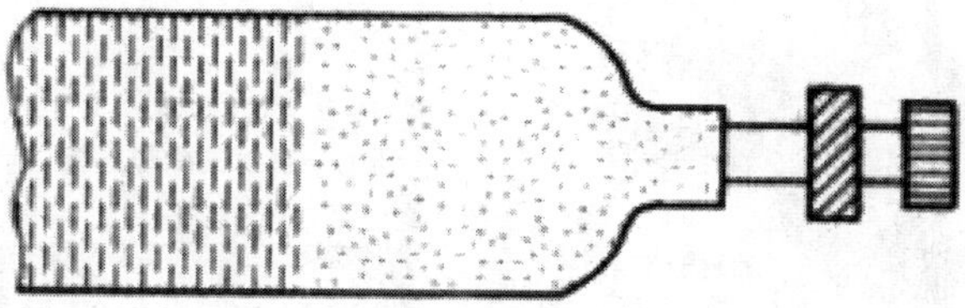

图 1-30 封闭容器内液体吸热而蒸发

5）临界温度和临界压力

各种气体在一定的温度和压力下都可以液化，气体温度越高，可以使之液化的压力也就越高。但是，当温度升高超过某一数值后，压力再大也不能使气体液化，这一特定的温度，就称为临界温度。在这一温度下能使气体液化的最低压力，就叫做临界压力。不同的气体，其临界温度和临界压力也各不相同，表 1-5 列出了几种氟制冷剂的临界温度和压力。

表 1-5 几种氟制冷剂的临界温度与临界压力

名 称	临界温度/℃	临界压力/MPa
氟制冷剂 12	112.04	4.12
氟制冷剂 13	28.78	3.86
氟制冷剂 22	96.13	4.586
氟制冷剂 134a	100.6	3.868

6）制冷能力与制冷负荷

制冷能力：制冷机就是把热量不断地从低温物体转移给高温物体的装置。制冷能力的大小是以单位时间内所能转移的热量来表示的，单位 J/h。

制冷负荷：为了把车内的温度和湿度保持在一定的范围内，必须将来自车外太阳的辐射热和车内散发出的热量排到大气中。这两种热量的总和就叫制冷负荷。

7）汽化和冷凝

（1）汽化。对液体加热，使其从液态转变为气态的过程称为汽化过程。汽化有两种方式：蒸发与沸腾。

① 蒸发：液面上发生的汽化现象称为蒸发。衣服晾干的过程就是一个典型的蒸发过程。蒸发的快慢与蒸发的条件有很大的关系。液体的温度越高，蒸发越快；液体的蒸发面积越大，或者液体表面气体速度越大，蒸发越快。蒸发过程是一个吸热冷却过程。

② 沸腾：将液体加热到某一温度时，如将水在常压下加热到 100℃，其内部会产生许多气泡，这些气泡不断自由到达液体表面破裂，从而放出蒸气，这种在液体内部以气泡形式出现的汽化现象叫做沸腾。

蒸发与沸腾虽然同属于汽化现象，但在一定压力下，蒸发可以在任何温度下进行，而沸腾只能在到达与液体表面压力相对应的一定温度（沸点）时才能进行。液体沸腾时的温度称为沸点，又称为该压力下的饱和温度，该压力称为饱和压力。液体的沸点与它的表面压力有直接的关系，压力越高，沸点越高，如图 1-31 所示。

对液体加热，可使液体沸腾，然而将液体的压力降到相当于该液体温度下的饱和压力时，液体也同样能沸腾，如图 1-32 所示。

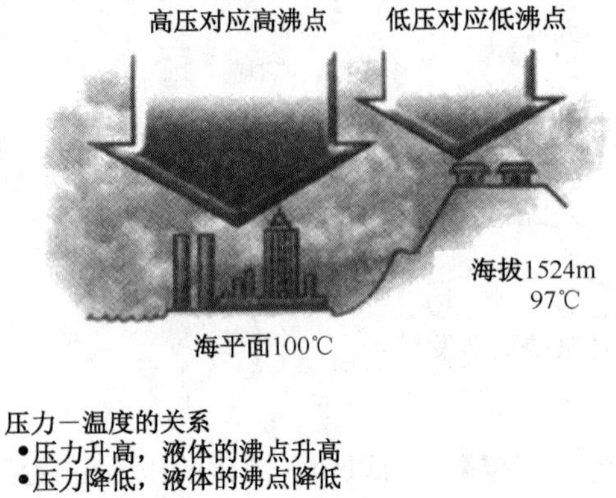

图 1-31　压力对沸点的影响

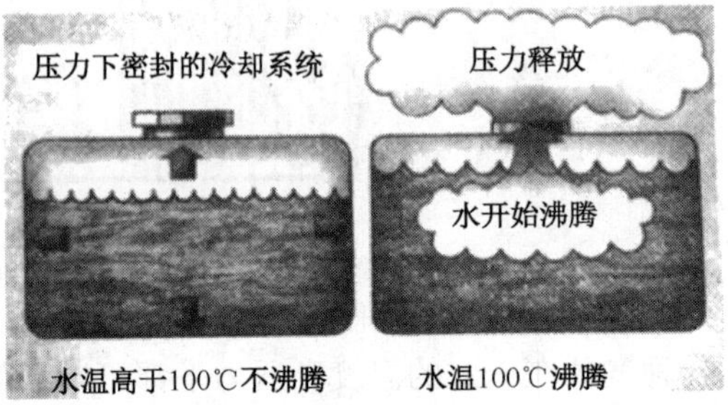

图 1-32　饱和压力时的沸点

汽化需要吸收热量，单位质量的液体完全变成同温度下的气体所需要的热量，称为汽化热。同一种液体，在不同饱和温度时，其汽化热也不同。一般来说，温度越高，汽化热越小。处于饱和温度时的蒸气称为饱和蒸气。将饱和蒸气在定压下加热，即可成为过热蒸气。过热蒸气的温度比同压力下饱和蒸气的温度高。两者温度差称为过热度。

（2）冷凝。当蒸气受压时，放出热量，由气体变成液体的过程称为冷凝。冷凝时的温度称为饱和温度，如果将冷凝后的液体再度冷却，使其温度低于饱和温度，这种现象称为过冷，两者的温度差称为过冷度。气体冷凝时要放出热量。同样质量的饱和蒸气冷凝时放出的热量等于同温度下的汽化热，物态变化与热量的关系如图 1-33 所示。

图 1-33　物态变化与热量的关系

2. 热传递的基本形式

热量是热传导过程中物体内能变化的量度。热是能量的一种基本形式，它不能消失，只能从一个物体传递到另一个物体或从同一物体的一部分传递到另外一部分。根据科学定律，热量只能从高温表面传递到低温表面，直到温度相同为止。热传递的速度取决于高温表面与低温表面之间的温差。热量的法定计量单位是“焦耳”，单位符号为“J”。

空调的工作过程实际上就是热量传递和转移的过程，热量是通过以下三个途径传递的。

（1）传导。在受热不均匀的物体中，通过分子运动，将热能由较热的一端传到较冷的一端的过程称为传导。这种交换方式将一直进行到整个物体的温度相等时为止，如图 1-34 所示。

（2）对流。当液体或气体的温度发生变化后，其比重也随之发生变化。温度低的比重大，因重力作用而向下流动；温度高的比重小，向上升，从而形成对流。由于液体或气体本身的比重变化而形成的对流称为“自然对流”；若由于外力作用，使气体或液体的流速加快，则称为“强制对流”，如图 1-35 所示。

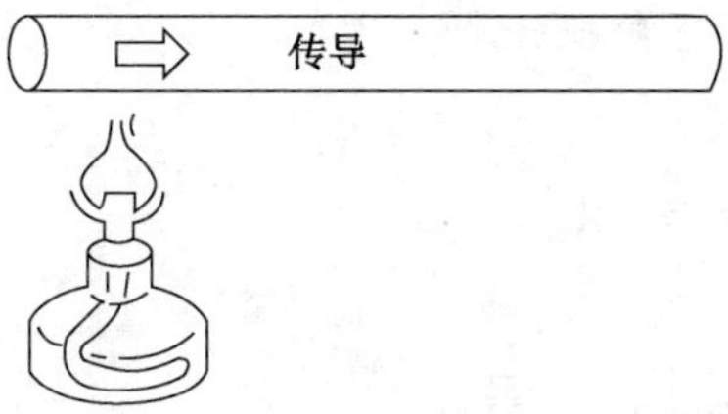

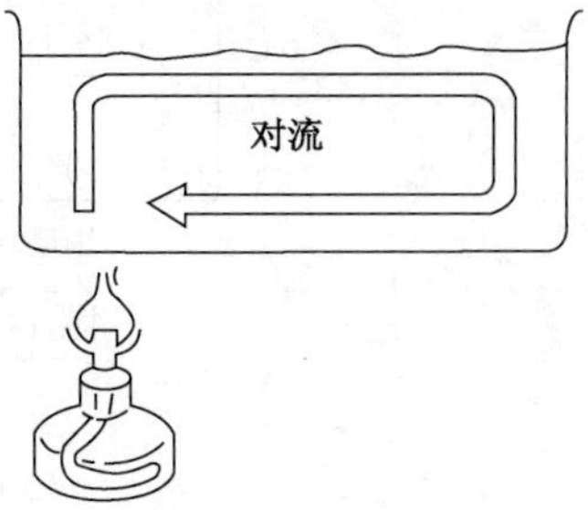

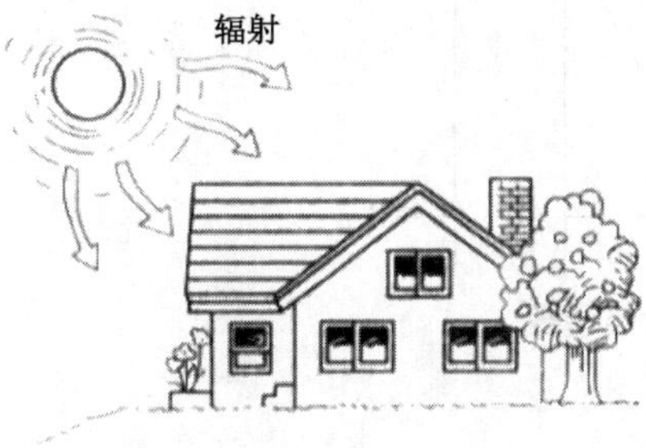

图 1-36　热辐射

图 1-34　热传导

图 1-35　热对流

（3）辐射。物体之间在不接触的情况下，高温物体将热量直接向外传给低温物体的传递方式，称为热的辐射，如图 1-36 所示。

3．物质的状态变化和热的形态

1）物质的状态变化

增加或减少物质的热量，物质的温度可能发生变化，物质的状态也可能发生变化。

对冰加热，冰的温度会慢慢升高；当温度达到 0℃时，冰就开始熔化，在这一阶段，0℃的水与冰共存；继续加热直至冰全部转变为 0℃的水，这一固态转变为液态的过程称为熔化，而反过来的过程称为凝固。对水加热，水从 0℃升高到 100℃。在 100℃时，水的温度不再继续升高，而开始蒸发，直至水全部蒸发为水蒸气。水从液态变为气态的过程称为汽化（蒸发），相反的过程称为冷凝。物质从固态直接转化为气体称为升华，相反的过程称为凝华。水的加热过程和状态变化如图 1-37 所示。

2）热的形态

从水的加热过程可以看出，加热水时，水的温度会随加热量的增加而升高。当加热到 100℃时，水的温度不再升高，而是从液态向气态转变，如图 1-37 所示。这说明了加给水的热量有两种结果，一种是使水的温度升高，另一种是使水的状态发生变化。将使物质温度升高的热量称为显热，将使物质状态发生变化的热量称为潜热，如图 1-38 所示。如果物质的状态是从液态变为气态，就将这种潜热称为汽化潜热。例如，1kg 水沸腾开始汽化，到水完全汽化为止，所加入的热量为 2500kJ，这一热量就是水的汽化潜热。

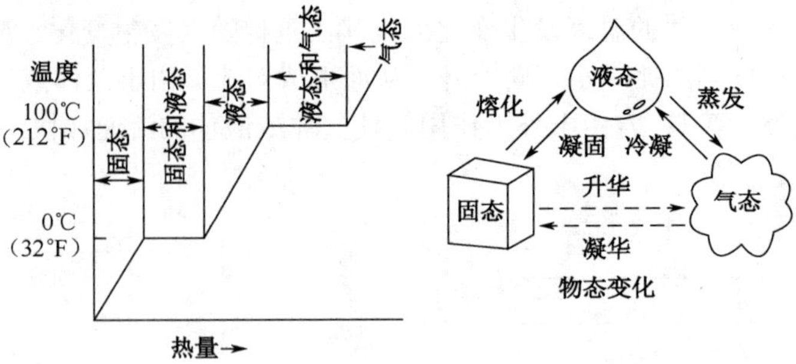

图 1-37 水的加热过程和状态变化

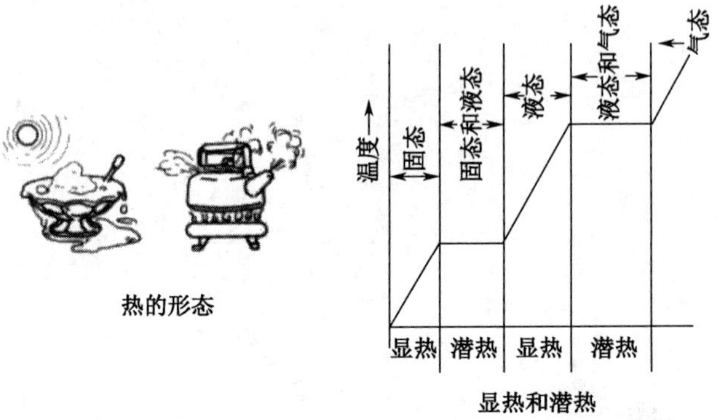

图 1-38 显热和潜热

4．热力学的两个基本定律

1）热力学第一定律

汽车制冷系统在系统运行中，一直发生着不同形式的能量之间互相转换和传递，使制冷剂状态发生变化。在压缩机内，压缩机对制冷剂进行压缩，增加了制冷剂的热能，在冷凝器内，制冷剂又把热能传递给周围的空气而自身冷凝，在蒸发器内，制冷剂吸收车内空气的热量沸腾而变成气体，这一系列的热量传递和转换都是等量的。也就是说，热量传递，或者在机械功和热量的转换过程中，能量总和保持不变。这就是热力学第一定律。

2）热力学第二定律

热量不能自动地由低温的物体传向高温的物体。但是，热量可以有条件地由低温物体传向高温物体，这个条件就是要消耗功。其关系表达式如下。

$$Q_H=Q_C+W$$

式中 Q_H——从高温热源放出的热量；

Q_C——从低温热源吸收的热量；

W——制冷压缩机所消耗的功。

汽车空调制冷系统就是在消耗一定功的条件下，利用制冷剂的状态变化，而将热能由低温物体（车内空气）传向高温物体（车外空气）的一个实例。

5．节流

由于遇到突然缩小的狭窄通道，而使流体压力显著下降的现象，称为节流。气体或蒸气在管道中流动时，通道截面积突然缩小，如遇到阀门、孔板等，流体压力便下降。这种状态变化称为节流，如图 1-39 所示。

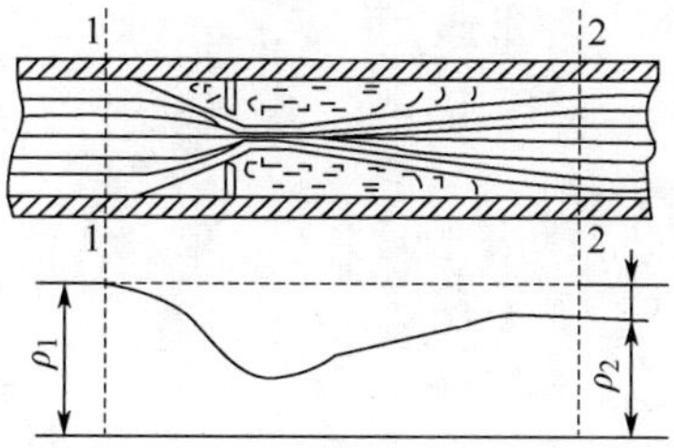

图1-39 节流示意

当流体流向孔口时，在孔口附近的流体因截面突然变小，流体的流动形态发生突变，流体的压力降低，速度增大；到孔口时，压力降低到最小，而速度增加到最大；流体流过孔口后，其截面积突然增大，流体的压力逐渐回升，速度逐渐减小，最后达到稳定。由于孔口前后发生强烈的扰动和涡流，造成压力的不可逆损失，因此流体恢复稳定后，压力比以前小很多，但速度（流速）基本保持不变。

由于节流时间很短，系统与外界的能量传递可以忽略不计，节流是绝热过程。节流过程中，系统没有能量的输入，所以节流前后的焓值不变，即等焓过程。

在汽车空调制冷系统中，制冷剂在膨胀阀中的状态变化就是节流过程。制冷剂被膨胀阀节流后，如果压力下降得比饱和压力还低，部分液体将变成饱和蒸气，体积急剧增大。这时蒸气吸热量都是液体本身供给的，所以液体温度下降较大。

复习与思考题

1. 汽车空调主要由哪几部分组成？
2. 汽车空调的质量指标有哪些？
3. 汽车空调可分为哪几类？
4. 汽车空调有何特点？
5. 简述汽车空调控制面板各按钮的含义。
6. 汽车空调按其发展历程经历了哪几个阶段？

项目2 汽车空调无暖气故障检修

项目描述

相对封闭的汽车车厢内，只有温度调节是不能满足舒适度要求的，车厢内不但需要有新鲜空气的补充，还要对狭小的车厢内部空间的气流进行调配，汽车的空调通风、暖风与配气系统就是完成上述任务的重要组成部分。

本项目通过对空调暖风系统的类型、结构、原理及相关零部件的检修调试的学习，使读者对汽车空调暖风系统的故障部位及故障点有所了解，以汽车空调无暖气故障为载体，使读者掌握对汽车暖风系统故障的分析与排除能力。

知识目标

1. 了解汽车空调暖风系统的类型及结构组成。
2. 了解空调暖风系统的工作原理。
3. 掌握空调通风配气净化系统的功能和结构组成。
4. 了解空调净化系统的工作原理。

技能目标

1. 能进行热水阀的拆装与检修。
2. 能进行加热器和管路的拆装与检修。

重点掌握内容：汽车空调暖风系统的结构和工作原理，汽车空调暖风系统的拆装与检修。

2.1 接待登记

维修接待人员应具有良好的形象气质和较强的组织协调能力，并善于和客户进行有效的沟通，表现出对顾客的关注与尊重，体现出高水平的业务素质。

在接待过程中，维修接待人员有两项重要工作要做：一是填写接车问诊登记表（又称接车检查单）；二是签订维修施工单（又称任务委托书、维修任务委托书或委托维修合同）。

1．填写接车问诊登记表

为避免顾客在提车时产生不必要的误会或纠纷，在客户车辆进入维修车间前，维修接待人员必须与顾客一起进行环车检查。环车检查的主要内容包括车辆外观是否有漆面损伤、车窗玻璃是否完好、内饰是否有脏污、仪表盘表面是否有损坏、随车工具附件是否齐全、车内和后备箱是否有贵重物品等。检查完成后，填写接车问诊登记表并经顾客签字确认。接车问诊登记表如表 2-1 所示，一般一式两份，一份交顾客保管，一份由企业保管。

2．维修施工单

维修施工单（又称任务委托书、维修任务委托书或委托维修合同）是顾客委托服务企业进行车辆维修的合同文本。

维修施工单的主要内容包括顾客信息、车辆信息、维修服务企业信息、维修作业任务内容、附加信息及顾客签字，如表 2-2 所示。

维修施工单一式三份，其中一份交给顾客，作为顾客提车时的凭证，以证明顾客曾经将该车交付维修企业维修，顾客结算提车时收回或盖章（“已提车”字样）；企业自用两份，一份用于维修车间派工及维修人员领料使用，另一份留底保存，以便查对。

根据车辆维修项目的不同，维修施工单的内容也有所不同。车辆如果只是进行一级维护，则接待人员可以直接同顾客签订维修施工单。车辆如果需要进行故障修理，则应对顾客车辆进行技术性检查和初步故障诊断，验证故障现象，必要时需请技术人员和顾客一起试车检验或用仪器检测。根据检测诊断结果，拟订维修方案，初步估算修理工时费用、材料费用及其他费用，预计完工时间，打印好任务委托书，并请顾客签字确认。

维修接待人员同顾客签订维修施工单时需同顾客解释清楚维修施工单的内容。重点解释说明维修项目、估算修理工时费用、材料费用、其他费用和预计完工时间等。

表 2-1 接车问诊登记表

接车问诊登记表

车牌号：______________ 车架号：______________ 行驶里程：______________（km）

用户名：______________ 电 话：______________ 来店时间：______________

用户陈述：（故障发生时的状况）

故障发生状况提示：（行驶速度、发动机状态、发生时间、部位、天气、路况、声音等描述）

接车员检测确认建议：

车间检测确认结果及主要故障零部件：

车间检查确认者签名：______________

外观确认：（请在有缺陷的部位作标识）

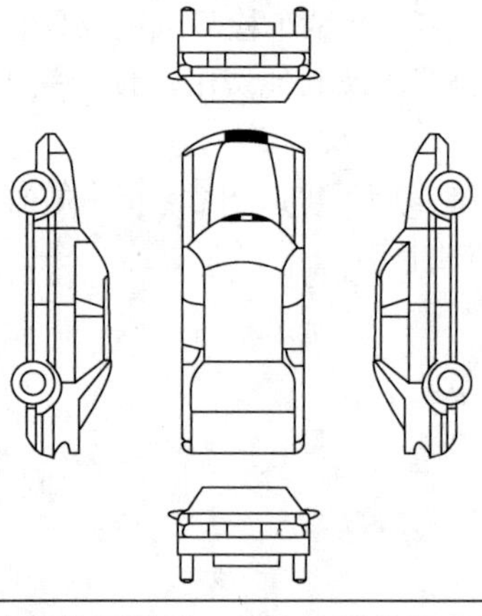

功能确认：（工作正常√ 不正常×）

□音响系统 □后视镜 □全车灯光 □工具

□门锁（防盗器）□天窗 □点烟器 □座椅

□玻璃升降器 □玻璃

物品确认：（有√ 无×）

□贵重物品提示

□工具 □备胎 □灭火器 □其他

旧件是否交还用户 □是 □否

用户是否需要洗车 □是 □否

检测费用说明：本次检测的故障如用户在本店维修，检测费用包含在修理费用内；如用户不在本店维修，请您支付检测费用。本次检测费用：__________元。

贵重物品：在将车辆交给我店检查修理前，已提示将车内贵重物品自行收起并保存好，如有遗失恕不负责。

接车员：______________ 用户确认：______________

表 2-2 维修施工单

顾 客 签 字			业务接待员签字			
工单 NO:			业务接待员:			
车牌号		VINNO				
顾客 ID		顾客姓名				
邮政编码		地址				
电话 1		电话 2				
车型		SFX	外观色		内饰色	
入厂履历						
上次行驶公里		入厂预定		卡号		
入厂日	维修内容		入厂日	维修内容		
此次入厂情况			交车预定时间			
此次行驶公里			下次入厂预定			
委托事项	维修内容			必要的零件		
开始时间	完成时间		主修签字	主任签字	检验员签字	

2.2 知识储备

现代汽车空调已发展成为冷暖一体化装置，不仅能制冷，而且能制热和通风，成为适应全年性气候的空气调节系统。汽车的供暖系统是将车内空气或进入车内的外部空气送入热交换器，吸收某种热能量，从而提高空气的温度，并利用鼓风机将热空气送入车内，提高车内温度的一种装置。

2.2.1 汽车供暖系统的分类

汽车空调供暖系统可按空气循环方式不同和热源方式不同分类。

1. 按空气循环方式不同分类

（1）内循环。利用车室内空气循环，将车室内用过的空气作为载热体，让其通过热交换器升温，升温后的空气再进入车室内供取暖用，如图 2-1 所示。这种方式消耗的热量少，但从卫生标准看最不理想。

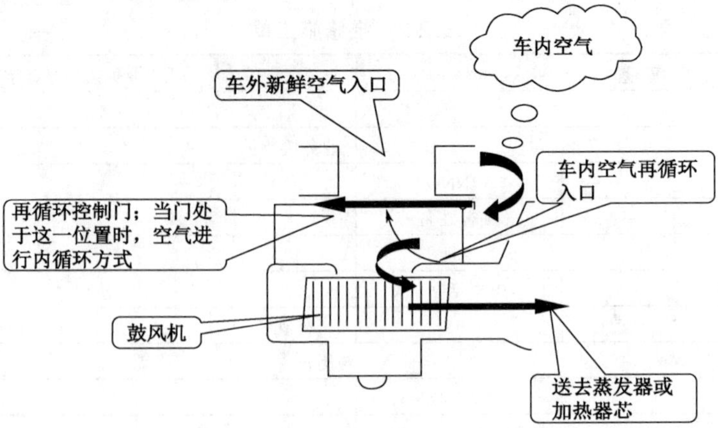

图 2-1　内循环式

（2）外循环式。利用车外空气循环，全部用车外新鲜空气作为载热体让其通过热交换器升温，升温后的空气再进入车室内供取暖用，如图 2-2 所示。从卫生标准看外循环是最理想的，但这种方式消耗的热量大，也是不经济的。高级轿车采用这种方式。

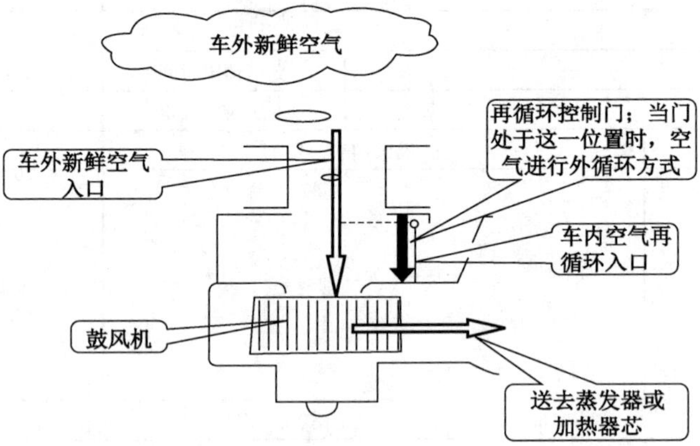

图 2-2　外循环式

（3）内外混合循环式。指既引进车外新鲜空气，又利用部分车室内空气作为载热体让其通过热交换器升温，升温后的空气再进入车室内供取暖用，如图 2-3 所示。从卫生标准和消耗的热量看，正好介于内循环和外循环之间，是当前应用最广泛的方式。

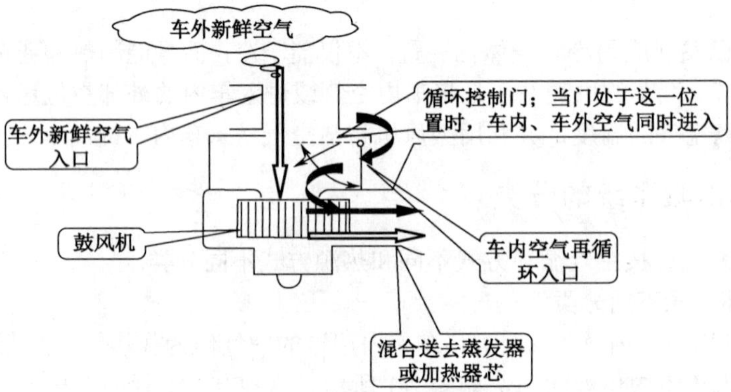

图 2-3　内外混合循环式

2. 按热源不同分类

（1）气暖取暖系统。气暖取暖系统利用的是发动机排气系统的热量，这种系统多用于风冷式发动机上。

（2）热水取暖系统。热水取暖系统利用的是发动机冷却液的热量，这种系统大多用于轿车、大货车及要求不高的大客车上。

（3）独立燃烧取暖系统。独立燃烧取暖系统安装有专门的燃烧机构，这种系统多用于大客车上。

（4）综合预热取暖系统。综合预热取暖系统既采用发动机冷却液的热量，又利用装有燃烧预热器的综合加热装置，此种系统多用于大客车上。

无论利用何种热源，热量都是通过热交换装置传递给空气，并通过风机把热空气送入驾驶室内的。

2.2.2 汽车采暖系统的作用

现在汽车空调普遍具有采暖功能。汽车空调暖风系统的主要作用是将冷空气送入热交换器，吸收某种热源的热量，将空气调节到可乘人员感觉舒适的温度，并将热空气送入车内。汽车采暖系统的作用可概括为三个方面。

1. 冬季取暖

冬季天气寒冷，在运动的汽车内人们感觉更寒冷。这时，汽车空调可以向车室内提供暖风，提高车室内的温度，使可乘人员感到温暖舒适。

2. 车窗玻璃除霜

冬季或者初春，室内外温差较大，车窗玻璃会结霜或起雾，影响驾驶员和乘客的视线，不利于安全行车，这时必须设法除去玻璃上的霜或雾。

采暖系统的热风则可以用于迅速除霜，通常是在前风窗玻璃下方（仪表板上方）安装有除霜用的暖气吹出口，通过吹出较干燥的热风迅速除去前风窗玻璃上的霜或雾。后风窗玻璃通常装有电热除霜线，通过电加热除霜，有的汽车则是在后备箱中设热交换器，让暖气通过后面吹出口对后风窗玻璃除霜。

3. 实现冷暖一体化空调

冷暖一体化空调利用加热器和蒸发器一起对车内空气温度进行调节，提高了乘车的舒适性。

向车厢内供暖是汽车空调的重要功能之一，而汽车空气调节的目的不是单纯的制冷和供暖，而是在不断变化的车外大气环境下，保持车内的温度、湿度稳定在一定的范围内，并保证送入车内的空气清新，所以必须有通风配气系统对已经通过制冷和加热的空气重新进行调和温度、输送和分配，如图 2-4 所示。

2.2.3 汽车采暖系统工作原理

目前除了少数风冷式发动机的轿车以外，绝大部分轿车都采用水暖式取暖设备。本节主要讲述水暖式暖风系统。

1. 水暖式采暖系统的组成结构

热水取暖系统主要由加热器芯、热水阀、鼓风机、控制面板及相应的管路等组成，如图 2-5 所示，其在车上的安装位置如图 2-6 所示。

1）加热器

加热器的作用是通过热交换将循环流动的高温冷却液的热量传递给周围的空气，并通过鼓风机将热空气送入车内，以提高车内的温度。

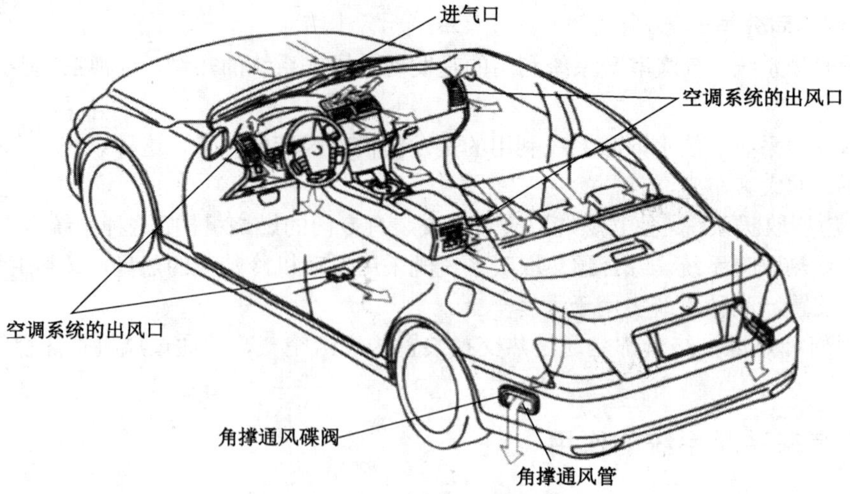

图 2-4　汽车空调的暖风通风系统

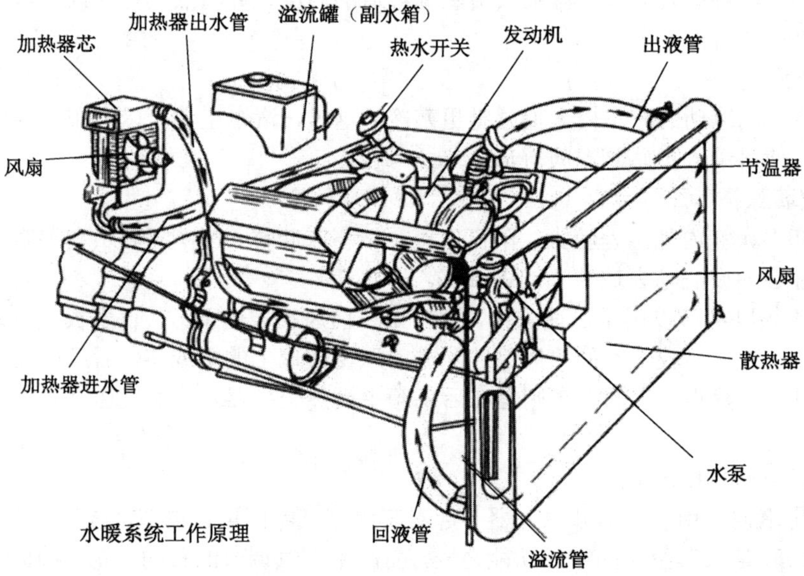

图 2-5　水暖式暖风系统

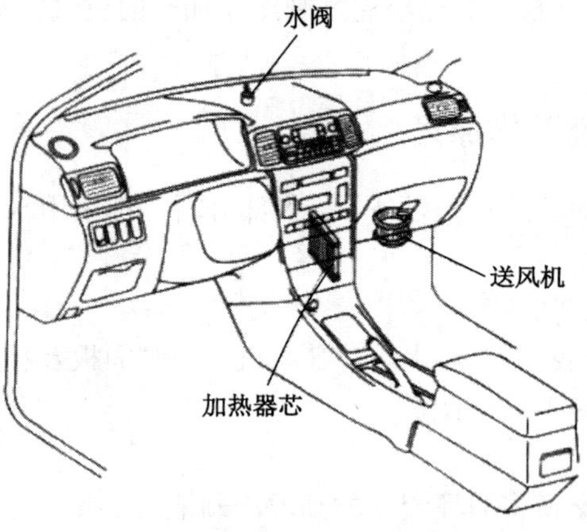

图 2-6　热水取暖系统部件的安装位置

加热器是热交换部件，其结构组成与冷凝器、蒸发器相似，如图 2-7 所示。它由水管和散热器片组成，发动机的冷却液进入加热器芯的水管，通过管壁和散热片的热传导，将热量传递给加热器外表面，再通过鼓风机强制周围的空气热对流，使车内的温度升高。

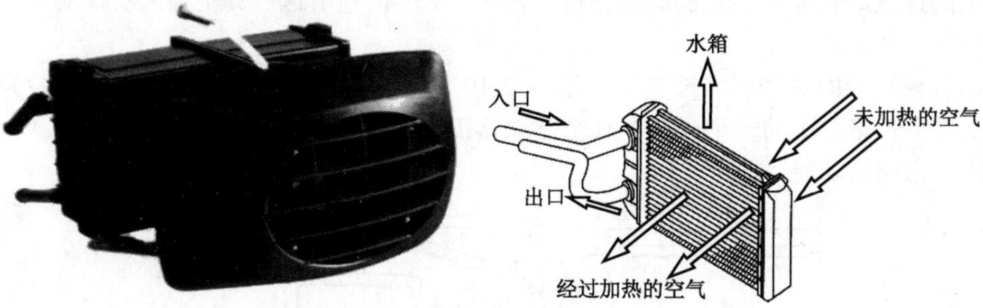

图 2-7　加热器

2）水阀

水阀用来控制进入加热器芯的水量，进而调节暖风系统的加热量。调节时，可通过控制面板上的调节杆或旋钮进行控制，其结构如图 2-8 所示。

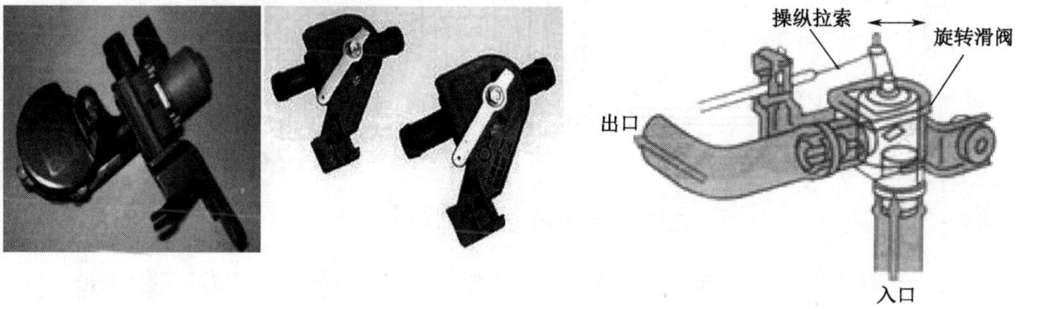

图 2-8　水阀

热水阀的操控方式有拉索控制式和真空控制式两种，如图 2-9 所示。

（1）拉索控制式热水阀。拉索控制式热水阀，通过其弹簧保持在关闭状态，靠拉索拉动摇臂使阀打开。拉索控制式热水阀在手动操控空调系统中使用。当需要采暖时，采暖操控装置使真空膜片盒的右空腔连接真空源，真空吸力作用于膜片右侧，使膜片克服弹簧力右移，并带动活塞一起右移使热水阀打开。当需要停止采暖时，采暖操控装置切断真空源，膜片在弹簧压力作用下左移，并带动活塞左移而关闭冷却液通路，加热器无高温冷却液循环流动而无法产生暖气。

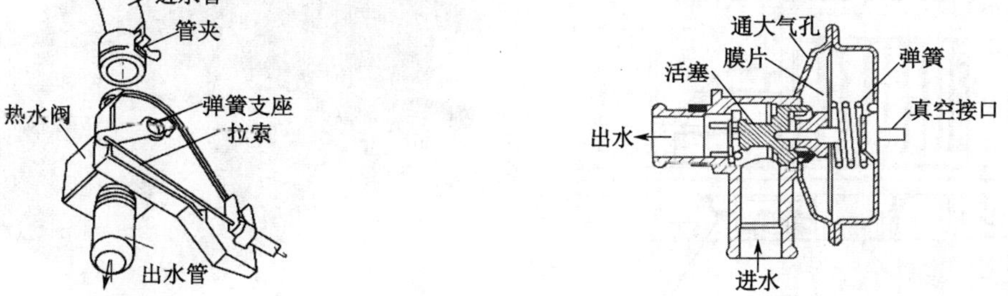

（a）拉索控制式热水阀　　（b）真空控制式热水阀

图 2-9　水阀的两种操控方式

（2）真空控制式热水阀。真空控制式热水阀膜片盒内有膜片、弹簧和真空接口，膜片左边通大气，右边有弹簧并连接真空管，真空来自发动机进气歧管或真空罐。

真空控制式热水阀适用于自动空调系统，也可以在手动操控的空调系统中使用。

发动机的进气歧管能产生足够的真空度，很多汽车空调利用这一真空源来实现对采暖和通风的控制。

空调器各种功能的真空回路控制结构如图 2-10 所示。功能选择键在各种不同的位置时，通过一条或几条真空管路，驱动一个或几个真空驱动器工作，从而调节一个或几个阀（风）门的位置，使空调发挥出相应的功能。

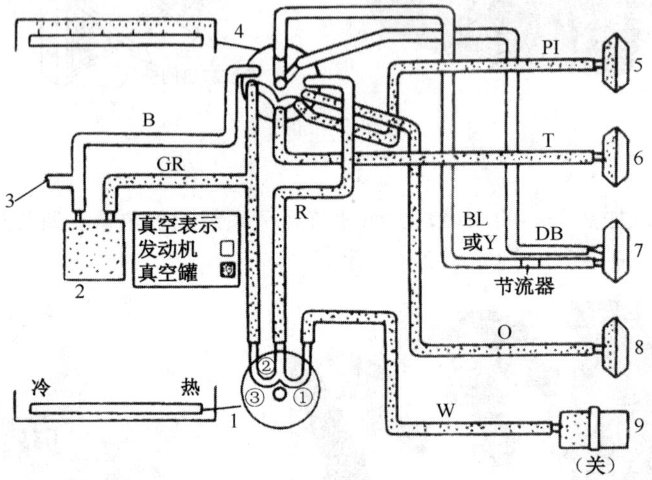

图 2-10　真空回路

1—温度控制键；2—真空罐；3—发动机进气歧管真空；4—功能选择键；5—上风门真空驱动器；6—下风门真空驱动器；7—除霜门真空驱动器；8—外来空气口真空驱动器；9—热水开关真空驱动器

如图 2-10 所示，真空源由发动机进气歧管引进来，在真空罐中储存，然后再通过真空管和真空接头或空调真空控制器相连，并由真空控制器分别控制各个真空驱动器的工作。

3）鼓风机

鼓风机由可调节速度的直流电动机和鼠笼式风扇组成，其作用是将空气吹过加热器芯加热后送入车内，以提高车内的温度。调节电动机的速度，可以调节对车厢内的送风量。鼓风机的结构如图 2-11 所示。

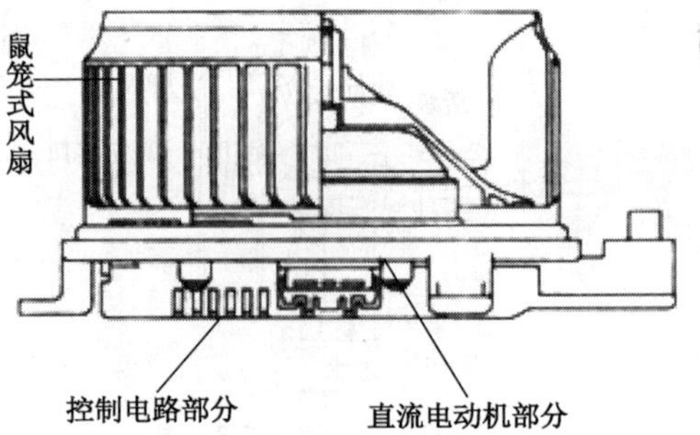

图 2-11　鼓风机

鼓风机通常安装在有通风通道和风门的壳体内，与同样安装在壳体内的加热器一起组成了暖风装置。暖风装置有单独式和整体式两种形式。

2．水暖式采暖系统工作原理

热水取暖系统实际上是发动机冷却系统的一部分，借助于发动机的水泵实现热水循环。热水取暖系统的热源通常采用发动机的冷却液，使冷却液流过一个加热器芯，再使用鼓风机将冷空气吹过加热器芯加热空气，使车内的温度升高。其工作原理如图 2-12 所示，热的冷却液流过一个加热器芯，再利用鼓风机将冷空气吹过加热器芯加热空气，使车内的温度升高。此装置设备简单、安全经济，但热量小、受发动机运行工况影响，发动机停止运行时，没有暖气提供。

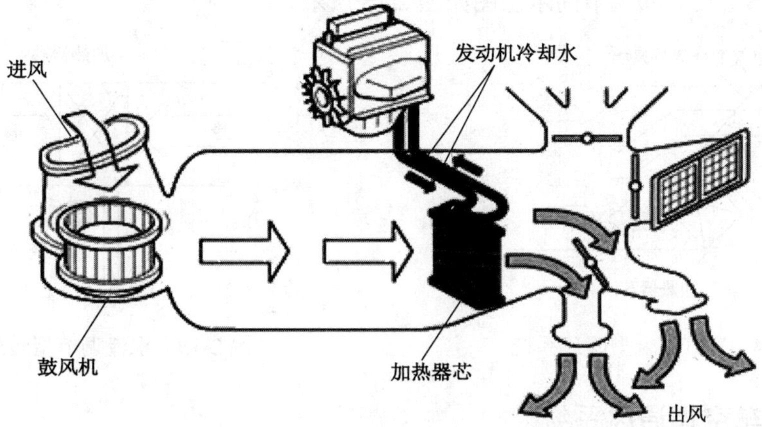

图 2-12　热水取暖系统的工作原理

发动机启动后，在温度未达到正常工作温度之前，节温器关闭水泵与散热器的通道，连通水泵与发动机冷却液出口通道，使发动机冷却液处于小循环状态，由于进入发动机的冷却液温度较高，从而使发动机温度迅速升高。当发动机温度达到正常工作温度（80~90℃）时，节温器接通水泵与散热器的通道，同时关闭水泵与发动机冷却液出口通道，冷却液通过散热器形成大循环。与此同时，部分高温冷却液进入加热器，并通过热传导和热对流将热量传递给周围的空气，再由鼓风机将加热后的空气吹入车内。在加热器中已释放了热量后的中温冷却液由水泵抽回发动机，如此循环进行采暖。

在通风装置中，由风机（鼓风机电动机）强制使空气循环运动。空气经由进风口被吸入，流经加热器时将被加热，并由出风口导出，进入车厢内实现取暖或为风窗除霜，如图 2-13 所示。

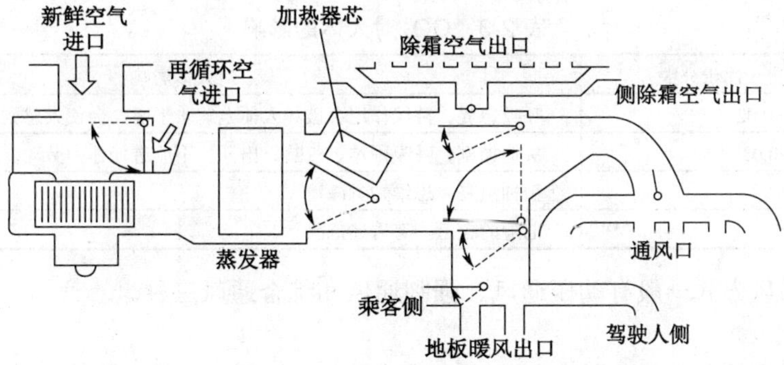

图 2-13　热水取暖系统的气流流向

3．热水取暖系统温度调节方式

就暖风系统而言，其温度的调节方式有两种：一种是空气混合型，另一种是水流调节型。

（1）空气混合型。

这种类型的暖风系统在暖风的气道中安装空气混合调节风门，这个风门可以控制通过加热器芯的空气和不通过加热器芯的空气的比例，实现温度的调节，目前绝大多数汽车均采用这种方式。其示意图如图 2-14 所示。

（2）水流调节型。

这类暖风系统采用水阀进行调节，通过水阀调节流经加热器芯冷却液的量，改变加热器芯本身的温度，进而调节温度。其调节的示意图如图 2-15 所示。

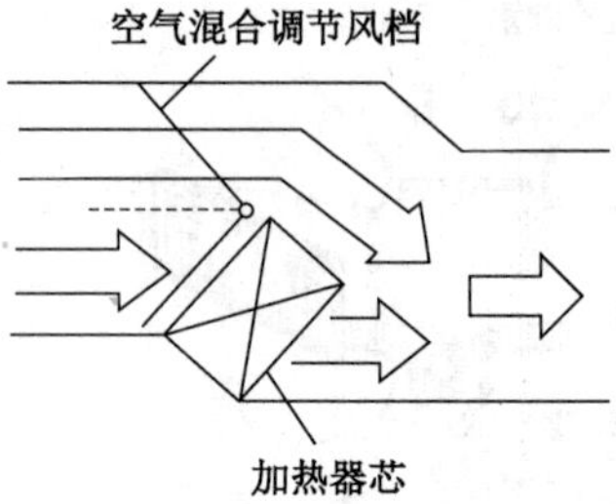

图 2-14　空气混合型暖风系统

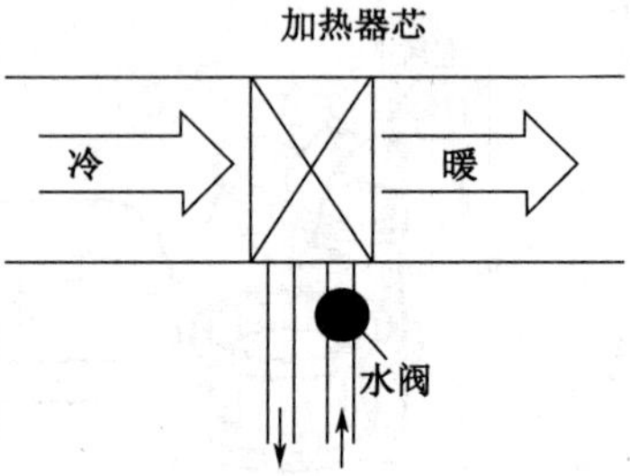

图 2-15　水流调节型暖风系统

2.2.4　汽车空调通风系统

将新鲜空气引入车内，取代污浊空气使车内空气质量得到改善的过程称为通风。

由于汽车车室内空间一般比较小，而人员往往较多，时间长了会使空气变得污浊。为了健康和舒适，汽车车室内空气必须符合一定的卫生标准，这就需要输入一定量的新鲜空气。新鲜空气进入量必须大于排出和泄漏的空气量，保持车内压力大于车外压力，目的是防止外面空气不经空调装置直接进入车内，而且能防止热空气排出，以及避免发动机废气通过回风道进入车内，污染空气。因此，对车室内进行通风换气及对车室内空气进行过滤、净化是十分必要的，汽车通风和空气净化装置也是汽车空调系统的重要组成部分。

根据我国对轿车、客车空调的新鲜空气要求，换气量按人体卫生标准最低不少于每人 $20m^3/h$，并且车室内的 CO_2 的体积分数一般应控制在 0.03%以下，风速在 0.2m/s 左右。CO_2 对人体的影响如表 2-3 所示。

表 2-3　CO_2 对人体的影响

空气中 CO_2 的含量（体积分数）	对人体影响
0.015～0.02	呼吸急促、持续作用会破坏人体电解质平衡，会使人感到轻度头痛
0.02～0.03	头痛加剧、呼吸困难、气喘、出汗，不能进行体力劳动
0.04	精神沮丧，思维知觉减退
0.05	危险的含量，有昏迷危险

汽车空调的通风方式一般有动压通风、强制通风和综合通风三种。

1．动压通风

动压通风也称自然通风，它利用汽车行驶时对车身外部所产生的风压为动力，在适当的地方开设进风口和排风口，以实现车内的通风换气。

进、排风口的位置取决于汽车行驶时车身外表面的风压分布状况和车身结构形式。进风口应设置在正风压区，并且离地面尽可能高，以免吸入带有汽车行驶时扬起的尘土的空气。排风口则应设置在汽车车厢后部的负压区，并且应尽量加大排风口的有效流通面积，提高排气效果，还必须注意到尘土、噪声及雨水的侵入。

图 2-16 所示为汽车行驶时车身的表面压力分布图。由图可见，车身外部大多受到负压，只有车前及前风窗玻璃周围为正压区。因此，轿车的进风口设在车窗的下部正风压区，为了避免发动机废气对空气的污染，用一条塑料管将室外新鲜空气直接引进空调器，而且此处都设有进气阀门和内循环空气阀门，用来控制新鲜空气的流量。一般在汽车空调系统刚启动，而且车内、外温差较大时，关闭外循环气道，采用内循环方式工作，这样可以尽快降低车内温度。排风口设置在轿车尾部负压区，动压通风时，车内空气的流动如图 2-17 所示。由于动压通风不消耗动力，且结构简单，通风效果也较好，因此，轿车大都设有动压通风口。

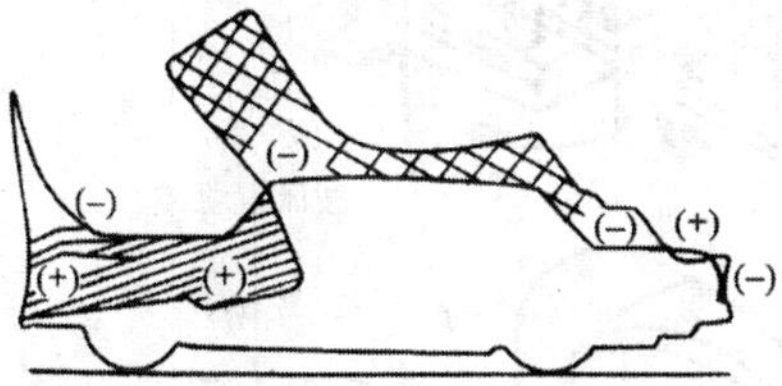

图 2-16 轿车车身表面的风压分布

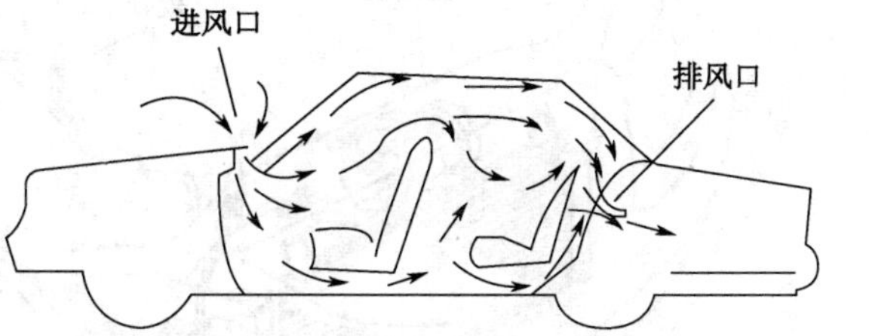

图 2-17 动压通风时风的循环

2. 强制通风

强制通风是利用鼓风机强制将车外空气送入车厢内进行通风换气的，如图 2-18 所示。这种方式需要能源和通风设备，在冷暖一体化的汽车空调上，大多采用通风、供暖和制冷的联合装置，将车室外空气与汽车空调冷暖空气混合后送入车内，此种通风装置常见于高级轿车和豪华旅行车上。

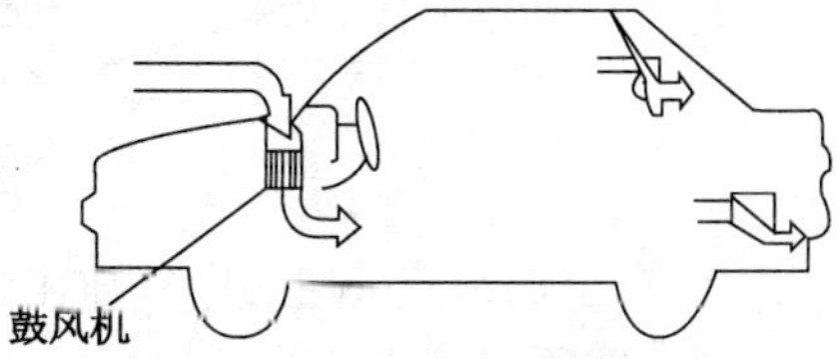

图 2-18 强制通风

3. 综合通风

如果将上述两种通风方式结合起来，就形成了综合通风方式，汽车在低速行驶时采用强制通风，高速行驶时采用动压通风，这样就保证了汽车在各种工况下都能保持良好的通风效果，同时也降低了功耗。

采用综合通风系统的汽车比单独采用强制通风或自然通风的汽车结构要复杂得多。最简单的综合通风系统是在自然通风的车身基础上，安装强制通风扇，根据需要可分别使用或同时使用。这样，基本上能满足各种气候条件下的通风换气要求。

综合通风系统虽然结构复杂，但省电、经济性好、运行成本低，特别是在春秋季节的天气，用动压通风导入凉爽的车室外空气，以取代制冷系统工作，同样可以保证舒适性要求。这种通风方式近年来在汽车上的应用逐渐增多，目前小型汽车上基本上都采用了综合通风的方式。

2.2.5 空气净化系统

汽车空调的空气净化包括车室外空气的净化和车室内循环空气的净化。车室外空气受到环境的污染，如粉尘、公路上汽车排出的废气（含有的 CO_2、CO、NO_X、SO_X、HC 和烟雾）；车室内循环空气受工作过程和乘员活动的污染，如发动机的废气通过车底的缝隙进入车室内及人体发出的汗臭、CO_2 等，对人体健康都会造成不利的影响，使人精神疲倦，容易造成行车事故，这些污染极大地降低了空调的舒适性能。因此，必须对汽车空调的车室内空气进行净化处理，图 2-19 所示为空调系统空气净化器的位置及结构。

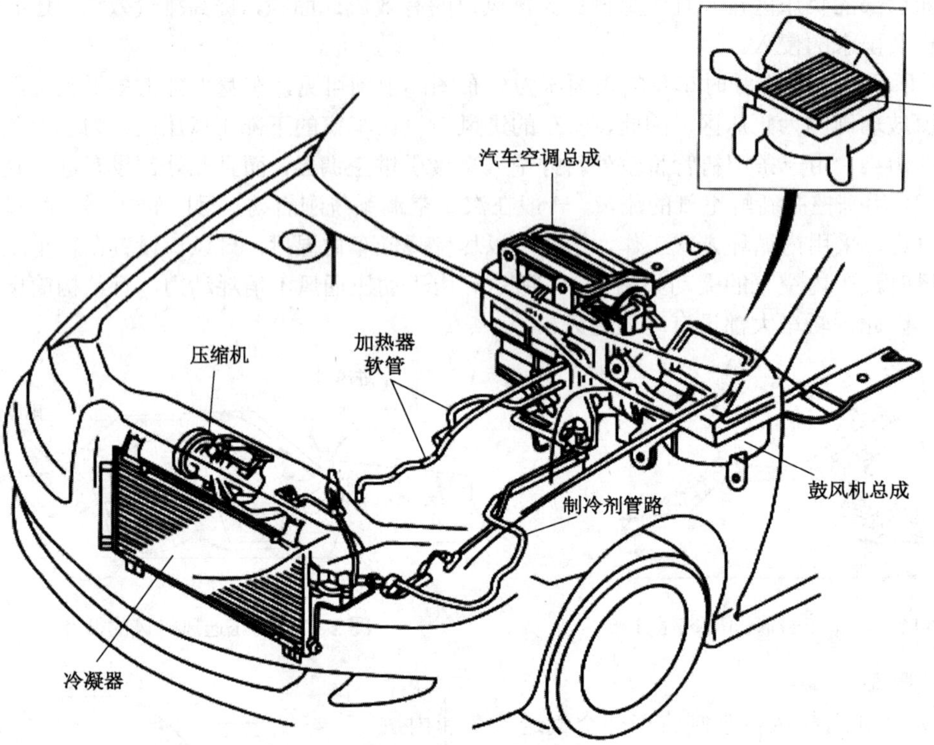

图 2-19　空调系统及空气净化器

汽车空调系统采用的空气净化装置通常有空气过滤式和静电除尘式两种。

1．空气过滤式

空气过滤式是在空调系统的送风口和出风口处设置空气滤清装置，它仅能滤除空气中的灰尘和杂物。其结构简单，只需定期清理过滤网上的灰尘和杂物即可，故广泛用于各种汽车空调系统中。空气过滤式的原理主要是对尘埃起筛滤作用和拦截作用，还有惯性作用和扩散作用。过滤除尘主要用无纺布、过滤纤维纸组成干式纤维滤清器和金属网格浸油滤清器。干式纤维滤清器中对于较大粒度的尘埃，由于惯性作用，来不及随气流转弯而碰撞到孔壁上，在重力作用下跌落下来；对于微小颗粒，在围绕交错的纤维表面作布朗运动时，和纤维接触而沉积下来，并且在与纤维摩擦中产生静电作用，被纤维吸附在其表面。其优点是简单、经济，缺点是气流阻力太大。

金属网格浸油滤清器是由多层金属网格组成的，沿气流方向分布孔径逐渐减小的金属网。空气过滤室下面有一个油槽，并用电动泵将油雾化喷在网格上。当尘埃随空气通过滤清器时，因多次曲折运动，总会碰撞到孔格上，并被油粘住，随油滴一起跌落到槽底。这种滤清器简单、经济、效果好。

2．静电除尘式

静电除尘式是在空气进口的过滤器后再设置一套静电除尘装置或单独安装一套用于净化车内空气的静电除尘装置。它除具有过滤和吸附烟尘等微小颗粒杂质的作用外，还具有除臭、杀菌、产生负氧离子以使车内空气更为新鲜洁净的作用。由于其结构复杂，成本高，因此只用于高级轿车和旅行车上。静电除尘式空气净化装置的空气净化过程如图 2-20 所示。预滤器装在最前端，用于过滤大颗粒的杂质。

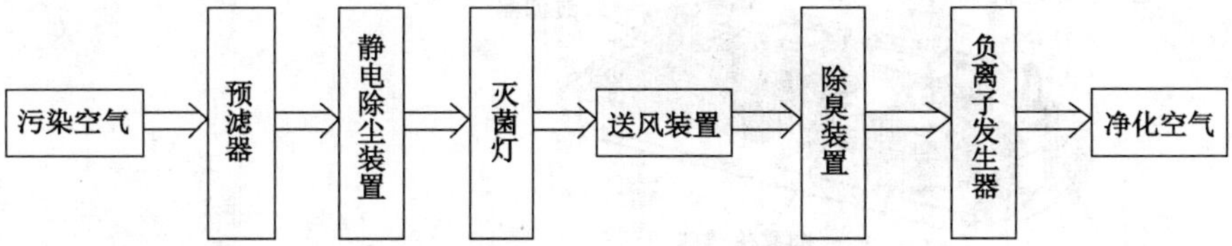

图 2-20 静电除尘式空气净化装置原理图

静电除尘器以静电除尘方式把微小的颗粒尘埃、烟灰及汽车排出的气体中含有的微粒吸附在除尘板上。它由电离部、活性炭吸附器、集尘部三部分组成，如图 2-21 所示。其工作原理是通过高压放电时产生的加速离子通过热扩散或相互碰撞而使浮游尘埃颗粒带电，然后在高压电场中库仑力的作用下，克服空气的阻力而被吸附在除尘电极板上。

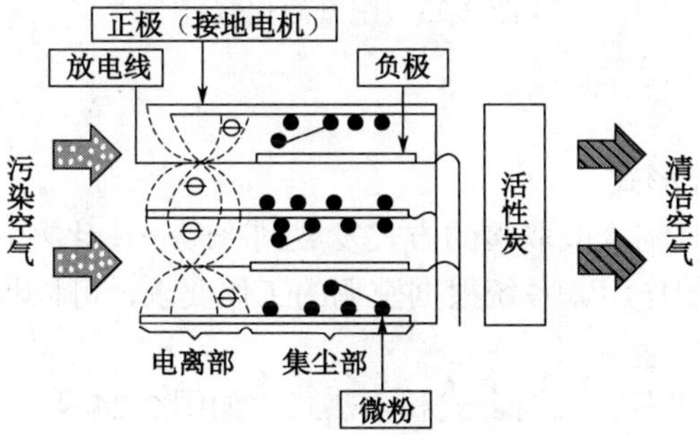

图 2-21 静电除尘原理

灭菌灯用于杀死吸附在除尘板上的细菌，它是一只低压水银放电管，能发射出波长为 353.7nm 的紫外线光，其杀菌能力约为太阳光的 15 倍。

除臭装置用于除去车厢内的油料及烟雾等气味，一般采用活性炭过滤器、纤维式或滤纸式空气过滤器来吸附烟尘和臭气等有害气体。图 2-22 所示为实用的静电除尘式空气净化装置结构示意图，它通常安装在制冷、取暖采用内循环方式的大客车上，其工作过程是：首先粗滤器除去空气中较粗的尘埃，再由静电除尘器吸附微细尘埃，通过活性炭过滤器除去烟和臭气，由负离子发生器供给负离子，最后由鼓风机将净化的空气送入车室内。净化后的空气清洁度很高，可以充分满足乘员对舒适性的要求。

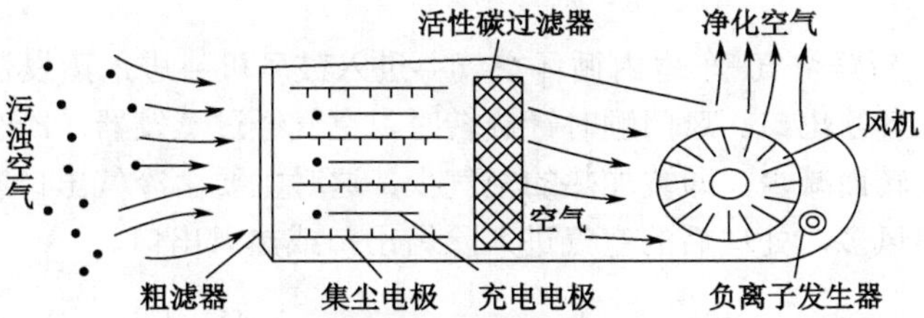

图 2-22 静电除尘式空气净化装置

有些车辆的空气净化系统在滤清器中加入活性炭，可吸收空气中的异味；有些车辆在净化系统中设有烟雾传感器，当传感器检测到车内存在烟气时，便通过放大器自动使鼓风机以高速挡运转，排出车内的烟气。这种净化系统如图 2-23 所示。

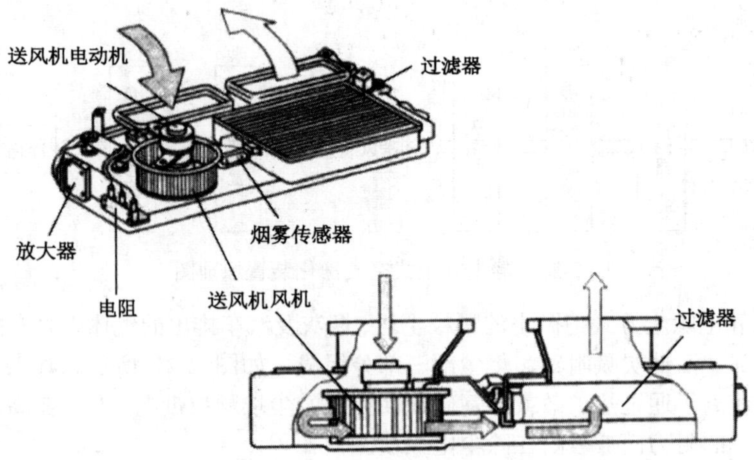

图 2-23　空气净化装置

2.2.6　配气系统

1．汽车空调的气流分配形式

目前，汽车空调已由单一制冷或取暖的方式发展到冷暖一体化方式，由季节性空调发展到全年性空调，真正起到空气调节的作用。系统根据空调的工作要求，可以将冷、热风按照配置送到驾驶室内，满足调节需要。

汽车空调的典型配气方式有空气混合式和全热式，如图 2-24 所示。

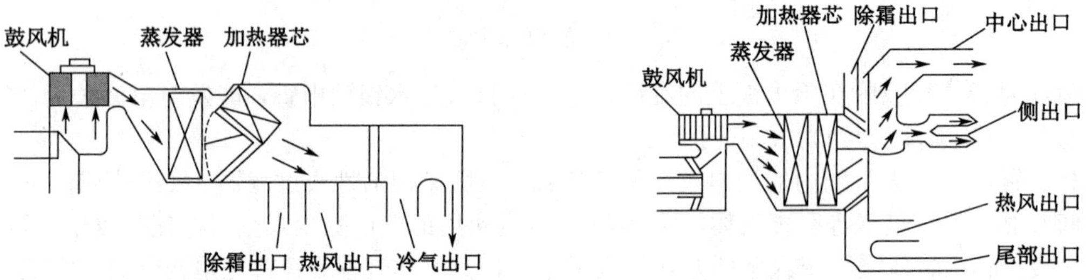

（a）空气混合式　　（b）全热式

图 2-24　汽车空调的典型配气方式

1）空气混合式

空调的工作过程：新鲜空气+车室内循环空气→进入鼓风机→进入蒸发器冷却→由风门调节进入加热器芯加热→进入各吹出口。风门顺时针旋转时，空气经过蒸发器（冷空气）后再进入加热器芯的空气量随着风门旋转而减少，即被加热的空气少，这时主要由冷气出口吹冷风。反之，风门逆时针旋转时，吹出的热风多，处理后的空气进入除霜出口或热风出口。

2）全热式

空调的工作过程：新鲜空气+车室内循环空气→进入风机→进入蒸发器冷却→全部进入加热器芯→由风门调节风量后进入各吹出口。从图 2-24 所示中可以看出，全热式与空气混合式温度调节的最大区别是：由蒸发器出来的冷空气全部直接进入加热器芯，两者之间不设风门进行冷、热空气的混合和风量的调节。

经过配气、温度调节后上述两种方式都能达到各吹出口要求的风量和温度，绝不是全热式仅出热风，而空气混合式出冷、热、温风。实质上无论哪种调温方式，都要按进入车室内的空气状态要求对空气进行冷却和升温处理。

2．汽车空调的气流组织过程

图 2-25 所示为汽车空调配气系统的基本结构，它通常由三部分构成：第一部分为空气进入段，主要由用来控制新鲜空气和车室内循环空气的风门叶片和伺服器组成；第二部分为空气混合段，主要由加热器、蒸发器和调温门组成，用来提供所需温度的空气；第三部分为空气分配段，使空气吹向面部、脚部和风窗玻璃上，主要包括中风门、下风门、除霜门和上、中、下风口。

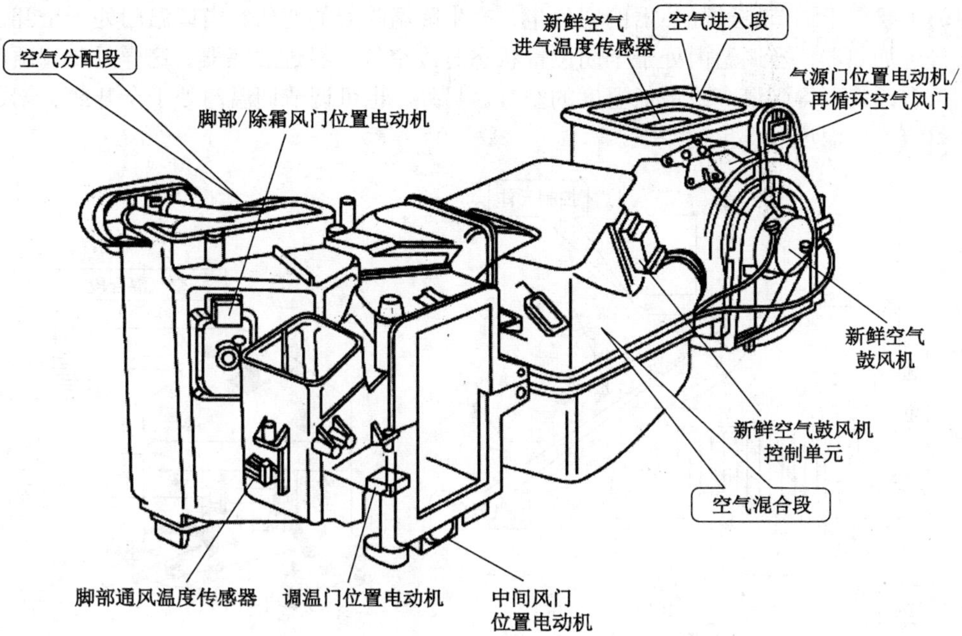

（a）

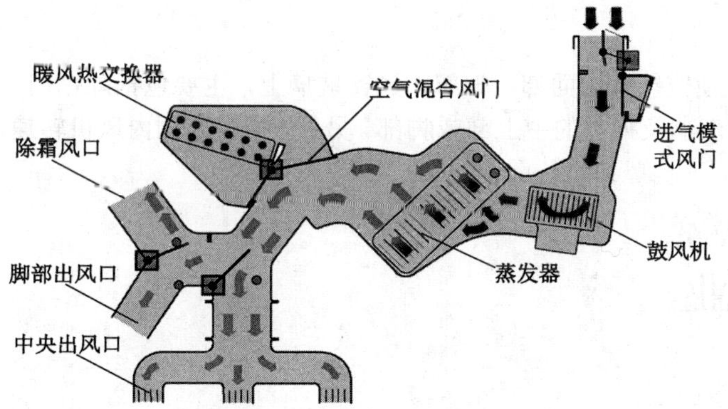

（b）

图 2-25　汽车空调配气系统

配气系统的控制是通过手动控制钢索（手动空调）、真空气动装置（半自动空调）或者电控气动装置（全自动空调）与仪表板空调控制键连接动作，执行配气工作的。

空调送风系统的工作过程：新鲜空气+车室内循环空气→进入风机→空气进入蒸发器冷却→由风门调节进入加热器的空气→进入各吹风口。

1）空气进入段

空气进入段主要由气源门和伺服器组成，用来控制车室内循环空气和室外新鲜空气进入。

如图 2-26 所示。风门用于控制新鲜空气和车室内空气的循环比例。例如，在夏季室外空气温度较高、冬季室外温度较低的情况下，尽量开小风门叶片，使压缩机运行时间减少。当汽车长时间行驶时，车室内空气质量下降，这时应定期开大风门叶片。一般汽车空调空气进入段风门开启比例为 15%～30%。

2）空气混合段

空气混合段主要由蒸发器、加热器和调温门组成，用来调节所需要温度的空气，如图 2-27 所示。调温门主要用于调节通过加热器的空气量，产生降温除湿的变化。当调温门处于全开位置状态时冷空气经过加热器，当调温门处于全闭位置状态时冷空气不经过加热器。这样只要调温门处于全开或全闭位置，就可得到最高或最低温度的空气。另外，也可调节调温门处于全开或全闭之间的不同位置，得到不同温度和湿度的空气。

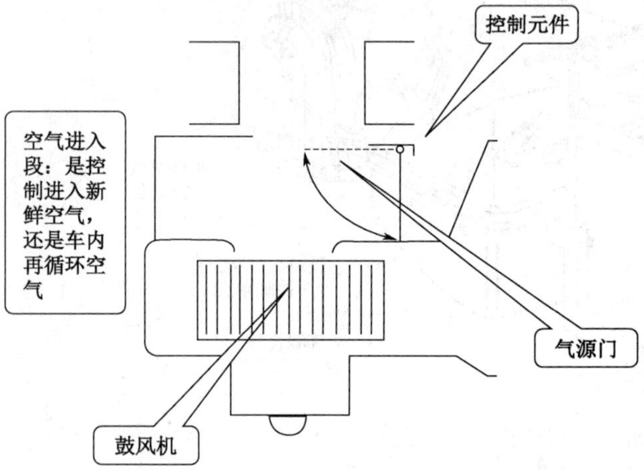

图 2-26　空气进入

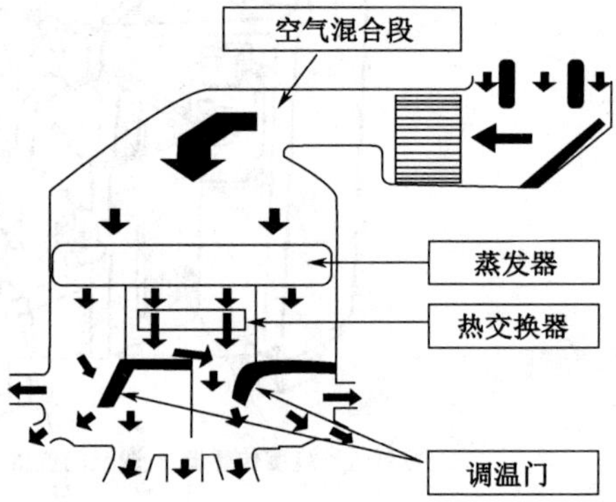

图 2-27　空气混合

3）空气分配段

空气分配段分别使空气吹向面部、脚部和风窗玻璃上，主要包括除霜门、中风门和下风门，可调节空调风吹向风窗玻璃及乘员的中上部或脚部。另外，控制空调内风机转速，调节空调风的流量，改变人体的感觉。

2.3　实训作业

【实训要求】

整车性能良好，汽车空调正常工作，汽车车型多样化的汽车实训场地。各种形式的暖风通风装置和部件；暖风通风系统拆装和维修的常用工具；教学中先进行空调无暖风的故障，然后指导学生动手操作。

【实训时间】

气温比较低的时候，以便体验汽车空调的暖风效果。

【教学要求】

将学生合理分成若干小组，每组共用一辆整车，教师按照入门指导、示范操作、巡回指导的步骤，引导学生进行正确的动手操作。

2.3.1 汽车空调通风装置的拆装和维修

1. 鼓风机单元的拆装

（1）拆下乘客下侧仪表板。

（2）拆下带支架的 ECM。

（3）断开风扇放大器接头和鼓风机电机接通。

（4）从鼓风机单元中拆下线束夹。

（5）拆下固定螺栓（2 个）和螺钉（1 个），如图 2-28 所示。

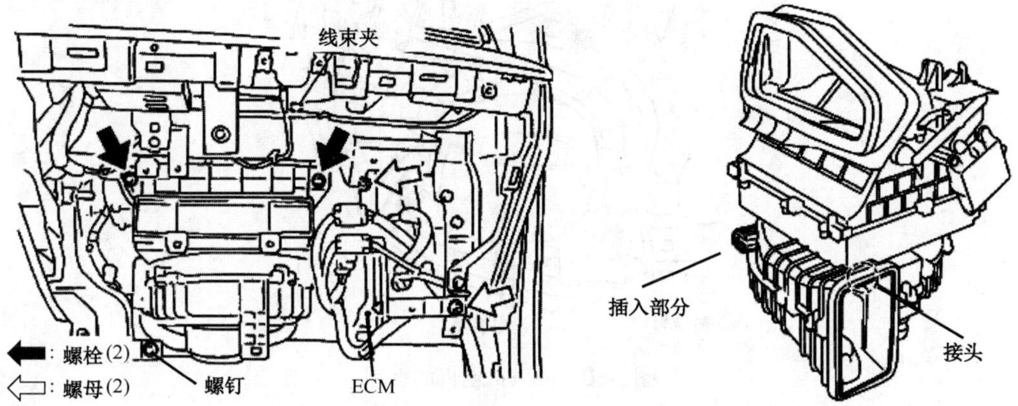

图 2-28 鼓风机的安装位置

注意，向右移动鼓风机单元，拆下定位销（1 个）和接头，然后向下移动鼓风机单元。

（6）断开进气门电机接头。

（7）拆下鼓风机单元。拆卸后各零部件如图 2-29 所示。

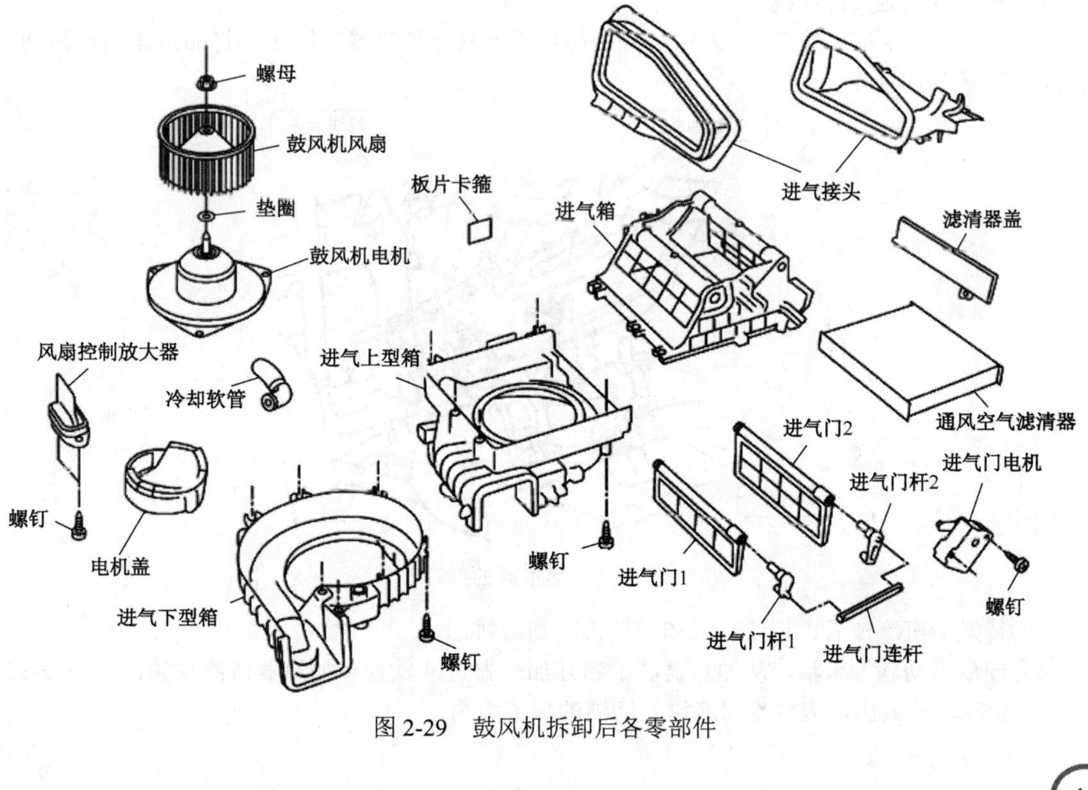

图 2-29 鼓风机拆卸后各零部件

安装步骤基本与拆卸步骤相反。

注意：确保定位销（1 个）和接头安装牢固。如果在解体鼓风机单元过程中损坏了固定片，需要使用 7 个螺钉（27111-2Y000）来组装鼓风机单元。

2．鼓风机电机的拆卸

（1）拆下乘客下侧仪表板。

（2）断开鼓风机电机接头。

（3）拆下固定螺钉，然后拆下鼓风机电机和电机盖，如图 2-30 所示。

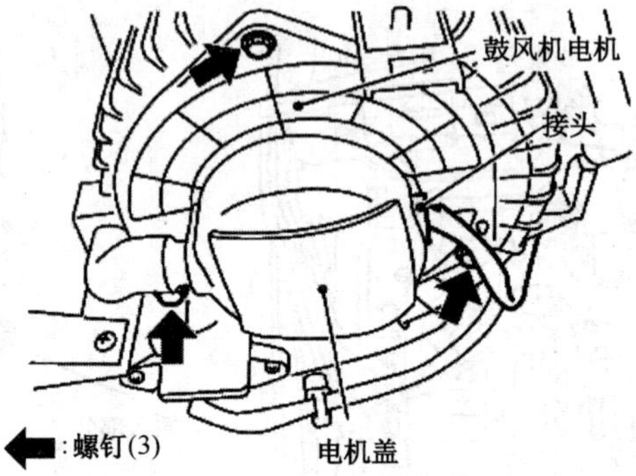

图 2-30　鼓风机电机的拆卸

安装步骤与拆卸步骤相反。

2.3.2　汽车空调加热器与热水阀的拆装和维修

下面以凌志 LS400 为例讲解汽车空调暖风系统加热器和热水阀的拆装与检修方法。

（1）断开蓄电池负极导线。

（2）松开拉线卡夹（发动机盖下方），从加热器上断开加热器阀拉线，将加热器阀臂转动至全开位置，如图 2-31 所示。

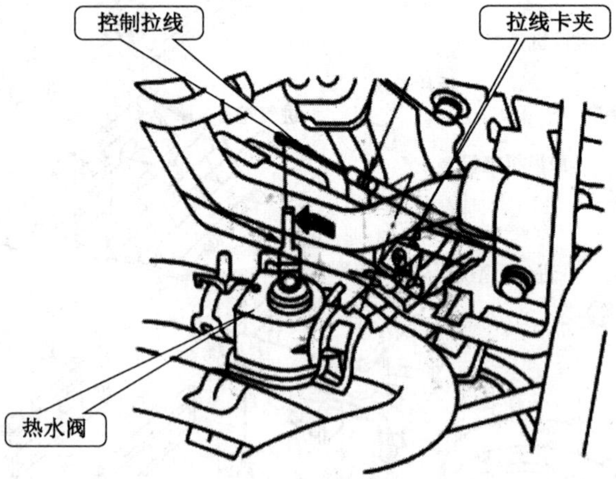

图 2-31　热水阀的拆卸

（3）待发动机冷却后，将散热器和发动机冷却液排出。

（4）向后滑动软管卡箍，从加热器芯上断开加热器进液软管和加热器排液软管，如图 2-32 所示。为防止冷却液流出，应将冷却液排入清洁的集液盘内。

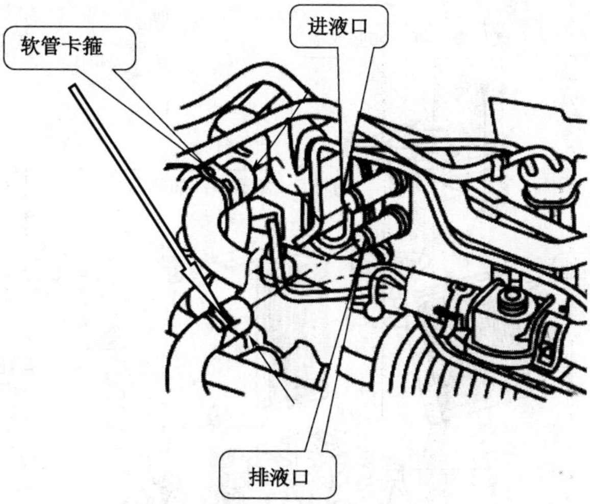

图 2-32 加热器软管连接

（5）拆下装配螺栓和热水阀如图 2-33 所示。拆卸时注意扭力的大小。

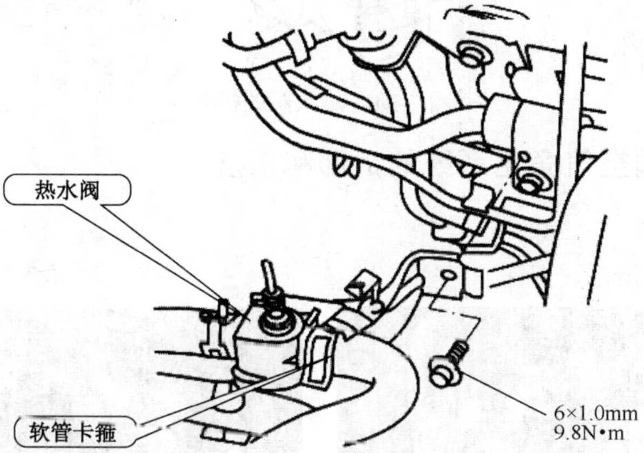

图 2-33 拆卸热水阀螺栓

（6）拆下加热器装置装配螺母。注意，不要损坏或弯折燃油管路和制动管路等。

（7）拆下仪表板。

（8）拆下鼓风机装置。

（9）断开排液软管，然后拆下装配螺栓、加热器导管和加热器装置。

（10）拆下自攻螺钉和膨胀阀盖，小心地拉出蒸发器芯子不要弯折进液管与排液管，再拆下自攻螺钉与凸缘盖，然后卸下橡胶护圈。注意，不要弯折进液管与排液管，如图 2-34 所示。

（11）按照与拆卸相反的顺序安装加热器芯子和蒸发器芯子。

（12）按照与拆卸相反的顺序安装加热器装置，并注意下列事项。

① 不要互换加热器进液软管和排液软管，并牢固地安装软管卡箍。

② 务必牢固地连接排液软管。

③ 向冷却系统内加注发动机冷却液。

④ 调整加热器阀拉线。

⑤ 确认无空气泄漏迹象。

⑥ 确认无冷却液泄漏迹象。

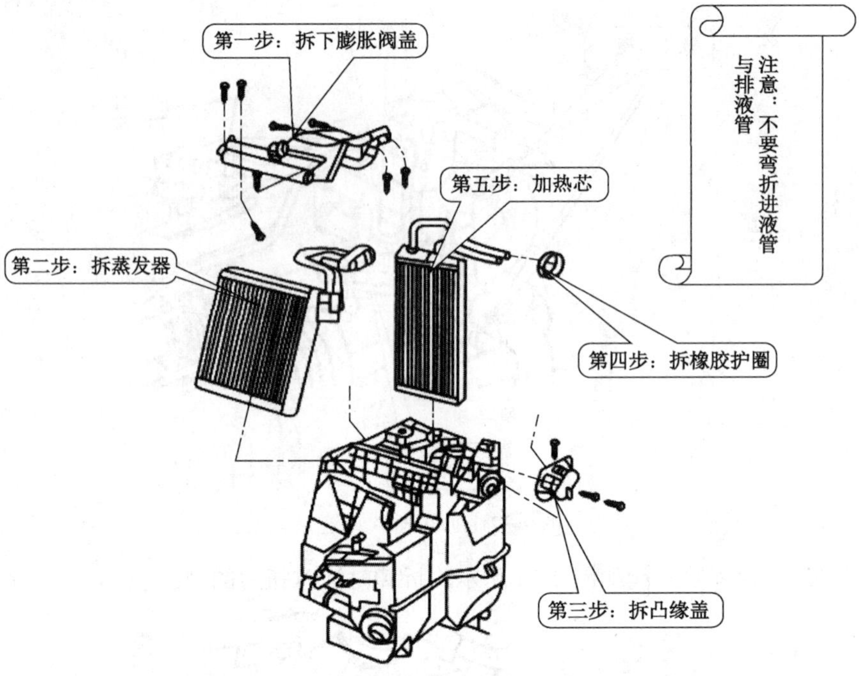

图 2-34　热水阀的拆卸

2.3.3　汽车空调空气净化系统的拆卸和清洗

1．空调滤芯的拆卸

拆卸过程如图 2-35 所示。

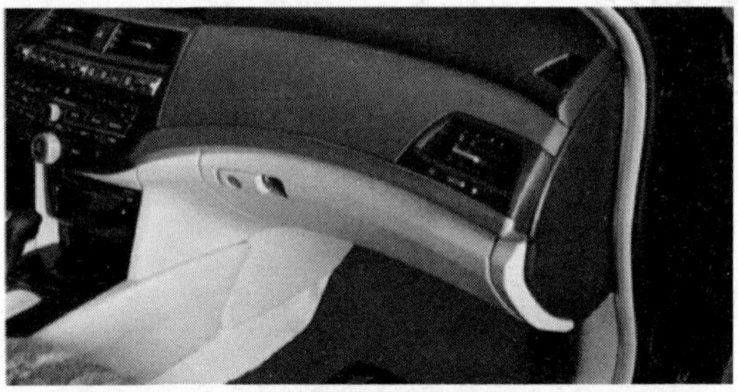

（a）打开副驾驶车门

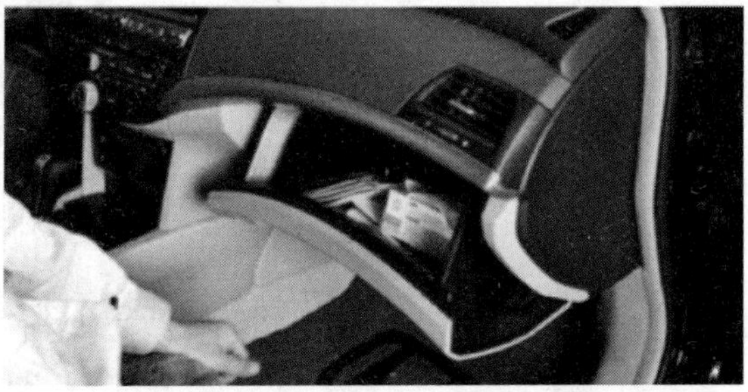

（b）打开副驾驶手套箱

（c）手套箱两边有 2 个小卡子，按住往后扣

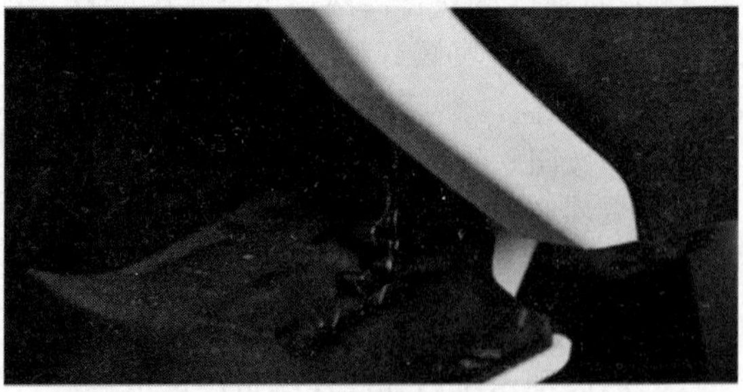

（d）扣完以后的样子

图 2-35　空调滤芯的拆卸步骤

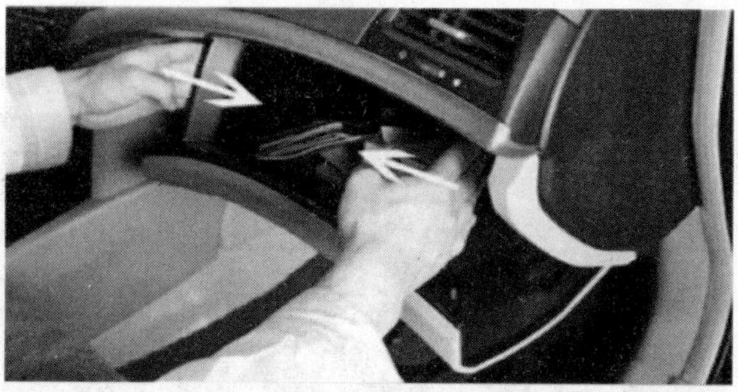

（e）双手按箭头方向按住手套箱，这时手套箱就能拆下

（f）里面有个黑色盒子，把两边卡子同时往里按，顺劲往外拉

（g）拉出的空调滤芯

图 2-35　空调滤芯的拆卸步骤（续）

2．空调滤芯的清洗（本田雅阁）

空调滤芯清洗方法如图 2-36 所示。

（a）先用吸尘器吸掉杂物和表面灰尘

（b）依然很脏，灰尘已经进到里面去了

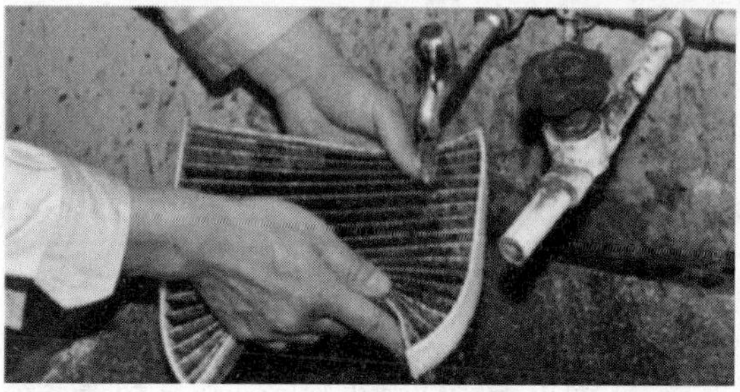

（c）然后从反面用小水量清洗

（d）清洗完的样子（自然风干）

图 2-36　空调滤芯清洗方法

3．拆洗空气滤芯

空气滤芯拆洗步骤如图 2-37 所示。

（a）打开空气滤芯的外罩

（b）罩子四周都有卡子卡住

（c）打开罩子，因空气从背面吸入，所以可以看到洁白的空气滤芯

（d）空气滤芯背面

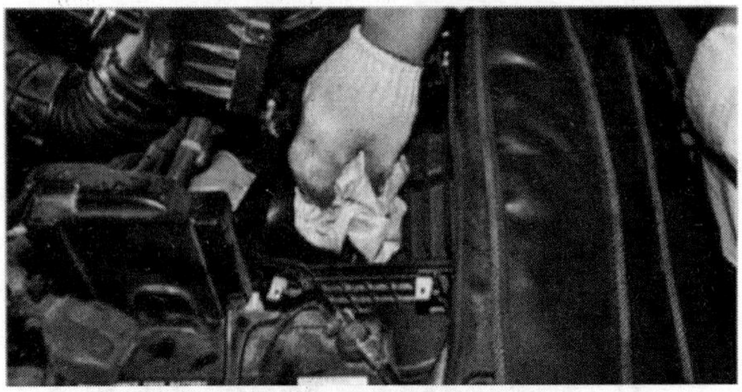

（e）进气口的灰尘必须要擦拭干净

（f）清洁后

图 2-37　空气滤芯拆洗步骤

注意： 空气滤芯的清洁，不能像空调滤芯那样用水去洗，因为空气滤芯大部分都是油质材料，油质滤芯洗完后过滤性会大幅下降，过滤颗粒也会加大，进入发动机后会得不偿失，所以除去表面脏物即可，若太脏还是应直接更换。

2.3.4　汽车空调系统的面板操作

1．手动空调控制面板的操作

各型汽车空调系统空气的调节与控制过程大同小异，下面以桑塔纳轿车冷暖一体化空调系统为例说明。桑塔纳 2000GSi 型轿车空调系统控制面板、空气通道及风门分布如图 2-38 所示。

1）控制开关的功用

通风方向控制键 14 控制空气的分布，故又称为空气分布控制键。控制键 14 向左拨动时，足部出风门 10 打开，出风口 E 送风，各出风口的位置如图 2-39 所示。

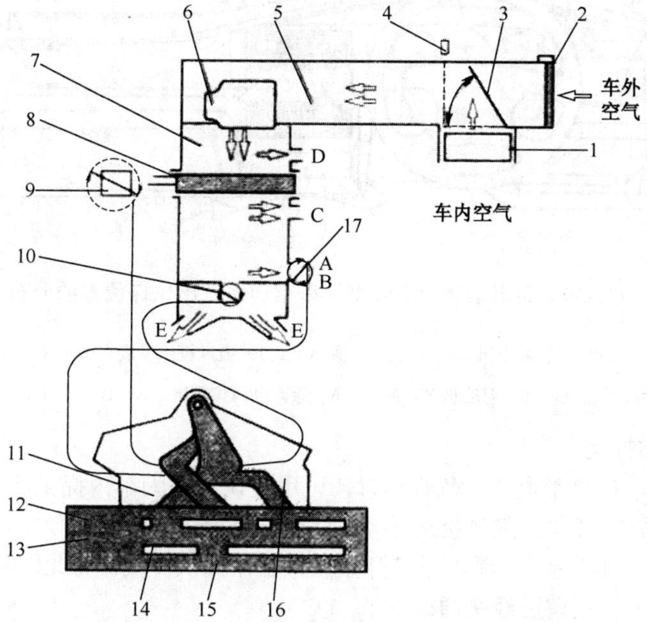

图 2-38 桑塔纳 2000GSi 型轿车空调系统控制面板、空气通道及风门分布

1—蒸发器；2—进风罩滤网；3—进风口转换风门；4—真空阀；5—进风罩；6—鼓风机；7—空气分布箱；8—暖风加热器芯；9—暖风阀；10—足部出风风门；11—操纵机构；12—空调开关；13—鼓风机风量旋钮开关；14—通风方向（空气分布）控制键；15—温度调节控制键；16—除霜风门控制键；17—除霜风门；A、B、C、D、E—出风口

除霜风门控制键 16 向右拨动时，除霜风门 17 打开，出风口 A、B 送风。通风方向控制键 14 和除霜风门控制键 16 向中间靠拢时，足部出风门 10 和除霜风门 17 均关闭，出风口 A、B、E 停止送风，此时出风口 C、D 送风量将增大。

温度调节控制键 15 用于调节暖风阀开度的大小，从而调节空气温度的高低，温控键 15 向右拨动时温度升高，向左拨动时温度降低，如此时空调开关接通，则冷气量将增大。

鼓风机风量旋钮开关 13 设有五个挡位，当开关旋钮转到“0”挡位时，如空调开关 A/C 接通，鼓风机只能以低速运转来防止蒸发器表面温度过低而结冰或冻坏蒸发器。

空调 A/C 开关接通时，开关内部的指示灯将发亮，指示空调 A/C 开关已经接通。提醒驾驶员及时接通鼓风机开关使鼓风机运转送风，防止空气流量过小导致蒸发器表面温度过低而结冰或冻坏蒸发器。

桑塔纳 2000GSi 型轿车空调系统出风口的位置分布如图 2-39 所示。未经加热的新鲜空气和经过制冷系统制冷后的冷气均可从各个出风口 A、B、C、D、E 送入车厢内，其中，出风口 A、B、C、E 还可送出暖风。从后座出风口供出的空气与出风口 E 供出的空气均通过操作通风方向控制键 14 进行调节。出风口 C 和 D 旁边和中间还设有调节送出空气气流大小和方向的滚花盘调节旋钮，可以单独调节送出空气气流的大小和方向。转动出风口 C 和 D 旁边的纵向滚花盘旋钮时，可以调节送出空气气流的大小，但在出风口 C 和 D 输送冷气时，其中必须有一个保持打开，以免造成制冷系统结冰而损坏制冷部件。转动出风口 C 和 D 中间的横向滚花盘旋钮时，可以调节出风叶片的偏转角度来改变送出空气气流的方向。

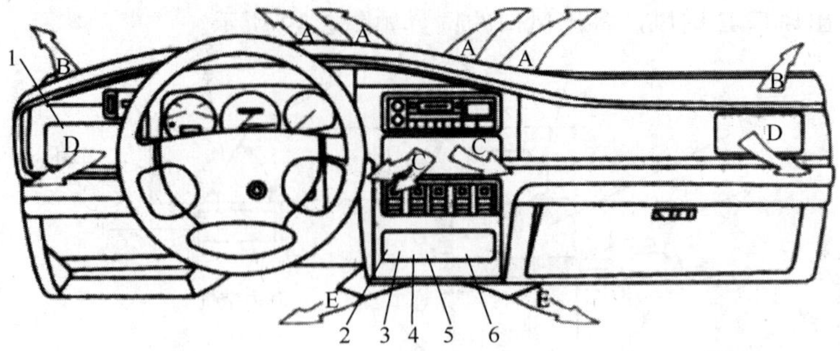

图 2-39　桑塔纳 2000GSi 型轿车空调系统出风口位置的分布

1—仪表板出风口；2—空调开关 A/C；3—鼓风机风量旋钮开关；
4—通风方向控制键；5—温度调节控制键；6—除霜风门控制键；A、B、C、D、E—出风口

2）空气的调节与控制

（1）冷气的调节。在夏季炎热天气行车时，可用空调系统为车内提供冷气降温。使用空调时，首先转动鼓风机风量旋钮开关使鼓风机运转，然后单击空调 A/C 开关，使空调电磁离合器线圈电路接通，发动机便带动压缩机运转，制冷系统开始循环工作提供冷气，与此同时，空调 A/C 开关内的指示灯发亮，提醒驾驶员空调已经接通。

接通空调 A/C 开关、制冷系统提供冷气后，便可根据冷气温度要求调节温度调节控制键来选择车内乘员需要的冷气温度，同时转动鼓风机风量旋钮开关所处挡位来调节鼓风机转速，即冷气气流的大小。

如果前排乘员对冷气气流大小或方向感觉不满意，则可转动图 2-39 所示的出风口 C 和 D 旁边或中间的滚花盘旋钮进行调节，并保证出风口 C 和 D 中有一个保持打开状态，以免造成制冷系统结冰而损坏制冷部件。

如果仅用通风就能达到所需温度要求，则应关闭空调开关 A/C 使制冷系统停止工作，以便延长制冷系统的使用寿命。

（2）最大冷气量的调节。在炎热的夏季或车内温度较高、需要供给较大冷气量来降温时，首先启动发动机使其运转，然后打开空调 A/C 开关，使压缩机运转制冷提供冷气，再关闭所有车门，并将温度调节控制键拨到最左端（温度最低一端），鼓风机风量旋钮开关旋转到“4”挡（最高挡），通风方向控制键向右移到最右端，除霜风门控制键向左移到最左端，前排乘员需要的冷气气流大小和方向还可调节出风口 C 和 D 旁边或中间的滚花盘旋钮进行调节。注意，必须保证出风口 C 和 D 中有一个出风口保持常开，以免造成制冷系统结冰而损坏制冷部件。

（3）车内取暖。汽车冷暖一体化空调系统普遍采用了利用发动机冷却液的余热来提高车内空气温度的非独立式采暖系统，其采暖方法是先将发动机冷却液引入暖风加热器芯中，然后利用鼓风机将已被加热的空气送入车厢内，使车厢内空气温度升高来满足车内乘员取暖要求。因此其暖风系统一般都是在发动机冷却系统的基础上，增设鼓风机（与制冷系统公用）、暖风加热器芯和暖风阀等部件组成。

桑塔纳 2000GSi 型轿车冷暖一体化空调系统用鼓风机和暖风加热器芯在空调箱中的安装位置如图 2-38 所示，暖风加热器芯通过进水口和出水口与发动机冷却液管路连接。提供冷气的蒸发器和提供暖气的暖风加热器芯安放在同一个送风通道内，控制加热器芯进水量的暖风阀由控制面板上的温度调节控制键控制。当发动机正常工作、冷却液温度达到正常工作温度（95℃）后，即可接通空调鼓风机取暖。

在冬季环境温度较低、车内乘员需要取暖时，先将通风方向控制键拨到左端，使图 2-38 所示中足部出风门 10 打开，以便出风口 E 输送暖风；将除霜风门控制键拨到右端，使除霜风门 17 打开，以便出风口 A、B 输送暖风；调节图 2-39 所示中出风口 C、D 旁边的纵向滚花盘旋钮，使出风口 C 打开、出风口 D 关闭。然后根据取暖温度需要，将鼓风机风量旋钮开关旋转到“2”挡位置即可得到暖风取暖。

当车内温度达到所需温度后，通风方向控制键保持在左端，将除霜风门控制键向右拨到全行程的 2/3 位置，温度调节控制键向右拨到空气温度适宜位置，鼓风机风量旋钮开关旋转到“1”挡位置，调节出风口 D 旁边的滚花盘旋钮，使出风口 D 打开输送新鲜空气，这样可以得到新鲜舒适的暖风。

（4）车内通风。在春秋两季期间行车时，可用空调系统对车内进行强制通风换气。将温度调节控制键拨到最左端，以便关闭暖风阀。然后接通鼓风机风量开关，各出风口均可供给新鲜空气。当通风方向控制键和除霜风门控制键都拨到中间位置时，出风口 C、D 的出风量最大。

（5）风窗及侧窗除霜。当风窗及侧窗需要除霜时，将所有控制键拨到右端，鼓风机风量开关转到“2”挡位置，关闭出风口 C、D，即可达到除霜的目的。

当空气潮湿、风窗及侧窗玻璃上结雾需要除去时，将温度调节控制键和除霜风门控制键拨到右端，鼓风机风量旋钮开关转到“2”或“3”挡位置，温度调节控制键向右拨到暖风区域，关闭出风口 C、D，即可达到除雾的目的。

2．全自动空调系统控制面板的操作

汽车空调配气系统各风门的位置变化主要由拉索操纵机构、真空操纵机构或电动机伺服装置控制，而上述操纵机构又受驾驶室面板功能键的控制。目前控制面板可分为人工控制面板和自动控制面板。对于不同类型的汽车空调，人工控制面板的控制键和形式有所不同，但它们的控制内容基本相同。

下面以本田奥德赛轿车为例，说明全自动空调系统的操作，空调控制面板如图 2-40 所示。

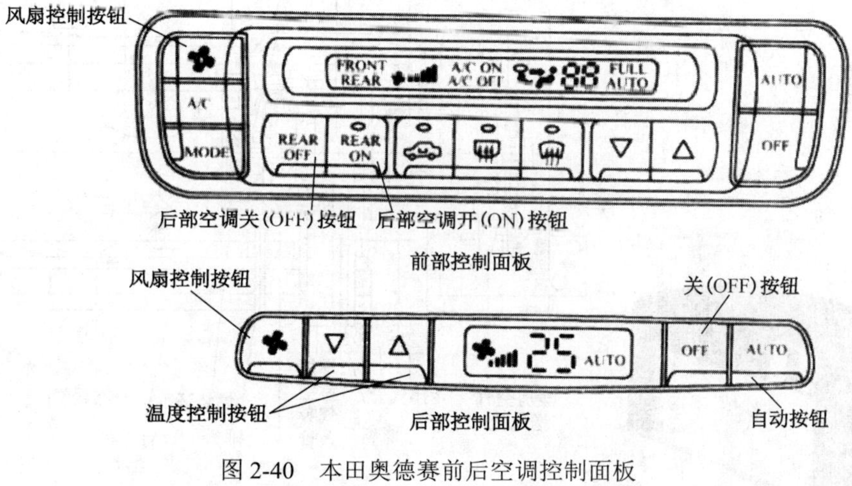

图 2-40　本田奥德赛前后空调控制面板

要将车内空气环境设定成全自动控制模式，按 AUTO 按钮，然后再按温度控制按键△或▽来设定所希望的温度，这时显示屏将显示“全自动”（FULL AUTO）字样；内循环按键上的指示灯也会显示所选择的是内循环模式还是新鲜空气模式。

在上述操作之后，本系统将自动选择经空调处理过的和（或）加热过的空气适当混合，这样就可以快速地将车内温度从现有水平升高或降低到所设定的温度。但是，当所设定的温度为下限温度（18℃）或上限温度（32℃）时，系统将只能以“全冷气”或“全暖气”方式运转，而不能对车内温度进行调节。只有当设定温度在 18℃<t<32℃之间时，全自动空调才会将车内温度调控到所设定的温度范围内。

在寒冷季节里，冷凝器风扇和散热器风扇将在驾车行驶一段时间及暖风装置开始产生暖气流后（冷却液温度高于 93℃）才开始自动运转。

如果按 OFF 按钮，则完全关闭车内空气环境控制系统。此系统只能短时间完全关闭，为了避免室内污浊空气的蓄积，应当一直保持鼓风机（室内）处于运转状态。

2.4 知识拓展

大型豪华旅游车、客车及寒冷地区使用的汽车，常常采用独立热源式采暖系统。独立热源式采暖系统可分为独立热源式气暖系统和独立热源式水暖系统。它们都是通过在燃烧器内燃烧燃料产生的热量加热空气或水，然后将带有热量的介质输送到车厢内提高其空气温度，燃烧后的气体在热交换后排出车外，对车内空气无污染。

2.4.1 独立热源式气暖系统

目前大客车普遍采用独立热源式气暖系统，其热容量大，热效率可达 80%。一般可使用煤油、轻柴油为燃料。独立热源式气暖系统一般由燃烧室、热交换器、供给系统及控制系统组成，如图 2-41 所示。

（a）外观形状

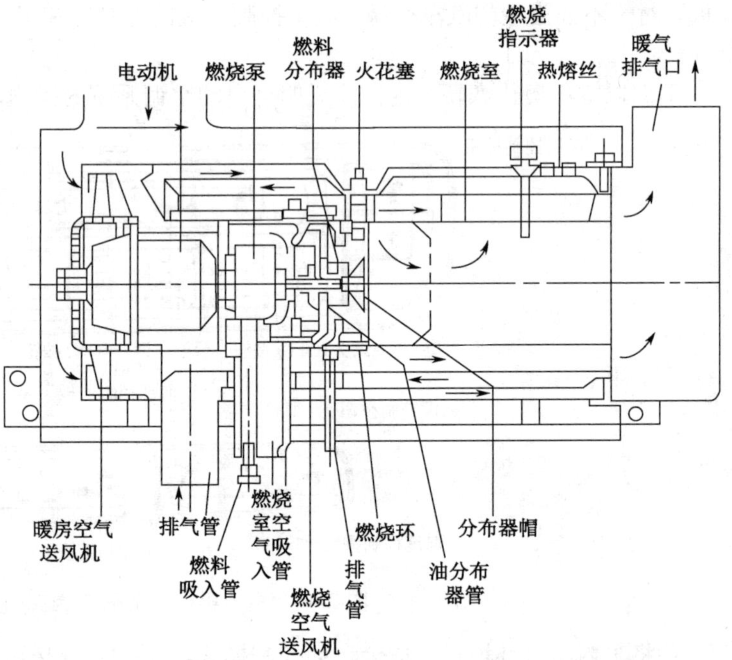

（b）内部结构

图 2-41　独立热源式气暖系统

1．燃烧室

燃烧室由燃料管、火花塞和环形雾化器、燃料分布器等组成。环形雾化器直接装在风扇电动机的轴上，依靠离心力和空气的切向力将油雾化、混合，在火花塞点火引燃下，在燃烧器上部燃烧。燃烧室温度可达 800℃，所以要求燃烧室的材料能耐高温，不起氧化皮，一般采用耐热不锈钢制造。

2．热交换器

热交换器是暖气设备的关键部件，紧靠在燃烧室后端，由双层腔室构成，中心是燃烧室，包围燃烧室的第一层空腔通过加热的空气，第二层空腔通过燃烧的气体，燃烧后的气体流向排气腔。燃料燃烧的热量通过金属隔板加热空气，加热后的空气经暖气室被送往车室内。为防止燃烧室中的燃气漏入热交换器外腔，要求热交换器的内、外腔室密封性好、不能漏气。

3．供给系统

供给系统包括燃烧供给系统、助燃空气供给系统、被加热空气供给系统三部分。燃烧室内空气供应和燃料泵都是由风扇电动机来驱动的。燃料泵从油箱中抽取燃油，经过滤器、吸入管到油泵，送入环形雾化器后和空气混合燃烧。空气是依靠鼓风机吹向加热器夹层的。

4．控制系统

控制系统有手动和自动控制两种，用来控制电动机、电磁阀、点火器及自动控制元件等的工作，如火焰感温器、过热保护器、定时继电器等。当加热器的暖风出口温度超过设定值 180℃时，过热保护器工作，使继电器自动切断油泵电磁阀的电源，油泵停止供油，加热器停止燃烧。空气温度过高，说明加热器工作时间太长，车内暖风会过热。过热的高温使空气中的水分蒸发而变得很干燥，会使驾驶员和乘员感到很不舒服。由于加热器工作时燃烧室的温度非常高，为保护燃烧室不被烧坏，当停机时应先关油泵，停止燃烧器燃烧，而通风机仍继续运转，带走燃烧室内的热量，直到感温器指示内部温度已达到正常温度时方可关闭通风机。

2.4.2 独立热源式水暖系统

独立热源式水暖系统的工作原理与气暖式基本相同，其加热介质是水不是空气，水泵代替了风扇。水暖式的最大优点是不仅可以为车室内供暖，而且还可以预热发动机的冷却液、润滑油以利于冬季发动机启动，待发动机启动后，再将被加热的水送往车室内的暖风散热器。

水暖式散热器一般是管带式或管片式结构，为了增加其散热能力，水管上套有铝带或焊有铝翅片，管子内部流动着循环的热水，车室内的冷空气流经散热器吸收其热量后被吹向车室内，如图 2-42 所示。

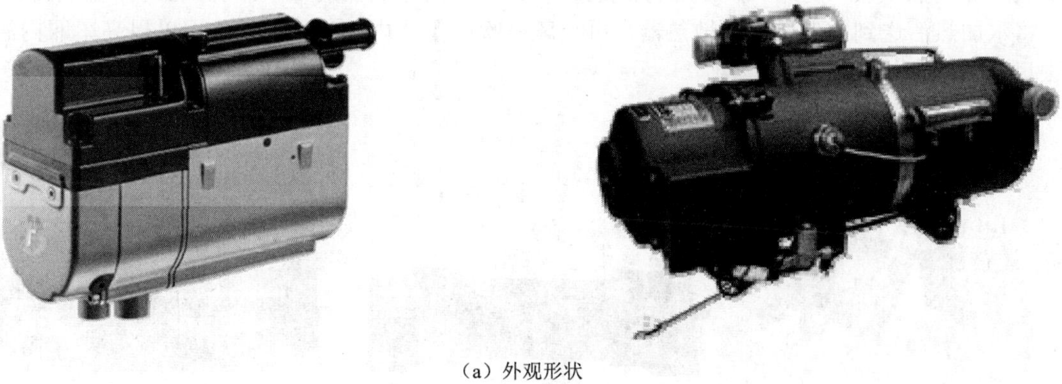

（a）外观形状

图 2-42 水暖式散热器

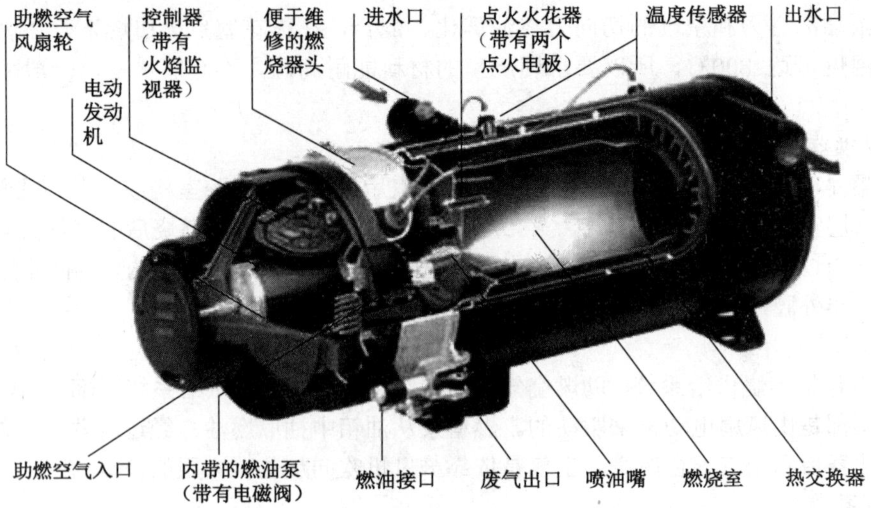

（b）内部结构

图 2-42　水暖式散热器（续）

2.4.3　其他采暖系统

电动汽车具有悠久的历史，存在的时间其实并不比内燃机汽车短。早期的电动汽车由于受到蓄电池等因素的限制，其发展速度较慢。随着科学技术的不断进步，以及人们对于绿色环保的要求，电动汽车已开始进入快速发展的阶段。

电动汽车空调的供暖系统热源，因电动汽车的形式差别有所不同。混合动力汽车虽然有发动机，但是车辆行驶时发动机可运行或不运行，如电动车可单纯利用电力驱动行驶，不以发动机为动力，而且纯电动汽车没有发动机，所以有的电动汽车空调采用传统发动机循环冷却水作热源，而当发动机不运转时，则由半导体 PTC 元件加热，或由储热水罐供热。

1．PTC 元件供热

PTC 是一种直热式电阻材料，通电时将会产生热量，可供空调制热，如图 2-43 所示。如有的电动汽车空调内部有 8 条 PTC 发热元件，由空调驱动器将蓄电池高压电源向每条发热元件供电，功率可达 300～600W，用于对冷空气或冷却液的加热。前期的制热装置采用 PTC 发热条，直接将冷空气加热为热空气，再用风机吹出热气的方式。为提高制热器的效率，现在的制热多采取水为介质，将水加热后送到空调风道的散热器，再经风机吹向车厢内或风窗玻璃，用以提高车厢内温度和除去风窗玻璃上的霜雾。

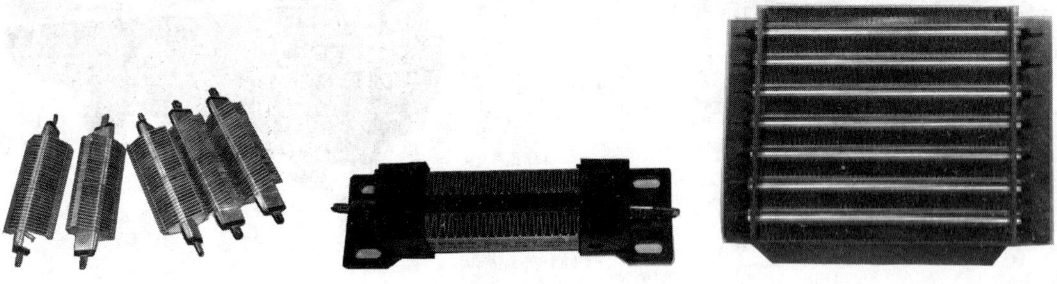

图 2-43　PTC 元件

PTC 电阻是一种具有正温度敏感性的典型半导体电阻，它可作为发热元件，也可用作热敏开关，还可用于检测温度，但是汽车上的温度传感器则用负温度系数的NTC材料。

PTC元件具有热敏特性，刚对元件通电时，其电阻会随着温度的升高而呈现缓慢下降的趋势，也就是其常温下的发热量较低。而当温度超过“居里点温度”时，它的电阻值会随着温度的升高呈阶跃性的增高，在狭窄温度范围内，如达到250℃温度时，其电阻值会急剧增加几个至十几个数量级，即电阻变得极大，这就是所谓非线性PTC效应。吹出气体的温度最高可达85℃，完全可满足空调制热的要求，如果高于85℃时则PTC电阻变得极大，实际表现为自动停止工作。作为加热用的陶瓷PTC元件，具有自动恒温的特性，可省去一套复杂的温控线路，而且其工作电压可高达1000V，可直接由电池的高压供电。

利用PTC热敏电阻制成的加热器为电动汽车车室内供暖时，虽然具有恒温发热、无明火、温升速度快、成本低、使用寿命长、绿色环保、不需要控制系统等优点，且不需要改动暖风机总成的壳体，但是能耗较高。当车室内要满足除霜、取暖等相关法规要求时，PTC需要达到3kW以上的功率。这样不仅会对蓄电池产生较大的影响，同时还会产生异味，存在安全隐患。由于PTC加热器是直接将电能转化为热能的取暖装置，其最大能效比仅为1。

2．储热罐供热

现在混合动力汽车所配置的发动机，多采用阿特金森循环，其特点是膨胀做功行程大于压缩行程，使热效率比普通发动机的奥托循环要高。提高发动机的经济性应是重点，这就要求发动机应始终可靠地在经济转速下运行，发动机节省燃油，提高经济性，比提高发动机的动力性更重要。由于混合电动汽车运行特点，要求发动机的工况比较单一，既要回避怠速热车及小功率的运转，也不需要大功率的产出，所以应在中负荷下运行。为加速发动机的快速启动及热机过程，一般采用“储热罐”技术，利用储热罐将发动机运转时循环冷却液储存起来，冷启动有一定的预热作用，可缩短热机过程。这种绝热的储热罐容量较大，放置在前保险杠内侧，能长时间保持较高的温度，一般能保温三天时间。可利用储热罐的热量供给空调稳定的热源，有专用的电动泵将热水泵置入空调散热器。

复习与思考题

1．简述汽车空调供暖系统的分类。
2．试述汽车空调采暖系统的工作原理。
3．汽车空调有哪几种通风方式？
4．简要介绍汽车空调的气流组织过程。

3

项目 3　汽车空调完全不制冷故障检修

项目描述

汽车空调完全不制冷是汽车空调的常见故障之一，该项目以汽车空调完全不制冷故障为载体，通过对汽车空调完全不制冷故障检测和维修过程的学习和实施，使读者在掌握汽车空调制冷系统的结构与工作原理的同时，具备对上述故障进行分析与排除的能力，学会使用汽车空调制冷系统制冷剂检漏和加注的常见设备。

汽车空调完全不制冷故障，往往是制冷系统的制冷剂完全泄漏造成的，本项目主要针对制冷系统的制冷剂完全泄漏问题来讲解相关的知识，并训练解决此问题所需的相应能力。

知识目标

1. 理解汽车空调制冷系统的作用、组成和工作路线。
2. 理解汽车空调制冷系统两种类型（膨胀阀和孔管）的工作原理。
3. 掌握汽车空调制冷系统的各种检漏方法和各种检漏仪的正确使用方法。
4. 掌握汽车空调制冷剂的回收专用设备的正确使用方法。

技能目标

1. 能对汽车空调制冷系统进行常规的基本检查。
2. 能对汽车空调制冷系统进行各种检漏方法的操作。
3. 能正确使用汽车空调制冷剂的回收专用设备。
4. 熟练掌握汽车空调制冷系统加注制冷剂的各项操作。

重点掌握内容：汽车空调系统的检漏和制冷剂加注，汽车空调维修专用设备的使用。

3.1 接待登记

维修接待人员应具有良好的形象气质和较强的组织协调能力，并善于和客户进行有效的沟通，表现出对顾客的关注与尊重，体现出高水平的业务素质。

在接待过程中，维修接待人员有两项重要工作要做：一是填写接车问诊登记表（又称接车检查单），二是签订维修施工单（又称任务委托书、维修任务委托书或委托维修合同）。

1．填写接车问诊登记表

为避免顾客在提车时产生不必要的误会或纠纷，在客户车辆进入维修车间前，维修接待人员必须与顾客一起进行环车检查。环车检查的主要内容包括车辆外观是否有漆面损伤、车窗玻璃是否完好、内饰是否有脏污、仪表盘表面是否有损坏、随车工具附件是否齐全、车内和后备箱是否有贵重物品等。检查完成后，填写接车问诊登记表并经顾客签字确认。接车问诊登记表如表 3-1 所示，一般一式两份，一份交顾客保管，一份由企业保管。

2．维修施工单

维修施工单（又称任务委托书、维修任务委托书或委托维修合同）是顾客委托服务企业进行车辆维修的合同文本。

维修施工单的主要内容包括顾客信息、车辆信息、维修服务企业信息、维修作业任务内容、附加信息及顾客签字，如表 3-2 所示。

维修施工单一式三份，其中一份交给顾客，作为顾客提车时的凭证，以证明顾客曾经将该车交付维修企业维修，顾客结算提车时收回或盖章（“已提车”字样）；企业自用两份，一份用于维修车间派工及维修人员领料使用，另一份留底保存，以便查对。

根据车辆维修项目的不同，维修施工单的内容也有所不同。车辆如果只是进行一级维护，则接待人员可以直接同顾客签订维修施工单。车辆如果需要进行故障修理，则应对顾客车辆进行技术件检查和初步故障诊断，验证故障现象，必要时需请技术人员和顾客一起试车检验或用仪器检测。根据检测诊断结果，拟订维修方案，初步估算修理工时费用、材料费用及其他费用，预计完工时间，打印好任务委托书，并请顾客签字确认。

维修接待人员同顾客签订维修施工单时需同顾客解释清楚维修施工单的内容。重点解释说明维修项目、估算修理工时费用、材料费用、其他费用和预计完工时间等。

表 3-1　接车问诊登记表

接车问诊登记表

车牌号：________　车架号：________　行驶里程：________（km）
用户名：________　电　话：________　来店时间：________

用户陈述：（故障发生时的状况） 故障发生状况提示：（行驶速度、发动机状态、发生时间、部位、天气、路况、声音等描述）
接车员检测确认建议：
车间检测确认结果及主要故障零部件： 车间检查确认者签名：________

外观确认：（请在有缺陷的部位作标识） 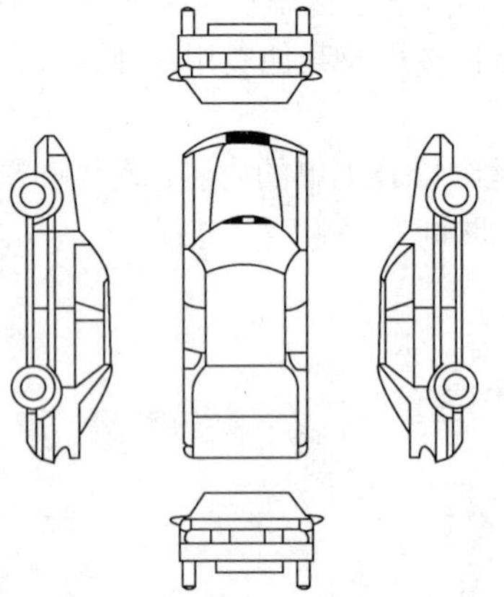	功能确认：（工作正常 √　不正常×） □音响系统　□后视镜　□全车灯光　□工具 □门锁（防盗器）□天窗　□点烟器　□座椅 □玻璃升降器　□玻璃 物品确认：（有 √　无×） □贵重物品提示 □工具　□备胎　□灭火器　□其他 旧件是否交还用户　□是　□否 用户是否需要洗车　□是　□否

检测费用说明：本次检测的故障如用户在本店维修，检测费用包含在修理费用内；如用户不在本店维修，请您支付检测费用。

本次检测费用：________元。

贵重物品：在将车辆交给我店检查修理前，已提示将车内贵重物品自行收起并保存好，如有遗失恕不负责。

接车员：________　用户确认：________

表 3-2　维修施工单

顾 客 签 字			业务接待员签字		
工单 NO:			业务接待员:		
车牌号		VINNO			
顾客 ID		顾客姓名			
邮政编码		地址			
电话 1		电话 2			
车型		SFX	外观色		内饰色
入厂履历					
上次行驶公里		入厂预定		卡号	
入厂日	维修内容		入厂日	维修内容	
此次入厂情况			交车预定时间		
此次行驶公里			下次入厂预定		
委托事项	维修内容			必要的零件	
开始时间	完成时间	主修签字	主任签字	检验员签字	

3.2　知识储备

3.2.1　汽车空调制冷系统的制冷原理

制冷系统是空调的重要组成部分，汽车空调系统采用的是蒸气压缩式制冷循环，如图 3-1 所示，压缩机等各部件之间采用铜管（或铝管）和高压橡胶管连接成一个密闭系统。制冷系统工作时，制冷剂以不同的状态在这个密闭系统内循环流动，每一循环有四个基本过程。

制冷循环就是利用有限的制冷剂在封闭的制冷系统中，反复地将制冷剂压缩、冷凝、膨胀、蒸发，不断在蒸发器中吸热汽化，使蒸发器始终保持很低的温度而用于车内空气的降温除湿。在制冷循环系统中，压缩机是动力源。汽车空调系统制冷剂循环流程如图 3-2 所示。

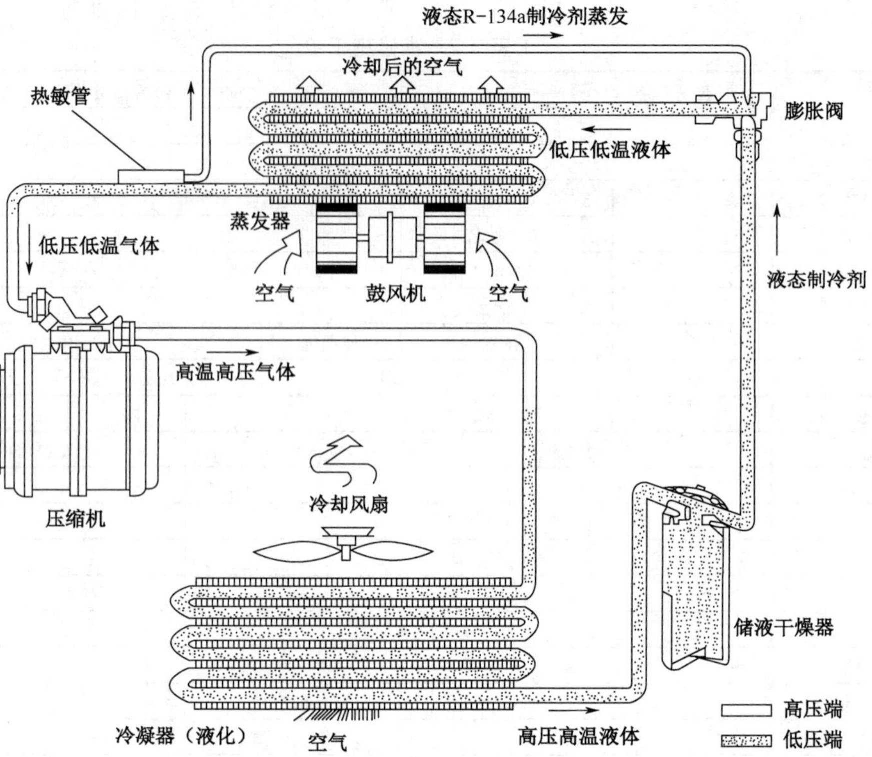

图 3-1　汽车空调制冷系统的工作原理

在汽车空调系统中，压缩机由发动机曲轴上的驱动带驱动旋转，并将蒸发器中因吸收车内热量而汽化的低温低压气态制冷剂 R134a，经低压软管和低压阀吸入压缩机。低温低压气态制冷剂经压缩机压缩后，变成高温（约 65℃）、高压（约 1300kPa）的气态制冷剂，经高压阀和高压软管送入发动机散热器前面的冷凝器。制冷剂在冷凝器中由车外空气冷却成为高温（约 55℃）、高压（约 1300kPa）的液态制冷剂，并从冷凝器底部流向储液干燥器。经储液干燥器过滤、脱水后，由高压软管送入热力膨胀阀。经热力膨胀阀节流降压后，变成低温（约-5℃）、低压（约 150kPa）的液态制冷剂进入蒸发器，并在蒸发器内大量吸收蒸发器管壁及周围空气的热量而蒸发汽化，使蒸发器表面及其周围的车内热空气温度降低（由此产生冷源）。当鼓风机将车内热空气或车外热空气强制吹过蒸发器表面时，热空气便被蒸发器冷却而变成冷气送回车室内，从而达到降低车内温度的目的。液态制冷剂在蒸发器内吸热汽化为低温（约为 0℃）、低压（约 150kPa）的气态制冷剂，并经低压软管由压缩机再次吸入，从而完成制冷循环。

由此可见，制冷循环是由压缩、冷凝、膨胀和蒸发四个过程组成。

（1）压缩过程。压缩机从蒸发器吸入低温低压气态制冷剂，并将其压缩成高温（约 65℃）、高压（约 1300kPa）气态制冷剂送往冷凝器冷却降温。

（2）冷凝过程。高温高压气态制冷剂由发动机散热器前面的冷凝器散热，将其冷凝成高温（约 55℃）、高压（约 1300kPa）液态制冷剂。

（3）膨胀过程。冷凝后的高温、高压液态制冷剂经热力膨胀阀节流降压后，将其转变成低温（约 -5℃）、低压（约 150kPa）的液态制冷剂送入蒸发器。

（4）蒸发过程。低温低压液态制冷剂流经蒸发器时，不断吸收车内空气的热量而汽化成低温（约为 0℃）、低压（约 150kPa）气态制冷剂。从蒸发器流出的气态制冷剂又被压缩机吸入而进入下一次制冷循环。

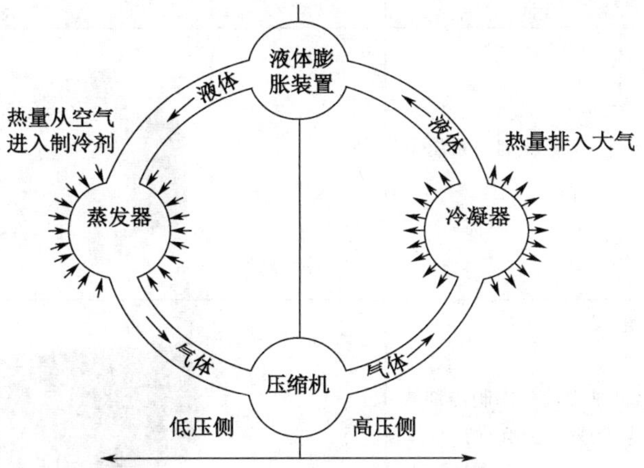

图 3-2　汽车空调系统制冷剂循环流程

当制冷系统工作正常时，低压管路呈低温状态，高压管路呈高温状态。从膨胀阀出口经蒸发箱至压缩机入口为低压区；从压缩机出口经冷凝器、储液干燥器至膨胀阀为高压区。检查低压区时，由膨胀阀出口经蒸发箱至压缩机入口应当是由凉变冷，但无霜冻；检查高压区时，由压缩机出口经冷凝器、储液干燥器至膨胀阀入口应当是由暖变热（检查时，注意手与被检查部位之间应保持一定的距离，避免烫伤）。例如，压缩机入口与出口之间无明显的温差，说明制冷剂泄漏或无制冷剂；储液干燥器特别凉或其入口与出口之间温差明显，说明储液干燥器堵塞。

3.2.2　汽车空调制冷系统组成部件的结构

制冷系统的主要部件有压缩机、冷凝器、储液干燥器（集液器）、膨胀阀（膨胀管）、蒸发器、连接管路（导管与软管）、压力开关等，如图 3-3 所示。各主要部件的名称、功用及实物图片对照如表 3-3 所示。

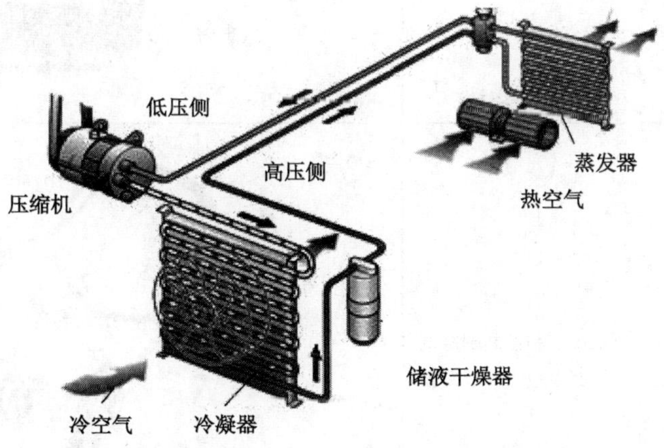

图 3-3　汽车空调制冷系统的组成

表 3-3　汽车空调制冷系统主要部件的名称、功用和实物图片对照表

元　件	功　用	图　示
压缩机	压缩制冷剂，使制冷剂在系统中循环	
冷凝器	对从压缩机排出的气态制冷剂散热降温，使其变成液态制冷剂	
储液干燥器	储存制冷剂、干燥水分、过滤杂质	
蒸发器	使制冷剂膨胀，并吸收空气中的热量	
膨胀阀（膨胀管）	节流降压，自动调节和控制制冷剂流量，防止压缩机产生液击和蒸发器过热现象	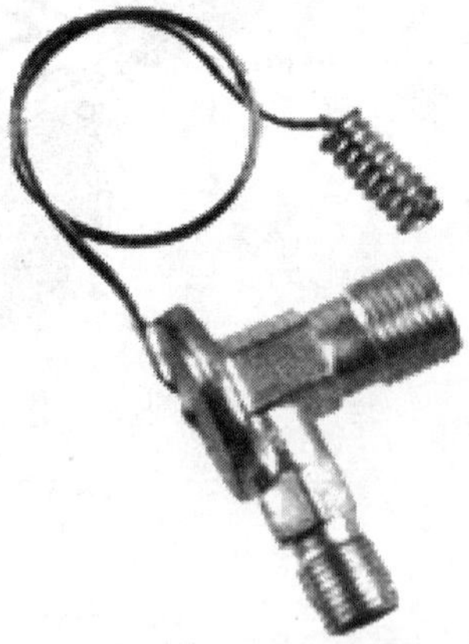

续表

元　件	功　用	图　示
压力开关	在制冷系统的压力过高或过低时，使制冷系统停止工作，保护管路或使压缩机停止工作	
连接管路	制冷剂循环通道，可分为三种：高压软管，用于连接压缩机和冷凝器；液体管路，用于连接冷凝器和蒸发器；回气管路，用于连接蒸发器和压缩机	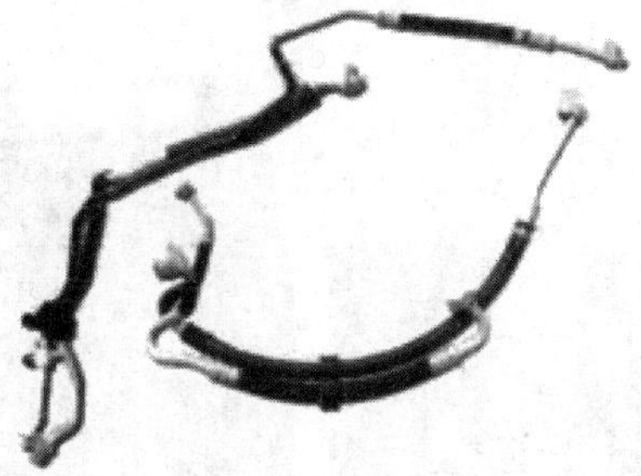

3.2.3　汽车空调制冷系统维修工具的正确使用

“工欲善其事，必先利其器”，为了迅速、准确地鉴定出汽车空调系统出现的故障及其部位，及时采取措施进行排除，需要有专门的仪器及设备。另外，要提高维修质量，还需要借助一些专用维修工具来进行修理。汽车空调在具体修理过程中，离不开检漏、抽真空、充注制冷剂、加注冷冻润滑油及排出空气等基本操作。汽车空调维修及安装中常用的检测工具有歧管压力计、检漏设备、制冷剂注入阀、真空泵及其他专用维修工具。

1．通用工具及常用设备

通用工具即普通的汽修工具，主要有：各种扳手（活动扳手、管子扳手、梅花扳手和呆扳手），各种螺钉旋具，各种锉刀（圆锉、方锉、扁锉和什锦锉），各种钳子（电工钳、钢丝钳、鲤鱼钳和尖嘴钳等），手锤，钢锯，凿子，各种钻头等，如图 3-4 所示。

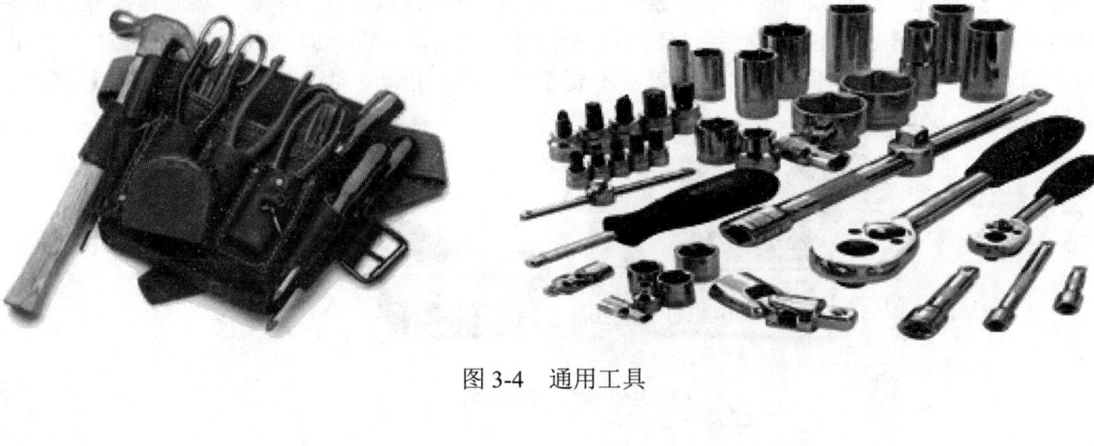

图 3-4　通用工具

常用的设备主要有磅秤、万用表、电烙铁、喷灯、电焊设备及手电钻等，如图 3-5 所示。

（a）万用表　　（b）电烙铁　　（c）喷灯

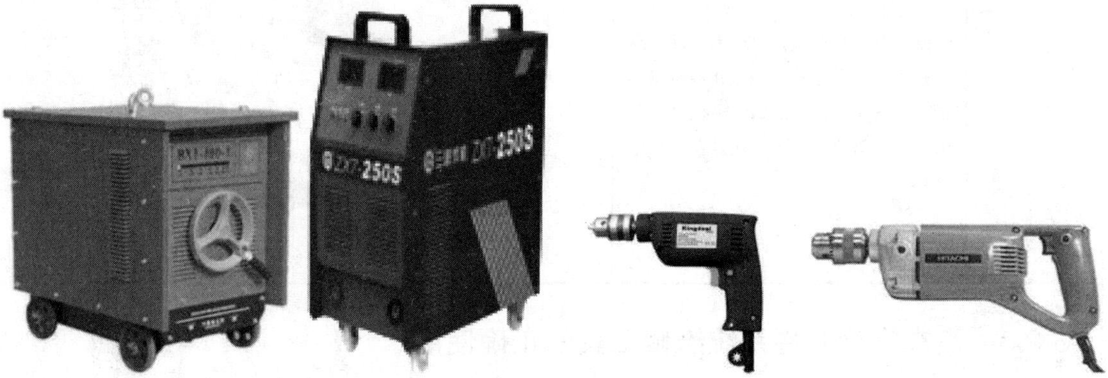

（d）电焊机　　（e）手电钻

图 3-5　常用设备

2．专用工具

专用工具是指在对空调系统进行维修时所需的专门工具。

1）割管器

用于切割制冷剂管（钢管），如图 3-6 所示。紫铜管一般用割管器切断，用割管器切出的管口整齐光滑，易于涨管。

割管器可用于切割直径为 3～25mm 的紫铜管。切割时将要切断的紫铜管夹在刀片与滚轮间，刀口与紫铜管垂直，然后顺时针缓慢旋紧螺钉把手，以使割管器转动 1/4 圈，然后再缓慢将紫纯铜管旋转一周，再旋紧割管器螺钉把手 1/4 圈，并使割管器绕紫铜管一周，直至紫铜管被切断为止。切割紫铜管时，要将刀口垂直压向紫铜管，不要歪扭或侧向扭动。否则，很容易将刀口边缘崩裂。

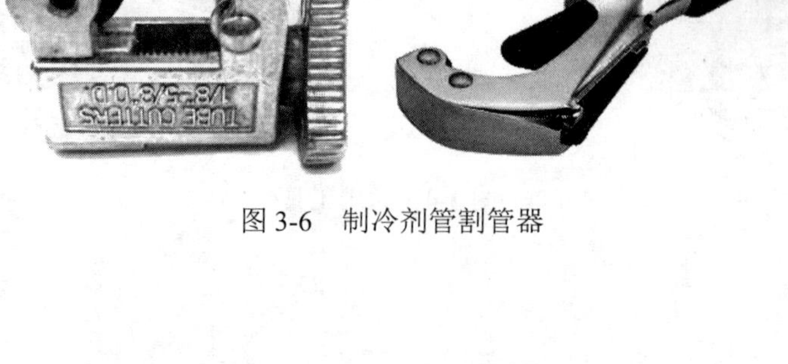

图 3-6　制冷剂管割管器

2）弯管器

紫铜管弯曲时，可先在弯曲处退火。弯曲前用气焊火焰加热紫铜管，加热部分的长度由弯曲角度和紫铜管的直径决定。当弯曲角度为90°时，加热部分的长度是紫铜管管径的6倍；当弯曲角度为60°时，加热部分的长度是紫铜管管径的4倍；当弯曲角度为45°时，加热部分的长度是紫铜管管径的3倍；当弯曲角度为30°时，加热部分的长度是紫铜管管径的2倍。加热紫铜管时应不断转动管子，使紫铜管管壁受热均匀。加热时间不要太长，一般加热到紫铜管管壁变为黄红色即可。紫铜管弯曲需用弯管器，如图3-7所示。操作时将紫铜管放入轮子的槽内，用夹具夹紧，紫铜管的另一端应将柄杆按顺时针方向移动，弯曲直到所需要的角度为止，然后退出弯管。对应于弯管不同的角度可调整轮子的不同角度。弯管时，速度要慢，逐步弯制，弯曲半径不能太小，过小会使紫铜管凹扁，紫铜管的弯曲半径应以紫铜管直径的5倍为宜。

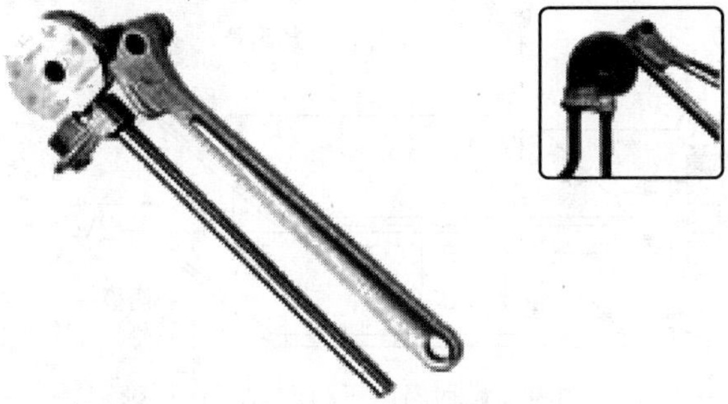

图3-7　用弯管器弯曲纯铜管

3）涨管器

紫铜管采用螺纹接头时，为确保连接处的密封性，紫铜管管口需扩大并呈喇叭口形状。图3-8所示为紫铜管涨管器。操作时，将已退火且已割平的紫铜管去除毛刺后放入与紫铜管管径相同的孔中，紫铜管管口朝向喇叭面（紫铜管需露出喇叭口深度的1/3），旋紧夹具，在顶尖上涂少许冷冻润滑油，然后用手柄旋紧，先使顶尖下旋3/4圈，再退出1/4圈，如此反复进行，直到扩成60°喇叭口为止。其接触面不应有裂纹和麻点，以防密封不严，不合格的喇叭口可能有偏斜不正、损伤或裂纹、起皱。

3．检漏设备

检漏设备用于检查空调系统内的制冷剂是否泄漏。制冷剂是一种十分容易蒸发的物质，在常态下，其沸点为-29.8℃，因此，要求整个制冷系统密封良好，否则制冷剂就会泄漏，影响制冷效率。所以，需要经常检查制冷系统有无泄漏。当拆装或检修汽车空调制冷系统管道、更换零部件之后，都需在检修及拆装部位进行泄漏检查。

图3-8　涨管器

汽车空调系统泄漏通常有两种情况：冷泄漏和热泄漏。冷泄漏是指当系统未处于工作温度和压力下，如汽车在夜间停放时所发生的泄漏现象；热泄漏则指系统处于高压周期时，如汽车在交通阻塞或缓慢移动时所产生的泄漏。

检漏设备包括卤素检漏灯、染料检漏器、荧光检漏仪、电子检漏仪、氦质谱检漏仪、超声波检漏仪等。其中卤素检漏灯只能用于R12、R22等卤素制冷剂的检漏，对R134a等不含氯离子的新型制冷剂无效果。电子检漏仪对常用制冷剂也存在适用性的问题，使用时要注意。

1）氟利昂电子检漏仪

图3-9所示为氟利昂电子检漏仪的工作原理，它由一对电极组成，阳极由白金做成，白金被加热器加热，并带正电，在它附近放一阴极，使它带负电。若放在空气中，就会有阳离子射到阴极并产生电流。如果有氟利昂气体流过，回路中的电流就明显增大，以此信号即可检测出制冷系统的泄漏情况。

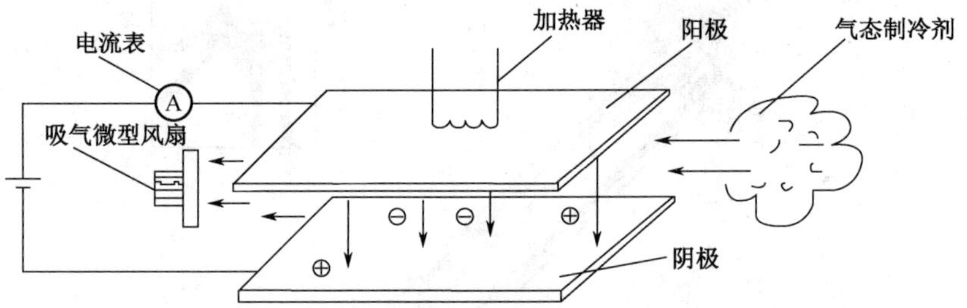

图3-9　氟利昂电子检漏仪工作原理

图3-10所示为电子检漏仪外形及结构，在圆筒状白金阳极设有加热器，并可加热到800℃左右，在阳极外侧装有阴极，在阳极和阴极之间加有12V直流电压，为使气体在电极间流动，设有吸气孔和小风扇，当有卤素元素的阳离子出现时，就会产生几微安（μA）的电流，由直流放大器放大，使电流计指针摆动或使音频振荡器发出不同的声响，以示系统制冷剂泄漏程度的大小。

2）卤素检漏灯

检修或拆装汽车空调制冷系统管道、更换零部件之后，需在检修及拆装部位进行制冷剂的泄漏检查，目前主要有卤素检漏灯和电子检漏仪两种，其中电子检漏仪最为常用。

卤素检漏灯是一种丙烷（或酒精）燃烧喷灯，利用制冷剂气体进入安装在喷灯的吸气管内，会使喷灯的火焰颜色改变这一特性来判断系统的泄漏部位和泄漏程度，其结构如图3-11所示。当喷灯的吸气管从系统泄漏处吸入制冷剂时，火焰颜色会发生变化。泄漏量少时，火焰呈浅绿色；泄漏较多时，火焰呈浅蓝色；泄漏很多时，火焰呈紫色。

图3-10　电子检漏仪

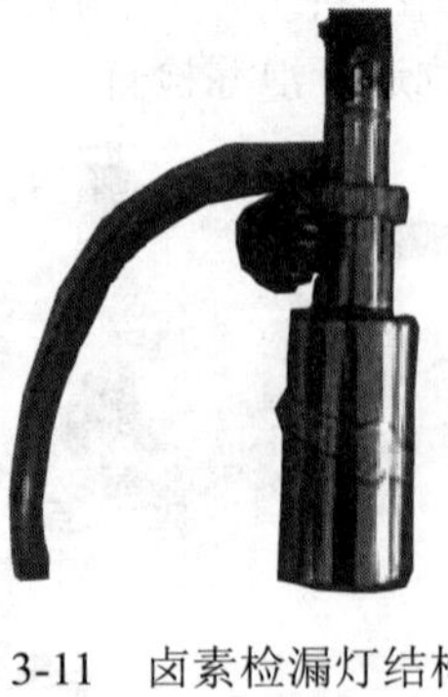

图3-11　卤素检漏灯结构

卤素检漏灯的操作如下：

（1）向检漏本体和检漏灯上加液态丙烷或无水酒精。

（2）将点燃的火柴插入检漏灯点火孔内，再按逆时针方向慢慢旋转调节把手，让丙烷气体溢出，遇火就能点燃。

（3）将燃烧的火焰调节到尽量小，火焰越小，对制冷剂泄漏反应越灵敏。

（4）把吸气管末端靠近各个有可能泄漏的部位。

（5）细心观察火焰的颜色。判断出制冷系统泄漏的部位和泄漏程度。

若没有泄漏发生，空气中不存在制冷剂蒸气时，火焰为无色。当出现极轻微的泄漏时，吸气管将泄漏的制冷剂蒸气吸入到丙烷灯燃烧室内，并在600～700℃的燃烧区发生制冷剂分解，产生的气体在接触到烧红的铜时，会把火焰变成绿色并增加火焰高度。因此，可根据卤素检漏灯火焰颜色来判断制冷剂泄漏量，如表3-4所示。

表3-4　卤素检漏灯故障诊断表

燃烧物质	火焰颜色	故障诊断
酒精	变成浅绿色	有少量泄漏
	变成深绿色	有大量泄漏
丙烷	变成浅蓝色	有较少泄漏
	变成蓝色	有较多泄漏
	变成紫色	有大量泄漏

4．歧管压力计

歧管压力计也称压力表组，与制冷系统相接可进行抽真空、加注制冷剂及检查和判断制冷系统的工作状态和故障情况等。

1）组成

歧管压力计由高压表、低压表、低压手动阀、阀体及高压接头、低压接头、制冷剂抽空接头等组成，如图3-12所示。工作时高、低压接头分别通过软管与压缩机高、低压阀相接，中间接头与真空泵或制冷剂钢瓶相接。只能用手拧紧软管与歧管压力计的接头，不可用扳手，否则会拧坏接头螺纹。所用压力表为弹簧管式压力表。低压表既用于显示压力，也用于显示真空度，所以也称为连程表。

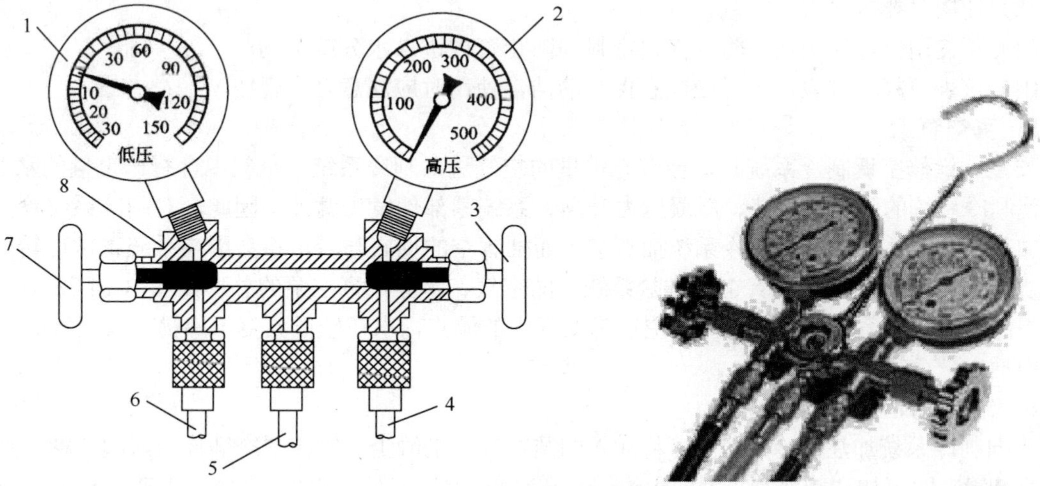

图3-12　歧管压力计结构

1—低压表（蓝色）；2—高压表（红色）；3—高压手动阀；4—高压侧软管（红色）；5—维修用软管（绿色）；6—低压侧软管（蓝色）；7—低压手动阀；8—歧管座

当具有一定压力的被测工质从接头进入弹簧管时，由于弹簧管内、外压力差的作用，使弹簧管膨胀变形，通过拉杆使扇形齿轮转一角度，从而带动小齿轮和指针也转过一个角度，指针所指的读数便是所测的压力。如果被测工质压力低于大气压力，则弹簧管收缩变形，压力计所示读数便是真空度。

2）歧管压力计

歧管压力计具有以下四种功能：

（1）检测制冷系统的高压端压力，如图 3-13（a）所示。若高压手动阀和低压手动阀同时关闭，则可对高压侧和低压侧进行压力检查。

（2）对制冷系统抽真空，如图 3-13（b）所示。当高压手动阀和低压手动阀同时全开时，全部管路接通，在中间接头接上真空泵，便可以对系统进行抽真空。

（3）加注气态制冷剂和冷冻润滑油，如图 3-13（c）所示。当高压手动阀关闭，低压手动阀打开时，中间接头接到制冷剂钢瓶上或冷冻润滑油瓶上时，则可向系统低压侧充注气态制冷剂或冷冻润滑油。

（4）高压侧充注液态制冷剂，也可排出制冷剂，使系统放空，如图 3-13（d）所示。当低压手动阀关闭，高压手动阀打开时，则可使系统向外放空，排出制冷剂，也可使高压端充注液态制冷剂。

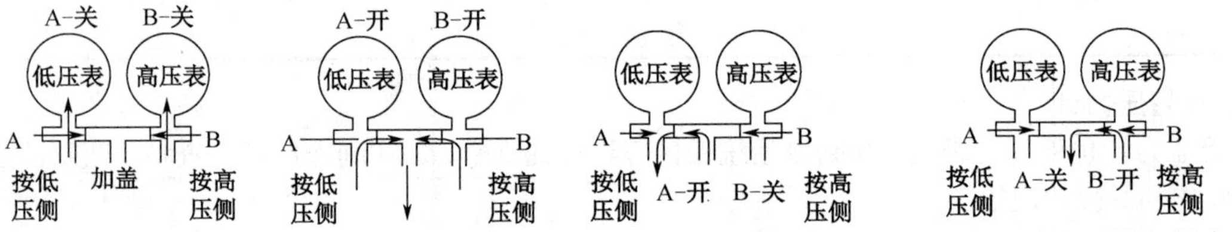

（a）检测压力　（b）抽真空　（c）加注制冷剂　（d）回收（放空或排出制冷剂）

图 3-13　歧管压力表组功能

3）使用注意事项

（1）压力接头与软管连接时，只能用手拧紧，不可使用工具。

（2）使用时要排尽管内空气。

（3）不使用时，应用堵头将各接口密封，防止管内进入水分或杂物。

（4）该表属精密仪表，平时应注意保持清洁，使用时应注意轻拿轻放。

5．真空泵

安装、检修空调制冷系统时，会有一定量的空气进入制冷系统，空气中含有一定量的水蒸气，这会使制冷系统的膨胀阀冰堵、冷凝压力升高、系统零部件发生腐蚀。因此，对制冷系统检查后，在未加入制冷剂之前，应对制冷系统抽真空，而抽真空的彻底与否，将会影响系统正常运转效果。

真空泵用于制冷系统抽真空，排除系统内的空气、水分，真空泵的外形如图 3-14 所示。抽真空并不能将水抽出系统，而是产生真空后降低了水的沸点，水在较低温度下沸腾，以蒸气的形式从系统中抽出。

6．制冷剂罐注入阀

当向制冷系统加注制冷剂时，可将注入阀装在制冷剂罐上，旋转制冷剂罐注入阀手柄，阀针刺穿制冷剂罐，即可加注制冷剂。为便于维修汽车空调和随车携带方便，制冷剂生产厂制造了一种小罐制冷剂（一般为 400g 左右），但要将它注入汽车空调制冷系统中需要有注入阀才能配套开罐。图 3-15 所示为制冷剂罐注入阀，制冷剂罐内装有制冷剂，接头用软管与歧管压力计的中间接头相连，其具体使用方法如下。

图 3-14 真空泵

图 3-15 制冷剂罐注入阀

1—制冷剂罐；2—板状螺母；3—注入阀接头；4—制冷剂罐注入阀手柄；5—阀针

（1）按逆时针方向旋转注入阀手柄，直到阀针退回为止。

（2）将注入阀装到制冷剂罐上，逆时针方向旋转板状螺母直到最高位置，然后将制冷剂注入阀顺时针拧动，直到注入阀嵌入制冷剂密封塞。

（3）将板状螺母按顺时针方向旋转到底，再将歧管压力计上的中间软管固定到注入阀的接头上。

（4）拧紧板状螺母。

（5）按顺时针方向旋转手柄，使阀针刺穿密封塞。

（6）若要加注制冷剂，则逆时针方向旋转手柄，使阀针抬起，同时打开歧管压力计上的手动阀。

（7）若要停止加注制冷剂，则顺时针方向旋转手柄，使阀针再次进入密封塞，起到密封作用，并同时关闭歧管压力计上的手动阀。

7．检修阀

检修阀是一个三通阀，用于对汽车空调系统抽真空、检测系统压力及加注制冷剂，其结构如图 3-16 所示，阀上有四个通道接口，通道 4 接压力表，通道 5 接旁路电磁阀，通道 6 接制冷系统管道，通道 7 接压缩机。

无论高、低压检修阀均有三个位置，即后座、中座和前座，图 3-17 所示为检修阀的工作位置，其阀杆可利用棘轮扳手转动，使该阀可处于下列三种位置中的任何一种位置。

（1）后座位置又称正常位置，如图 3-17（a）所示，逆时针方向旋转阀杆至极限位置，检修阀为后座，此时制冷剂可进、出压缩机，但到不了压力表。制冷系统正常工作时，压缩机上的两个检修阀处于此位置。

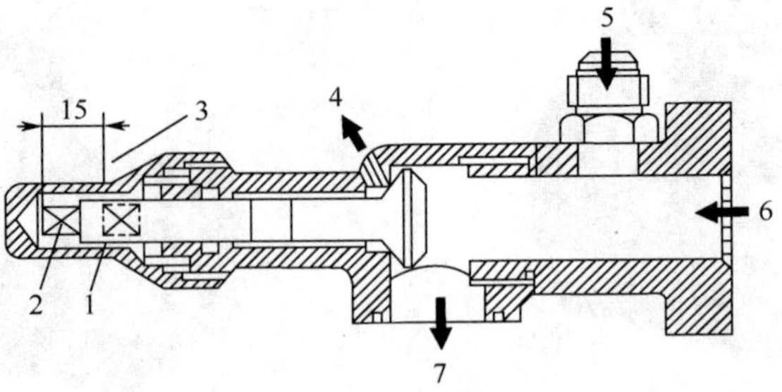

图 3-16　检修阀结构

1—阀帽；2—阀杆；3—阀杆行程；3—压力表接头；

5—旁路电磁阀接门；6—制冷系统管道接口；7—压缩机接口

（2）中间位置如图 3-17（b）所示，歧管压力表、压缩机、制冷剂管道全部连通。这个位置可以加注制冷剂、抽真空或用歧管压力表检查制冷系统的压力。制冷剂可在整个系统内流通，压缩机内制冷剂既可进入管路系统，又可进入压力表口，以便检测系统压力。

（3）前座位置如图 3-17（c）所示，顺时针方向转动阀杆至检修阀的极限位置，检修阀为前座，此时系统内制冷剂不能流到压缩机，检修阀处于关闭位置。而压缩机与系统其他部分隔绝，若松开检修阀的紧定螺钉，可以更换压缩机，或将压缩机拆下来修理，而不必打开整个制冷系统。但从压缩机上卸下检修阀时要小心，因为压缩机还有残存制冷剂，因此拆卸检修阀时速度要慢并遵守有关操作规程。

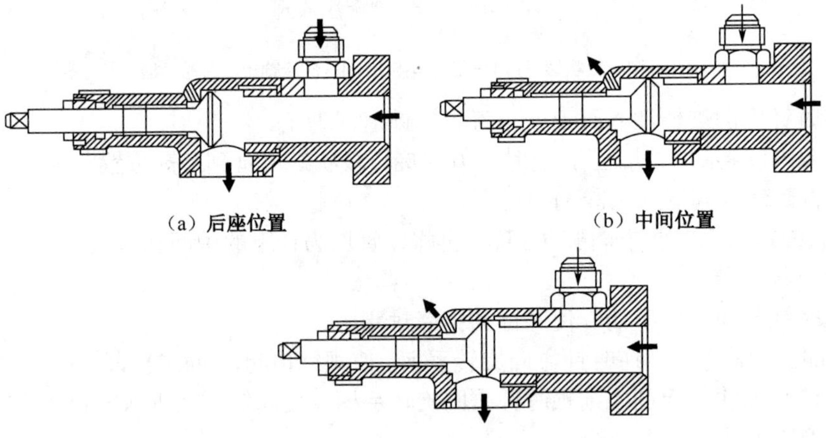

（a）**后座位置**　（b）**中间位置**

（c）**前座位置**

图 3-17　检修阀的工作位置

8．气门阀

气门阀一般用于非独立驱动的汽车空调制冷系统维修（如轿车空调等）。在轿车空调制冷系统中，为了简化制冷系统结构，压缩机上不设检修阀，而用维修接口来代替，每个维修接口上都装有气门阀。气门阀的结构如图 3-18 所示，轿车空调压缩机吸、排气管都采用这种气门阀，它与轮胎的气门芯相似，只有开和关两个位置。使用时只要把检测用软管接头拧在工作阀口上，阀芯就被压开，制冷剂就进入检测用软管；卸下检测用软管时，则自动关闭系统接口。

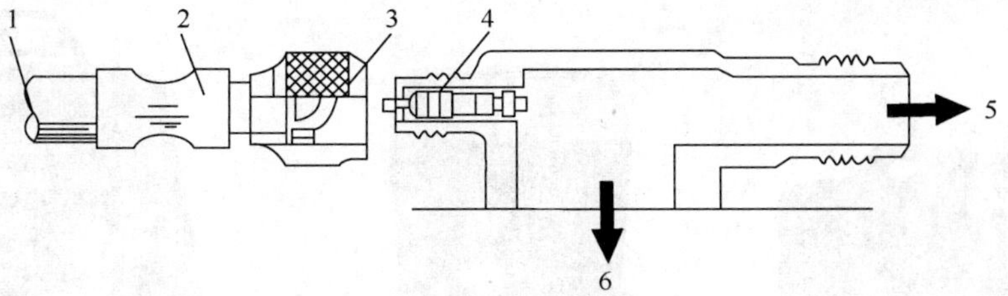

图 3-18　气门阀结构

1—通往压力表；2—检测用软管；3—顶阀杆；4—气门阀；5—通往制冷管路；6—通往压缩机

9．乙炔-氧气焊割设备

乙炔-氧气焊割是汽车空调维修使用最多的设备，其基本组成如图 3-19 所示。乙炔-氧气焊割设备主要由乙炔瓶、氧气瓶、焊枪、氧气减压阀、乙炔减压阀及氧气连接管等组成。

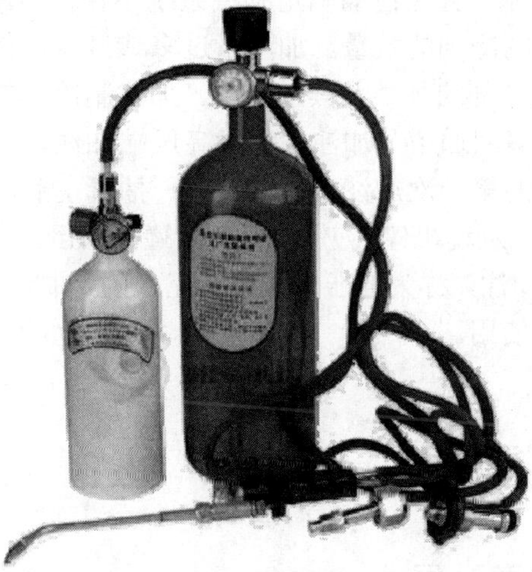

图 3-19　乙炔焊割设备

（1）乙炔瓶。乙炔瓶用于存储乙炔气体，其最大表压力为 0.15MPa，乙炔含量 93%，乙炔瓶安有减压阀，其阀有瓶内压力指示表和减压后乙炔气体压力指示表。减压阀装有调节手柄，将手柄逆时针旋转，减压后的乙炔压力就随之升高。

（2）氧气瓶。氧气瓶用于存储高压氧气，其最大表压力为 15MPa，由于压力过高，因此使用时装有减压阀，减压阀上装有两块压力表分别指示瓶内氧气压力和调整后的氧气压力。压力调整和乙炔相同。

（3）焊枪。焊枪是指氧气和乙炔按一定的比例混合好并用点燃后的高温火焰焊接管路接头的焊接工具。焊枪结构有两个针阀调节开关，逆时针旋转打开针阀，顺时针旋转关闭针阀。调节两针阀的开肩度可使氧气和乙炔按比例混合，也可调整火焰的大小。

10．制冷剂加注、回收功能机

在汽车空调的维修中常常要对系统抽真空或加注、回收制冷剂，为了提高维修质量，规范、简化操作程序，特别是防止制冷剂的排空，既防止对环境造成污染，又减少经济损失，在规范的维修站中都配有制冷剂加注、回收多功能机，如图 3-20 所示。

图 3-20　制冷剂加注、回收功能机

3.2.4　汽车空调制冷系统制冷剂加注

当制冷系统抽真空达到要求，且经检漏确定制冷系统不存在泄漏部位后，即可向制冷系统加注制冷剂。加注前，先确定注入制冷剂的数量。加注量过多或过少，都会影响空调制冷效果。压缩机的铭牌上一般都标有所用的制冷剂的种类及其加注量。加注制冷剂的方法有两种，一种是从压缩机排气阀（高压阀）的旁通孔（多用通道）加注，称为高压端加注，加入的是制冷剂液体。其特点是安全、快速，适用于制冷系统的第一次加注，即经检漏、抽真空后的系统加注。但用该方法时必须注意，加注时不可开启压缩机（发动机停转），且制冷剂罐要求倒立；另一种是从压缩机吸气阀（低压阀）的旁通孔（多用通道）加注，称为低压端加注，充入的是制冷剂气体，其特点是加注速度慢，可在系统补充制冷剂的情况下使用。

3.3　实训作业

3.3.1　维修的基本注意事项

汽车空调维修操作注意事项如下。

1．作业环境

检修空调时注意清洁和防潮，一定要防止污物、灰尘和水分进入系统内，要把机组周围和接头附近清洁干净，避免雨天维修作业。

2．制冷剂的使用

保存和搬运制冷剂钢瓶时，应按其要求存放，严禁直接对制冷剂钢瓶加热或将制冷剂钢瓶放在40℃以上的热水中。加注制冷剂时应戴护目镜，以免冻伤眼睛。发动机运转时，切不可打开歧管压力计上的手动高压阀使制冷剂倒流入制冷剂罐内，否则会引起爆炸事故。在发动机运转过程中从低压侧加注气态制冷剂时，切不可倒放制冷剂钢瓶，以防压缩机“冲缸”。

3．制冷系统管道操作

拆卸管道时，应立即将管道或接头封住，以免潮气和灰尘进入。弯管时应事先退火且弯曲半径尽可能大；切管时应保持管口平整、光洁，并清除管内积屑；清洗管道时应使用三氯乙烯液体并充分加以干燥；连接管道时应在接头处滴几滴润滑油；拧紧或拧松管道接头，应使用两把扳手。

汽车空调制冷管道连接一定要牢固可靠，具有良好的密封性能，但又不能拧紧过度而损伤螺纹，因此根据不同的材质、不同的管径按照拧紧力矩的要求操作。

3.3.2 制冷系统的常规检查

当汽车空调制冷系统各部件安装完毕后，或当有故障的制冷系统维修完毕之后，应对制冷系统进行泄漏检查，排除系统内的空气和水气，充注制冷剂和冷冻润滑油。制冷系统工作过程中，应能正确储存制冷剂或从制冷系统中排出制冷剂。这些都是汽车空调维修的基本操作技能。

常规检查内容包括制冷温度、制冷剂是否有泄漏、风路是否洁净、电路及控制元件、压缩机传动带、系统运行状态。

常规检查的方法如下。

（1）用手或温湿度计检查温度；

（2）用吸油纸检查管路是否有泄漏情况；

（3）通过干燥器视液窗判断制冷系统运行工况，如图3-21所示。

图3-21　干燥器视液窗

3.3.3 制冷系统的检漏

汽车空调系统工作条件比较恶劣，极易造成部件、管道损坏和接头松动，使制冷剂发生泄漏，其泄漏的常发部位如表3-5所示。

表3-5　汽车空调制冷系统常发生泄漏的部位

部　　件	泄漏常发生的部位	部　　件	泄漏常发生的部位
冷凝器	冷凝器进气管和出液管连接处 冷凝器盘管	制冷剂管道	高、低压软管 高、低压软管各接头处
蒸发器	蒸发器进口管和出口管的连接处 蒸发器盘管 膨胀阀	压缩机	压缩机轴封 压缩机吸、排气阀处 前、后盖密封处 与制冷剂管道接头处
储液干燥器	易熔塞 管道接头喇叭口处		

汽车空调系统常用的泄漏检查方法如下。

1．肥皂水泡沫法检漏

制冷剂泄漏部位会同时渗出冷冻润滑油，因此若发现在某处有油迹，应用手直接触摸检查或用清洁棉丝擦拭。如果擦去以后还有油渗出，就可判定汽车空调系统的泄漏；如果擦去以后没有油渗出，可用肥皂水检查，把肥皂水均匀、完整地刷在可能的泄漏部位，然后仔细观察，如有气泡，就可判定汽车空调系统的泄漏。注意，肥皂水检查法不能检查压缩机、冷凝器及蒸发器等不宜涂肥皂水和不好观察部位的泄漏，主要可检查管路部位泄漏。高压管路检漏在空调运行和不运行时均可查，但低压管路检漏在空调不运行时才可查。

2．加压法检漏

首先按图3-22所示将高压软管接在高压检修阀上，低压软管接在低压检修阀上。

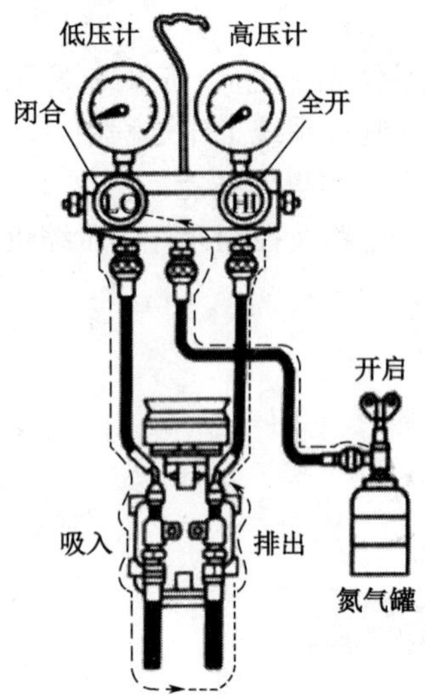

图 3-22 压力检测时的管道连接

由于压缩空气中的水分会在膨胀阀造成冰堵现象，所以不可用来检漏，常用工业氮气，其优点是无腐蚀性、无水分，且价格便宜。检漏工艺是将瓶装高压氮气用减压表减压，向制冷系统中灌注 1.5MPa 左右的氮气后，用肥皂水均匀地涂在系统的各接头和焊接处，仔细观察是否有气泡，仔细听是否有渗漏的声音等。发现渗漏处应做出标记并进行及时的处理，然后再去检查其他接头和焊接处。检查必须仔细，并反复检查 3～5 次，直至完全消除渗漏。检查完后，还要再试漏，方法是空调制冷系统保压 24～48h，若压力不降低，则说明制冷系统密封合格；若压力降低明显，则说明还有未查到的地方，必须再进行检漏，直至完全消除渗漏。

3. 真空法检漏

真空法检漏是指在对制冷系统抽真空以后，保持系统真空状态一段时间（至少 60min），然后观察系统中的真空压力表指针是否移动（即指针是否发生变化）的一种检漏方法。若真空指示没有变化，则说明系统无泄漏；若真空指示有回升，则说明系统有泄漏。

要说明的是，采用这种方法检漏，只能说明制冷系统是否泄漏，而不能确定泄漏的具体部位。

4. 充氟检漏

在上述几种检漏以后就要充氟检漏。充氟检漏的方法是将歧管压力表分别连接在压缩机的高、低压检修阀，中间连在制冷剂瓶上，然后打开手动高、低压阀和制冷剂瓶，向制冷系统加入氟利昂制冷剂，当压力达到 0.1MPa 时，分别关好手动高、低压阀和制冷剂瓶，对系统保压几小时。若系统压力不变，说明系统没有泄漏；若系统压力下降，说明系统存在泄漏，此时要用卤素检漏灯或电子检漏仪找出泄漏部位后，再进行补漏。

5. 紫外线检漏

灯荧光检漏紫外线光能引起在紫外激光染料中的荧光分子发出黄色或黄绿色荧光。紫外线检漏灯荧光检漏法就是将一种荧光泄漏探测染料压入制冷系统中，用紫外线灯照射，系统有泄漏，则会发黄色或黄绿色光，荧光分子可保持两年有效。

6. 卤素检测灯检漏

此方法主要利用制冷剂使喷灯的火焰颜色改变这一特性来判断系统的泄漏部位和泄漏程度。若制冷剂泄漏量大时，火焰呈浅蓝色；若泄漏量很多时，火焰呈紫色；若泄漏量较少时，火焰呈浅绿色。卤素检测灯主要是针对制冷剂 R12 设计，不能用于 R134a。

7. 染料溶液检漏

这是一种可以放入汽车空调器的有色溶液。在渗漏处染料会显示而且零件会着色，有些制造厂商供应含有红染料的制冷剂，这种制冷剂也是用正常方法装入汽车空调器。其他的染料溶液还有浅黑色的。

染料或示踪液可帮助准确地确定小的泄漏。围绕泄漏点涂上一层有色薄膜染料就可显示出准确的位置。根据所使用的染料，薄膜可以是橘红色或黄色。染料一旦被吸入汽车空调系统，它就可以保持到系统被清洗为止，而丝毫不会影响系统的运行，图 3-23 所示为制冷染料检漏组件。

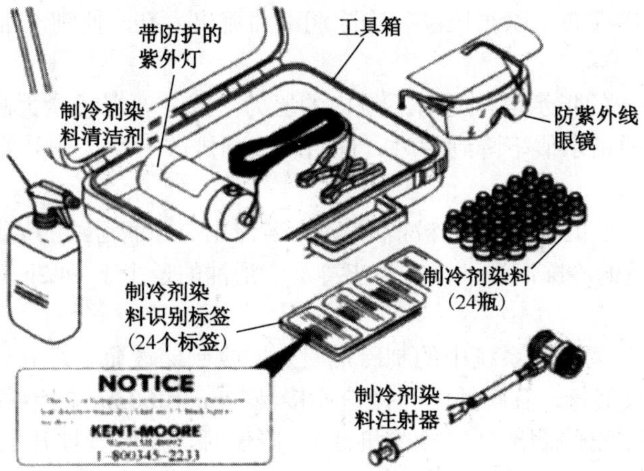

图3-23　制冷染料检漏组件

3.3.4　汽车空调制冷系统制冷剂加注

1．汽车空调系统制冷剂的排放

由于制冷系统中的某个部件修理、更换或是其他的原因，需要排放制冷系统中的制冷剂，制冷系统卸压后才能进行修理、更换。排放的方法有两种：第一种是将制冷剂直接排放到大气中，这会造成环境污染，排放时应在通风良好的场地，最好不在室内进行，且不能接近明火；第二种是回收制冷剂，此法是利用同收装置进行回收。

1）直接排放法

传统的排放到大气中的具体操作工艺如下。

（1）关闭歧管压力表的高、低压手动阀，按图3-24所示进行连接。高、低压软管与压缩机高、低压检修阀的管道连接，中间软管的出口包上一块洁净工作棉布。

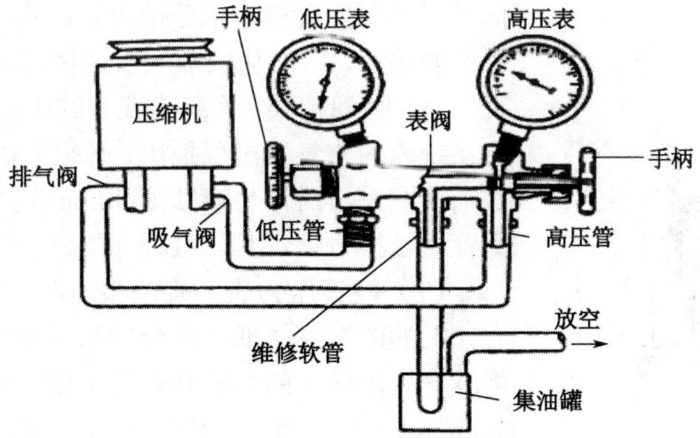

图3 24　制冷剂排放管路连接

1—低压管；2—手动低压阀；3—低压表；3—高压表；5—手动高压阀；6—高压接头；

7—接抽真窄泵或制冷剂罐接头；8—量杯；9—低压检修阀；10—高压检修阀

（2）慢慢打开手动高压阀，缓慢排放制冷剂，注意阀不能开得太大。在操作时注意观察中间软管的出口工作棉布，当看到有冷冻润滑油流出，就要减小高压手动阀的开度。

（3）当高压表的读数降到340kPa时，再慢慢打开低压手动阀，开度不要太大，也要注意观察中间排放软管的出口工作棉布，以布块没有冷冻润滑油流出为准，使制冷剂从制冷系统的高、低压两侧管道同时排出。

（4）观察歧管压力表的指示值，随着系统内的压力下降，要慢慢增大高、低压手动阀的开度，直到高、低压侧压力表的指示值下降到零时，说明制冷剂排放干净，马上关闭歧管压力表的高、低压手动阀。

（5）在制冷剂排放时不慎流出大量冷冻润滑油，若流出冷冻润滑油的量超过 14.2g 时，那么应在加注制冷剂之前加入等量的冷冻润滑油；若流出冷冻润滑油的量少于 14.2g 就不需要加冷冻润滑油。

2）回收排空法

用表阀系统将汽车空调制冷系统中的制冷剂引入回收到储液瓶。其中，高压阀连接压缩机排气管，低压阀连接压缩机吸气管，表阀的中间接口连接 ϕ60mm×100mm 的钢瓶。钢瓶的底部有一个截止阀，用来放卸制冷剂带出的润滑油（冷冻机油）。降压时，先慢慢拧开低压手动阀，让制冷剂徐徐流出而尽量不带出润滑油。当压力下降到 345kPa 时，再慢慢拧开高压手动阀，让制冷剂经降压、除酸、干燥、过滤等工序处理后，重新压缩、冷凝、液化，装入储液瓶中。在此过程中，对生成的酸性物质的清除，常采用中和法或膜处理方法，使酸性物质自动分离；对混入制冷剂中的水分清除采用分子筛吸附，使制冷剂的含水量降低到可重新使用的标准（含水量 0.001%）；对不溶杂质（如铁屑、油污、灰尘等），可采用空调用的过滤装置加以清除。

注意事项有以下两点。

（1）回收场地应通风良好；不要使排出的制冷剂靠近明火，以免产生有毒气体。

（2）制冷剂排出而冷冻润滑油并非全部排出，因此应测定排出的油量，以便补充。

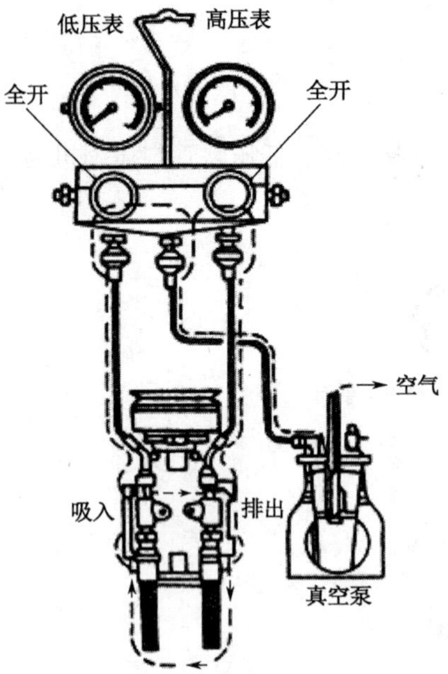

图 3-25　抽真空管路连接方法

2．汽车空调制冷系统的抽真空

抽真空是为了排除制冷系统内的空气和水气，是空调维修中一项极为重要的程序。因为对制冷系统进行维修或更换元件时，空气会进入系统，且空气中含有一定量的水蒸气（湿空气），抽真空并不能直接把水分抽出制冷系统，而是产生真空后降低了水的沸点，水汽化成蒸气后被抽出制冷系统。因此，系统抽真空时，时间越长，系统内残余的水分就越少。为最大限度地将系统内的空气及湿气抽出，必须采用重复抽真空法，即第一次抽真空完毕后，再连续抽 30min 以上。图 3-25 所示为抽真空管路连接方法，具体过程如下。

（1）歧管压力表、真空泵与制冷系统相连接。将歧管压力计上的两根高、低压管分别与压缩机上的高、低接口相连；将歧管压力计上的中间软管与真空泵相连。也可以在中间接口的软管上接上一个三通阀，将真空泵、制冷剂瓶、中间接口接到三通阀上，后一种的优点是在抽真空加入制冷剂时空气进入制冷系统的机会小。

（2）抽真空。开动真空泵，打开歧管压力表的高、低压手动阀，启动真空泵。观察歧管压力表真空度大于 95kPa 后，再持续 10min 后停止抽真空。启动真空泵，观察歧管低压压力表真空度不低于 300kPa，高压表不能低于零，说明系统有堵塞，应修复后再抽。

（3）真空试漏。关闭高、低压手动阀，其表针应在 10min 内不能回升，低压表为 100～200kPa，就是前面所说的真空试漏。若在抽真空时系统达不到低压表为 100～200kPa，或达到了但在 10min

内表针有回升，则说明制冷系统有泄漏的地方。

（4）检漏。系统内的真空度在 10min 内没有回升，低压表为 100～200kPa，还要进行制冷剂检漏，方法是从低压端注入少量气态制冷剂，当压力达到 100kPa 时，迅速关闭制冷剂瓶和低压手动阀。用电子检漏仪或肥皂水检查方法查漏，发现后修理。

（5）第二次抽真空。再次启动真空泵，打开歧管压力表的高、低压手动阀，继续抽真空不少于 30min，可以更长时间保证抽真空的效果，结束时要先关闭高、低压手动阀，再关闭真空泵，这时就为系统加注制冷剂做好了准备。

3．汽车空调系统制冷剂的加注

当制冷系统抽真空达到要求，且经检漏确定制冷系统不存在泄漏部位后，即可向制冷系统加注制冷剂。加注前，先确定注入制冷剂的数量。加注量过多或过少，都会影响空调制冷效果。压缩机的铭牌上一般都标有所用的制冷剂的种类及其加注量。加注制冷剂的方法有两种；一种是从压缩机排气阀（高压阀）的旁通孔（多用通道）加注，称为高压端加注，加入的是制冷剂液体。其特点是安全、快速，适用于制冷系统的第一次加注，即经检漏、抽真空后的系统加注，但用该方法时必须注意，加注时不可开肩压缩机（发动机停转），且制冷剂罐要求倒立；另一种是从压缩机吸气阀（低压阀）的旁通孔（多用通道）加注，称为低压端加注，充入的是制冷剂气体，其特点是加注速度慢，可在系统补充制冷剂的情况下使用。

1）高压端加注

高压端加注是通过歧管压力表高压手动阀端向系统加注液态制冷剂的方法，操作步骤如下。

（1）当系统抽真空后，关闭歧管压力计上的高、低压手动阀。

（2）将中间软管的一端与制冷剂罐注入阀的接头连接，图 3-26 所示为打开制冷剂罐开启阀，再拧开歧管压力计软管一端的螺母，让气体溢出几分钟，然后拧紧螺母。

（3）拧开高压侧手动阀至全开位置，将制冷剂罐倒立。

（4）从高压侧注入规定量的液态制冷剂。关闭制冷剂罐注入阀及歧管压力计上的高压手动阀，然后将仪表卸下。从高压侧向系统加注制冷剂时，发动机处于不启动状态（压缩机停转），不要拧开歧管压力计上的低压手动阀，以防产生液压冲击。

2）低压端加注

低压端加注是通过歧管压力表低压手动阀端向系统加注气态制冷剂的方法，操作步骤如下。

（1）按图 3-27 所示，将歧管压力计与压缩机和制冷罐连接好。

（2）打开制冷剂罐，拧松中间注入软管在歧管压力计上的螺母，直到听见制冷剂蒸气流动声，然后拧紧螺母，从而排出注入软管中的空气。

（3）打开低压手动阀，让制冷剂进入制冷系统。当系统的压力值达到 0.4MPa 时，关闭低压手动阀。

（4）启动发动机，将空调开关接通，并将鼓风机开关和温控开关都调至最大。

（5）再打开歧管压力计上的手动阀，让制冷剂继续进入制冷系统，直至加注量达到规定值。

（6）在向系统中加注规定量制冷剂之后，从视液窗处观察，确认系统内无气泡、无过量制冷剂。随后将发动机转速调至 2000r/min，冷鼓风机风量开到最高挡，若气温为 30～35℃，则系统内低压侧压力应为 0.147～0.192MPa，高压侧压力应为 1.37～1.67MPa。

（7）加注完毕后，关闭歧管压力计上的低压手动阀，关闭装在制冷剂罐上的注入阀，使发动机停止运转，将歧管压力计从压缩机上卸下，卸下时动作要迅速，以免过多制冷剂泄出。

3）注入制冷剂时的注意事项

（1）注入人员应遵守操作规范、戴好防护眼镜，避免制冷剂与皮肤直接接触。

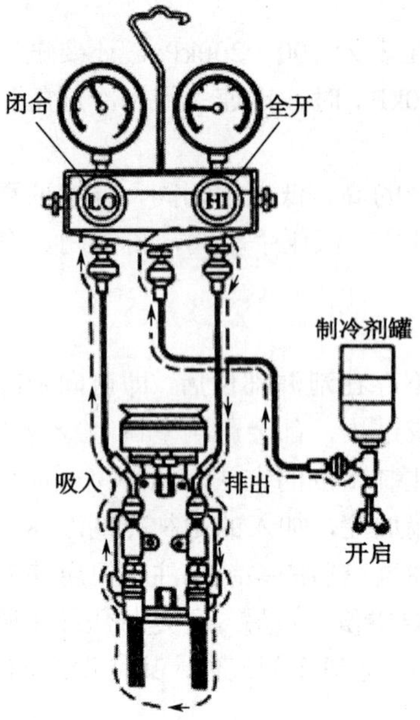

图 3-26　高压端加注液态制冷剂

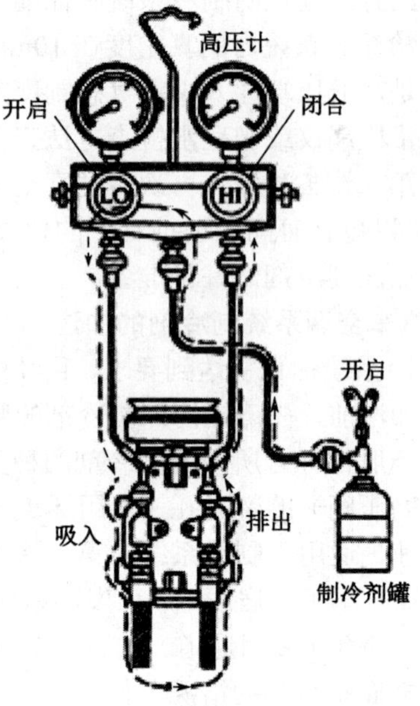

图 3-27　低压端加注气态制冷剂

（2）制冷剂罐应放在 40℃以下的无太阳直射的通风处。

（3）在系统抽完真空后，应立即关闭歧管压力计上的手动高、低压阀，然后再关闭真空泵。两者顺序千万不能颠倒，否则会导致管道与外界相通，无法保持系统的真空状态。

（4）注入制冷剂后，应及时检查制冷剂的注入量。如果注入量适当，制冷剂在流动中仅有极少量的气泡，当发动机转速提高到 1500r/min 时气泡应完全消失，且制冷剂呈透明状；如果注入过量则制冷剂在流动中完全看不到气泡；如果注入量不足时，制冷剂在流动中会出现明显的气泡。

3.3.5　汽车空调完全不制冷的故障排除

故障现象：启动发动机后，打开空调开关，风机工作正常。各出风口风量正常，但不出冷风。检修程序如图 3-28 所示。

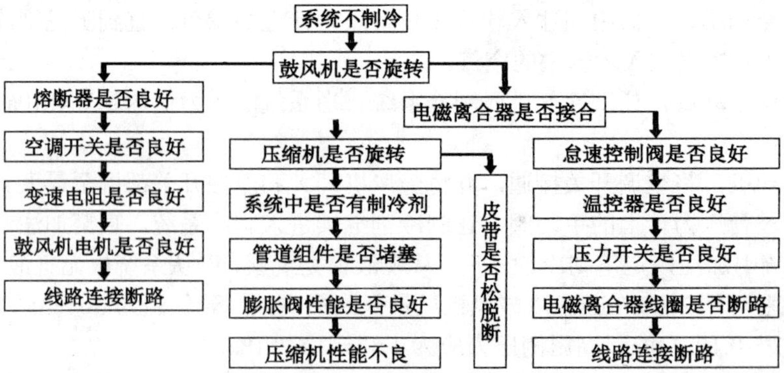

图 3-28　检修流程图

1．电气系统故障

（1）熔断器盒中的熔断器烧坏。

（2）控制系统线路有断路或接触不良。

（3）压力开关触点接触不良或传感器故障。

（4）空调调节控制器内有断路故障。

（5）压缩机电磁离合器线圈故障。

2．机械系统故障

（1）压缩机传动带松弛或断裂（不运转）。

（2）压缩机本身故障（排气性能不良）。

（3）压缩机电磁离合器故障（不运转）。

3．制冷系统故障

（1）膨胀阀故障（影响节流）。

（2）管路有堵塞（不能循环）。

（3）管路有泄漏（不能制冷）。

3.4 知识拓展

3.4.1 常用的制冷剂

1．制冷剂的定义

在制冷系统中，能循环流动且实现热量转移的介质称为制冷剂。

汽车空调是利用蒸气压缩制冷装置驱动其循环流动实现制冷的。液体制冷剂在蒸发器中低温下吸取被冷却对象的热量而汽化，使被冷却对象得到降温，然后，又在高温下把热量传给周围介质而冷凝成液体。如此不断循环，借助于制冷剂的状态变化，达到制冷目的。

目前汽车空调系统使用的制冷剂，通常有R12、R134a，英文字母R是Refrigerant（制冷剂）的简称，其数字代号使用的是美国制冷工程师协会（ASRE）编制的代号系统。

制冷剂的种类很多，理论上只要能进行气液两相转换的物质，均可作为蒸发制冷系统的制冷剂。但寻找制冷效率高，且对环境没有污染的制冷剂却很困难，目前使用的R134a只是R12的替代品，其排放物产生的温室效应仍然对环境有较大的危害。

2．对制冷剂的要求

制冷剂又称制冷工质，是制冷循环的工作介质。汽车空调是由制冷剂循环流动来实现制冷的。液态制冷剂在空调蒸发器中吸收冷却对象的热量而汽化，使被冷却对象降温，然后气态制冷剂又将热量在冷凝器中传递给周围介质而液化。如此不断循环，借助于制冷剂的状态变化，达到制冷的目的。如果没有制冷剂，制冷装置就无法实现制冷。

对制冷剂的要求如下。

（1）与冷冻机油互溶，不起化学反应，不改变润滑油的特性。

（2）不易燃烧，不易爆炸；无毒、无刺激性；不腐蚀金属和橡胶件。

（3）在蒸发器内容易蒸发，蒸发温度低。蒸发压力应该稍高于大气压力，防止制冷系统产生负压而吸进空气，使制冷能力下降。

（4）冷凝压力不宜太高，如果冷凝压力太高，对制冷设备、管路的要求也会提高，并且引起压缩机功耗增加。

（5）制冷剂在高温下不易分解，化学性质稳定。

在压缩式制冷剂中广泛使用的制冷剂是氨、氟利昂和烃类。按照化学成分，制冷剂可分为五类，无机化合物制冷剂、氟利昂、饱和碳氢化合物制冷剂、不饱和碳氢化合物制冷剂和共沸混合物制冷剂。根据冷凝压力，制冷剂可分为三类：高温（低压）制冷剂、中温（中压）制冷剂和低温（高压）制冷剂。目前，我国汽车空调中的制冷剂主要使用的是氟利昂类，常用的主要有 R12 和 R134a 两种。随着人们对环境保护意识的增强，不含氟利昂的环保节能型碳氢类制冷剂正在推广和应用之中。

3．制冷剂的命名方法

蒸气压缩制冷机使用的制冷剂，绝大部分都是氟利昂，国际上用英文字母 R 来表示（取英文制冷剂 Refrigerant 的第一个字母），字母 F 是美国杜邦公司的专用代号。氟利昂是饱和碳氢化合物的卤族元素的衍生物，即卤族元素的氟、氯，有时加入溴原子取代饱和碳氢化合物，如甲烷、乙烷、丙烷、丁烷的氢原子所得的化合物，因而氟利昂的品种繁多。氟利昂的性质与所含氟、氯、溴、氢、碳元素的原子多少有密切关系。R 后面的数字表示氟利昂的分子通式 $C_mH_nF_pCl_sBr$。R 后面是两位数的，表示甲烷衍生的氟利昂。甲烷的分子式为 CH4，其中 R 后面的首位数字表示碳原子数（m=1）加氢原子数 n，故氢原子数 n 等于首位数减去 1，第二位数字表示氟原子数 p，氯原子数 s=3−p−n。例如，R12 表示甲烷衍生的氟利昂制冷剂，其分子通式中的碳原子数 m=1，氢原子数 n=1−1=0，氟原子数 p=2，氯原子数为 s=3−n−p=2。R12 的分子式为 CF_2Cl_2，化学名称为二氟二氯甲烷。R22 表示甲烷衍生的氟利昂制冷剂，其中碳原子数 m=1，氢原子数 n=2−1=1，氟原子数 p=2，氯原子数 s=3−1−2=1。R22 的分子式为 CHF_2Cl，化学名称为二氟一氯甲烷。

如果用溴原子来代替氟利昂中的某些氯原子，则分子式多一个 Br，其原子数用 r 来表示。例如，R12Br_2，则为 CF_2Br_2。R 后面是三位数的，则表示为乙烷、丙烷、丁烷系列的氟利昂衍生物。其中，乙烷衍生的氟利昂，R 后面首位数用 1 表示；丙烷衍生的氟利昂，则 R 后面用 2 表示；丁烷衍生的氟利昂，R 后面用 3 表示……。很明显，其碳原子数 m 等于首位数加 1；氢原子数 n 等于 R 后面的第二位数字减去 1；R 后面的第三位数表示氟原子数 p；氯原子数，对乙烷衍生物为 s=6−n−p，对丙烷衍生物为 s=8−n−p，对丁烷衍生物为 s=10−n−p。例如，R142，表示乙烷衍生的氟利昂，乙烷分子式为 C_2H_6，则 m=2，n=3−1=3，p=2，s=6−3−2=1。R142 的分子式为 $C_2H_3F_2Cl$，化学名称为二氟一氯乙烷。同样，R134 的分子式为 $C_2H_2F_4$，R123 的分子式为 $C_2HF_2Cl_2$，R216 的分子式为 $C_2F_6Cl_2$ 等。

4．制冷剂 $CFCl_2$（二氟二氯甲烷）

R12 是一种 CFC（氯氟化碳，氟利昂）。此制冷剂由氯、氟和碳组成，其化学式为 CCl_2F_2。原有的汽车空调系统基本上都采用 R12 作为制冷剂。

R12 的特性如下。

（1）能溶于矿物油，可与任何冷冻机油任意比例混合。

（2）对密封件有特殊要求。它对天然橡胶和塑料有膨润作用，使之膨胀、变软、起泡而失去密封性能。故在制冷系统中采用耐腐蚀的丁腈橡胶和氯醇橡胶制作密封件。

（3）对一般金属无腐蚀作用，但对镁及含镁量超过 2%的铝镁合金有腐蚀作用。

（4）一般与水不相溶。空调制冷系统中若有水分存在，当温度低于 0℃时，水会在膨胀阀处形成冰塞，堵塞膨胀阀，使制冷无法进行。水可以和 R12 产生化学反应，产生盐酸、氢氟酸，对系统有腐蚀作用。水与管路中的酸、氧反应，在压缩机的机件表面生成三氧化二铁和二氧化铜，反过来使 R12 分解，降低制冷能力，同时水还能使冷冻机油老化，降低润滑性能。因此，在加注制冷剂时必须对空调系统抽真空，将管路中的水分和空气全部排出。

（5）不会爆炸、无异味（浓度低于 20%）、无臭味。

3.4.2 R134a 制冷剂的特性

R134a 是一种著名的替代 R12 的制冷剂，它是一种 HFC（氢氟化碳），该制冷剂的组成有氢、氟和碳，其化学式为 CH_2FCF_3。由于该制冷剂没有氯，因而不会破坏臭氧。R134a 无毒、无腐蚀，但也会导致全球变暖。R134a 与矿物冷冻油不相容，因此，开发了称为 PAG（聚烯甘醇）的合成冷冻油。PAG 冷冻油具有吸湿性，能快速吸附水汽，这就意味着在使用时，必须确保容器尽可能地快速密封。R134a 不能与 R12 混合，在高压和高温时效率也不如 R12，但 R134a 可以提纯后重复使用。R12 和 R134a 的分子大小不同，前者分子较大，这就是说，R134a 系统所需要的制冷剂数量要大于 R12 系统。如果需要从 R12 系统改造成 R134a 系统，还需要用与 R134a 匹配的零部件来替换软管、密封件（包括冷冻油）。R134a 会加速全球变暖，并最终被其他的对环境破坏更小的冷却介质所替代。

切记：R12 系统和 R134a 系统的制冷剂一定不能混用，如图 3-29 所示。

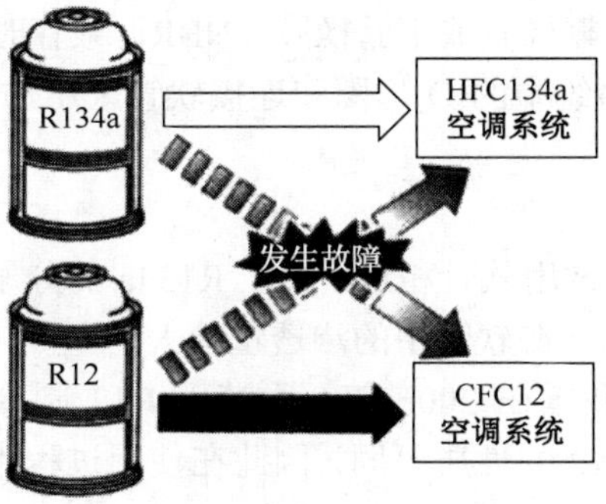

图 3-29 R12 系统和 R134a 系统的制冷剂不能混用

1. R134a 的特性

1）热物理性能

Rl34a 的热物理性能包括分子量、沸点、临界参数、饱和蒸气压和汽化潜热等，均与 R12 相近，如表 3-6 所示。

表 3-6 R134a 与 R12 的热物理性对比表

项 目	R134a	R12
分子式	CH_2FCF_3	CF_2Cl_2
分子量	102.31	120.92
大气压下的蒸发温度/℃	−26.18	−29.8
0℃饱和蒸气压/kPa	293.14	308.57
0℃汽化潜热/（kJ/kg）	197.89	154.87
0℃饱和蒸气比容/（m^3/kg）	0.06816	0.05667
10℃饱和蒸气压/kPa	414.88	423.01
10℃汽化潜热/（kJ/kg）	190.13	149.07
10℃饱和蒸气比容/（m^3/kg）	0.04872	0.04204
50℃饱和蒸气压/kPa	1317.19	1214.65
60℃饱和蒸气压/kPa	1680．47	1518.17
与现有冷冻机油的互溶性	差	好
液态导热系数	大	小

2）传热性能

R134a 制冷剂的传热性能优于 R12。当冷凝温度为 40～60℃、质量流量为 45～200kg/s 时，R134a 蒸发和冷凝传热系数比 R12 系统要高出 25%以上。因此，在换热器表面积不变的情况下，可减少传热温差，降低传热损失；当制冷量或放热时间相等时，可减少换热器表面积。

3）相溶性

（1）与润滑油的相溶性。R134a 中不含有氯原子，不能像 R12 一样在压缩机运动部件之间生成润滑性好的氯化物薄层。而且 R134a 与矿物油几乎完全不相溶，不能使用矿物油，必须使用合成润滑油来取代，如 PAG 类和 ESTER 类等。

（2）与干燥剂的相容性。R134a 的分子直径比 R12 要小，若使用 R12 系统中的硅胶型干燥剂，则 R134a 的分子容易被吸收而产生催化分解，并且由于 R134a 与水的亲和力较大，吸水性强，脱水困难，故应采用新型的沸石干燥剂。

（3）与塑料及橡胶的相容性。R134a 对除苯乙烯以外的塑料基本没有影响，但对现在常用的一些橡胶材料不相容。当 R134a 与氟橡胶或丁腈橡胶（NBR）共存时，会使橡胶产生变质膨胀而引起制冷剂的泄漏，故 R134a 制冷系统中的 O 形圈和连接软管采用与 R134a 相容性较好的氢化丁腈橡胶（HNBR）来制作。

4）渗透性

空调系统中，各个总成之间常用软管相连。由于 R134a 的分子较小，且对橡胶的溶胀性比 R12 大，故 R134a 分子的穿透性较强，在软管中的渗透量较大。

根据《蒙特利尔议定书》，我国在 2006 年全面禁止 R12 制冷系统，采用环保性能好的 R134a 制冷剂。由于制冷剂 R134a 与 R12 的性质不同，因此在使用过程中不能混用，在系统改装时，必须做多个方面的改进，如表 3-7 所示。

表 3-7　使用 R134a 时需进行的改进

项　目	改进情况
制冷剂	R12→R134a
压缩机油	矿物质油→合成油
管道	O 形圈材料由 NBR→HNBR，改变管道接头形状
压缩机	封口材料由 NBR→HNBR
维修阀	改变连接头接口，换用快速接头
软管	内衬加尼龙层，软管材料改进
冷凝器	改进散热性能
干燥剂	硅胶→沸石
熔化螺栓	停止使用
安全阀	3.14 MPa→3.43MPa
压力开关	2.65 MPa→3.14MPa
膨胀阀	改变流动特性

2．R134a 制冷剂的特性及压力与温度关系

R134a 在大气压力下的沸腾点为-26.9℃，在 98kPa 的压力下沸腾点为-10.6℃。在常温常压的情况下，如果将其释放，R134a 便会立即吸收热量开始沸腾并转化为气体，对 R134a 加压后，它也很容易转化为液体。R134a 的特性如图 3-30 所示。该曲线上方为气态（蒸气），下方为液态。曲线表示不同压力与温度条件下的制冷剂沸点。

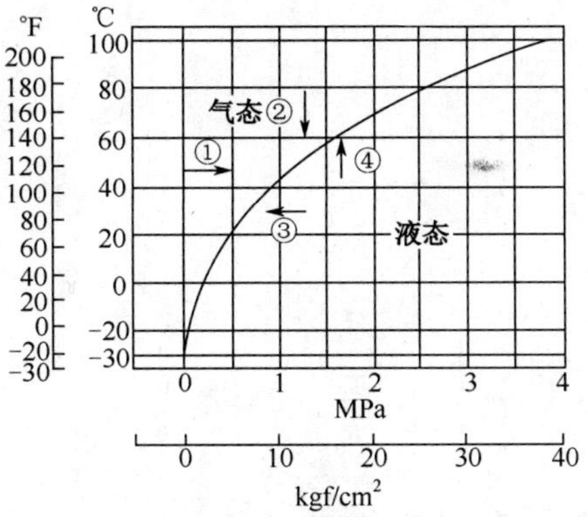

图 3-30 R134a 蒸气-压力曲线

压力与温度关系如下。

（1）如果温度保持恒定，提高压力，那么气态制冷剂就会冷凝成液体。

（2）如果压力保持恒定，降低温度，那么气态制冷剂就会冷凝成液体。

（3）如果温度保持恒定，降低压力，那么制冷剂就会蒸发成气体。

（4）如果压力保持恒定，提高温度，那么制冷剂就会蒸发成气体。

A/C 系统的设计就是要控制这些关系，使制冷剂将热量从驾驶室内散出。如果要使 R134a 从气态转变为液态，可以降低温度，也可以提高压力，反之亦然。

3．制冷剂的加注量

不同车型的制冷剂的加注量不同，在 SGM（上海通用汽车）的所有车型中，制冷系统均使用 R134a 制冷剂，各车型的加注量分别为：别克君威，850g；别克 GL8，1340g；别克赛欧，680g；别克凯越，640g。

4．替代制冷循环

欧盟对更加环保的 A/C 系统的要求使制造厂家努力寻求用于 HVAC 装置的替代制冷剂或替代技术。至于欧盟、美国的汽车工业想要采用哪一种技术来废除 R134a 或者是仅仅将当前的 R134a 改进成无泄漏系统，还存在着大量的争论。R134a 从 2011 年将逐渐退出欧盟，并在 2014—2017 年完全停止其使用。CO_2 空调系统替代目前使用的 R134a 系统似乎是必然的事。

复习与思考题

1．简述汽车空调系统的制冷原理。

2．汽车空调制冷系统的主要部件有哪些？

3．如何对汽车空调制冷系统进行检漏？

4．如何对汽车空调制冷系统进行抽真空？

5．如何对汽车空调制冷系统加注制冷剂？

6．汽车空调制冷系统对制冷剂有何要求？

4

项目4　汽车空调制冷不足故障检修

项目描述

汽车空调制冷不足是常见故障之一。本项目以汽车空调制冷不足故障为载体，通过对汽车空调制冷不足故障检测和维修过程的学习和实施，使读者在掌握汽车空调制冷系统各部件的结构与工作原理的同时，具备对上述故障进行分析与排除的能力，学会使用汽车空调制冷系统的常用检测和维修工具。

汽车空调制冷不足往往是制冷系统的主要部件出现故障造成的，本项目主要针对制冷系统的主要部件性能不良或损坏问题，讲解解决此类问题所需的相关知识，并训练解决此问题所需的相应能力。

知识目标

1. 理解汽车空调制冷系统各部件（压缩机、冷凝器、干燥器和集液器、膨胀阀孔管）的作用和组成结构。
2. 理解汽车空调制冷系统各部件的工作原理。

技能目标

1. 通过拆装认识和理解各部件的结构和工作原理。
2. 通过系统分解组装来全面认识和理解制冷系统的结构和工作原理。
3. 会使用压力计进行制冷系统的压力检测。
4. 能熟练进行汽车空调系统各部件的检修。

5. 能够运用制冷系统各部件的工作原理进行故障分析。

重点掌握内容：汽车空调系统各部件的拆装和检修。

4.1 接待登记

维修接待人员应具有良好的形象气质和较强的组织协调能力，并善于和客户进行有效的沟通，表现出对顾客关注与尊重，体现出高水平的业务素质。

在接待过程中，维修接待人员有两项重要工作要做：一是填写接车问诊登记表（又称接车检查单），二是签订维修施工单（又称任务委托书、维修任务委托书或委托维修合同）。

1．填写接车问诊登记表

为避免顾客在提车时产生不必要的误会或纠纷，在客户车辆进入维修车间前，维修接待人员必须与顾客一起进行环车检查。环车检查的主要内容包括车辆外观是否有漆面损伤、车窗玻璃是否完好、内饰是否有脏污、仪表盘表面是否有损坏、随车工具附件是否齐全、车内和后备箱是否有贵重物品等。检查完成后，填写接车问诊登记表并经顾客签字确认。接车问诊登记表如表4-1所示，一般一式两份，一份交顾客保管，一份由企业保管。

2．维修施工单

维修施工单（又称任务委托书、维修任务委托书或委托维修合同）是顾客委托服务企业进行车辆维修的合同文本。

维修施工单的主要内容包括顾客信息、车辆信息、维修服务企业信息、维修作业任务内容、附加信息及顾客签字，如表4-2所示。

维修施工单一式三份，其中一份交给顾客，作为顾客提车时的凭证，以证明顾客曾经将该车交付维修企业维修，顾客结算提车时收回或盖章（“已提车”字样）；企业自用两份，一份用于维修车间派工及维修人员领料使用，另一份留底保存，以便查对。

根据车辆维修项目的不同，维修施工单的内容也有所不同。车辆如果只是进行一级维护，则接待人员可以直接同顾客签订维修施工单。车辆如果需要进行故障修理，则应对顾客车辆进行技术性检查和初步故障诊断，验证故障现象，必要时需请技术人员和顾客一起试车检验或用仪器检测。根据检测诊断结果，拟订维修方案，初步估算修理工时费用、材料费用及其他费用，预计完工时间，打印好任务委托书，并请顾客签字确认。

维修接待人员同顾客签订维修施工单时需同顾客解释清楚维修施工单的内容。重点解释说明维修项目、估算修理工时费用、材料费用、其他费用和预计完工时间等。

表 4-1　接车问诊登记表

接车问诊登记表

车牌号：__________　车架号：__________　行驶里程：__________（km）

用户名：__________　电话：__________　来店时间：__________

用户陈述：（故障发生时的状况）

故障发生状况提示：（行驶速度、发动机状态、发生时间、部位、天气、路况、声音等描述）

接车员检测确认建议：

车间检测确认结果及主要故障零部件：

车间检查确认者签名：__________

外观确认：（请在有缺陷的部位作标识）

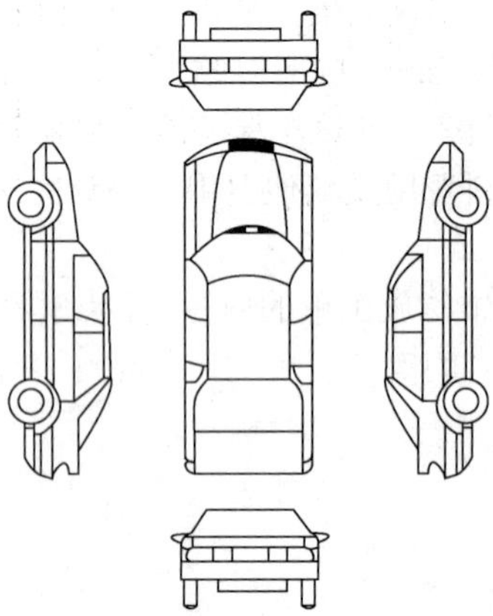

功能确认：（工作正常√　不正常×）

□音响系统　□后视镜　□全车灯光　□工具

□门锁（防盗器）□天窗　□点烟器　□座椅

□玻璃升降器　□玻璃

物品确认：（有√　无×）

□贵重物品提示

□工具　□备胎　□灭火器　□其他

旧件是否交还用户　□是　□否

用户是否需要洗车　□是　□否

检测费用说明：本次检测的故障如用户在本店维修，检测费用包含在修理费用内；如用户不在本店维修，请您支付检测费用。本次检测费用：__________元。

贵重物品：在将车辆交给我店检查修理前，已提示将车内贵重物品自行收起并保存好，如有遗失恕不负责。

接车员：__________　用户确认：__________

表 4-2 维修施工单

<table>
<tr><th colspan="3">顾 客 签 字</th><th colspan="4">业务接待员签字</th></tr>
<tr><td colspan="3"></td><td colspan="4"></td></tr>
<tr><td colspan="3">工单 NO：</td><td colspan="4">业务接待员：</td></tr>
<tr><td>车牌号</td><td></td><td>VINNO</td><td colspan="4"></td></tr>
<tr><td>顾客 ID</td><td></td><td>顾客姓名</td><td colspan="4"></td></tr>
<tr><td>邮政编码</td><td></td><td>地址</td><td colspan="4"></td></tr>
<tr><td>电话 1</td><td></td><td>电话 2</td><td colspan="4"></td></tr>
<tr><td>车型</td><td></td><td>SFX</td><td>外观色</td><td></td><td>内饰色</td><td></td></tr>
<tr><td colspan="7">入厂履历</td></tr>
<tr><td>上次行驶公里</td><td></td><td>入厂预定</td><td></td><td>卡号</td><td colspan="2"></td></tr>
<tr><td>入厂日</td><td colspan="2">维修内容</td><td>入厂日</td><td colspan="3">维修内容</td></tr>
<tr><td></td><td colspan="2"></td><td></td><td colspan="3"></td></tr>
<tr><td></td><td colspan="2"></td><td></td><td colspan="3"></td></tr>
<tr><td></td><td colspan="2"></td><td></td><td colspan="3"></td></tr>
<tr><td></td><td colspan="2"></td><td></td><td colspan="3"></td></tr>
<tr><td></td><td colspan="2"></td><td></td><td colspan="3"></td></tr>
<tr><td colspan="7"></td></tr>
<tr><td>此次入厂情况</td><td colspan="2"></td><td>交车预定时间</td><td colspan="3"></td></tr>
<tr><td>此次行驶公里</td><td colspan="2"></td><td>下次入厂预定</td><td colspan="3"></td></tr>
<tr><td colspan="2">委托事项</td><td colspan="2">维修内容</td><td colspan="3">必要的零件</td></tr>
<tr><td colspan="2"></td><td colspan="2"></td><td colspan="3"></td></tr>
</table>

开始时间	完成时间	主修签字	主任签字	检验员签字

4.2 知识储备

汽车空调的制冷系统主要由压缩机、蒸发器、冷凝器、膨胀阀等组成。压缩机起着压缩和输送制冷剂气体的作用，是整个系统的心脏；蒸发器是输出冷气的设备，制冷剂在其中吸收被冷却空气的热量，使空气降温；冷凝器是放出热量的设备，蒸发器中吸收的热量和压缩机消耗功所转化的热量，一起从冷凝器上散发出去，被冷却空气带走。膨胀阀起节流降压作用，同时调节进入蒸发器制冷剂液体的流量，是系统高、低压的分界线。压缩机所消耗的功起到了补偿作用，只有消耗了外界的功，制冷剂才能把从车内较低温度的空气中吸取的热量不断地传递到车外较高温度的空气中去，从而达到制冷的目的。

制冷压缩机是汽车空调系统的主要部件之一，是空调制冷系统的心脏，它是制冷系统中低压和高压、低温和高温的转换装置。压缩机的功用包括两方面：一方面使压缩机进口处成低压状态，使蒸发器携带潜热（包括吸收了车室内热量）的制冷剂流出蒸发器，这种低压状态可使制冷剂进入蒸发器；另一方面使低压气态制冷剂压缩成高压气态制冷剂。压缩机的这两个功能只要有一个失效就会导致空调系统内的制冷剂无法循环，空调系统将工作不良或无法制冷。空调系统的压缩机工作时，吸气阀吸入制冷剂，压缩后从排气阀排出。

汽车空调压缩机一般采用开启式、容积式结构，除部分由专门的辅助发动机直接驱动外，大多靠电磁离合器由带轮与发动机通过传动带进行连接。现在随着电动汽车的发展，也出现了一种由直流无刷电动机或交流电动机驱动的全封闭式压缩机，但市场上数量极少。

常用的汽车空调压缩机外观如图 4-1 所示。

图 4-1　汽车空调压缩机

汽车制冷系统的压缩机按其工作时工作容量是否变化可分为定排量式和变排量式两大类。变排量压缩机可根据空调系统的制冷负荷自动改变排量，使空调系统运行更加经济。目前汽车制冷系统广泛采用的是各种斜盘式和摆盘式压缩机。旋涡式压缩机是一种很有发展前途的车用压缩机机型。

4.2.1　定排量空调压缩机

1. 曲轴连杆式压缩机

曲轴连杆式压缩机属传统结构，早期的汽车空调大都采用此种类型，近来中小型汽车大多采用斜盘式和旋转式压缩机，很少使用曲轴连杆式压缩机，而大客车仍主要采用曲轴连杆式压缩机。

1）结构

曲轴连杆式压缩机的具体结构如图 4-2 所示。这种压缩机的结构与发动机相似，通过容积变化来压缩气体，原理和活塞发动机一样。它一般采用双缸结构，当曲轴由外力带动旋转时，带动连杆使活塞进行往复运动，吸入和压缩气体。活塞上下移动过程中，下移时产生真空，从蒸发器吸进制冷剂蒸汽；上移时，压缩制冷剂蒸汽至冷凝器。活塞上部的缸体上装有进、排气阀总成，在曲轴和壳体之间装有防止制冷剂泄漏的轴封。为保证零部件的正常运动，在曲轴箱内充有规定数量的压缩机润滑油及供油设施，具体组成如下。

（1）曲轴连杆机构。由活塞、活塞销、连杆、曲轴、轴承组成。曲轴连杆机构通过活塞销和连杆，将曲轴的旋转运动转换成活塞的往复运动，使制冷剂吸入和压缩，实现制冷剂的循环。

（2）进、排气阀机构。由进气阀片、排气阀片、阀门片和挡片等组成。当活塞下行时，汽缸内压力降低，从蒸发器来的低温、低压气体在压力差的作用下，推开进气阀片进入汽缸，如图 4-3（a）所示。当活塞上行时，制冷剂被压缩，压力上升，进气阀片被制冷剂压向关闭位置，如图 4-3（b）所示。

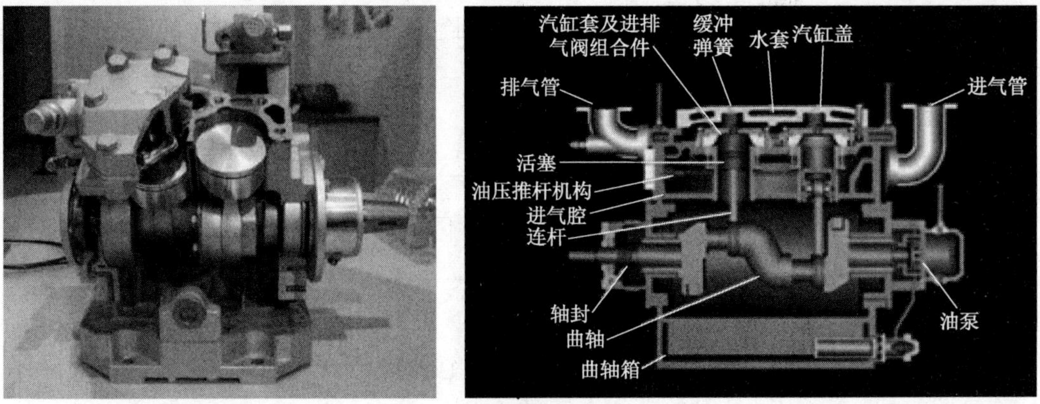

图 4-2 双缸曲轴活塞压缩机（动画）

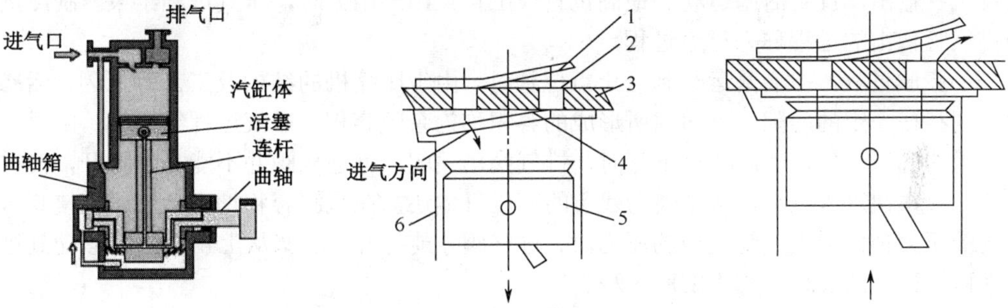

（a）下降行程　　（b）上升行程

图 4-3 曲轴连杆式压缩机进、排气阀工作原理（动画）

1—限位板；2—排气阀片；4—阀板；4—进气阀片；5—活塞；6—汽缸

（3）润滑机构。曲轴连杆机构由于高速运转，摩擦部位必须要有良好的润滑。常见的润滑方式有飞溅润滑和油泵润滑两种。油泵润滑又称强制性润滑，是利用连接于主轴尾端的油泵，将积存于曲轴箱底部的润滑油吸入，通过主轴中的油孔向各轴承及轴封供油。

（4）轴密封机构。由弹性挡圈、密封座、O 形圈、轴封等组成。

由于汽车空调压缩机工作环境十分恶劣，不仅灰尘大、振动大，而且启动频繁、主轴易窜动，因此汽车空调对轴封的要求很高。在不同环境条件下，当压缩机启动、运转、停车和主轴发生振颤与少许窜动时，轴封都能阻止制冷剂泄漏。为此，要求轴封的固定部位（静环圈）和旋转部位（动环圈）的接触面（密封面）处有较高的加工精度，轴封材料要具有耐磨、耐油、耐制冷剂腐蚀和耐高温等性能，而且还要考虑轴封材料之间、轴封材料与压缩机主轴之间的配合间隙及热膨胀特性。

2）工作过程

曲轴连杆式压缩机的工作过程如图 4-4 所示。压缩机的活塞在汽缸内不断地运动，改变了汽缸的容积，从而在制冷系统中起到了压缩和输送制冷剂的作用。压缩机的工作可分为压缩、排气、膨胀、吸气四个过程，活塞下行时进气阀打开，制冷剂进入汽缸，活塞上行时，制冷剂被压缩，当达到一定压力时，排气阀打开，制冷剂排出。

（1）压缩过程。活塞在曲轴的带动下在汽缸内运动，当活塞运行到缸内最低点（下止点Ⅰ－Ⅰ）时，汽缸内充满了由蒸发器吸入的制冷剂气体。当活塞上行时，进气阀被关闭，而排气阀因缸内压力尚低而不能打开。活塞上行，缸内体积缩小，即汽缸工作容积不断变化，密闭在缸内的制冷剂气体的压力和温度不断升高。当活塞向上移动到一定位置（Ⅱ－Ⅱ）时，即缸内气体压力略高于排气阀上部的压力时，排气阀便被打开，开始排气。制冷剂气体在汽缸内从进气时的低压升高到排气时的高压的过程称为压缩过程。

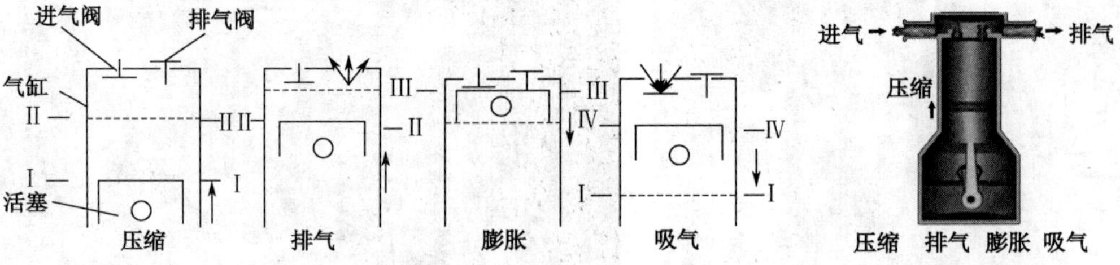

图 4-4　曲轴连杆式压缩机的工作过程（动画）

（2）排气过程。活塞继续向上运行，汽缸内的制冷剂气体压力不再升高，而是不断地经过排气阀向排气管输出，直到活塞运动到最高位置（上止点Ⅲ－Ⅲ）时，排气过程结束。制冷剂气体从汽缸向排气管输出的过程称为排气过程。

（3）膨胀过程。当活塞运行到上止点位置时，由于压缩机的结构及工艺等原因，活塞顶部与气阀座之间存在一定的间隙，该间隙所形成的容积称为余隙容积。排气过程结束时，由于该间隙内有一定数量的高压气体，当活塞再下行时，排气阀已关闭，可进气阀并不能马上打开，使得吸气管内的气体不能很快进入汽缸，这是因为残留的高压气体还需在汽缸容积增大后膨胀，使其压力下降到汽缸内的压力稍低于吸气管道内的压力时，进气阀才能打开。活塞从上止点向下移动到进气阀打开位置（Ⅳ－Ⅳ）的过程，称为膨胀过程。

（4）吸气过程。活塞继续下行，进气阀打开，低压制冷剂气体便不断地由蒸发器经吸气管和进气阀进入汽缸，直到活塞下行至下止点为止，这一过程称为吸气过程。

完成吸气过程后，活塞又上行，重新开始压缩过程，如此周而复始，不断循环。压缩机经过压缩、排气、膨胀、吸气四个过程，将蒸发器内的低压制冷剂气体吸入，使其压力升高后排入冷凝器，因此压缩机起吸入、压缩和输送制冷剂的作用。

2．旋转（滑片）压缩机

旋转式压缩机的活塞装在偏心轴上，沿汽缸侧壁面做平面滚动。为了隔断吸气区与排气区，在汽缸侧壁上开有一个垂直的槽，槽内装有滑片。当进气腔的空间容积扩大时，制冷蒸汽不断地从外面吸进，压缩机处于进气过程，而另一腔则容积不断缩小，蒸汽不断压缩，处于压缩过程。当压力腔的蒸汽压力略大于排气腔时，则排气阀打开，将压缩蒸汽排出汽缸外，处于排气过程。偏心轴旋转一周，活塞与汽缸的接触线也移动一周，这样，压缩机的两个空间各自完成了进气、压缩、排气三个过程的工作循环。由于旋转式压缩机的进气过程是连续的，因此不用设置吸气阀，容积效率比较高，与活塞压缩机相比，这种压缩机无曲轴连杆和吸排气阀片，故障率相对较小。旋转式压缩机如图 4-5 所示。

3．涡旋式压缩机

由偏心轴带动运动滑盘绕固定滑盘的轴线摆动而完成进气和压缩的功能，与旋转式相比，涡旋式压缩机不仅同样没有曲轴连杆进排气阀等，而且也无滑片，极大地提高了工作的可靠性，使工作更加可靠。涡旋式压缩机的活塞就是绕固定滑盘的轴线摆动的运动滑盘。涡旋式压缩机如图 4-6 所示。

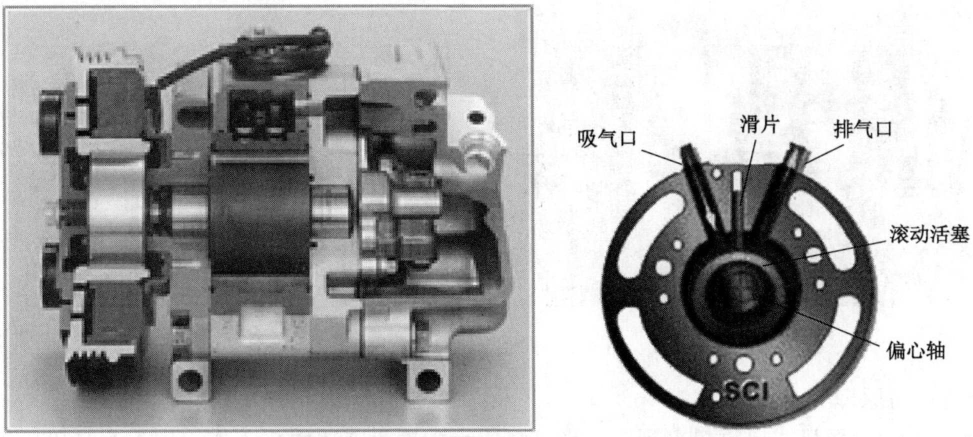

图 4-5 旋转式压缩机（动画）

图 4-6 涡旋式压缩机（动画）

4.2.2 变排量空调压缩机

轿车空调压缩机是由发动机直接驱动的，对于定排量压缩机，用蒸发器出风温度来控制压缩机电磁离合器吸合或脱离，用间歇运行来控制系统制冷能力和车内空调负荷相适应。这种控制方式除了车内空调温度波动大，系统的频繁开停的不可逆损失使系统能耗增加等缺点外，最大的一个问题就是压缩机的周期性离合对汽车发动机引起的干扰，这种情况在汽车发动机容量较小时显得更为突出。为了解决这个问题，变排量压缩机应运而生。

1．摆盘式制冷压缩机

摆盘式压缩机也称摇板式压缩机，是一种轴向活塞式压缩机，往复式单向活塞结构，又称单向斜盘式，与旋转斜盘式属同一类型，是目前汽车空调中应用最广泛的机型。其内部结构如图 4-7 所示。

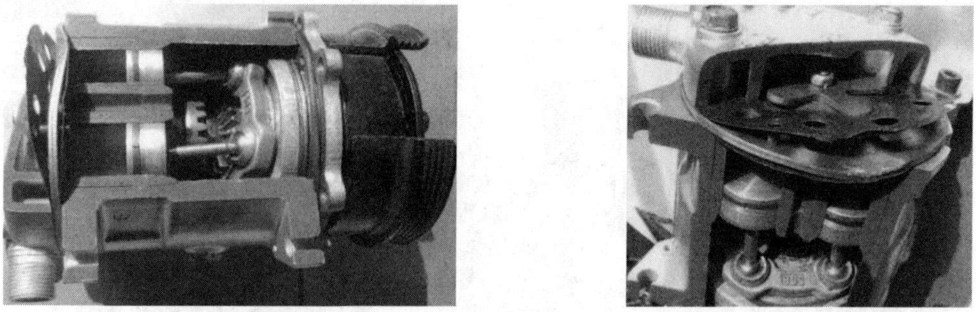

图 4-7　摆盘式制冷压缩机

1）结构与原理

图 4-8 所示为摆盘式压缩机剖视图，图 4-9 所示为摆盘式压缩机工作原理。汽缸以压缩机的轴线为中心，均匀分布，连杆连接活塞和摇板，两端采用球形万向联轴器，使摇板的摆动和活塞的移动相协调而不发生干涉。摇板中心用钢球作支承中心，并用一对固定的锥齿轮限制摇板只能摇动而不能转动。主轴和楔形传动板连接在一起。压缩机工作时，主轴带动楔形传动板一起旋转。由于楔形传动板的转动，追使摇板以钢球为中心，进行左右摇摆移动。摇板和楔形传动板之间的摩擦力，使摇板具有转动的趋势，但是这种趋势被一对锥齿轮所限制，使得摇板只能左右移动，并带动活塞在汽缸内做往复运动。

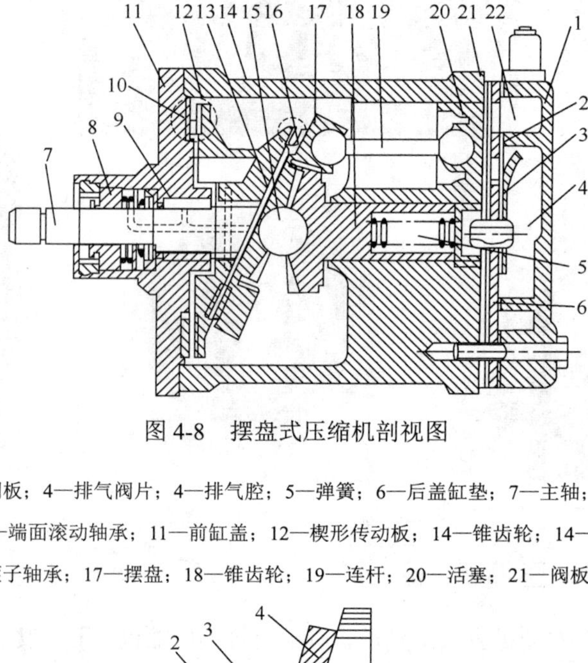

图 4-8　摆盘式压缩机剖视图

1—后盖；2—阀板；4—排气阀片；4—排气腔；5—弹簧；6—后盖缸垫；7—主轴；8—轴封总成；9—滑动轴承；10—端面滚动轴承；11—前缸盖；12—楔形传动板；14—锥齿轮；14—缸体；15—钢球；16—摆盘圆柱滚子轴承；17—摆盘；18—锥齿轮；19—连杆；20—活塞；21—阀板垫；22—吸气腔

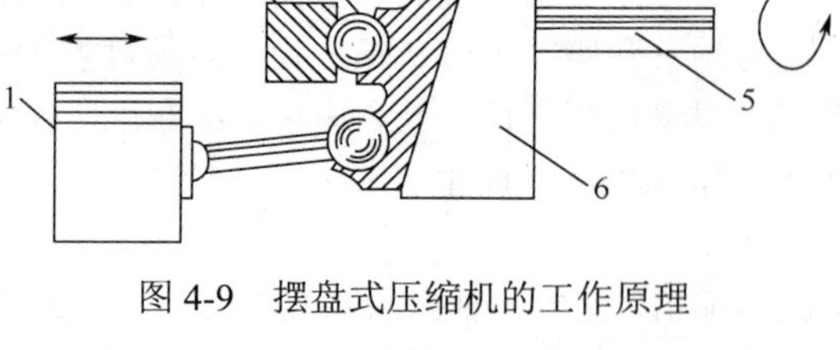

图 4-9　摆盘式压缩机的工作原理

1—活塞；2—压块；4—钢球；4—摆盘；5—主轴；6—楔形传动板

2）工作过程

摆盘式压缩机与曲轴连杆式一样，均有进气和排气阀片，工作循环也具有压缩、排气、膨胀、吸气四个过程，如图 4-10 所示。当活塞向右运动时，该汽缸处于膨胀、吸气两个过程，而摇板另一端的活塞向左移动，使该汽缸处于压缩、排气两个过程。主轴每转动一周，一个汽缸便要完成上述的压缩、排气、膨胀、吸气的一个循环。一般一个摇板配有五个活塞，这样相应的五个汽缸在主轴转动一周时，就有五次排气过程。

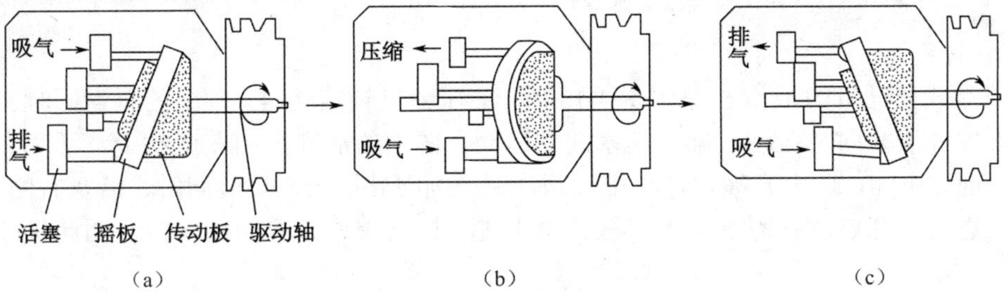

图 4-10　摆盘式压缩机的工作过程（动画）

2．斜盘式制冷压缩机

斜盘式压缩机也称斜板式压缩机，是一种轴向往复活塞式压缩机。目前，它是汽车空调压缩机中使用最为广泛的一种。国内常见的轿车，如奥迪、捷达及富康等轿车的空调系统均采用斜盘式压缩机。

1）结构与原理

旋转斜盘式压缩机结构如图 4-11 所示，主要零件是主轴和斜盘，如图 4-12 所示，这种压缩机通常在机体圆周方向上布置有 6 个或者 10 个汽缸，各汽缸主轴为中心布置，每个汽缸中安装一个双向活塞形成 6 缸机或 10 缸机。如果是 6 缸，3 缸在前部，3 缸在后部；如果是 10 缸，5 缸在前部，5 缸在后部。双向活塞的两活塞各自在相对的汽缸（一前一后）中，活塞一端在前缸中压缩制冷剂蒸气时，另一端就在后缸中吸入制冷剂蒸气，反向时作用相反。各缸均备有进气阀和排气阀，另有一根高压管，用于连接前后高压腔。斜盘与压缩机主轴固定在一起，斜盘的边缘装合在活塞中部的槽中，活塞槽与斜盘边缘通过钢球轴承支承在一起。当主轴旋转时，斜盘也随着旋转，斜盘边缘推动活塞作轴向往复运动。如果斜盘转动一周，前后两个活塞各完成压缩、排气、膨胀、吸气一个循环，相当于两个汽缸的作用；如果是轴向 6 缸压缩机，缸体截面上均匀分布 3 个汽缸和 3 个双向活塞，当主轴旋转一周，相当于 6 个汽缸的作用。

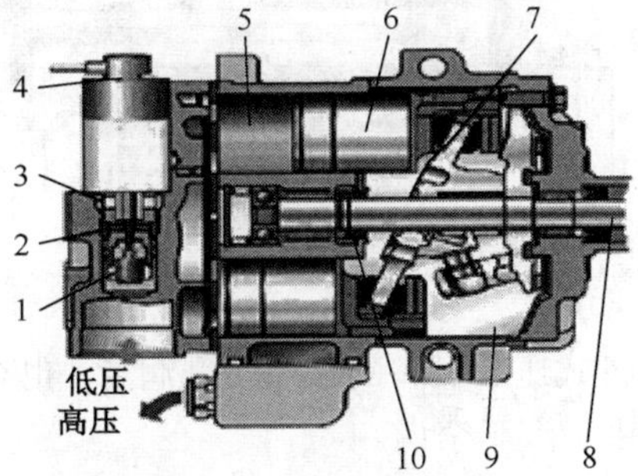

图 4-11　斜盘式制冷压缩机（动画）

1—进气压力；2—高压；4—曲轴压力；4—空调压缩机调节阀 N280；

5—压缩室；6—空心活塞；7—斜盘；8—驱动轴；9—曲轴箱；10—回位弹簧

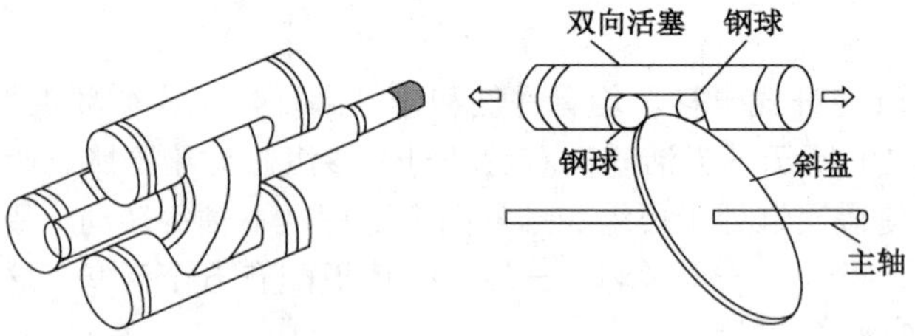

图 4-12 旋转斜盘式压缩机的主轴和斜盘

2）工作过程

旋转斜盘式压缩机的工作过程如图 4-13 所示，压缩机轴旋转时，轴上的斜盘同时驱动所有的活塞运动，部分活塞向左运动，部分活塞向右运动，图中的活塞在向左运动中，活塞左侧的空间缩小，制冷剂被压缩，压力升高，打开排气阀，制冷剂向外排出，与此同时，活塞右侧空间增大，压力减小，进气阀开启，制冷剂进入汽缸。由于进、排气阀均为单向阀结构，因此保证制冷剂不会倒流。

斜盘每转动一周，前后两个活塞各自完成吸气、压缩、排气、膨胀过程，完成一个循环，相当于两个工作循环。这意味着如果缸体截面均布 5 个汽缸和 5 个双向活塞时，当主轴旋转一周，相当于 10 个工作汽缸。所以称这种有 5 缸、5 个双向活塞布置的压缩机为斜盘式 10 缸压缩机。

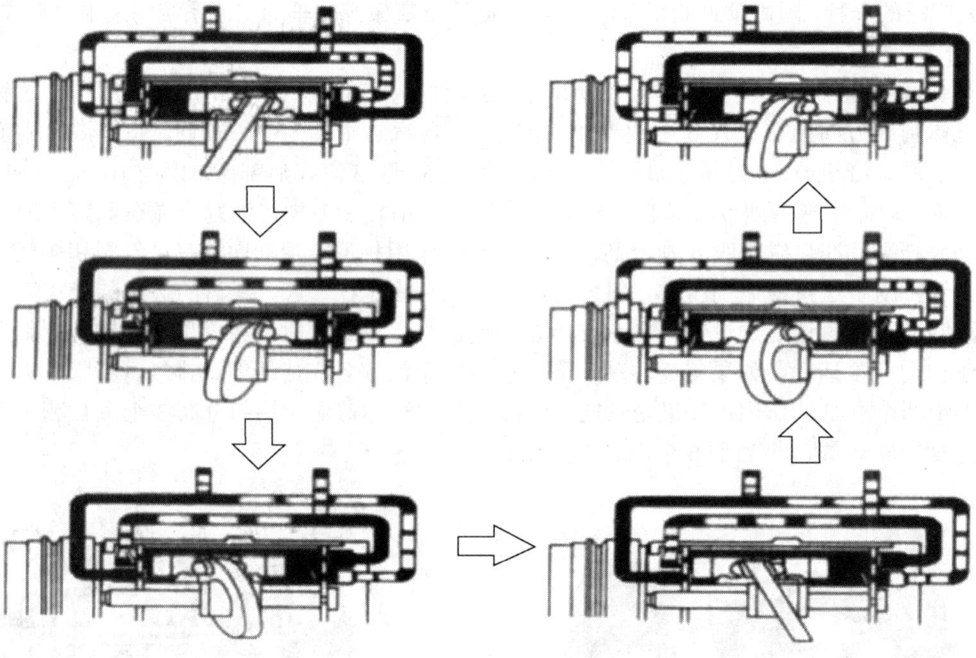

图 4-13 旋转斜盘式压缩机的工作过程

斜盘式压缩机有的采用飞溅润滑，也有的采用压力润滑。由于其结构紧凑，效率高，性能可靠，因此适用于汽车空调。

其实不难发现，摆盘式压缩机和斜盘式压缩机的工作原理基本相同，都是将靠在主轴传动板上的摇板的摇摆运动变为单向活塞沿轴向的往复运动。它与旋转斜盘式压缩机的主要差别在于旋转斜盘式是由斜盘直接驱动活塞做往复运动，而摆盘式则是由传动板带动摇板，由摇板驱动活塞做往复运动，由于防旋齿轮或防旋销的作用，摇板不能跟着传动板旋转，只以主轴为轴心被推着摆动。摇板通过两端带有球铰的双球头连杆与活塞相连接，跟着摇板的摆动，活塞在汽缸内沿轴向做往复运动。斜盘式与摆盘式的结构比较如图 4-14 所示。

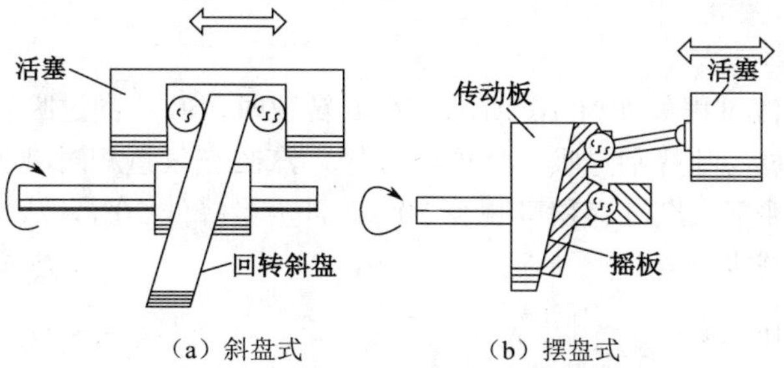

图 4-14　斜盘式与摆盘式压缩机的结构比较

摆盘式和斜盘式制冷压缩机均属于轴向活塞式压缩机，排量和缸径、缸数、摇板或斜盘角度有关。从结构上讲，斜盘式压缩机比摆盘式压缩机更好。摆盘式压缩机的防旋转机构有齿轮副，相比同排量的斜盘压缩机噪声更大，斜盘式的无此结构。斜盘压缩机活塞是双向的，结构设计无须做动平衡，当一端活塞在吸气的时候，另一端的活塞在排气，排气脉动更小。摆盘的活塞一般用的是活塞环，斜盘的活塞一般在表面涂四聚氟乙烯。其他区别不是很大。

3．刮片式制冷压缩机

刮片式压缩机又称旋叶式压缩机，它是由旋叶式真空泵演变而来的。

旋叶式压缩机的汽缸有圆形和椭圆形两种。叶片有二片、三片、四片和五片等，如图 4-15 所示。转子上叶片可以滑动，又称滑片，与汽缸内壁构成扇形单元容积，转子旋转一周，单元容积由最小逐渐变大，再由最大逐渐变小，不断循环，完成吸气、压缩、排气等过程。

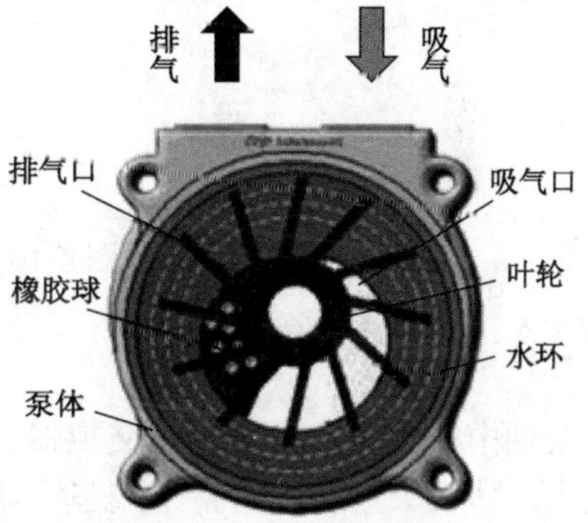

图 4-15　刮片式压缩机（动画）

1）结构与原理

在圆形汽缸的旋叶式压缩机中，叶轮是偏心安装的，叶轮外圆紧贴汽缸内表面的进、排气孔之间。在椭圆形汽缸中，转子的主轴和椭圆中心重合，转子上的叶片和它们之间的接触线将汽缸分成几个空间，当主轴带动转子旋转一周时，这些空间的容积发生“扩大—缩小—几乎为零”的循环变化，制冷剂蒸气在这些空间内也发生吸气—压缩—排气的循环。压缩后的气体通过簧片阀排出。旋叶式压缩机没有进气阀，滑片能完成吸入和压缩制冷剂的任务。对于圆形汽缸而言，两叶片将汽缸分成两个空间，主轴旋转一周，即有两次排气过程，四叶片则有四次，叶片越多，压缩机的排气脉冲越小；对于椭圆形汽缸，四叶片将汽缸分成四个空间，主轴旋转一周，有四次排气过程。由于排气阀设计在接近接触线的位置，因此旋叶式压缩机几乎不存在余隙容积。

旋叶式压缩机结构简单，零件少，没有进气阀，容积效率高，还具有体积小、重量轻、噪声小、运行平稳等优点。

2）工作过程

刮片式压缩机的工作过程如图 4-16 所示。在低转速时，叶片刮过吸气槽的时间长，充气量增大，制冷量大；高转速时，叶片刮过吸气槽的时间短，汽缸充气量相对减少，制冷量减小，能耗降低。在相同的的制冷条件下，汽缸容积可减少 30%，且重量降低 20%，从整体来看，不但可进行制冷量的自动调节，还可减少功耗。

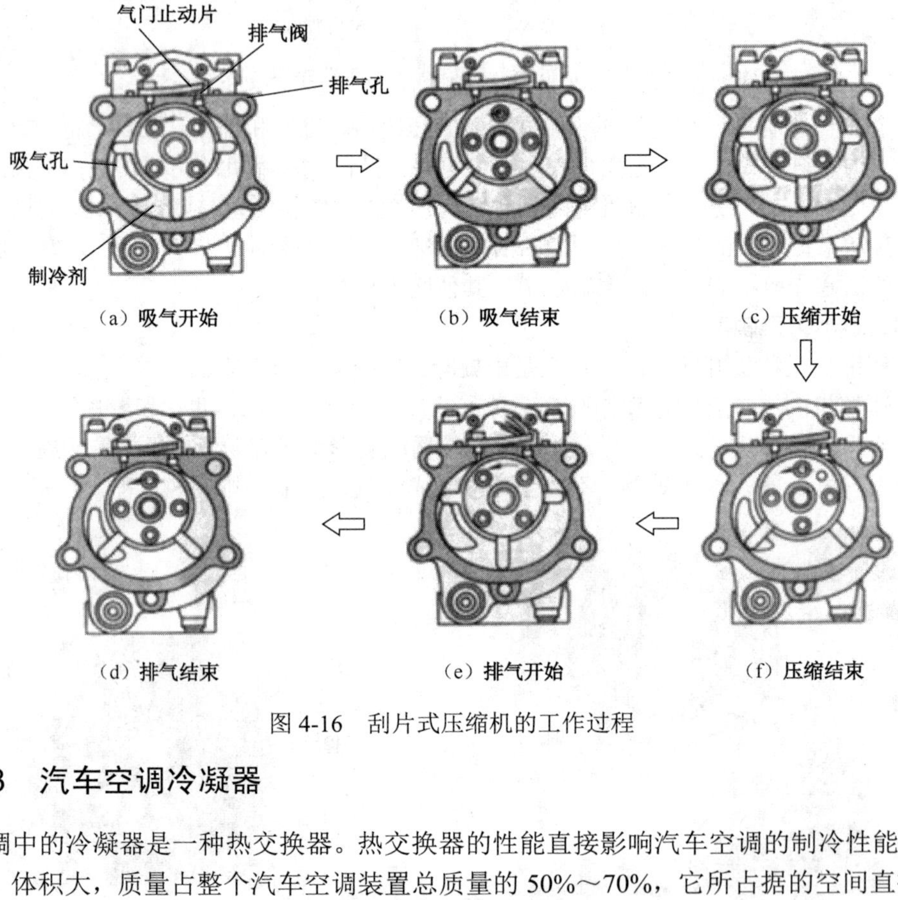

（a）吸气开始　（b）吸气结束　（c）压缩开始

（d）排气结束　（e）排气开始　（f）压缩结束

图 4-16　刮片式压缩机的工作过程

4.2.3　汽车空调冷凝器

汽车空调中的冷凝器是一种热交换器。热交换器的性能直接影响汽车空调的制冷性能。其金属材料消耗大，体积大，质量占整个汽车空调装置总质量的 50%～70%，它所占据的空间直接影响汽车的有效容积，布置起来很困难，因此使用高效热交换器是极为重要的。

冷凝器的作用是把高温高压气态制冷剂的热量传给大气，使制冷剂冷凝成液体。汽车空调冷凝器属于风冷式冷凝器，一般安装在车头散热水箱前面，由冷却系统风扇进行散热，如图 4-17 所示。

冷凝器对压缩机排出的高温高压制冷剂蒸气散热降温，使其凝结为液态高压制冷剂。气体状态的制冷剂在冷凝器中得到液化或冷凝，制冷剂进入冷凝器时几乎为 100%的蒸气，而当其离开冷凝器时并非为 100%的液体，因为仅有一定量的热能在给定时间内由冷凝器排出。因此，少量的制冷剂以气态方式离开冷凝器，但由于下一步是储液干燥器，故制冷剂的这一状态并不影响系统的运行，与发动机的冷却液散热器相比较，冷凝器承受的压力比发动机的冷却液散热器高。安装冷凝器时，注意从压缩机排出的制冷剂必须由冷凝器的上端入口进入，其出口必须在下方，否则会引起制冷系统压力升高，导致冷凝器胀裂的危险。

图 4-17 汽车空调冷凝器

冷凝器中制冷剂的放热过程分为降低过热、冷凝、过冷三个阶段。

进入冷凝器的制冷剂是高压过热气体，首先是降温至冷凝压力下的饱和温度，制冷剂仍为气态。然后，在冷凝压力下，因放出热量而逐渐冷凝成液体，此过程温度保持不变。最后，继续放出热量，液态制冷剂温度下降，成为过冷液体。

1．管片式冷凝器

管片式冷凝器由安装在一系列薄散热片上的制冷剂螺旋管组成，如图 4-18 所示。管片式冷凝器的制作工艺简单，它是在圆铜管上焊上 0.2mm 铝片组合而成，是较早采用的一种冷凝器形式，目前一般用在大中型客车的冷气装置上。

图 4-18 管片式冷凝器

在发动机舱有限的空间内，管片式这种设计结构可以提供最大的散热面积，冷凝器接收来自压缩机的高温高压制冷剂蒸气，制冷剂蒸气从冷凝器顶部流入并流过螺旋管。按热的自然趋向从热制冷剂顶部流入并流过螺旋管，热制冷剂蒸气中的热量经散热片向大气中散发热量。当制冷剂蒸汽冷却并经过冷凝器向下流动时，就会达到发生冷凝的温度，气态制冷剂即变为液态制冷剂。在冷凝点时，制冷剂释放出更多的热量，冷凝器底部的制冷剂是温的高压液体。在以平均热负荷运行的汽车空调系统中，冷凝器螺旋管上部的 2/3 为热的制冷剂蒸汽，而下部 1/3 部分为液态制冷剂。这种高压液态制冷剂从冷凝器排出并向前流入蒸发器。

2．管带式冷凝器

管带式冷凝器如图 4-19 所示，它采用一整根扁形管，弯成蛇形状。管内用隔筋隔成若干个孔道，管外用 0.2mm 铝片焊在上下两管外皮处，铝片折成皱纹状以增大散热面积。这种冷凝器的结构紧凑、重量轻、可靠性高，传热效率比管片式冷凝器提高 15%～20%，但其管内制冷剂流动阻力要高于管片式。目前普遍应用在小型汽车上。

图 4-19　管带式冷凝器

3．平流式冷凝器

平流式冷凝器也是一种管带式结构，如图 4-20 所示，由圆筒集流管、铝制内肋管、波形散热翅片及连接管组成，是专为 R134a 提供的新型冷凝器。

图 4-20　平流式冷凝器

平流式冷凝器与管带式冷凝器的最大区别是：管带式只有一条扁管自始至终地呈蛇形弯曲，制冷剂只是在这一条通道中流动而进行热交换。由于其流程长，管带式的管道压力损失大。又由于进入冷凝器时制冷剂是气态，比体积大，需要的通径大；出冷凝器时已完全变成液态，比体积小，只需要较小的通径。普通管带式结构的管径从头至尾是相同的，这对充分进行热交换是不利的，管道内空间未被充分利用；而且增加了排气压力及压缩机功耗。而平行流式冷凝器则是在两条集流管间用多条扁管相连，将几条扁管隔成一组，进入处管道多，逐渐减少每组管道数，实现了冷凝器内制冷剂温度及流量分配均匀，提高了换热效率，降低了制冷剂在冷凝中的压力损耗，这样就可减少压缩机功耗。由于管道内换热面积得到充分利用，对于同样的迎风面积，平行流式冷凝器的换热量得到了提高。

这种结构的散热性能较管带式冷凝器提高了 30%～40%，通路阻力降低了 25%～33%，内容积减少了约 20%，大幅度地提高了它的热交换性能。这种冷凝器是为汽车空调使用新型制冷剂 R134A 而开发投放市场的。制冷剂由输入端接头进入圆柱主管中，再分别同时流入多个扁管，并平行地流至对面的主管，再集中经过跨接管流至冷凝器输出端接头。

平流式冷凝器具有制冷剂侧的压力损失小、导热系数高、制冷剂充注量少等特点，是目前轿车普遍采用的冷凝散热方式。

4.2.4 汽车空调蒸发器

蒸发器和冷凝器一样，也是一种热交换器，也称冷却器，是制冷循环中直接获得冷气的器件，其外形近似冷凝器，但比冷凝器窄、小、厚。蒸发器安装在驾驶室仪表板的后面，其结构如图4-21所示，主要由管子和散热片组成，在蒸发器的下方还有接水盘和排水管。

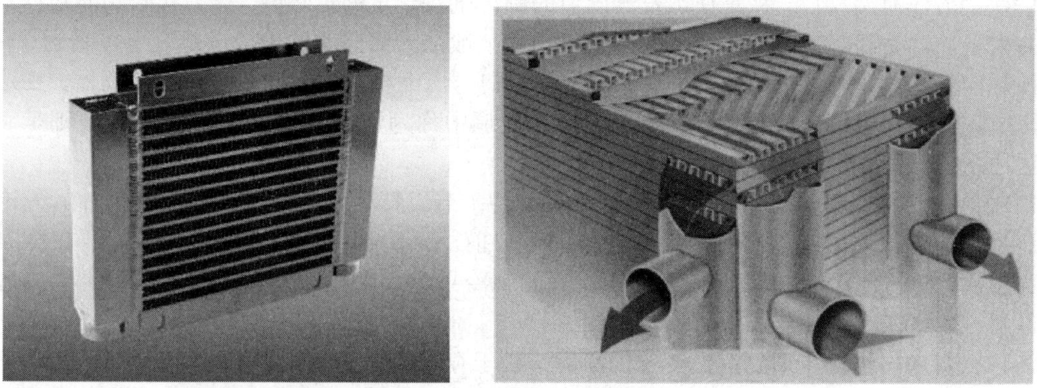

图4-21 蒸发器

液态雾状制冷剂在蒸发器内蒸发冷却。车内湿热空气通过蒸发器时碰到冰冷管子和散热片，空气骤冷，湿气凝结成水珠沿导流管排出车外。冷空气经风机作用循环于车内，蒸发器空气进口处装有过滤器，可净化车内空气，使车厢内空气舒适宜人，最终体现了汽车空调的作用。

蒸发器的作用虽然与冷凝器相反，但是也有管片式和管带式，只是体积稍小。管带式在汽车空调中是比较常见的蒸发器。另外，还有一种换热效率更高的板翅式蒸发器，在较小的体积内有较大的导热表面积，结构紧凑，热效率高，也被广泛采用。

制冷剂在蒸发器中的工作过程分为两个阶段。第一阶段是液态制冷剂吸热后沸腾汽化，成为饱和气体，这一阶段是潜热变化，压力、温度基本不变；第二阶段是制冷剂继续吸热，温度升高，成为过热蒸气，是显热变化。蒸发器出口要有一定过热度，是为了保证压缩机吸入的一定是气态制冷剂，不会发生液击现象。

对于采用膨胀阀的系统，蒸发器出口过热度是由膨胀阀控制的；对于采用固定节流管的系统，是靠蒸发器后面的气液分离器来保证压缩机吸入的一定是气体。

由于空调蒸发器要求尺寸紧凑，它的管片距离也就比一般空调小（即管片排列比较密），结露后容易形成“水桥”而影响热交换，因而防结露或防止形成“水桥”的问题在车用空调蒸发器中更显得重要。

4.2.5 膨胀节流装置

节流装置是空调系统的重要制冷部件之一，汽车空调常用的节流装置有膨胀阀和节流管（孔管），主要用来解除液态制冷剂的压力，使制冷剂能在蒸发器中蒸发，是系统高、低压的分界点。膨胀阀多用于低、中级轿车，节流管则多用于中、高级轿车。

在制冷系统中，液态制冷剂必须在低压状态下才容易吸热蒸发，而通过冷凝器出来的是高压状态的液态制冷剂，因而它必须通过节流元件减压后才能变成低压的容易蒸发的雾状体。

为了充分发挥蒸发器的换热面积，最理想的是在蒸发器出口处制冷剂刚好全部蒸发完毕，成为临界饱和蒸气，这样能使蒸发器的换热面积一点不浪费。但实际上这样是很危险的，因为若不在蒸发器出口至压缩机入口之间采取其他措施，稍有不慎，未蒸发完的液态制冷剂进入压缩机会发生“液击”而损坏压缩机。

所谓“液击”就是这种过饱和气体（含有未蒸发完的液态制冷剂的气体称为过饱和气体）在压缩机中因压缩升温，成为过热蒸气的过程中，其中所含的液滴迅速蒸发膨胀，使汽缸中压力骤增，活塞阻力突然加大，就像受到重击一样。

解决的方法有两种：一种是使蒸发器出口的制冷剂有一定的过热度。热力膨胀阀能根据出口过热度的大小，自动调节其开度，改变制冷剂流量。一般热力膨胀阀的出口过热度可控制为3～8℃。另一种是保住蒸发器的最大换热能力，在蒸发器出口与压缩机进口之间设置气液分离器。在这种方式中，节流元件采用固定阻尼的节流孔管（汽车空调中称为塑料节流管），蒸发器一般则是满液式的，这种系统称为CCOT系统。

膨胀阀是一类可以调节制冷剂流量的节流设备；节流管则是固定流量的节流器件。无论是膨胀阀还是节流管，它们都必须安装在蒸发器的进口前。采用膨胀阀的制冷系统，需要在冷凝器出口和膨胀阀之间配置储液干燥器；采用节流管的制冷系统，则在蒸发器出口和压缩机进口之间配置集液器。

流体在管道内流动，遇到突然变窄的断面，由于存在阻力使流体的压力降低的现象称为节流。制冷剂在流体的通道突然缩小时，会发生压力和温度下降的现象。

它们的功能是：当高压高温液态制冷剂经过这类小孔径装置后，其流量受到节制而减少。减少流量的制冷剂进入有较大空间的蒸发器后，压力降低，制冷剂雾化成液态微粒，温度随压力同时降低。压力的降低使得制冷剂蒸发膨胀，同时吸收大量热量。

1．热力膨胀阀

汽车空调的节流膨胀装置主要是热力膨胀阀，另外，还有组合式阀、电子膨胀阀等。

热力膨胀阀是一种膨胀节流装置，它是制冷系统中自动调节制冷剂流量的元件，广泛应用于各种空调制冷系统中。热力膨胀阀是一种温度控制式膨胀阀，热力膨胀阀的工作特性好坏，直接影响整个制冷系统能否正常工作。热力膨胀阀以蒸发器出口的过热度为信号，自动调节制冷系统的制冷剂流量。热力膨胀阀一般有三个作用。

（1）节流降压。使从冷凝器来的高温、高压液态制冷剂节流降压成为容易蒸发的低温、低压雾状制冷剂进入蒸发器，将制冷剂分成高压侧和低压侧，但工质的液体状态没有改变。

（2）自动调节制冷剂流量。由于制冷负荷的改变及压缩机转速的改变，要求流量作相应调节，以保持车内温度稳定。膨胀阀能自动调节进入蒸发器的流量，以满足制冷循环要求。

（3）控制制冷剂流量，防止液击和异常过热发生。膨胀时以感温包作为感温元件控制流量大小，保证蒸发器尾部有一定量的过热度，从而保证蒸发器容积的有效利用，避免液态制冷剂进入压缩机而造成液击现象，同时又能控制过热度在一定的范围内。

大多数汽车空调制冷系统在运行过程中，其冷负荷是变化的。例如，系统刚开始降温时，车内的温度较高，这时就要求蒸发器的制冷剂流量增大，而当车内温度较低时，冷负荷减少了，这时要求蒸发器的制冷剂流量减小。因此，热力膨胀阀的作用就是根据系统冷负荷需要调节制冷剂流量，使制冷系统能正常地工作。

汽车空调制冷系统常用的热力膨胀阀有内平衡式膨胀阀、外平衡式膨胀阀和H形膨胀阀三种，如图4-22所示。

（a）内平衡式　　（b）外平衡式　　（c）H 形

图 4-22　热力膨胀阀

1）内平衡式

内平衡式一般不可调节，只有两个端口，口径小的为入口，口径大的为出口，多用于轿车等制冷量较小的场合。

内平衡式热力膨胀阀工作原理如图 4-23 所示，图中 2 是感温包，内装惰性液体或制冷剂液体，当蒸发器出口温度较高时，感温包内液体温度随之上升，从而压力也增高。高压作用在膜片上侧，当数值大于蒸发器进入压力和过热弹簧压力总和时，针阀 7 离开阀座，阀门开启，制冷剂流入蒸发器。针阀 7 开启后，较多的制冷剂进入蒸发器，蒸发器内压力上升，回气温度降低，膜片下侧压力增加，上侧压力降低，阀门关闭。由于膜片上、下侧压力经常处于不平衡状态，所以阀门不断地开启、闭合。

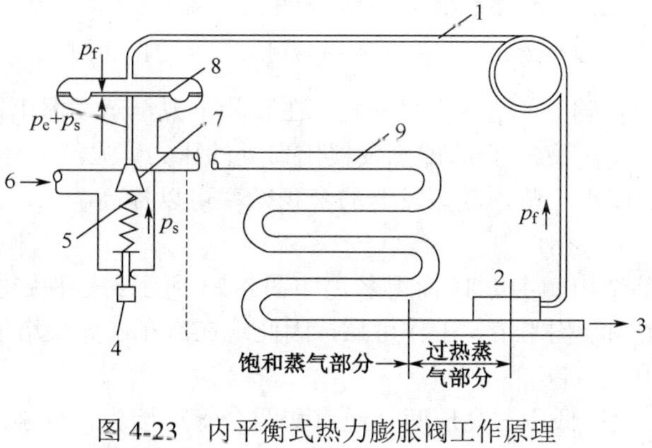

图 4-23　内平衡式热力膨胀阀工作原理

1—毛细管；2—感温包；4—制冷剂出口；4—调整螺针；

5—弹簧；6—制冷剂入口；7—针阀；8—膜片；9—蒸发器

具体受力分析如下，膨胀阀膜片承受三个力的作用。

向下的力——p_f-感温包内制冷剂气体对膜片的压力。

向上的力——p_e-蒸发器进口处制冷剂压力（通过内平衡孔连通）。

p_s——弹簧的弹力。

其工作原理是：

当 $p_f=p_e+p_s$ 时，膜片不动，阀处于某一开度，制冷剂保持一定流量。

当 $p_f>p_e+p_s$ 时，即若制冷装置负载增大（如车厢内温度升高），制冷剂提前全部蒸发，过热度增大，蒸发器出口处气态制冷剂的温度升高，使感温包内压力 p_f 增大，使 $p_f>p_e+p_s$，这时膜片通过推杆将阀针朝下推，使阀的开度增大，进入蒸发器的制冷剂流量增加，制冷量亦增加。

当 $p_f<p_e+p_s$ 时，与 $p_f>p_e+p_s$ 的情况相反。

如此调节，使制冷量与制冷负载相匹配。

2）外平衡式

外平衡式多出一个可以人工调节膨胀阀节流量的端口，可以调节膨胀阀节流量的大小，适用于制冷量较大，蒸发器通道较长，压力损失大的制冷系统，如大型客车。

外平衡式膨胀阀制冷剂在蒸发器内部管道流过时，由于有流动阻力存在，在蒸发器出口处会产生压力下降，其内部管道越长则压力下降就越大。而内平衡式为了打开阀门，就要有更大的过热度，要增大过热度，就必须减少制冷剂的流量，这样就使制冷量下降，故内平衡式只适用于对制冷量要求不大的轿车及货车驾驶室空调，而对大客车空调则要用外平衡式，如图 4-24 所示。

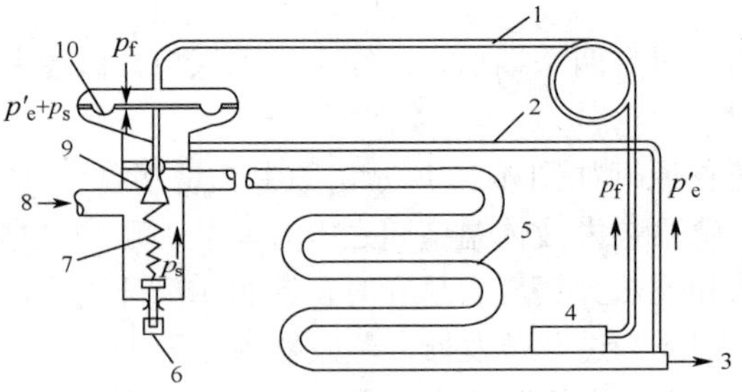

图 4-24　外平衡式膨胀阀工作原理

1—毛细管；2—外平衡管；4—制冷剂出口；4—感温包；5—蒸发器；

6—调整螺钉；7—弹簧；8—制冷剂入口；9—阀；10—膜片

在内平衡式膨胀阀的基础上，堵住内平衡孔，在膜片下方至蒸发器出口处加一外平衡管，即变成了外平衡式膨胀阀。此时 p_e 变成了 p_e' 即蒸发器出口处的压力。显然 $p_e'<p_e$，即要达到同样的阀开度，外平衡式所需的过热度小一些，故蒸发器的容积效率可以提高。

3）H 形

H 形膨胀阀因其内部结构如字母 H 而得名，如图 4-25 所示。这种膨胀阀安装在蒸发器进气管与回气管之间，H 形膨胀阀结构紧凑、工作可靠，因此现在汽车（如桑塔纳 2000、北京切诺基、神龙富康等轿车）普遍采用。

在 H 形膨胀阀上，设有低压与高压两个通道和四个管路接头，分别与制冷系统的低压管路和高压管路连接。在如图 4-25 所示的结构示意图中，上面一个通道为低压通道，下面一个通道为高压通道。低压通道的入口接头经制冷管路与蒸发器出口连接、出口接头经制冷管路与空调压缩机入口连接；高压通道的入口接头经制冷管路与储液干燥器连接、出口接头经制冷管路与蒸发器入口连接。温度传感器装在制冷剂从蒸发器至压缩机的气流中。制冷剂温度变化，传感器膨胀或收缩，直接推动阀门（钢球和过热弹簧）。H 形膨胀阀的结构保证了低压侧压力直接作用于膜片下侧。任何形式的膨胀阀作用，都是向蒸发器供应能在其内部完全蒸发的足够的制冷剂，它并不负责控制蒸发器的温度。

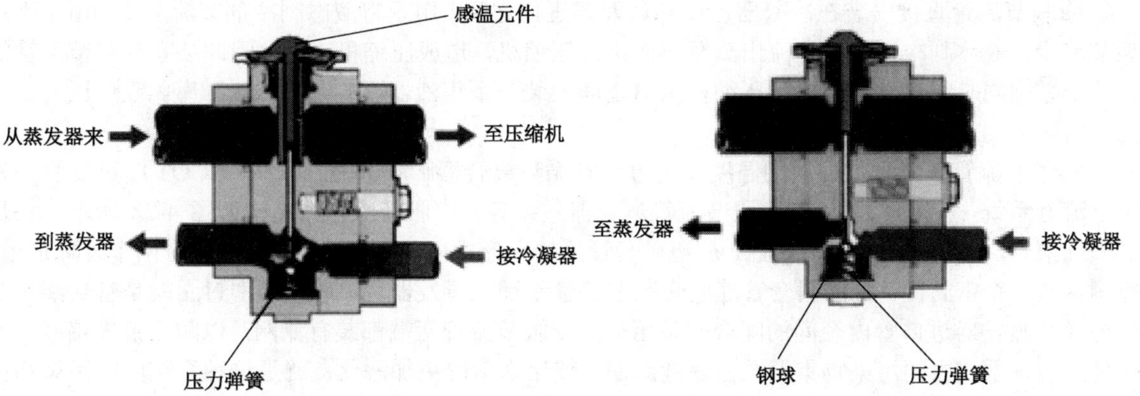

（a）热负荷大，制冷剂流量大　　（b） 热负荷小，制冷剂流量小

图 4-25　H 形膨胀阀

在高压液体进口和出口之间，设有一个由球阀组成的节流阀，节流阀开度的大小由感温元件和调节弹簧控制。感温元件内部充注有制冷剂，安放在低压通道上直接感受蒸发器出口蒸气的温度。转动调节螺栓即可调节弹簧的预紧力，从而便可调节节流阀的开度和流入蒸发器的制冷剂流量来调节车内空气的温度。

当蒸发器出口蒸气温度升高时，感温元件内部制冷剂吸热膨胀压力升高，迫使球阀压缩预紧弹簧使节流阀开度增大，进入蒸发器的制冷剂流量增大，蒸发器制冷量增大，车内空气温度降低。反之，当蒸发器出口蒸气温度降低时，节流阀开度减小，制冷剂流量减小，蒸发器制冷量减少，车内空气温度将升高。

H 形膨胀阀安装在蒸发器的进出管之间，阀上端直接暴露在蒸发器出口介质中，感应温度不受环境温度影响，也不需要通过毛细管避免造成时间滞后。由于该膨胀阀无感温包、毛细管和外平衡接管，可免除因汽车颠簸、振动而使充注系统断裂外漏，以及感温包包扎松动而影响膨胀阀的正常工作，提高了膨胀阀的抗振性能。带低压保护开关和恒温器的 H 形膨胀阀，称为组合式 H 形膨胀阀，如图 4-26 所示。

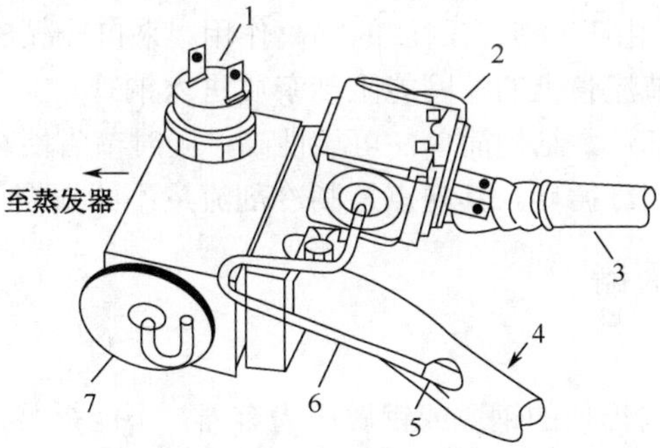

图 4-26　组合式 H 形膨胀阀

1—低压开关；2—恒温器；4—出液管；4—进液管；5—感温插孔；6—感温管；7—H 形膨胀阀

2．孔管

膨胀节流管是用于许多轿车制冷系统的一种固定孔口的节流装置，又称它为孔管、固定孔管，如图 4-27 所示。孔管式节流装置是一种阻尼元件，外观为一管形件，上端为进口，下端白色为出

口。制冷剂由进口经过滤器过滤，再经节流孔降低高压制冷剂液体压力，最后经过滤器流入蒸发器。

膨胀节流管直接安装在冷凝器出口和蒸发器进口之间，用于将液态制冷剂节流降压。由于不能调节流量，液体制冷剂很可能流出蒸发器而进入压缩机，造成压缩机液击，因此装有膨胀节流管的系统，必须同时在蒸发器出口和压缩机进口之间安装一个集液器，实行气、液分离，避免压缩机发生液击。

膨胀节流管系统目前使用的温度控制方法有循环离合器膨胀节流管系统（CCOT）、可变容积膨胀节流管系统（VDOT）、固定膨胀节流管离合器系统等。膨胀节流管的结构如图 4-28 所示。它是一根细铜管，装在一根塑料套管内，在塑料套管外的环形槽内装有密封圈。有的还有两个外环形槽，每槽各装一个密封圈。把塑料套管连同膨胀节流管都铺入蒸发器进口管中，密封圈就是密封塑料套管外径和蒸发器进口管内径间的配合间隙用的。膨胀节流管两端都装有滤网，以防止系统堵塞。安装使用后，系统内的污染物集聚在密封圈后面，使堵塞情况更加恶化，就是这种系统内的污染物堵塞了孔管及其滤网。膨胀节流管不能维修，坏了只能更换。

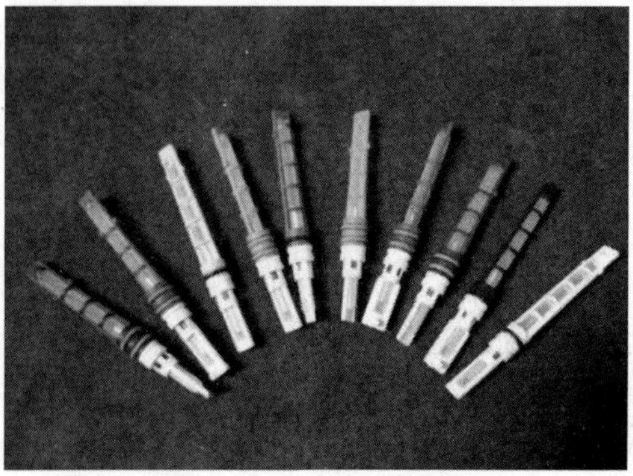

图 4-27　孔管式节流装置

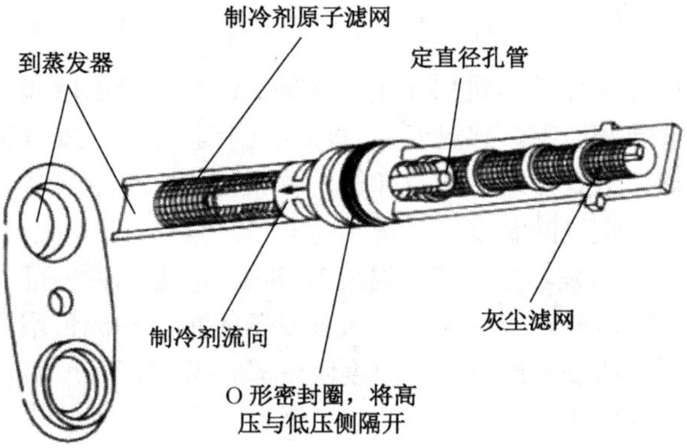

图 4-28　膨胀节流管的结构

由于制冷剂经过此装置时只能节流而不能对制冷剂的流量进行调节，故当蒸发器的温度降到一定值后，可由恒温器来对离合器进行通断的控制，从而调节制冷剂的流量。

膨胀节流管是一根细小的铜管，安放在一根塑料套管内，在塑料套管上套有一个或两个 O 形密封圈，铜管的外面是滤网。由于 O 形密封圈的隔离作用，来自冷凝器的制冷剂只能从细小的铜管中通过，进入蒸发器。塑料节流管上的滤网能阻挡杂质进入铜管。

由于膨胀节流管没有运动部件，结构简单，可靠性高，同时节省能耗，因此美国、日本等国家有许多高级轿车采用膨胀管式制冷循环。其缺点是制冷剂流量不能根据工况变化进行调节。

4.2.6　干燥器和集液器

1．储液干燥器

储液干燥器一般都是密封焊死的钢质或铝质压力容器，不能拆装，通常称为干燥罐。里面有干燥剂、过滤网，如图 4-29 所示。从冷凝器来的高压液态制冷剂从上部进入罐中，经过过滤干燥后，从底部由引管排出至膨胀阀。观察制冷剂流动情况的镜片正对着流出来的制冷剂。

1）储液罐

储液罐是制冷系统中不可缺少的部件。储液罐能临时性地存储一些在冷凝器中液化的制冷剂，当蒸发器负荷变化时，要求流量相应变化，及时供给蒸发器。当系统中存在少量制冷剂泄漏时，需要及时补充制冷剂。因此，必须有一个能额外储存制冷剂的容器。储液罐的容量约为系统工质体积的 1/3，罐体有钢制和铝制 2 种。

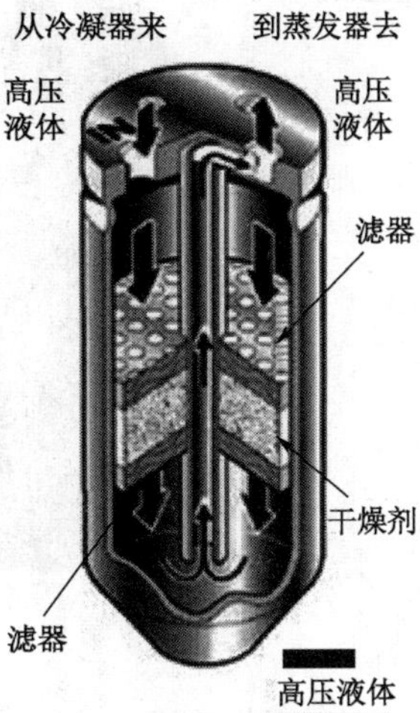

图 4-29 储液干燥器结构

2）干燥剂

干燥剂是一种能从气体、液体或固体中去掉潮气的固体物质，如硅胶、分子筛等。在制冷剂及制冷系统中不可避免地存在着水分，水会对金属产生强烈的腐蚀作用，以及影响制冷剂工作正常进行，所以需要干燥器。

在制冷系统中不可避免地存在着水分，而水分的存在会引发下列问题。

（1）腐蚀。水能促进油与制冷剂的反应，使制冷剂分解产生酸，酸则会引起破坏性腐蚀。

（2）冰堵。水容易在膨胀阀结冰，从而影响制冷剂流动。

（3）脏堵。水会促进淤渣的形成，并堵塞膨胀阀、节流管。

（4）镀铜现象。在 R134a 系统中，若存在水分，有可能造成铜管上的铜分子沉积到钢零件表面，造成镀铜现象，使压缩机运动部件卡死。

干燥剂可放在起过滤作用的两层滤网之间，或者放在由弹簧支撑的金属网袋中。干燥袋直接放在储液罐中不用固定，对于这种结构，如果摇动干燥器，可以听到干燥袋移动的声音，这声音并不意味着储液干燥器坏了。

3）过滤器

制造系统中没有处理干净的微量碎屑、尘土、制冷剂中的脏物及制冷剂对系统部件内壁发生侵蚀而脱落的杂质，如果积聚在膨胀阀（或塑料节流管）内，就会阻碍制冷剂流通。因此，管路中必须安装过滤器，并需要经常清洗滤网（或更换过滤器）。

2. 集液器

集液器也称气液分离器。它是里面装有干燥剂且把气液制冷剂分离开的容器，用于与孔管节流方式配套的装置，装在蒸发器出口与压缩机进气管之间，结构原理如图 4-30 所示。

系统工作时，制冷剂进入容器中，液态的沉入容器底部，气态的从顶部被吸回压缩机中。容器底部有小孔允许少量液态制冷剂与润滑油进入压缩机，因量小不会产生液击，润滑油则保证了压缩机的润滑冷却需要。此容器做的较大，因为要容纳较多的气态制冷剂。它要与孔管配套使用，故此系统无膨胀阀，且已具有过滤干燥功能，亦不必有储液干燥器。

当压缩机停止工作后，孔管不能关死，孔管两端高低压力平衡迅速，压缩机重新启动时负荷小，启动容易，这是此种系统节能的主要原因。

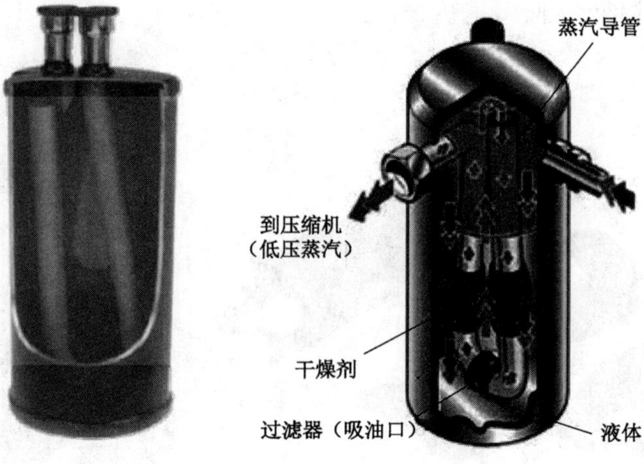

图 4-30　集液器

低压侧的压力控制器，如循环离合器系统控制蒸发器温度的压力开关，常装在集液器上。集液器中干燥剂的组成和特性与储液干燥器完全一样，可吸附、吸收并滞留因不当操作而进入系统的湿气。若有迹象表明需更换干燥剂时，集液器不能维修，必须整体更换。

集液器与一般储液干燥器的区别如下。

（1）集液器安装在制冷系统的低压区，而储液干燥器则安装在系统的高压区。

（2）集液器和储液干燥器存储的都是液态制冷剂，但集液器存储的这些制冷剂会在低压区慢慢地自然蒸发，离开集液器的只是气态制冷剂，因而起到气液分离的作用，而储液干燥器留下的是多余的液态制冷剂，用以调节运行的需要。

（3）集液器中主要是气体，所以要求容积比较大，因而集液器尺寸一般比较大，而储液干燥器的尺寸一般比较小。

4.3　实训作业

【故障现象】

汽车空调在开启以后，可以制冷但是制冷后的室内温度难以降低，达不到设定的制冷效果。

【故障分析】

确认没有人为操作不当等因素的影响后，这种故障可能是管路系统制冷剂不足、管路轻微堵塞、压缩机性能不良、冷凝器散热效果差、温度控制电路出现故障等所致。

【检修计划】

通过使用歧管压力表检测系统压力，判断汽车空调制冷不足的原因。

4.3.1　制冷系统压力的检测

在维修汽车空调的过程中，对空调系统运行状况及其故障的诊断与测定，在很大程度上依赖于技术人员对压力表读数的理解与分析，同时还必须利用汽车空调系统的理论知识进行分析诊断，这样在面对各式各样的压力显示时才能做出科学准确的分析判断。

将待测试的车辆空调系统调至最冷状态，鼓风机速度调至最高挡速度，循环方式设置为内循环方式，出风方式设置为吹脸方向。打开所有车门，将歧管压力表组件与空调系统相连，启动发动机，让空调系统运行 10～15min，当发动机转速稳定在 1800r/min 时，空调温控器（或拨杆）调至最冷（MAX）位置，测量制冷系统的压力。

1. 正常情况

工作性能良好的空调制冷系统的工作压力表读数如图 4-31 所示。制冷系统正常的压力参数范围如下。

高压侧读数应为 1.4MPa～1.6MPa。

低压侧读数应为 0.2MPa～0.3MPa。

在观察歧管压力表组中高压表和低压表指针的变化时，注意不同控制形式的压缩机的压力表指针变化情况。

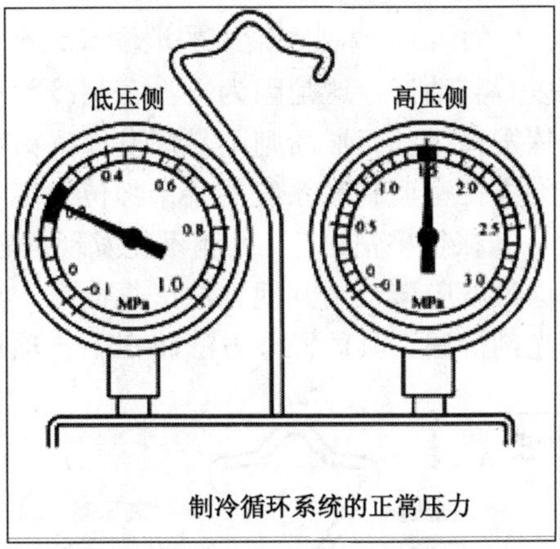

图 4-31 正常情况压力表指示节

1）定排量压缩机的压力特点

（1）空调压缩机电磁离合器接合后，两表针呈“剪刀状”运动，高压表指针指示压力向标准升高，低压表指针降低，交叉变化。

（2）空调压缩机电磁离合器断开后，高压表和低压表的指针反方向运动，但两个表的指针仍会保持一定的压力差。关闭汽车空调后，两表指针会逐渐趋于一致。

2）变排量压缩机的压力特点

（1）电磁阀控制式的旋转斜盘式或内部压力控制式的变容量压缩机，在空调系统工作过程中，电磁离合器自空调系统开启后就不再切断。观察这种空调系统的歧管压力表组中高压表和低压表指针的变化时，其变化与使用定容量压缩机的空调系统有些不同。

（2）空调压缩机以 100%的效率工作时，定容量压缩机的空调系统与变容量压缩机的空调系统的指针变化是相同的，都会稳定在标准值范围内的某一个值。

（3）当变容量压缩机的空调系统不是以 100%的效率工作时，对于电磁阀控制式的旋转斜盘式变容量压缩机，其高压表和低压表指针会稳定在某一非标准的压力值上（低压较高，高压较低），即这种压缩机有两种工作状态。而对于内部压力控制式的变容量压缩机则没有明显的状态变化区别，高压表和低压表指针会有多种变化，但变化应该是稳定的。

（4）对于采用变容量压缩机的汽车空调系统，应善于捕捉到空调压缩机以 100%效率工作时的压力指示状况，作为故障分析的依据。因此在维修汽车空调系统的过程中要分辨其使用的压缩机是变容量的还是定容量的，避免将采用变容量压缩机的汽车空调系统的正常表指针变化误认为有故障而进行维修。

2. 空调制冷剂不足

1）现象

歧管压力表高压、低压指示都偏低，如图 4-32 所示；视液镜中可以看见大量气泡。

2）原因分析

根据歧管压力表指示的情况，可以判断出汽车空调系统的故障原因是制冷剂不足，使空调系统不能有效制冷。造成这一问题的主要原因是由于汽车空调系统密封不严，致使制冷剂泄漏。

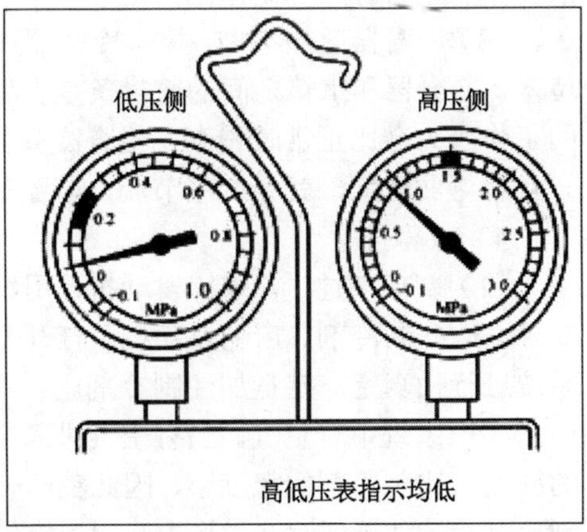

图 4-32 制冷剂不足时

3）检查方法

如果空调制冷系统的泄漏较为严重，通过仔细目测空调制冷系统的管路及各个接头处，一般可以看到油污。这是因为一旦有制冷剂泄漏，冷冻机油就会随着制冷剂一道流出，制冷剂漏出后迅速挥发掉了，而油渍则不易挥发，就粘在了制冷剂泄漏的地方，时间一长就沾上灰尘形成油污，所以如果在空调制冷系统的某个部位发现有油污或是油渍，就可以判定汽车空调的这个部位存在泄漏。

在很多情况下，目测不能发现问题所在，但通过压力表及视液镜又证实确实系制冷剂存在泄漏，这时就应该运用其他方法进行检漏。常用的检漏方法包括肥皂水检漏、卤素灯检漏、电子检漏和荧光剂检漏。具体操作方法将在下一项目中介绍。

4）故障排除

应先检测系统是否有泄漏，在排除泄漏后补充制冷剂。

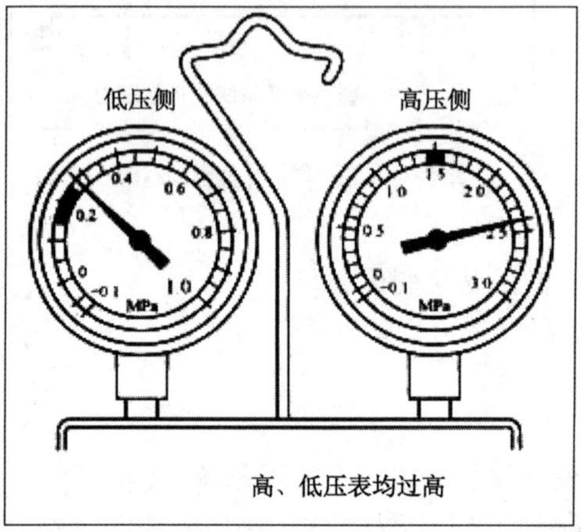

图 4-33　制冷剂过多

3．空调制冷剂过多

1）现象

歧管压力表高压、低压指示都偏高，如图 4-33 所示；视液镜中看不见气泡；低温、低速的时候也同样如此。

2）原因分析

可能是空调制冷系统中制冷剂过量、制冷系统中存在空气、冷凝器散热不良、冷却风扇转速低等所致。

3）检查方法

（1）制冷剂过量。如果是汽车空调系统的制冷剂过量，则用手触摸时冷凝器的排出侧的温度要比正常空调系统的工作温度低，由空调系统的观察窗看不到制冷剂流动气泡。如果向冷凝器泼水也看不到气泡，则表明空调系统的制冷剂过量。因为向冷凝器上泼水，冷凝器制冷剂温度迅速下降，造成比容下降，此时储液干燥罐内的液体会向冷凝器逆流，所以会由观察窗看见气泡，此时不要误认为制冷剂不足。

（2）系统中有空气。观察汽车空调系统的工作，如果在空调系统暂停工作后，高压表的压力下降很快，当空调系统再次启动时，高压端的压力有一定的压力损失，其表针会先下降，然后再升高。空调系统工作期间，低压管发热，且高压表指针会慢速大幅抖动。还可以通过观察储液干燥瓶的视液孔，看是否存在一定量的气泡。

（3）冷凝器散热不良。检查冷凝器和水箱的散热栅是否被堵塞及其之间的空气通道是否被污物堵塞，冷凝器和水箱之间的密封条是否破损。这些情况都会导致空调系统散热不良，此时空调系统的工作压力会比正常时稍高。检查冷凝器是否有被外物击打而弯曲的现象，这样会导致散热不良。一旦有弯曲现象，就会产生节流，节流前后会有温度变化，根据节流现象可以快速找到损坏部位。

4）故障排除

（1）制冷剂过量。熄灭发动机，用维修布裹住空调歧管压力表组的排放管口，打开表组的高压端除去一些制冷剂。启动发动机，打开空调，空调系统的压力应该趋于正常。建议彻底重新对空调系统进行抽真空，定量加注制冷剂。

（2）系统中有空气。当有空气进入空调系统后，由于空气在空调系统中的条件下不会凝结，它的密度又比制冷剂的密度小，因此空气一般都滞存在冷凝器和储液干燥器顶部，因为这两个部件内制冷剂有液体形式存在，形成液封，空气不会进入蒸发器，即使进入了空调系统的低压部分，空气也会随制冷剂被泵压缩排入冷凝器或干燥器中。根据空气的这一特性，可以运用排气的方法确认是否有空气进入了汽车的空调系统。

① 连接空调歧管压力表组，将压力表挂在引擎盖锁门上，使之成为空调系统的最高点。

② 关掉汽车的空调系统和发动机，使空调系统充分稳定。

③ 快速打开压力表组的低压开关，放出少量气体。

④ 快速打开压力表组的高压开关，放出少量气体。

⑤ 启动发动机，打开空调。

⑥ 注意压力表表压的变化。

如果高压表和低压表的压力降低了，上述现象有一定好转或消失，则说明汽车空调系统内确实有空气。如果高压表和低压表的压力都降低了，但比正常值要高，则重复以上过程；如果压力不再降低，则查找其他原因。汽车空调系统的排气一般用来确定空调系统中有空气这一故障的存在，不能作为最终的修理手段。一旦确定空调系统内有空气存在，则要重新彻底抽真空加注制冷剂，才能有效地排除这一故障。

（3）冷凝器散热不良。清理冷凝器、水箱散热栅的污物，必要时需更换。同时要注意发动机散热器的性能，必要时还要清洗散热器。

4．空调系统有水分

1）现象

制冷有时有，有时无；压力表在空调启动时正常，过一段时间低压表会显示真空，高压也比正常值低，过一段时间后又会恢复正常，如图4-34所示。

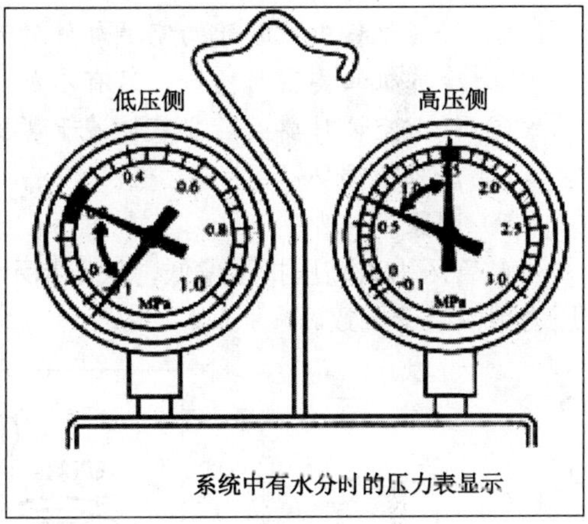

图4-34 制冷系统有水分

2）原因分析

这是空调制冷系统中有水气。进入系统内的水分在膨胀阀管口结冰形成堵塞，循环暂时停止，但当堵塞的冰融化后系统又恢复正常。

3）检查方法

将汽车空调系统关闭10～15 min后，再次打开，如果压力表指向正常，但只有几分钟，压力表又指向不正常，空调系统工作期间，压力表的指针总是间隔地上下摆动，时而正常时而不正常，这就说明汽车空调系统内的湿气过多形成了冰堵。

冰堵是指由于储液干燥器中的干燥剂饱和，制冷剂中的湿气不能被有效排除，制冷剂在通过膨胀阀时膨胀产生低温，使湿气在膨胀阀的节流阀处冻结，就会堵塞制冷剂的继续循环，一旦制冷剂停止循环，膨胀阀周围的温度就慢慢上升，在膨胀阀冻结的冰就会融化，空调系统又恢复工作。周而复始，湿气又会在膨胀阀处冻结，继而又融化，这就产生了上述的表压现象。

4）故障排除

（1）排湿。进行修理首先要更换储液干燥器，更换后要对空调系统进行充分的排湿。

排湿是指利用对汽车空调系统进行抽真空的方法可以有效地排除空调系统内的水分，因为在真空下水会沸腾，产生的水蒸气会被真空泵吸收，排放到空调系统外。除湿需要足够长的时间，这就和烧水一样，要想让水蒸发掉，只让水沸腾是不够的，还要有足够的时间让水蒸发掉，所以除湿的抽真空时间最少为30 min，若允许4 h的抽真空更佳，最理想的是用氮气采取三段式抽真空，不过这一方法过于复杂很少被选用。

（2）湿气的危害。空调系统中的水分多少都会对空调系统产生极大危害，因为水汽与R12制冷剂混合后会发生强烈的化学反应，生成对空调系统内部零件起腐蚀作用的氢氯酸（HCl）。氢氯酸极具腐蚀性，对铝也是如此，空调系统的大多数部件的材料都是铝，氢氯酸与铝发生化学反应所形成的氧化物会造成堵塞，影响汽车空调系统的制冷效果，在 0.5kg 容量的空调系统中只要有一滴水就会造成汽车空调系统的严重损坏。

使用 R134a 制冷剂的空调系统时，虽然水分不会产生有害的酸物，但是对空调系统的运转却是不利的。水汽会在膨胀阀孔积聚和冻结，造成“冰堵”这样的故障现象。

（3）湿气的防治。一般环境中的空气都是具有一定的相对湿度，也就是说空气中是含有水分的，所以空调系统发生渗漏就会有空气和水汽流入。为此，必须控制空气流入空调系统。

储液干燥器的作用就是吸收和存留进入空调系统的水分，如果湿气已经进入空调系统，储液干燥器或储液罐的干燥剂必须能吸收这些水分，如果储液罐的干燥剂已经饱和或失效，就要更换掉储液罐的干燥剂，同时还要用排湿的方法除去空调系统内的水汽。

【小贴士】

维修空调的防湿措施。

① 在向汽车空调系统中加注制冷剂之前要确认充分排除系统内的所有湿气。

② 绝对不要在水周围、雨中或非常潮湿的环境下修理空调系统。

③ 修理过程中被断开的空调部件的开口端应及时封盖。

④ 冷冻机油要密封良好，只有在加注时才能打开密封包装。

⑤ 修理空调时要最后安装储液干燥器，其密封件不要提前打开。

5．压缩机损坏

1）现象

歧管压力表高压指示偏低，低压指示偏高，如图 4-35 所示。关闭空调后压力表高、低压系统压力很快趋于一致。

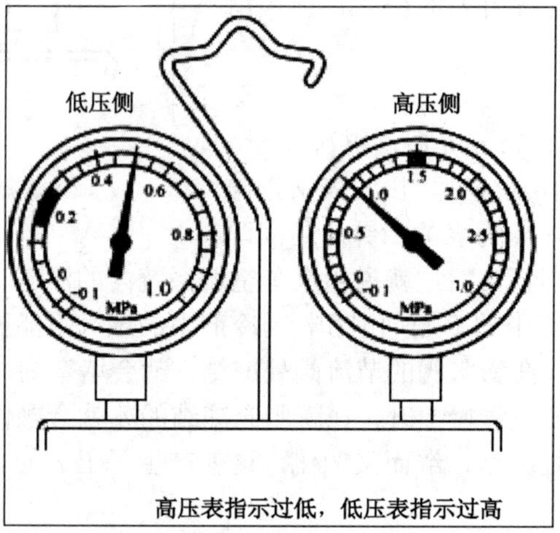

图 4-35　压缩机损坏

2）原因分析

这种现象说明压缩机已不能进行有效压缩，内部有泄漏情况发生，低压侧气态制冷剂不能及时地被压缩到高压侧，从而导致制冷剂不足的故障。

3）检查方法

观察空调压缩机的电磁离合器是否能正常吸合，是否存在打滑现象，以及驱动皮带是否打滑。仔细听压缩机运转时是否有明显的机械噪声。检测压缩机的工作温度，其正常工作温度为 50℃左右，如果压缩机的内部存在泄漏，其工作温度会高于正常工作温度。注意，空调制冷剂过量或机油过少，压缩机的工作温度都会过高；制冷剂不足或管路有堵塞，压缩机的工作温度都会过低。以上的故障现象都会导致低压侧压力高和高压侧压力低这种表压状态。

4）故障排除

如果是皮带打滑，需要更换或调整皮带；如果是压缩机故障，则拆下压缩机，检查压缩机电磁离合器的压盘与转子之间的间隙及电磁线圈的电阻值是否正确（具体技术数值参见相应的修理手册）如果不正确就要对相应的部件进行更换或调整；如果都没问题，就需要进一步检查压缩机。用一只手扳动压盘，另一只手堵住压缩机的低压口时，感觉不到吸力，用手堵住压缩机的高压口时，高压没有出气的压力，而且在检查过程中，旋转起来很轻松。此时，应向压缩机内加注一些冷冻机油再试，再次旋转检查，如果现象仍一样或者没有明显的好转，则应该检修或更换压缩机。

6．制冷循环系统有堵塞

1）现象

歧管压力表高压指示偏低，低压指示为真空，如图4-36所示。

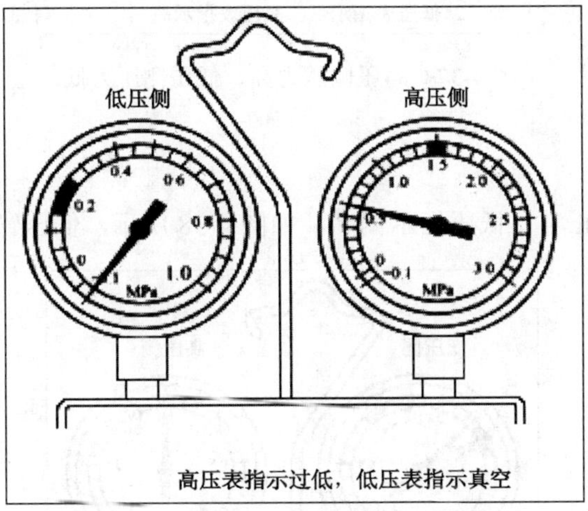

图4-36　制冷系统有堵塞

2）原因分析

根据歧管压力表指示的情况，可以判断出汽车空调系统的故障原因是在压缩机到高压检测口之间存在堵塞，使空调系统不能有效制冷。这种情况既可能是污物引起的堵塞，也可能是管路受外力变形而造成的堵塞。

3）检查方法

根据空调制冷剂的特性，如果汽车空调系统中有堵塞，在被堵塞处就会形成节流，也就是管路的截面积突然变小，在节流处前后形成压力差，制冷剂通过节流孔后蒸发产生制冷效果，用手触及能够感觉到有节流的地方前部即高压侧，在正常状态下为温热，触及后部感觉到凉，甚至会结水珠或结霜，根据这种节流的特征现象可判断堵塞的部位所在。

除了空调管路容易受外力作用变形而造成堵塞外，储液干燥器作为主要起过滤作用的部件，其堵塞也是常有发生。因此要重点对其进行检查。当制冷剂在储液干燥器中受阻时，两边形成压力差，会产生制冷效果，进、出口出现一定的温度差，而正常时进、出口端的温差很小。

4）故障排除

如果是高压管路变形应进行更换修理，储液干燥器阻塞则应更换，如果情况严重还要清洗冷凝器。

【小贴士】

如果出现歧管压力表高压侧压力高，低压侧压力低的情况，如图 4-37 所示，则堵塞一般发生在膨胀阀、EPR 阀及管路较细的部位，排除时要查明堵塞原因，更换堵塞部件，彻底清理制冷管路。

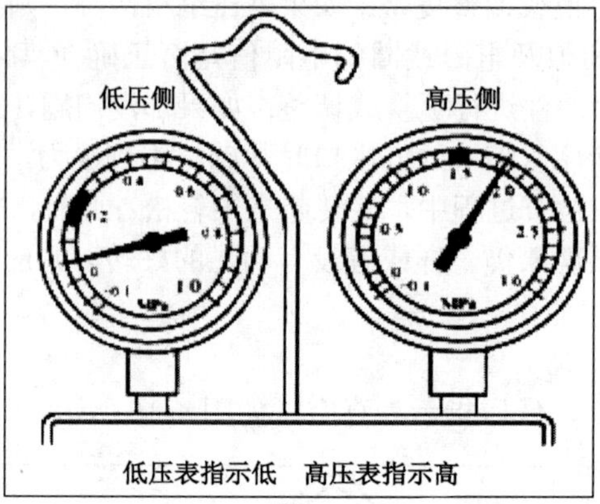

图 4-37　高压侧压力高，低压侧压力低

7．膨胀阀开启过大

1）现象

歧管压力表高压指示正常、低压指示偏高，如图 4-38 所示，低压管路结霜且制冷效果下降。

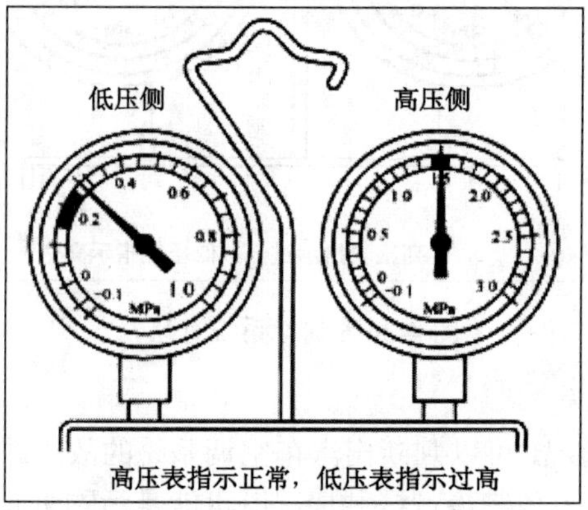

图 4-38　膨胀阀开启过大

判断膨胀阀是否有故障的方法：先连接空调歧管压力表组，提高发动机转速，将高压端的压力保持为 15 kgf/cm^2，此时观察低压表的压力，其压力应为 2 kgf/cm^2，这样为正常。如果高于此值，则说明膨胀调节阀开度大；如果低于此值，则说明膨胀阀开度小。这样可以大致确认膨胀阀是否存在故障，这是在拆卸膨胀阀之前做的确认检查。如果是膨胀阀的故障，更应该更换膨胀阀。

2）排除

重点检查膨胀阀热敏管的安装情况，若安装良好就要考虑更换膨胀阀。

4.3.2　空调压缩机的检修

以桑塔纳 3000 轿车为例（该车装备 SE7PV16A R134a 空调压缩机）进行检修。

1．器材设备准备

桑塔纳 3000 整车、力矩扳手、冷媒回收与充注机、桑塔纳专用工具、空调压缩机维修专用工具（如二爪拉马、卡簧钳）、百分表、磁性座、塞尺、万用表等。

2．注意事项

① 在拆卸空调压缩机传动带之前，必须做好运转记号。

② 不必打开制冷剂循环，可直接拆卸和安装压缩机支架及所属零部件。

③ 安装传动带时，要注意将传动带上的筋条完全卡进带轮的楔槽里。

④ 在对电气装置进行修理工作之前，要断开蓄电池的接地线。在断开蓄电池之前，请按照维修手册和操作说明检查收音机、时钟、电动车窗升降等（若汽车带有遥控技术，断开蓄电池前请先激活遥控技术控制器的维修模式）。

（1）卡缸

压缩机不能转动，俗称卡缸。主要原因通常是由于润滑不良或没有润滑油引起的故障。如果发现离合器打滑，一般都是压缩机卡死所致，这时应立即将压缩机离合器电源关掉。

卡缸的维修方法。

① 敲击法。从侧面用锤子敲击压缩机，边敲边用手旋转主轴承。若抱轴卡死不太严重，经这样处理后，压缩机有可能恢复工作。若不能恢复旋转，可将汽车空调系统的制冷剂全部放空后再行敲击。

② 浸润法。压缩机卡缸，用敲击法也不能恢复工作，可将其从轿车上取下，将进出管口堵住，再把它倒置 24 小时以上，使机件在润滑油中充分浸泡，再进行敲击处理，一般均能恢复正常。

上述方法无法恢复正常，只有拆机处理或更换。

（2）泄漏

半封闭式压缩机或多或少都会存在泄漏的问题，一般在轴封等部位有很微量的泄漏，汽车空调允许年泄漏量应为系统加注量的 5%～10%，泄漏超过此量，将会影响空调性能。泄漏常发生在缸盖、缸垫、轴封、垫片、O 形圈、缸体裂纹等处，如图 4-39 所示。

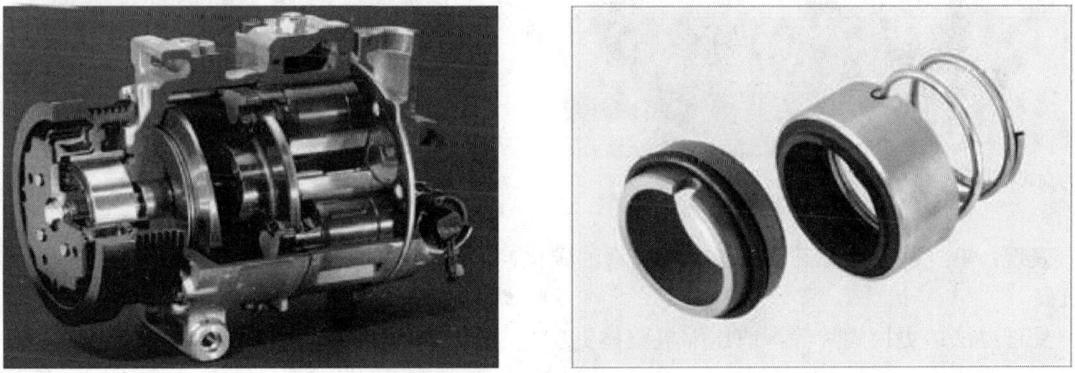

图 4-39 压缩机轴封部位

检察方法：

① 观察。轴封处是否有明显的油迹。

② 试压。压缩机静态打正压检漏，可用肥皂水在轴封处涂抹查看有无气泡。压力尽量接近实际运行压力。运行时，压缩机轴封泄漏大时会有油烟、油雾出现。

③ 处理。各种物理方法保证密闭结合，必要时更换组件。

（3）串气

这类故障的表现是：用压力表检查压缩机的吸气和排气压力，两者压力几乎相同，或差别不大，如图 4-40 所示。压缩机串气，不但吸排气温度很高，吸气压力也比正常高，由于压缩机的气阀（阀片）关闭不严，部分排气压力串回了低压腔，所以排气压力（高压）上不去，会比正常压力低，运转电流也会比正常低。用手摸压缩机时不可触摸到压缩机，工作一段时间后，因温度过高安全阀跳起，如图 4-41 所示。

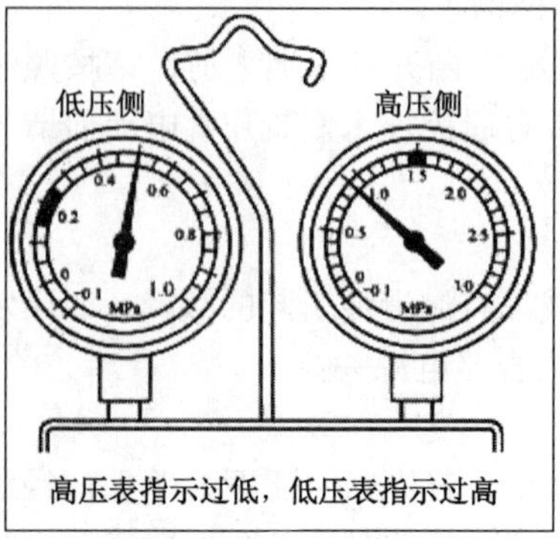

图 4-40　压力表指示

图 4-41　安全阀（压缩机过热保护器）

主要原因：高压阀片破裂，磨损，活塞环弹力不足或磨损等原因，如图 4-42 和图 4-43 所示。

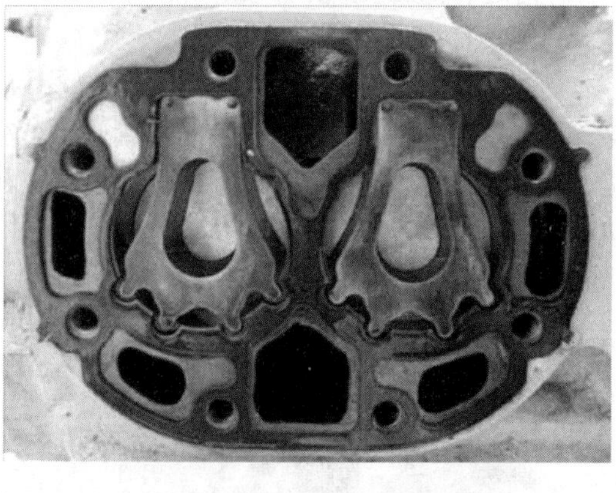

图 4-42　压缩机阀片

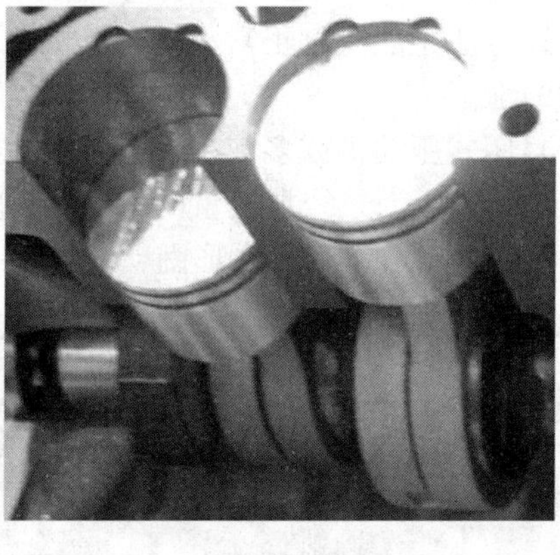

图 4-43　活塞环

表现：串气部分局部升温、发热，润滑油碳化，油温、安全阀升温，导致制冷效果下降，甚至停机。

处理办法：更换阀片等，或压缩机整体更换。

（4）噪声大

噪声过大的主要原因如下。

① 尖叫声。主要是由离合器吸合时打滑引起，或者由于 V 带过松和磨光而打滑引起。如图 4-44 和图 4-45 所示。一般在冬天很冷的时候，由于压缩机油的黏度增大，在汽车空调启动阶段阻力增大，会有短时间的尖叫声，若天气暖和也会有尖叫声，必须进行 V 带张力调整或更换 V 带。

② 振动声。最主要的原因是离合器的轴承磨损，轴与轴承间隙过大造成振动异响。解决的主要办法是更换轴承。其次，检查一下压缩机的进气口和出液口的接头密封性是否良好，漏气有可能

造成压缩机转速升高会有这种声响。压缩机中混入杂质造成压缩机活塞运动磨损也会出现声响很大。运行过程中管件的相互碰撞也会有一点噪声。

图 4-44 离合器分解

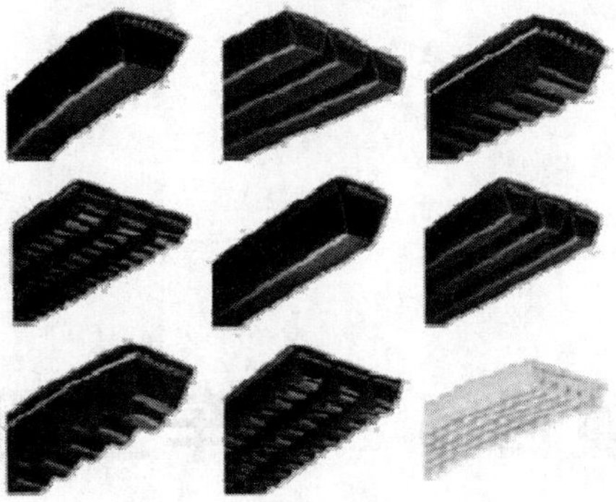

图 4-45 各种 V 带

4.3.3 其他部件的检修和更换

在汽车空调的维修过程中，除抽空、加氟操作之外，还经常会对汽车空调的故障部件进行检修和更换操作。

更换的部件的概率排序：①密封圈；②软管及金属管路；③膨胀阀及滤网或节流管；④储液干燥器或气液分离器；⑤冷凝器；⑥蒸发器；⑦压缩机。

操作注意事项有以下几点。

（1）被拆开部件的开口和需要更换的部件等，在维修时都要作防护处理，主要是防尘和防潮；

（2）拆换部件涉及管路等的接头时，应涂上冷冻润滑油，能有效防止泄漏；

（3）不能彻底修复的部件必须换新，原则上重新连接制冷系统时，需要换新的干燥过滤器（不可修）。

（4）注意安全，更换大组件时，注意压缩机机油的补充。

复习与思考题

1. 简述汽车空调压缩机的分类和工作原理。
2. 简述汽车空调压缩机的组成和功用。
3. 简述冷凝器中制冷剂的放热过程。
4. 热力膨胀阀是怎样进行节流的？
5. 孔管系统中为何要装集液器？

5

项目5 汽车空调间歇性不制冷故障检修

项目描述

汽车空调间歇性不制冷是常见故障之一。本项目以汽车空调间歇性不制冷故障为载体，通过对汽车空调间歇性不制冷故障检测和维修过程的学习和实施，使读者在掌握汽车空调温度控制系统的结构与工作原理的同时，具备对上述故障进行分析、判断与排除的能力，学会使用汽车空调温度控制系统的检修工具。

汽车空调间歇性不制冷故障，常发生在汽车空调手动控制系统中，往往是由于汽车空调制冷控制系统出现故障造成的，如汽车空调温度控制装置、压力控制装置和真空控制装置等不正常，本项目主要针对制冷系统的主要控制部件性能不良或损坏问题，讲解要解决此问题所需的相关知识，并训练解决此问题所需的相应能力。

知识目标

1. 理解汽车空调的基本控制部件及其组成和工作原理。
2. 理解汽车空调的温度自动控制装置的类型、结构和工作原理。
3. 理解发动机怠速稳定装置的类型、结构和工作原理。
4. 理解汽车空调放大器装置的类型、结构和工作原理。
5. 理解汽车空调压力开关的类型、结构和工作原理。
6. 理解汽车空调系统过热、过压保护结构和工作原理。
7. 理解汽车加速切断装置结构和工作原理。
8. 理解汽车空调鼓风机转速控制结构和工作原理。
9. 理解汽车空调冷凝器散热风扇控制结构。

技能目标

1. 能进行汽车空调控温器及其电路的检测。
2. 能进行汽车空调鼓风机及其电路的检测。
3. 能进行汽车空调冷凝器及其电路的检测。
4. 能进行汽车空调压缩机离合器及其电路的检测。

重点掌握内容：汽车空调温度控制系统电路分析，汽车空调温度控制系统电路检测。

5.1 接待登记

维修接待人员应具有良好的形象气质和较强的组织协调能力，并善于和客户进行有效的沟通，表现出对顾客的关注和尊重，体现出高水平的业务素质。

在接待过程中，维修接待人员有两项重要工作要做：一是填写接车问诊登记表（又称接车检查单），二是签订维修施工单（又称任务委托书、维修任务委托书或委托维修合同）。

1. 填写接车问诊登记表

为避免顾客在提车时产生不必要的误会或纠纷，在客户车辆进入维修车间前，维修接待人员必须与顾客一起进行环车检查。环车检查的主要内容包括车辆外观是否有漆面损伤、车窗玻璃是否完好、内饰是否有脏污、仪表盘表面是否有损坏、随车工具附件是否齐全、车内和后备箱是否有贵重物品等。检查完成后，填写接车问诊登记表并经顾客签字确认。接车问诊登记表如表5-1所示，一般一式两份，一份交顾客保管，一份由企业保管。

2. 维修施工单

维修施工单（又称任务委托书、维修任务委托书或委托维修合同）是顾客委托服务企业进行车辆维修的合同文本。

表 5-1 接车问诊登记表

接车问诊登记表

车牌号：________ 车架号：________ 行驶里程：________（km）

用户名：________ 电话：________ 来店时间：________

用户陈述：（故障发生时的状况）

故障发生状况提示：（行驶速度、发动机状态、发生时间、部位、天气、路况、声音等描述）

接车员检测确认建议：

车间检测确认结果及主要故障零部件：

车间检查确认者签名：________

外观确认：（请在有缺陷的部位作标识）	功能确认：（工作正常 √ 不正常×）
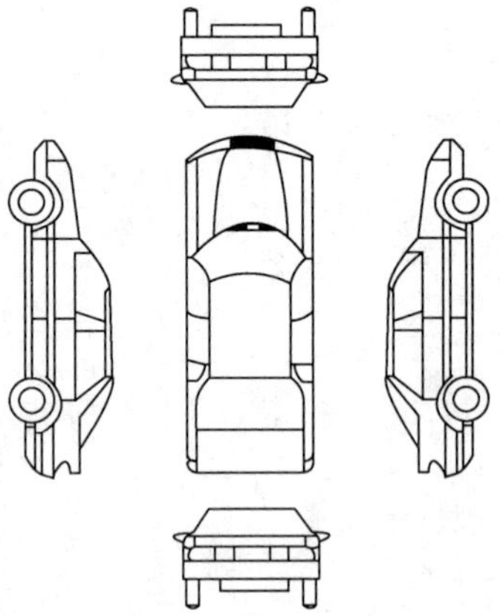	□音响系统 □后视镜 □全车灯光 □工具 □门锁（防盗器）□天窗 □点烟器 □座椅 □玻璃升降器 □玻璃 物品确认：（有 √ 无×） □贵重物品提示 □工具 □备胎 □灭火器 □其他 旧件是否交还用户 □是 □否 用户是否需要洗车 □是 □否

检测费用说明：本次检测的故障如用户在本店维修，检测费用包含在修理费用内；如用户不在本店维修，请您支付检测费用。本次检测费用：________元。

贵重物品：在将车辆交给我店检查修理前，已提示将车内贵重物品自行收起并保存好，如有遗失恕不负责。

接车员：________ 用户确认：________

维修施工单的主要内容包括顾客信息、车辆信息、维修服务企业信息、维修作业任务内容、附加信息及顾客签字，如表5-2所示。

表5-2 维修施工单

顾 客 签字			业务接待员签字		
工单NO:			业务接待员:		
车牌号		VINNO			
顾客ID		顾客姓名			
邮政编码		地址			
电话1		电话2			
车型		SFX	外观色	内饰色	
入厂履历					
上次行驶公里		入厂预定		卡号	
入厂日	维修内容		入厂日	维修内容	
此次入厂情况			交车预定时间		
此次行驶公里			下次入厂预定		
委托事项	维修内容			必要的零件	
开始时间	完成时间	主修签字	主任签字	检验员签字	

维修施工单一式三份，其中一份交给顾客，作为顾客提车时的凭证，以证明顾客曾经将该车交付维修企业维修，顾客结算提车时收回或盖章（“已提车”字样）；企业自用两份，一份用于维修车间派工及维修人员领料使用，另一份留底保存，以便查对。

根据车辆维修项目的不同，维修施工单的内容也有所不同。车辆如果只是进行一级维护，则接待人员可以直接同顾客签订维修施工单；车辆如果需要进行故障修理，则应对顾客车辆进行技术性检查和初步故障诊断，验证故障现象，必要时需请技术人员和顾客一起试车检验或用仪器检测。根据检测诊断结果，拟订维修方案，初步估算修理工时费用、材料费用及其他费用，预计完工时间，打印好任务委托书，并请顾客签字确认。

维修接待人员同顾客签订维修施工单时需同顾客解释清楚维修施工单的内容。重点解释说明维修项目、估算修理工时费用、材料费用、其他费用和预计完工时间等。

5.2 知识储备

为了使汽车空调系统能正常地工作，维持车室内所需的舒适性条件，汽车空调系统中需要有一系列控制元件和调节执行装置。汽车空调有手动调节、半自动调节、全自动调节和微电脑调节等控制系统。

手动调节的汽车空调系统是最普通、最经济的一种调节方式，目前仍然在大多数中级轿车、经济型轿车、面包车和货车上使用。

半自动调节的汽车空调为电控气动控制系统（电子控制的真空回路操纵空调系统），自 20 世纪 70 年代开始应用以来，经过不断改进，技术日益成熟，目前仍广泛地应用在许多中、高级轿车上，如日本的部分皇冠、世纪、奔驰 380 等轿车。

全自动调节汽车空调的送风量配送及温度调控均比半自动空调要准确得多，而且控制板更为简单，如美国的凯迪拉克、别克等轿车。

微机控制的空调系统，不仅能按照可乘人员的需要送出最舒适温度、湿度的风，而且还可以根据实际需要调节风速、风量，由于能自动控制，它极大地简化了驾驶人的操作工作。目前日产、大众、奔驰等欧美日汽车公司的高级轿车都已装上电脑控制的全自动空调系统。

5.2.1 汽车空调的基本电路

汽车空调系统种类繁多，电路形式多样，因此空调系统控制电路由简单到复杂，由单一功能控制到多功能控制也有所不同，但是其电气系统都有一定的规律可循。汽车空调系统有压缩机、冷凝器、膨胀阀、蒸发器及鼓风机等主要部件，而汽车空调电路的任务就是对上述配置的工况进行调节和控制。在分析电路时，只要分成蒸发器风机控制、冷凝器风扇控制、温度控制（压缩机控制）、通风系统控制和保护电路等即可清楚地了解空调系统的电路控制原理。

图 5-1 所示为一种最基本和最简单的电路，现在汽车空调上的控制电路大多数都是在此基础上发展并不断完善起来的。

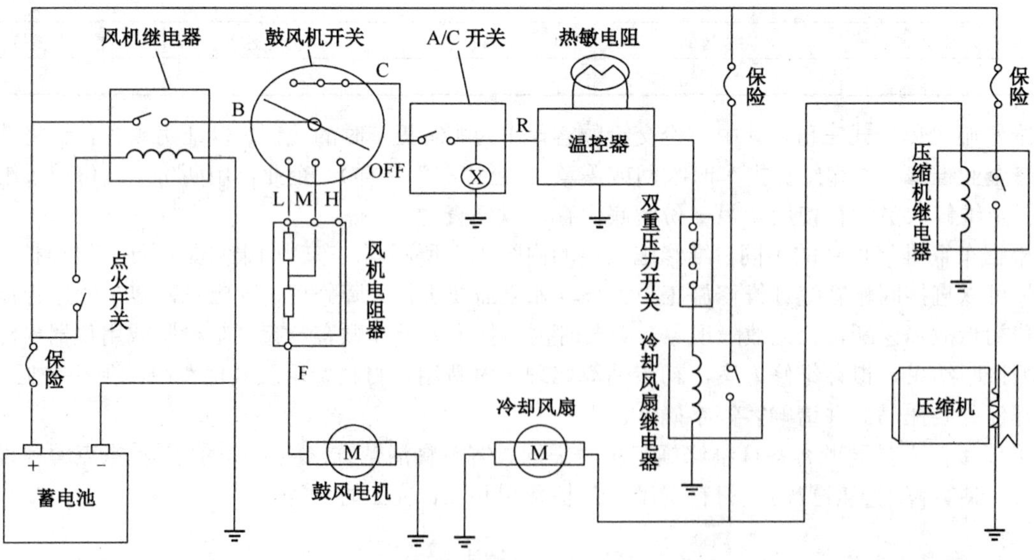

图 5-1 最基本的汽车空调控制电路

1．鼓风机控制电路

汽车空调系统的蒸发器采用直接蒸发式的结构，这种结构由换热器和鼓风机组成。鼓风机将车内的空气吸出，强制气流流过蒸发器空气出口侧，气流则将蒸发器内液态制冷剂蒸发时产生的冷量带入车内。

要使车内有一个舒适的环境，除了要控制送风温度外，还应根据环境变化和司乘人员的不同需要，控制鼓风机的转速，以控制送风速度。鼓风机转速的控制方式有以下两种。

1）鼓风机开关和调速电阻控制

这种控制方式由鼓风机开关和调速电阻两部分组成，调速电阻一般装在空调蒸发器组件上，利用气流进行冷却，鼓风机开关一般装在控制面板内，设置不同挡位，供调速使用。在设置时，鼓风机开关既可以控制电源正极又可以控制鼓风机搭铁电路。调节鼓风机开关，改变调速电阻接入方式，改变鼓风机电路中的电流以调节鼓风机转速。

鼓风机的控制挡位一般有2、3、4、5速四种，最常用的是4速，如图5-2所示。

鼓风机开关处于1速时，鼓风机电路中串入三个电阻，鼓风机低速运转；鼓风机开关处于2速时，鼓风机电路中串入两个电阻，鼓风机中低速运转；鼓风机开关处于3速时，鼓风机电路中串入一个电阻，鼓风机中高速运转；鼓风机开关处于4速时，鼓风机电路中不串入任何电阻，鼓风机以最高速运转。

需要说明的是，调速电阻一般装在蒸发器组件上，利用气流进行冷却，其外形如图5-3所示。鼓风机开关一般装在操作面板内，设置不同挡位，供调速用。

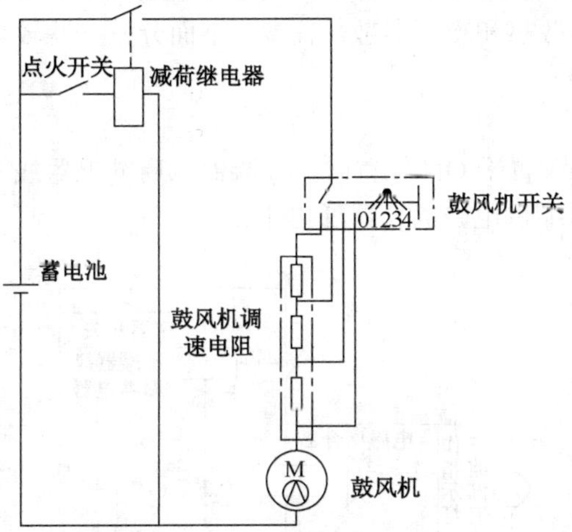

图5-2　鼓风机控制电路

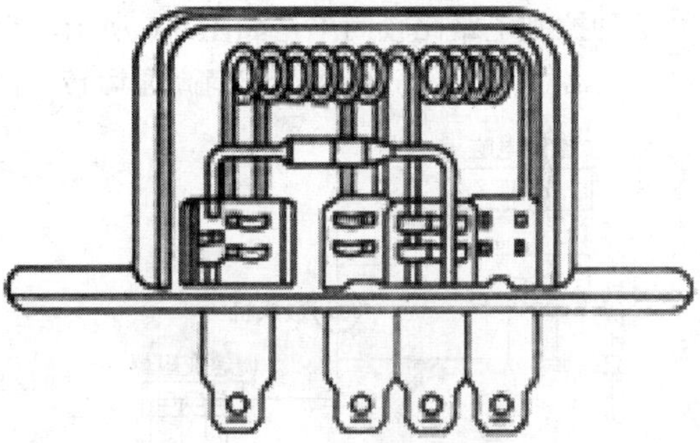

图5-3　调速电阻

2）晶体管控制

现代中高档轿车为实现风速的自动控制，鼓风机的转速一般由大功率晶体管控制，如图5-4所示。空调自动控制器根据车内温度传感器信号、车外温度传感器信号和其他信号计算并输出一控制信号给大功率晶体管的基极，大功率晶体管根据基极电流的不同控制鼓风机使其产生不同的转速。空调处于制冷状态时，如果车内温度比所选定的温度高很多，鼓风机将高速运转；如果车内温度降低，鼓风机将低速运转。空调处于取暖状态时，如果车内温度比所选定的温度低很多，鼓风机将高速运转；如果车内温度上升，鼓风机将低速运转。

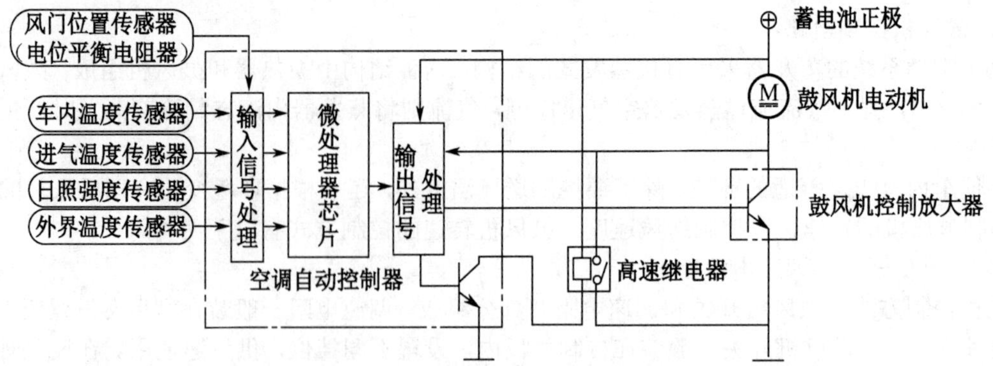

图 5-4　晶体管控制的鼓风机电路

3）晶体管与调速变阻器组合型

鼓风机控制开关有自动（AUTO）挡和不同转速的人工选择模式，如图 5-5 所示。当鼓风机转速控制开关设定在 AUTO 挡时，鼓风机的转速由空调系统根据车内、车外温度及其他传感器的参数控制。若按动人工选择模式开关，则空调电路取消自动控制功能，执行人工设定功能。

2．冷凝器风扇控制电路

汽车空调系统的冷凝器将车内的热量排向大气，其结构也是由换热器和风机组成。

对于一般客车，冷凝器不装在散热器前，需单独设置冷凝器风扇。冷凝器风扇一般只受空调开启信号控制。轿车空调的冷凝器一般都装在散热器前，散热器和冷凝器共用冷却风扇，一般根据冷却液温度信号和空调信号共同控制，同时满足散热器散热和冷凝器散热需要。下面分析一些较典型的冷凝器风扇电路。

1）空调开关直接控制

这种控制电路比较简单，如图 5-6 所示，空调开关置于 ON 位置时，冷凝器风扇继电器线圈通电，继电器触点闭合，冷凝器风扇高速运转，同时压缩机电磁离合器通电工作。

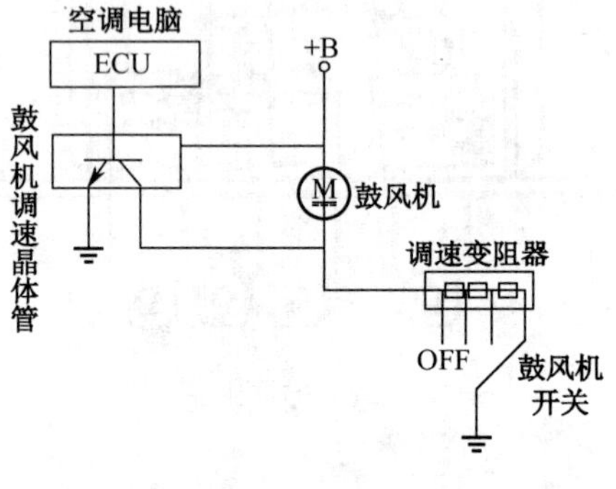

图 5-5　晶体管与调速变阻器组合型

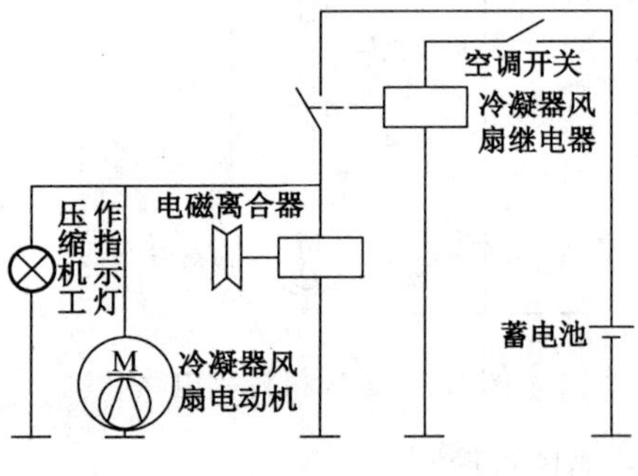

图 5-6　空调开关直接控制的冷凝器风扇电路

2）空调开关和冷却液温度开关联合控制

有些汽车的发动机冷却系统和空调冷凝器共用一个冷却风扇进行散热，如图 5-7 所示，这种风扇有低速和高速两种转速，分别受空调继电器和高速风扇继电器控制，控制冷凝器风扇的信号是空调开关和冷却液温度开关。

当空调开关接通时，空调继电器通电，触点闭合，电流经调速电阻进入冷凝器风扇电动机，风扇低速运转；不开空调时，当冷却液温度达到 96℃时，双温开关的低温触点闭合，冷凝器风扇低速运转；当发动机冷却液温度升至 105℃时，双温开关的高温触点闭合，高速风扇继电器通电，风扇高速运转，以加强散热。

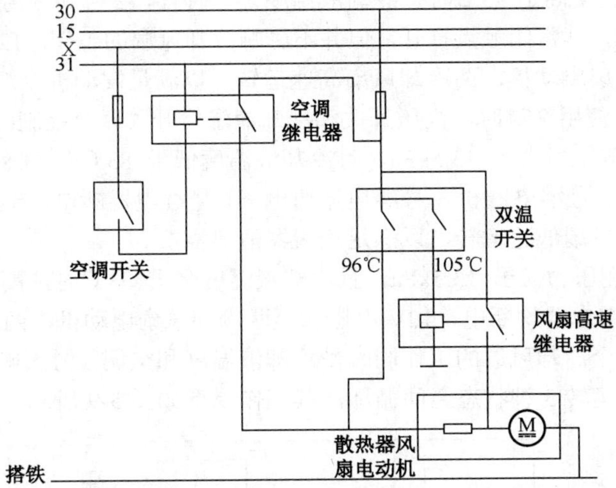

图 5-7　空调开关和冷却液温度开关控制的冷凝器风扇电路

3）制冷剂压力开关与冷却液温度开关联合控制

目前很多轿车采用制冷剂压力开关和冷却液温度开关组合的方式对冷却风扇进行控制。丰田雷克萨斯 LS400 轿车冷却风扇控制系统的电路如图 5-8 所示，该控制系统中有两个并排的冷却风扇，控制冷却风扇的信号是冷却液温度开关和高压开关。冷却液温度开关和高压开关处于不同状态，则冷却风扇继电器形成不同组合，从而控制冷却风扇使其不运转、低速运转或高速运转。

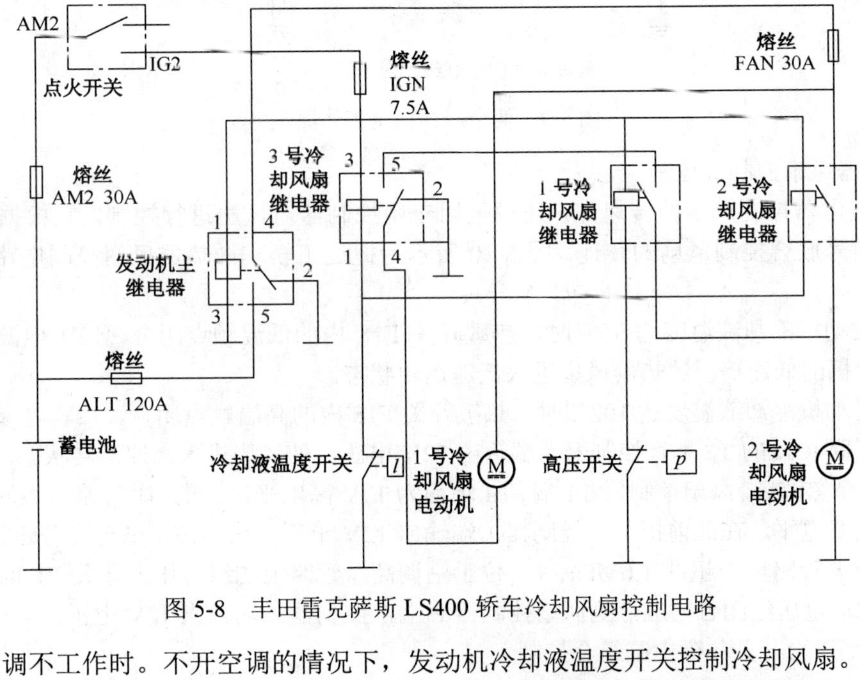

图 5-8　丰田雷克萨斯 LS400 轿车冷却风扇控制电路

（1）空调不工作时。不开空调的情况下，发动机冷却液温度开关控制冷却风扇。

① 发动机冷却液温度低于 83℃时，冷却液温度开关处于常闭状态，3 号冷却风扇继电器和 2 号冷却风扇继电器通电，3 号冷却风扇继电器 4 号端子与 5 号端子接通，2 号冷却风扇继电器常闭触点断开。同时，由于空调不工作，高压开关处于常闭状态，1 号冷却风扇继电器通电，其常闭触

点断开。两个冷却风扇电动机断电，均不工作，使发动机尽快暖机。

② 发动机冷却液温度高于 93℃时，冷却液温度开关打开，2 号和 3 号继电器断电。虽然高压开关使 1 号继电器通电，其常闭触点打开，但并不影响冷却风扇的工作。12V 电压加至 1 号冷却风扇电动机和 2 号冷却风扇电动机，两冷却风扇高速运转，以满足发动机冷却系统散热需要。

（2）空调工作时。使用空调时，高压开关和冷却液温度开关联合控制冷却风扇。

① 开空调，高压侧压力大于 13.5kPa，且冷却液温度低于 83℃时，冷却液温度开关处于常闭状态，高压开关打开，2 号继电器和 3 号继电器通电，1 号继电器断电，继电器将两冷却风扇电动机串联在一起，两冷却风扇低速运转，以满足冷凝器散热需要。

② 开空调，高压侧压力大于 13.5kPa，且冷却液温度高于 93℃时，高压开关和冷却液温度开关都打开，1、2、3 号继电器均断电，12V 电压加至两冷却风扇电动机，两冷却风扇高速运转。

综上所述可知，两个冷却风扇的工作同时受冷却液温度和空调信号影响，而处于同时不转、同时低速运转或同时高速运转 3 种状态之间循环，其工作原理如图 5-9 所示。

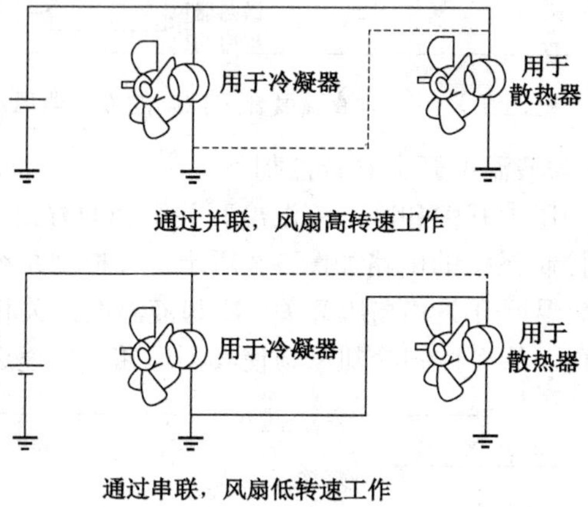

图 5-9　两个冷却风扇工作原理

4）散热器风扇控制器控制

除采用继电器控制风扇的转速外，还可采用专用控制器对风扇进行控制。它根据空调信号和冷却液温度信号联合控制风扇的转速。图 5-10 所示为捷达王轿车散热器风扇控制电路，其控制过程如下。

（1）当发动机冷却液温度达 95℃时，热敏开关 F18 内的低温触点闭合，12V 电源电压经触点接通风扇电动机的低速挡，散热器风扇进入低速运转状态。

（2）当发动机冷却液温度达 102℃时，热敏开关 F18 内的高温触点闭合，12V 电压经闭合的触点到风扇控制器 ICK 的 T2 端，控制器②端输出 12V 电压，使风扇进入高速运转状态。

（3）当开启空调后，风扇控制器 T1 端、T4 端均为 12V 高电平，如果此时管路压力低于 1.6MPa，控制器 P 端为低电平，在此前提下，控制器①端输出 12V 电压，风扇高、低速交替运转。

（4）当空调管路压力超过 1.6MPa 时，位于空调高压管路上的组合压力开关 F1 的③、④端内触点闭合，12V 电压经闭合的触点到风扇控制器 P 端，控制器②端输出 12V 电压，风扇高速运转。

5）制冷剂压力开关与微电脑组合控制

多数高级轿车都采用这种布置和控制方式，如图 5-11 所示，两个散热风扇有 3 种不同的运转工况，其工作原理如下所述。

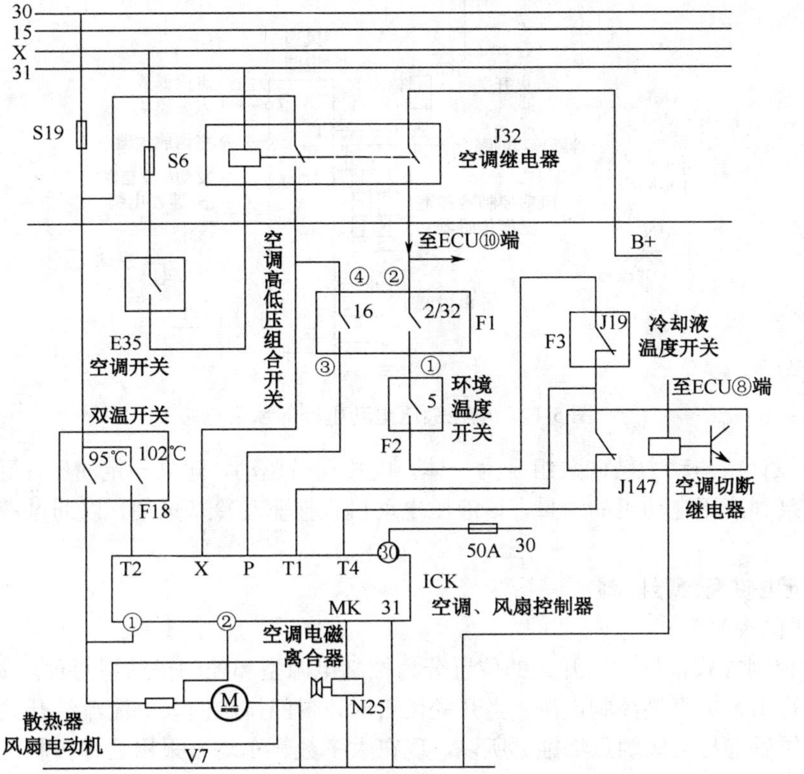

图 5-10 捷达王轿车散热器风扇控制电路

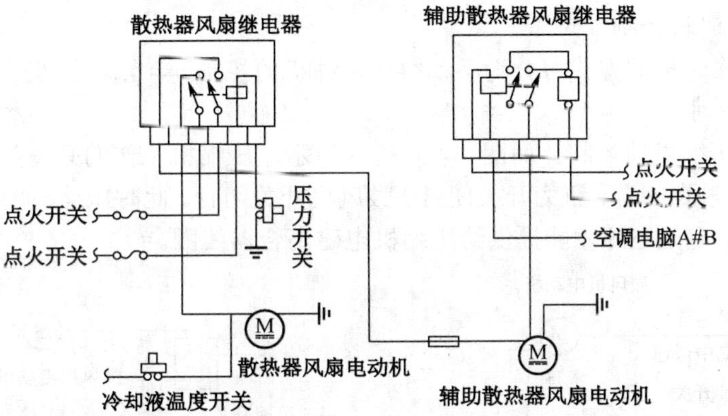

图 5-11 制冷剂压力开关与微电脑控制组合型

（1）空调开关已接通，但制冷剂压力未达到 1.81MPa 时，只有辅助散热风扇电动机运转。

（2）一旦制冷剂压力达到 1.81MPa 时，主、辅风扇电动机同时运转。

（3）无论空调开关是否接通，只要发动机水温达到 98℃以上，主散热风扇（散热器风扇电动机）高速运转。丰田公司在部分 1UZ-FE 和 1MZ-FE 发动机上采用了电控液压电动机冷却风扇系统，用于雷克萨斯 400、雷克萨斯 300、佳美 3.0L 等车型，与一般的电控风扇系统有较大差异，如图 5-12 所示。在此系统中，风扇电脑通过电磁阀控制作用在液压电动机上的油液压力，这样就可以根据发动机工况和空调状态而自动控制冷却风扇的转速。

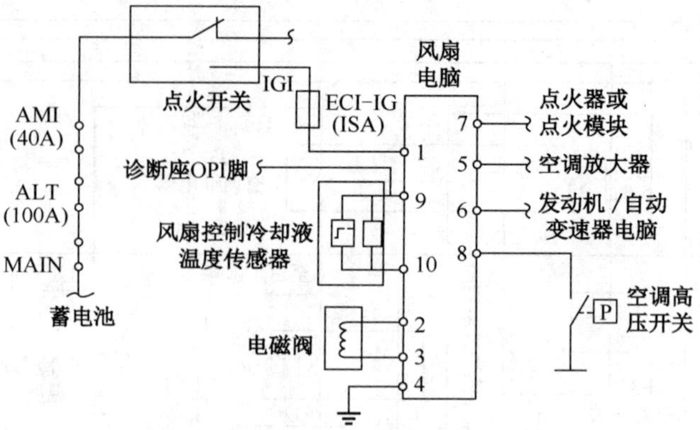

图 5-12　电控液压电动机冷却风扇电路

油泵单独设计或与动力转向泵组合为一体，由传动带驱动，建立一定油压，受计算机控制。电磁阀调节从油泵到液压电动机的油量，该液压电动机直接驱动冷却风扇，以通过液压电动机的压力油流回到油泵。

3．压缩机电磁离合器控制

1）压缩机的控制方式

压缩机的控制方式根据控制开关的位置分为控制电源型和控制搭铁型两种，如图 5-13 所示。电源控制方式是由开关直接控制电源，当开关闭合时，瞬间产生的大电流流经开关至执行器构成的回路，长期工作后容易造成触点烧蚀。所以，现在大多数轿车均不采用这种控制方式。而搭铁控制方式是由开关控制继电器线圈的回路，这种控制方法的优点是以小电流信号控制大电流通断，从而有效地防止触点烧蚀，目前大多数轿车采用这种控制方法。

2）压缩机工作时机控制

控制压缩机工作时机的方式可分为手动空调压缩机的控制、半自动空调压缩机的控制和全自动空调压缩机的控制三种。

（1）手动空调压缩机的控制。如图 5-13（b）所示，压缩机工作的必备条件是空调开关（A/C 开关）闭合、恒温器触点闭合、压力开关闭合、鼓风机开关闭合。此时压缩机电磁离合器继电器（冷气继电器）工作，蓄电池电源才能提供给压缩机电磁离合器线圈。

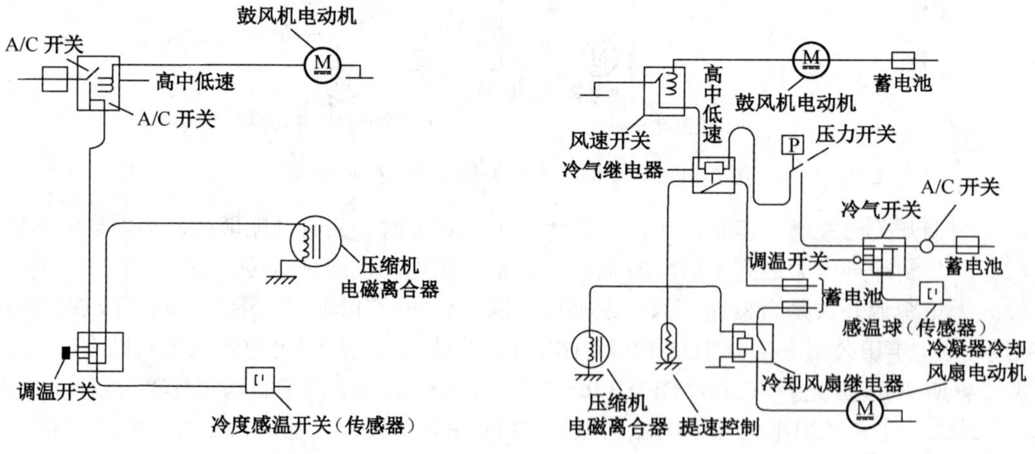

（a）控制电源型　　　　（b）控制搭铁型

图 5-13　压缩机的控制方式

（2）半自动空调压缩机的控制。如图 5-14 所示，半自动空调压缩机工作的必备条件是空调开关闭合、温度开关（热敏电阻）工作、压力开关闭合、鼓风机开关闭合、发动机工作、压缩机工作、制冷剂温度开关闭合。当点火开关和鼓风机开关接通时，加热器继电器就接通。例如，空调器开关此时接通，则压缩机电磁离合器继电器由空调放大器接通，从而使压缩机电磁离合器接合，压缩机工作。

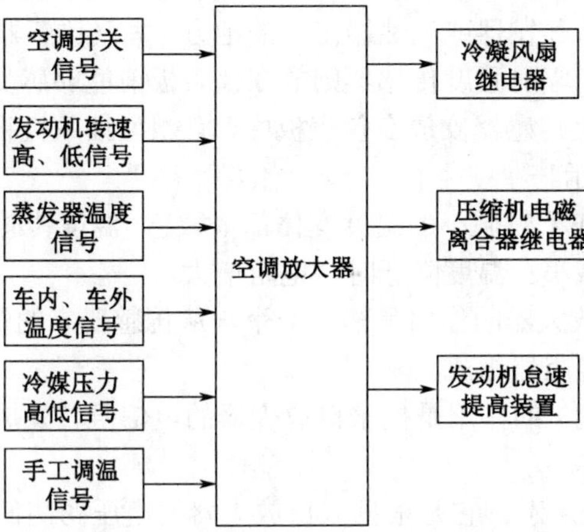

图 5-14　半自动空调压缩机工作电路示意图

在下述情况下，压缩机电磁离合器脱开，压缩机被关掉。

① 鼓风机开关位于 OFF（断开），当鼓风机开关断开，加热器继电器也断开，电源不再传送至空调器。

② 空调器开关位于 OFF（断开），空调放大器（它控制压缩机电磁离合器继电器）的主电源被切断。

③ 蒸发器温度太低，如蒸发器表面温度降至 3℃或以下，则空调放大器的电源被切断。

④ 双重压力开关位于 OFF（断开），如制冷回路高压端压力极高或极低，这一开关便断开。空调放大器检测到这一情况，就切断压缩机电磁离合器继电器。

⑤ 压缩机锁止（仅限某些车型），压缩机与发动机转速差超过一定的值，空调放大器就会判断压缩机已锁止，并切断压缩机电磁离合器继电器。

（3）全自动空调压缩机控制。该压缩机一般由发动机微机控制。其控制原理参见项目 6。

3）通风系统的控制

目前很多轿车空调的通风系统采用电控方式，对气源门、温度门、风门的控制均由计算机或放大器统一完成，实现最佳送风方式的控制。

5.2.2　汽车空调的温度自动控制

温度自动控制装置（简称 ATC）能为车厢提供并保持舒适的温度，并且很少需要甚至不需要人为地进行控制操作。当温度自动控制系统出现故障，压缩机的开/停、加热器水流量的大小、鼓风机的转速、各模式风门（如内外空气转换风门、冷热转换风门、除霜转换风门等）的开度都将出现异常，影响汽车空调的正常工作。

1．电-气动式温度控制装置

1）电-气动式温度控制装置的作用

电-气动式温度控制装置控制、调节的是压缩机的开/停、加热器水流量的大小、鼓风机的转速、各风门的开度及内外空气转换风门的开闭等。

2）电-气动式温度控制装置的结构及工作原理

电-气动式温度控制装置由传感器电路、放大器、晶体管和动力伺服机构等组成。

（1）温度传感器。常见的温度传感器有车内传感器、风道传感器和大气传感器三种。近年来有的系统中还加入了太阳辐射强度传感器。车内传感器通常被安放在能感受到车内平均温度的地方，风道传感器要放在能感受到从蒸发器或加热器出风的地方，大气传感器一般放在新鲜空气进口等能感受到大气温度的地方，太阳辐射强度传感器则放在仪表板前能够感受到太阳辐射的地方。

奥迪 100 轿车的车内温度传感器安放在仪表板中，有微型抽风机将少量车内空气吸入，使其通过温度传感器，如图 5-15 所示。

这些传感器的相同之处在于对微小的温度变化都很敏感，温度传感器主要采用负温度特性热敏电阻，即温度升高时，电阻减小；温度降低时，电阻增大。

（2）放大器与转换器。放大器的作用是输出一个与从传感器来的输入电压成比例的放大电压。放大器由晶体管、电容器及电阻器组成。

转换器（又称真空电磁阀）的作用是把来自放大器的电信号转变成真空信号，真空信号用来调节动力伺服机构。

转换器的结构如图 5-16 所示。它是根据来自放大器的电压的高低，改变铁柱的上、下位置，从而调节通向伺服机构的真空信号的大小。

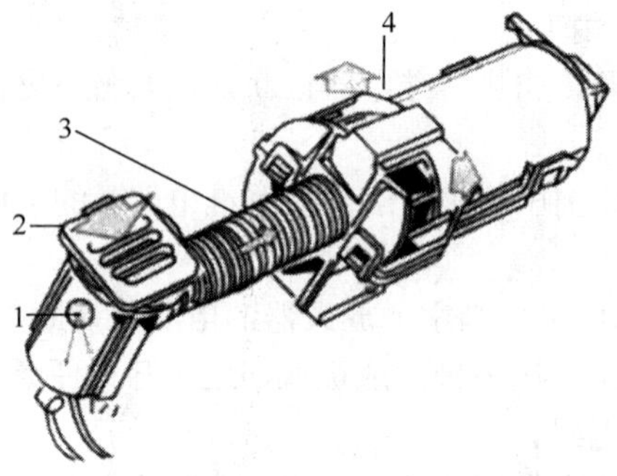

图 5-15　温度传感器（奥迪 100）

1—温度传感器；2—空气进口；3—连接软管；4—微型抽风机

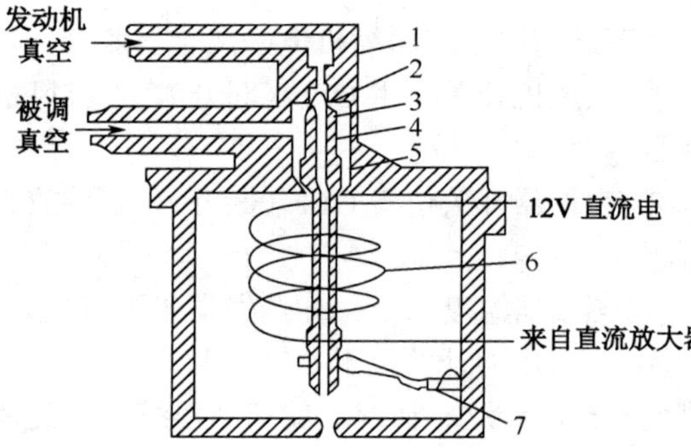

图 5-16　转换器

1—转换器架；2—二通针阀；3—标准气压；4—铁柱；5—橡胶隔膜；6—线圈；7—弹簧

（3）动力伺服机构。动力伺服机构的作用是把各种调温门（如热水阀）拨到所要求的位置。它由真空动力装置、放置真空阀、补偿门的连接机构（与温度门相连）等构成。

2．蒸发器温度控制器

蒸发器温度控制器简称温控器，又称为恒温器。除电-气动式温度控制装置外，一种最基本的也是最简单的温度控制装置是温度开关系统，它由恒温器和离合器回路组成。恒温器是汽车空调系统中控制温度的一种开关元件，通过感受蒸发器表面温度、车内温度、大气温度等（一般认为恒温器感受的是蒸发器的表面温度）来控制压缩机的开/停，起到调节车内温度及防止蒸发器结霜的作用。

恒温器一般放在蒸发箱中或靠近蒸发箱的冷气控制板上。

1）结构及工作原理

为了充分发挥蒸发器的最大冷却能力，同时又不致造成蒸发器表面的冷凝水（即除湿水）结冰、结霜而堵塞蒸发器换热片之间的空气通道，蒸发器表面的温度应当控制为 1～4℃，温控器的作用就是根据蒸发器表面温度的高低，接通和切断空调压缩机电磁离合器线圈电路，使蒸发器表面温度保持在规定的（一般为1～4℃）范围内。

2）常用的蒸发器温度控制器

常用的温控器有波纹管式（如桑塔纳轿车和奥迪100型轿车空调系统采用的温控器）和热敏电阻式（如天津夏利和长安奥拓微型轿车空调系统采用的温控器）两种。

（1）波纹管式温控器又称为压力式温控器，结构如图5-17所示，主要由感温管、波纹管、温度调节凸轮、弹簧、触点等组成。在感温管内充有制冷剂饱和液体，一端与温控器内的波纹伸缩管相连通，另一端插入蒸发器吸热片内20～25cm。

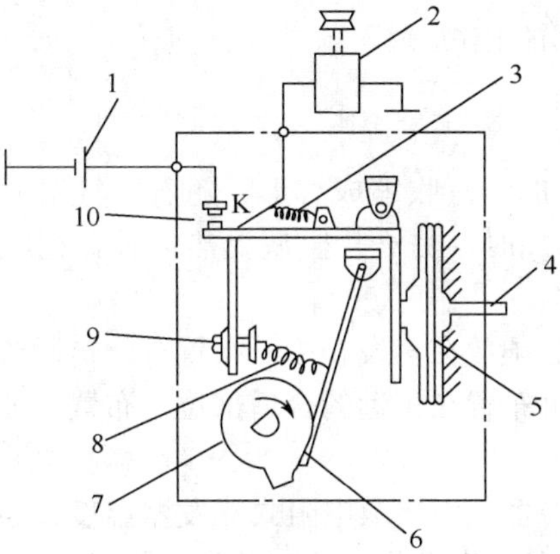

（a）原理

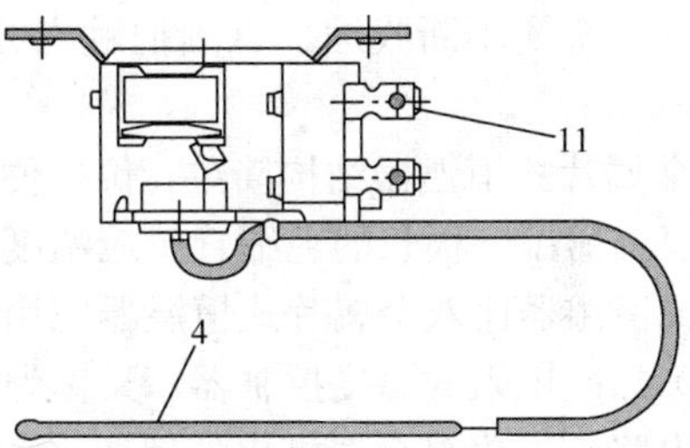

（b）外形图

图5-17 机械波纹管式温度控制器

1—蓄电池；2—空调电磁离合器线圈；3、8—弹簧；4—感温管；5—波纹伸缩管；6—凸轮轴；7—温度调节凸轮；9—调整螺钉，10—触点K；11—接线插头

当蒸发器温度较高时，插在其吸热片内的感温管的温度也相应较高，因此感温管内部制冷剂液体膨胀，压力相应较高而使波纹伸缩管伸长，推动与传动杠杆放大机构使触点K闭合，接通电磁离合器线圈电路使压缩机运转制冷，蒸发器温度开始下降，感温管温度随之下降，其内部制冷剂压力下降而使波纹伸缩管逐渐收缩。

当蒸发器温度下降到某一设定值（一般为1℃）时，波纹伸缩管的收缩量通过传动杠杆放大机构使触点K断开，电磁离合器线圈切断，压缩机停止运转，制冷系统停止制冷，因此蒸发器温度开始上升。

当蒸发器温度升高到设定温度的上限值（一般为4℃）时，温控器触点K再次闭合，压缩机重新运转制冷，蒸发器温度重又降低。温控器和制冷系统如此循环工作，便可使蒸发器温度控制在设定的温度范围内。

在使用过程中，转动温度调节凸轮可以改变弹簧的预紧力，从而便可改变蒸发器的温度调节范围。同时对待感温管必须十分小心，不能将其弯成尖角或有划痕，如感温管中的充注物泄漏，必须更换整个温度控制器。

（2）双金属片式恒温器。这种恒温器没有毛细管，直接靠空气通过表面而进行工作。它的人工温度调整方法与波纹管式相同。

双金属片式恒温器的工作原理如图5-18所示，由两片对温度变化胀缩程度不同的金属片组成，上面有一个动触点，壳体上有一个定触点。在设定温度范围内，双金属片平伸，触点闭合，电流接通，压缩机电磁离合器吸合。由于温度变化，这两片金属产生不同的变形而弯曲，使触点分开，中断电磁离合器的电流，使压缩机停止转动。

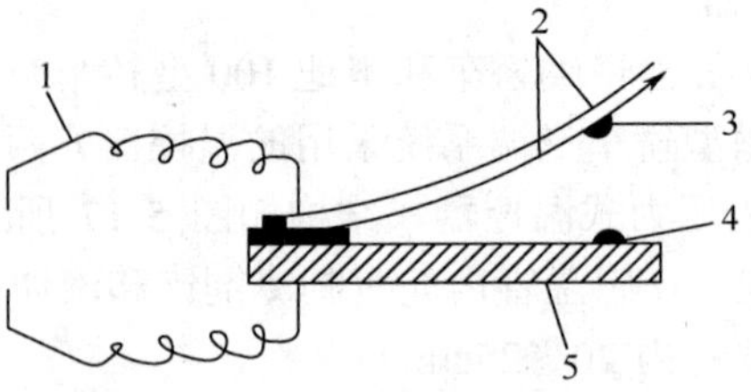

图 5-18　双金属片式恒温器的工作原理

1—导线；2—双金属；3—动触点；4—定触点；5—壳体

当冷空气通过恒温器时，引起恒温器的双金属片中的一片收缩成弓形。随着空气温度的不断降低，这片金属不断收缩，直到把触点分开。当温度增加时，另一片金属受热伸长，把触点拉回到一起。

双金属片式恒温器结构简单，价格便宜，但由于它必须放在蒸发箱中，布置有一定困难。而波纹管式恒温器用一根长的毛细管感应温度，恒温器本体可布置在稍远的合适部位，布置方便，因此波纹管式恒温器比双金属片式恒温器应用广泛。

（3）热敏电阻式温度控制器。又称为电子控制式温控器，由热敏电阻式蒸发器温度传感器、电子放大电路、电磁离合器继电器等组成。这种温控器具有反应迅速、控制精度高等优点。图 5-19 所示为丰田航行者牌中型客车空调系统用电子温控器电路原理图，主要由热敏电阻式温度传感器、四只晶体管（VT1、VT2、VT3、VT4）、电阻、电容和二极管等电子元件及一只继电器组成。

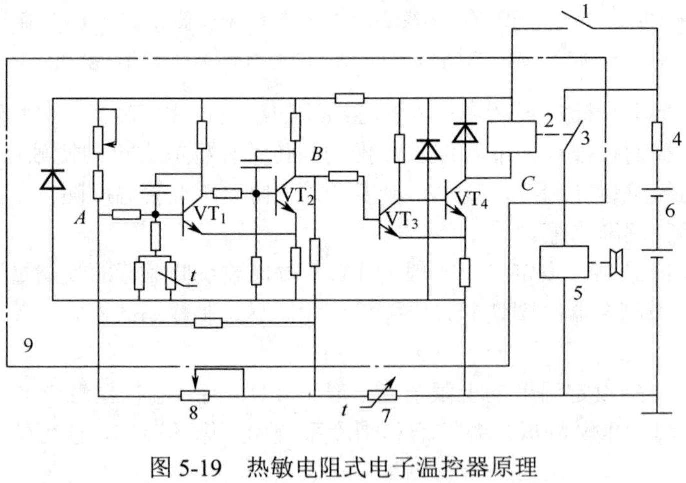

图 5-19　热敏电阻式电子温控器原理

1—点火开关；2—继电器磁化线圈；3—继电器触点；4—熔断丝；

5—压缩机电磁离合器线圈；6—蓄电池；7—热敏电阻；8—温度调节电位器；9—电子式温控器

热敏电阻式温度传感器采用负温度特性的热敏电阻，具有温度升高电阻值减小、温度下降电阻值增大的特点。热敏电阻 7 安装在蒸发器空气出口一侧，以便感测蒸发器出口冷气的温度，温控器的设定温度由电位器 8 设定，触点常开型继电器 2 由晶体管 T4 控制，继电器触点 K 串联在压缩机电磁离合器线圈电路中。

当蒸发器温度高于设定温度值时，热敏电阻阻值较小，温控器电路中 B 点电位较低，晶体管 T3 截止，T4 导通，继电器磁化线圈 2 通电，产生电磁吸力将触点 3 吸闭，接通电磁离合器线圈电路，使压缩机运转制冷，蒸发器温度开始下降。

当蒸发器温度下降到设定温度的下限值时，热敏电阻阻值增大，B 点电位升高，使晶体管 T3 导通、T4 截止，继电器磁化线圈电路切断、触点断开，使电磁离合器线圈电路切断，压缩机停止运转，蒸发器温度开始升高。当温度升高到设定温度的上限值时，温控器又会使压缩机运转制冷，蒸发器温度将再次下降，如此循环工作，便可使蒸发器温度控制在设定的温度范围内。

目前热敏电阻式温度控制器都采用了专用集成电路模块，其电路大大简化，安装调试更加方便，且提高了可靠性，但其基本工作原理是相同的。

3）蒸发温度调节器

有的汽车（如克莱斯勒汽车）上采用蒸发温度调节器（简称 ETR）代替蒸发压力调节器，在自动温控系统中起作用。它的动作类似电磁截流阀，由一个安装在蒸发箱后面的 ETR 电子开关控制蒸发温度调节器工作，这个开关含有一个插在蒸发器芯子中间的感温包。ETR 也安装在压缩机吸气阀里面，只能更换，不能维修。

当系统正常工作时，蒸发温度调节器及其开关通常是打开的，但如果蒸发器温度降至 1.67℃以下，蒸发温度调节器开关就会合上，调节器电流被接通，阀关闭，从蒸发器到压缩机的制冷剂就中断流动。

蒸发温度调节器与蒸发压力调节器的不同点在于蒸发温度调节器只有开与关两个位置动作，而蒸发压力调节器在开与关之间动作。

5.2.3 蒸发器压力控制装置

温度和压力之间有着一一对应的关系。如果汽车空调系统中没有压力或温度的控制调节元件，那么在正常状态下，车内温度会越来越低，蒸发器的温度会降到 0℃，在蒸发器周围积聚的水气会结冰，并逐渐把空气流道堵死。这样，冷量无法带到车内，虽然制冷系统仍能正常工作，但车内温度反而升高。此时，唯一的办法是使压缩机停止工作，让蒸发器外面的冰逐渐融化，待冰融化完再开启压缩机。这样在行驶过程中需要频繁地停、开压缩机。事实上，驾驶员不可能准确地确定什么时候关机，什么时候又要开机，因此在制冷系统中必须有自动控制机构。

实现上述要求可用温度控制或压力控制的办法，防止蒸发器压力低于规定值（一般蒸发压力下限为 152～207kPa），从而避免蒸发器温度低到使空气中的水气结冰的状态。这种控制机构称为吸气压力调节器，装在蒸发器与压缩机之间。

制冷剂通过任何形式的吸气压力调节器都不会完全停止流动，这是因为有一个旁通管路可保证少量制冷剂及冷冻润滑油得到循环。

用在汽车空调系统中的吸气压力调节器种类很多，如蒸发压力调节器（EPR）、导阀控制蒸发压力调节器（POEPR）、吸气节流阀（STV）、导阀控制阀（POASTV）和组合阀（VIR）等。这些机构有的自成一个独立总成，有的则与压缩机组成一体。

1．蒸发压力调节器（EPR）

蒸发压力调节器（EPR，Evaporator Pressure Regulator）是一种全自动吸气压力控制装置。克莱斯勒公司和丰田公司的高、中级汽车上采用了 EPR。EPR 有两种，一种装在蒸发器与压缩机之间的管路上，另一种装在压缩机内紧挨着吸气阀后面。其目的是将压缩机吸气压力保持在设定范围，防止蒸发器结霜。一般设定的蒸发压力为 152kPa～180kPa，压缩机的进口压力在 104kPa 左右，这个压力会随着蒸发器热负荷的大小而改变。

如图 5-20 所示，蒸发压力调节器主要由金属波纹管、活塞、弹簧等组成，在管路中形成了一个可调节制冷剂流量的阀门。蒸发压力调节器的平衡点是控制弹簧压力与蒸发压力共同作用的结果。

装于压缩机内的 EPR 是圆柱形结构，有一片膜片能防止制冷剂泄漏。当蒸发压力增加时，蒸发压力大于波纹管内的气体膨胀力，此压力作用在膜片上方克服控制弹簧的压力，使阀芯离开阀座，从而使从蒸发器到压缩机的制冷剂流量增加；当蒸发压力下降时，控制弹簧便把阀压向阀座，从而限制来自蒸发器的制冷剂流量，这时蒸发压力将增加，直到把阀重新打开。

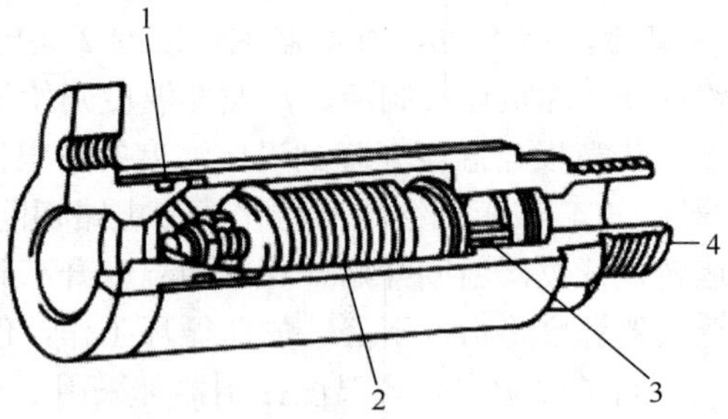

图 5-20　蒸发压力调节器（EPR）

1—密封圈；2—金属波纹管；3—主阀；4—接口

蒸发压力调节阀不断地打开和关闭，直到蒸发压力与弹簧压力平衡为止，然后保持在某一位置，直到蒸发器热负荷或者压缩机转速改变，要求一个新的平衡点。

EPR 装在压缩机吸气阀的后面，更换时可以很方便地取出。阀内有一条油道接通吸气管与压缩机曲轴箱，因为油被制冷剂带出压缩机，而这条油道使油又能回到压缩机。另外，这条油道压向压缩机曲轴箱，能防止曲轴箱压力低于正常的大气压力，假如此压力降到真空范围，空气将会通过曲轴密封件进入系统。

2．导阀控制蒸发压力调节器

导阀控制蒸发压力调节器（POEPR）是标准 EPR 的改进型。它的性能与 EPR 相同，不同点仅在于 POEPR 阀内有个导阀用于控制主阀。这种导阀能提供更精确的控制，使蒸发器能在更低的平均温度下工作而不发生结冰现象。

与 EPR 一样，POEPR 也被安装在压缩机吸气阀的后面，更换非常方便。

3．吸气节流阀（STV）

吸气节流阀（Suction Throttling Value，STV）也是用来防止蒸发器温度过低造成冷凝水结冰的，它能将蒸发压力保持在规定值内，一般为 200kPa～207kPa。吸气节流阀制冷系统的构成如图 5-21 所示，其工作原理是：压缩机将制冷剂压缩后选取送到冷凝器冷却，然后经过储液干燥器干燥、过滤，经过外平衡膨胀阀的节流降压后，再进入蒸发器吸热蒸发，最后蒸发器出来的低压蒸气经过吸气节流阀后，回到压缩机，制冷系统便按此方式进行循环。

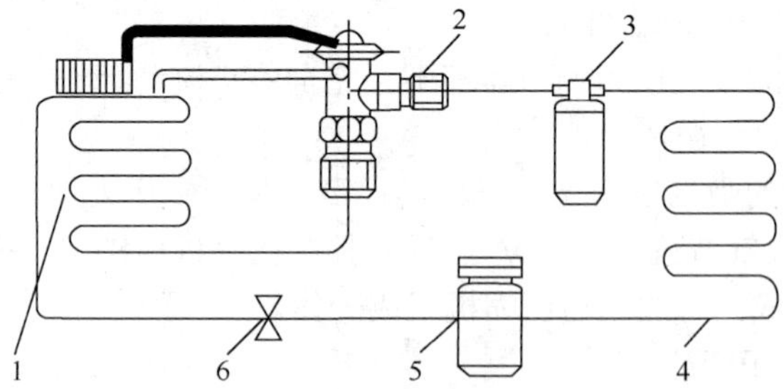

图 5-21　吸气节流阀的安装位置

1—蒸发器；2—F 型膨胀阀；3—储液干燥器；4—冷凝器；5—压缩机；6—吸气节流阀（STV）

蒸发器制冷剂流量的控制由外平衡膨胀阀承担，而蒸发器内制冷剂的蒸发压力则由吸气节流阀来控制，这表明，防止蒸发器表面结冰是由外平衡膨胀阀和吸气节流阀联合控制来完成的。

在吸气节流阀（STV）中，主膜片作为控制活塞动作的元件，受到四个力的作用，大气压力和弹簧压力在膜片的一侧，另一侧是蒸发压力和膜盒的真空吸力，两方面保持平衡，弹簧压力用绳索或真空控制，后者用得较多。STV的工作原理如图5-22所示。

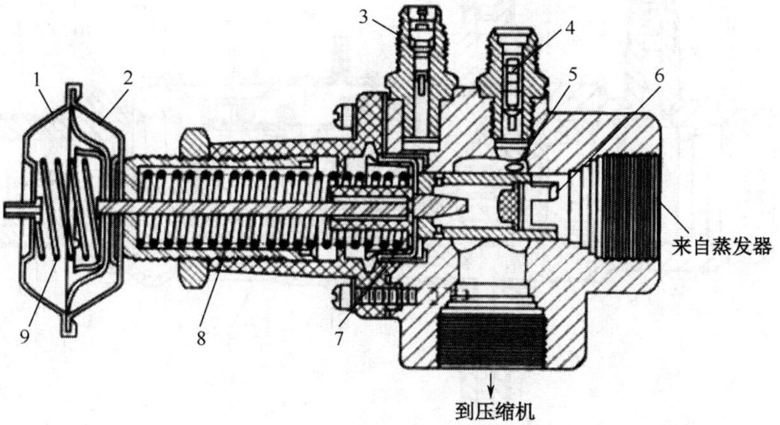

图5-22　吸气节流阀的工作原理

1—真空膜盒；2—小孔；3—接气管；4—接液管；5—平衡孔；6—活塞；7—膜片；8—主弹簧；9—辅助弹簧

当蒸发压力高于设定值时，超过部分的压力作用到阀的活塞上，然后通过在活塞上的小孔作用到膜片下方，当这个压力大到足以克服弹簧压力时，将阀的活塞打开。活塞一打开，这部分过量的蒸发压力就释放了，蒸发压力下降，弹簧压力又促使活塞向关闭位置移动。活塞不停地开和关，直到蒸发压力与弹簧压力相平衡为止。活塞停在这个平衡位置直到蒸发器负荷或压缩机转速改变。

STV工作的最小压力用调整螺钉来调节，而最大工作压力靠驾驶员调节安装在仪表板上的控制旋钮来达到。这个由人工确定的最小工作压力值是为了防止在未达到应该动作的压力时阀就动作。

膜片的作用是将阀内部与大气隔开。有一条油旁通回路把STV与蒸发器连通起来，在某些条件下，油能流到蒸发器。为了清除蒸发器中多余的油，STV中有一个检查阀，或者安装了与热力膨胀阀的外平衡管相通的通道。

近年来，大部分STV已被导阀控制吸气节流阀（POASTV）代替。两者的工作原理基本相同，后者能更有效地进行控制，并消除了在膜片处制冷剂泄漏的可能，而这个泄漏是STV损坏的主要原因。

为解决因STV膜片处的泄漏而使系统制冷剂减少的问题，除用POASTV代替以外，还有一个办法就是将POASTV与膨胀阀（TXV）、储液干燥器组成一体，称为组合阀（VIR）。

4．导阀控制吸气节流阀（POASTV）

导阀控制吸气节流阀（Pilot Operated Absolute Sunclion Throlling Value，POASTV）能将蒸发压力保持在预定的水平，比其他类型的阀控制精度高，能把蒸发压力调节精度提高到±3.434kPa。

POASTV取消了STV中的膜片。阀中有一个导阀，能使阀的压力达到绝对零压，这个压力是与蒸发压力相对抗的。若导阀调整不合适或者坏了，整个阀就需要更换。阀的进口端有一个试验口，供测量时连接歧管表低压端。阀上还有两个孔，用以连接油路和膨胀阀的外平衡管。

POASTV的工作不依靠弹簧弹力或大气压力，其工作原理如图5-23所示。一个铜的波纹管控制一个小的细阀从而控制一个大活塞。当周围压力降到低于200kPa，即压力系统吸气时，波纹管膨胀。当这个压力增加到某一定值时，波纹管收缩，并打开针阀，此时波纹管周围的压力下降。当压力充分下降时，波纹管又膨胀。

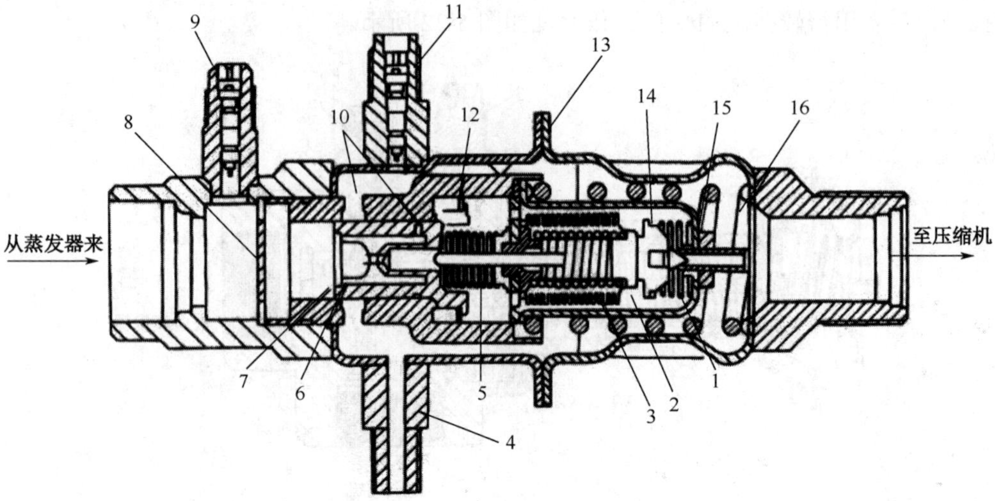

图 5-23　导阀控制吸气节流阀

1—针阀弹簧；2—波纹管气室；3—波纹管；4—溢油管接口；5—活塞弹簧；
6—滤网；7—活塞；8—减振板；9—压力表接口；10—小孔；11—外平衡管接口；
12—活塞环；13—支承板；14—针阀芯；15—阀座；16—主弹簧

由于压缩机在 POASTV 出口侧的吸气作用，在出口侧产生了一个稍低于阀内压力的压力。当波纹管膨胀时，活塞顶部的压力增加，直到此压力与活塞底部的压力相等，弹簧压力把活塞推向紧闭位置。当波纹管收缩时，活塞顶部的压力下降，活塞下侧比较高的压力就将活塞顶开。POASTV 的工作是否合适，可用歧管压力表方便地检查出来。阀的工作与大气压力无关，因此这种形式的阀不需要高度补偿。

5. 组合阀

组合阀的安装位置如图 5-24 所示，它是由导阀控制吸气节流阀（POASTV）、膨胀阀（TXV）和储液干燥器组合而成的，如图 5-25 所示。在不少高级轿车（如奥迪 100）上可见到这种结构。

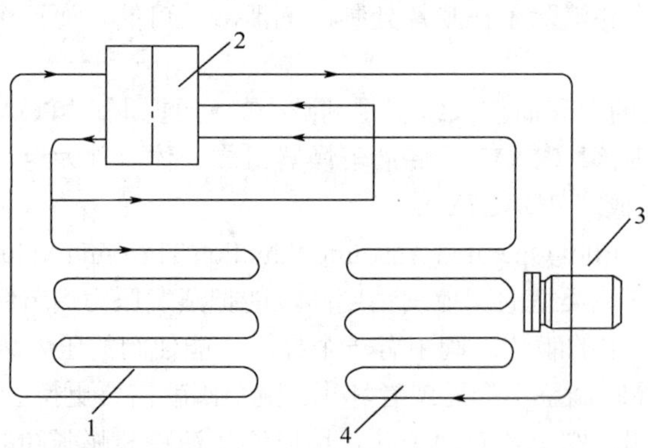

图 5-24　组合阀的安装位置

1—蒸发器；2—组合阀；3—压缩机；4—冷凝器

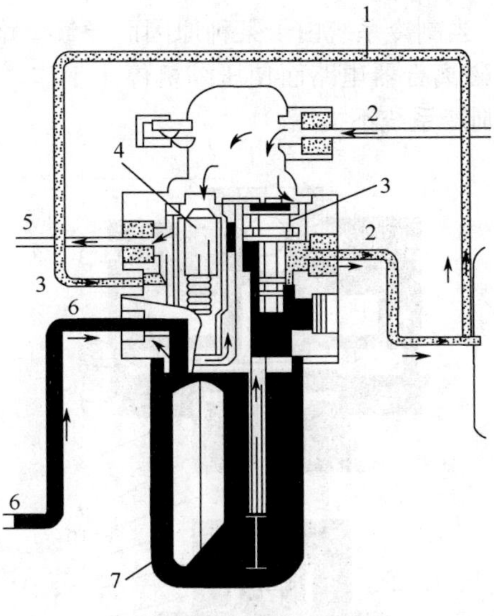

图 5-25　组合阀

1—溢流管；2—蒸发器接管；3—膨胀阀；4—吸气节流阀；5—压缩机接管；6—冷凝器接管；7—储液干燥器

组合阀总成装在靠近蒸发器的地方，蒸发器的进出管都与其相连，取消了 TXV 的外平衡管及感温包，TXV 的膜片端直接暴露在从蒸发器出来进入 VIR 的制冷蒸气中。在 POASTV 与 TXV 之间有一个小孔，起到相当于外平衡管的作用，干燥器在储液罐壳体内，是可以更换的。一根带有滤网的液体吸出管伸到罐底，滤网用来防止脏物进入系统，在 TXV 的进口管处有两块可更换的视液玻璃。

液体制冷剂从冷凝器通过组合阀系统流向蒸发器，进入组合阀的液体制冷剂降落到储液罐底部，而制冷剂蒸气则在顶部。制冷剂碰到干燥剂，将被吸收掉所有的水分。

液态制冷剂通过滤网和吸出管直接进入 TXV 下面的入口，如图 5-26 所示。它控制了进入蒸发器的流量，也就是说它根据蒸发器的热负荷条件调节制冷剂流量。进入蒸发器的液体制冷剂吸收了热量就变成蒸气，制冷剂蒸气离开蒸发器后回到组合阀，到达 POASTV 的入口处。POASTV 用于调节流向压缩机的蒸气流量，到达压缩机的制冷剂蒸气量根据蒸发压力确定。从 POASTV 的出口将低压制冷剂送向压缩机，然后被压缩成高压蒸气，再进入冷凝器，在冷凝器中气体放出热量又变成高压液体，就这样完成了一个循环。

在组合阀组件顶部有一个类似气门芯的接头，这个接头放在蒸发器的出口和 POASTV 的入口处。检查蒸发器压力时，只需将歧管表的低压管接到这个接头上即可。

组合阀组件应将蒸发器的压力保持在 207kPa，这个压力足以将蒸发器芯子温度保持在 0℃左右。压力过低会引起蒸发器表面结满冰霜而使气流不能通过，压力过高（高于 207kPa）会使制冷量不足或者说制冷效率降低。

5.2.4　安全保护控制装置

1. 制冷剂压力开关

有些汽车为了使制冷系统运行正常，设有压力开关电路。压力开关也称为压力继电器或压力控制器，分为高压开关、低压开关和高、低压双向复合开关（三位压力开关）三种，安装在制冷系统高压管路或低压管路上。高压开关又分为触点常闭型和触点常开型两种。高、低压开关的结构与外形大同小异，如图 5-27 所示。当制冷系统由于某种原因而导致管路内制冷剂压力出现异常时，压力开关便会自动切断压缩机电磁离合器电路而使压缩机停止工作，或控制冷凝器风扇的高速挡运转，使冷凝器强制散热，保护制冷系统不损坏。

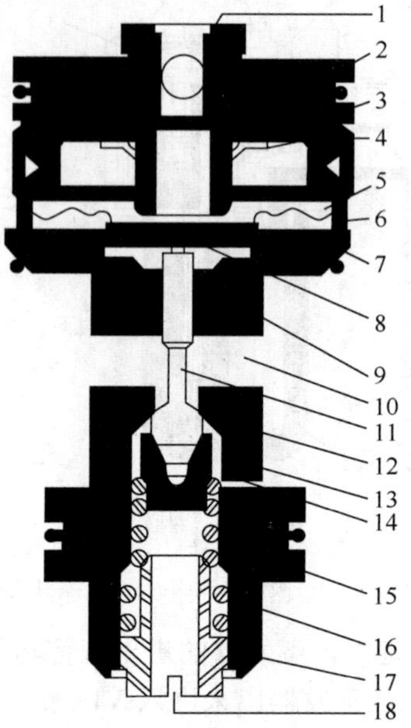

图 5-26　组合阀中的膨胀阀

1—膜盒盖；2—活性炭；3—滤层；4—保持架；5—膜片；6—平衡孔；7—膜片底；
8—密封支承环；9——活塞密封圈；10—阀出口；11—活塞；12—阀座；13—弹簧座圈；
14—溢流孔；15—阀体；16—弹簧；17—螺栓；18-阀进口

图 5-27　高压保护开关

1—管路接头；2—膜片；3—外壳；4—接线柱；5—弹簧；6—固定触点；7—活动触点

1）高压压力开关

压力开关又称为制冷系统的压力继电器，一般安装在制冷系统的高压管路或储液干燥器上，其作用是当制冷系统工作压力异常（过高）时，自动切断电磁离合器线圈电路，使压缩机停止运转或接通冷凝风扇高速挡使冷凝风扇高速运转，从而防止制冷系统压力过高或过低而损坏压缩机和制冷部件。

一般系统压力过高的原因有三种：一是冷凝器过脏阻塞了冷却风道，导致冷凝器无法充分冷却；

二是维修中制冷剂添加过多，导致压力过高；三是系统管路发生堵塞。

触点常开（动合）型压力开关的结构如图 5-27（a）所示，其作用是当制冷系统压力升高到一定值时，接通冷凝风扇高速挡电路高速运转，增强冷凝器的散热效果，降低制冷剂温度与压力。如奥迪 100 型轿车用触点常开型高压开关的触点闭合压力为（1.58±0.17）MPa，断开（恢复）压力为（1.335±0.17）MPa。

触点常闭（动断）型压力开关的结构如图 5-27（b）所示，其常闭触点串联在空调压缩机电磁离合器线圈电路中，当制冷系统压力升高到一定值时，作用在膜片上的制冷剂压力推动推杆使触点断开，切断电磁离合器线圈电路，从而使压缩机停止运转，避免制冷剂压力进一步升高而损坏压缩机或制冷部件。当高压管路的压力恢复正常值时，触点在复位弹簧作用下恢复闭合状态，压缩机又可正常工作。触点常闭型压力开关触点的断开压力和闭合（恢复）压力因车而异，断开压力一般为 2.1MPa～3.5MPa，闭合（恢复）压力一般为 1.6MPa～1.9MPa。

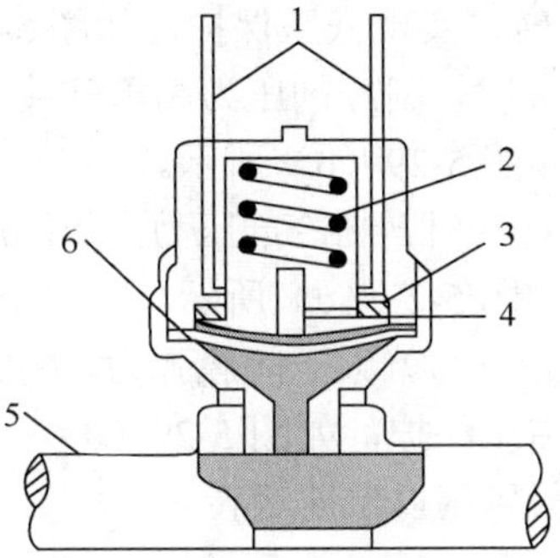

图 5-28　低压保护开关

1—导线；2—弹簧；3—动触点；4—支座；5—压力导入管；6—膜片

2）低压开关

低压压力开关有两种。

第一种设在高压回路中，其主要目的是保护压缩机在缺少制冷剂的情况下不空转，以免压缩机因缺乏润滑油而磨损，同时，也起到低温环境保护作用，以免在过低温度的环境下使制冷系统工作而造成蒸发器表面结冰，增加功耗。

低压开关又称制冷剂泄漏检测开关，其触点为常闭触点，并与空调压缩机电磁离合器线圈电路串联。低压开关的作用是在制冷系统严重缺少制冷剂，导致高压侧压力低于一定值［一般为 0.2MPa，如桑塔纳 2000 系列轿车空调系统为（0.196±0.1）MPa］时，触点断开，切断电磁离合器线圈电路使压缩机无法运转，防止压缩机在没有润滑保障的情况下运转而损坏，低压开关的结构如图 5-28 所示。

第二种低压开关设在低压回路中，通过感受吸气压力，用来控制高压旁通阀的除霜作用，即当低压压力低到某一规定值时，接通高压旁通阀（电磁阀），让部分高压蒸气直接进入蒸发器，以达到除霜的目的。这种低压开关一般用于大客车汽车空调，当系统吸气压力降低时，压力调整弹簧和压力差弹簧的弹力相抵消，动作板复原，微动开关动作，接点通电，高压旁通阀开启。在正常运转时，高压旁通阀的接点一直是开着的。

3）三位压力开关

为减少压力开关的数量和接口，以减少制冷剂泄漏的可能，使空调结构更加紧凑，目前很多汽车空调采用三位压力开关（三重压力开关）。这种开关由高、低压开关（双重压力开关）和一个中压开关组成，安装在制冷系统高压侧，如上海桑塔纳 2000 轿车、南京依维柯客车的汽车空调系统就采用了三位压力开关。

三位压力开关内部由隔膜、碟形弹簧、轴和接点组成。接点可分为低压及高压异常时会动作的接点和用于控制冷凝器风扇或发动机散热器风扇的接点。

三位压力开关的作用如下。

（1）防止因制冷剂泄漏而损坏压缩机。

（2）当系统内制冷剂高压异常时，保护系统不受损坏。

（3）在正常工作状况下，冷凝器风扇低速运转，实现低噪声，节省动力；当系统内高压升高时，风扇高速运转，以改善冷凝器的散热条件，实现了风扇的二级变速。

三位压力开关一般安装在储液干燥器上，感受制冷剂高压回路的压力信号，其工作过程如图 5-29 所示（以 R134a 制冷剂为例）。

当制冷剂压力不大于 0.196MPa 时，由于隔膜、碟形弹簧和弹簧的弹力大于制冷剂压力，因此高低压接点断开（OFF），压缩机停转，实现低压保护，如图 5-29（a）所示。

当制冷剂压力为 0.2MPa～3MPa 时，制冷剂压力高于开关的弹簧压力，弹簧挠曲，高、低压接点接通（ON），压缩机正常工作，如图 5-29（b）所示。

当制冷剂压力大于或等于 3.14MPa 时，制冷剂压力大于隔膜、碟形弹簧压力，高、低压接点断开，压缩机停转，实现高压保护，如图 5-29（c）所示。

当制冷剂压力大于 1.77MPa 时，压力就大于隔膜弹力，隔膜会反转，将轴推上，以接通冷凝风扇高速接点，风扇高速运转，实现中压保护，如图 5-29（d）所示。当压力降至 1.37MPa 时，隔膜恢复原状，轴下落，接点断开，冷凝风扇以低速运转。

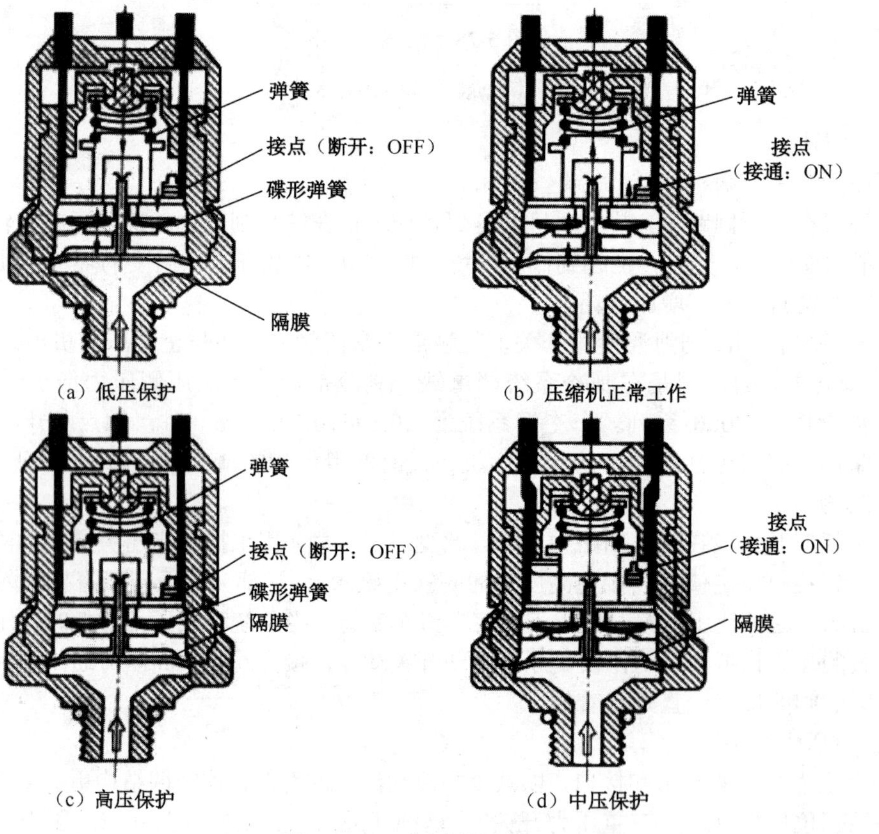

图 5-29　三位压力开关

常见压力开关的开关形式及作用如表 5-3 所示，其有关技术参数如表 5-4 所示。

表 5-3 压力开关的开关形式及作用

序　号	种　类	开关形式	特　性	作　用
A	低压开关	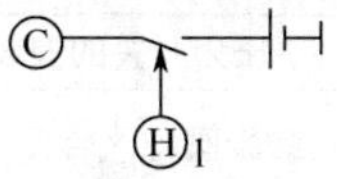	常闭	高压回路压力低于规定值时，使压缩机停转
B	高压开关	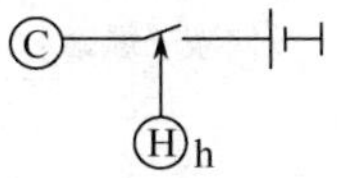	常闭	高压回路压力高于规定值时，使压缩机停转
C	低压开关	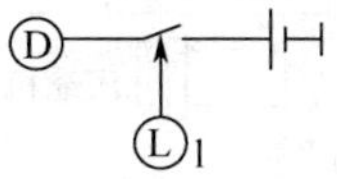	常开	低压回路压力低于规定值时，接通除霜电磁阀
D	高压开关	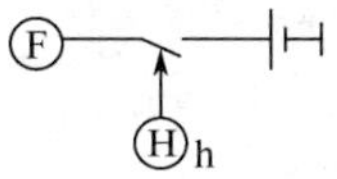	常开	高压压力高于规定值时，使冷凝风扇高速运转
E	高低压力复合压力	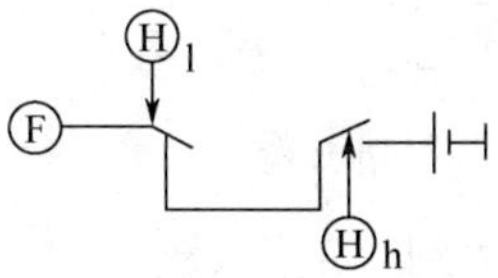		是 A、B 两种形式的组合，设在高压回路中，也可以是 A、D 两种形式的组合
Г	高中低三位	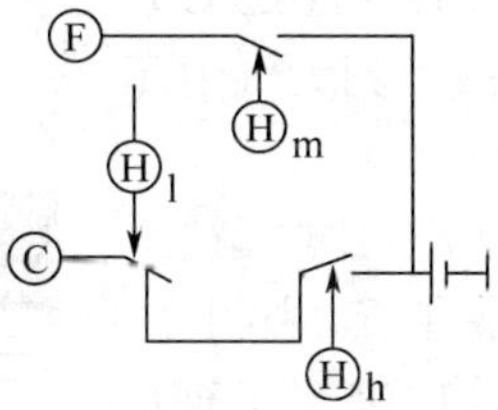		是 A、B、D 三种形式的结合，设在高压回路中
说明	Ⓒ：压缩机；Ⓓ：除霜电磁阀；Ⓕ：冷凝风扇；Ⓗ$_h$：高压回路中的高原力；Ⓗ：高压压力；Ⓛ：低压压力；Ⓗ$_l$：高压回路中的低压力；Ⓗ$_m$：高压回路中的中等压力；Ⓛ$_l$：低压回路中的低压力			

注："↑"为压力升高的动作方向，"↓"为压力降低的动作方向。

表 5-4 压力开关的技术参数

压力开关性质	开　关　值	开关动作	作　用
高压	压力≥3.14MPa	电路断开（关）	压缩机停转
中压	压力≥1.77MPa	电路接通（开）	冷凝风扇高速运转
	压力≥1.37MPa	电路又断开（关）	冷凝风扇回到低速运转
低压	压力≥0.196MPa	电路断开（关）	压缩机停转

4）压力开关控制基本电路

压力开关控制的基本电路如图 5-30 所示。压力开关一般的安装位置是储液干燥器或高压管路。图示的开关均为常闭开关，也有部分压力开关高压为常开开关，具体是何种形式要视车型而定。

2．过热过压保护装置

1）易熔塞和泄压阀

（1）易熔塞。在一些早期采用 R12 空调系统的汽车上，储液干燥器顶端上安装有一易熔塞，易熔塞是一个设有轴向通孔的螺塞，孔内填充有易熔材料，并借螺塞的螺纹安装在储液干燥器上，如图 5-31 所示，其作用是当冷凝压力过高时，易熔合金立即熔化，将容器内的高压制冷剂全部排空泄放，起到安全保护作用。

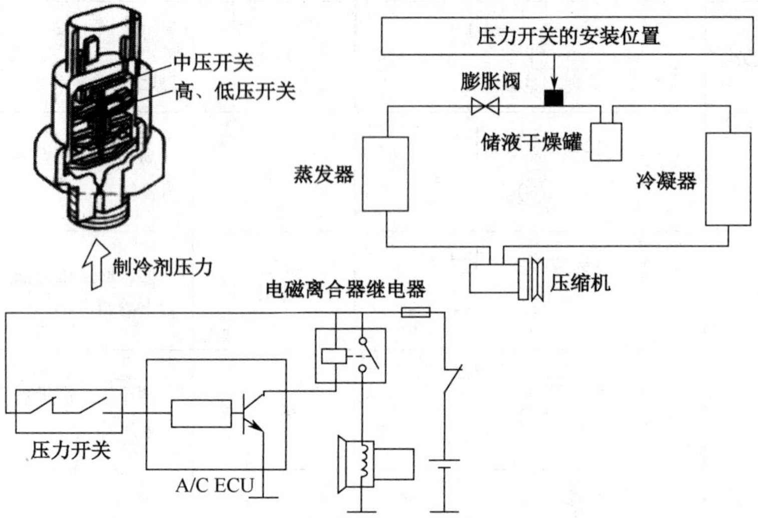

图 5-30　压力开关控制电路

易熔塞的作用是当储液干燥器内部制冷剂温度达到一定值（一般为105℃左右，如桑塔纳2000系列轿车空调系统为103～110.5℃）时，易熔塞中的易熔材料熔化，将制冷剂通过易熔塞散发到大气中，避免高温、高压导致制冷部件损坏。

当冷凝器通风不良或冷气负荷过大使冷凝器散热不足时，就会导致冷凝器和储液干燥器内部制冷剂压力和温度异常升高。当制冷剂压力达到 3MPa 以上、温度达到易熔材料的熔点（约 105℃左右）时，易熔材料就会熔化，将高温、高压制冷剂排到大气中，避免制冷部件损坏。

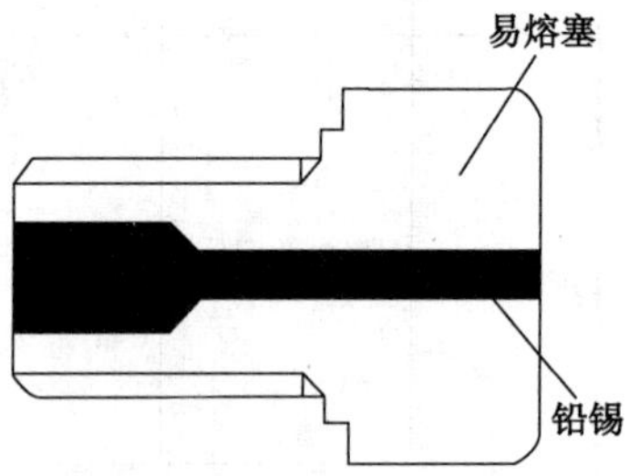

图 5-31　安全易熔塞

（2）高压泄压阀。以往的汽车空调系统采用易熔塞的方法付出的代价是经济上的损失和对环境的污染，同时空气将进入空调系统。因此，目前大多采用高压泄压阀替代易熔塞。高压泄压阀的作用是防止高压侧压力异常升高，保护压缩机和冷凝器。高压泄压阀一般安装在压缩机排气口处。当冷凝器散热条件不好时，冷凝器温度和压力可能过高，当汽车制冷系统内制冷量过多时，系统压力也可能过高，高压泄压阀的压力调整范围为 2.4MPa～2.8MPa，当压力超出该调整范围时，高压泄压阀被迫打开，让制冷剂放出，直至压力降低到调整值为止。在弹簧的作用下自动关闭，保证制冷系统正常工作。在北京、切诺、基吉普车空调系统的储液干燥器及奥迪 100 轿车的压缩机上都装有此种泄压阀。

图 5-32 所示为高压泄压阀结构。在正常情况下，由于弹簧的压力作用，将密封塞压向阀体，与 A 面凸缘紧贴，制冷系统内制冷剂不能放出。

当系统内压力异常升高时，弹簧被压缩，阀被打开，制冷剂被释放出来，系统内压力立即下降。当压力降至约 2.8MPa 时，弹簧又立即将密封塞推向阀体 A 面，将阀关闭。

采用泄压阀，制冷剂只会释放出很少的一部分，因此不存在上述易熔塞的缺点，空气也不会进入系统，而且便于判断故障原因。

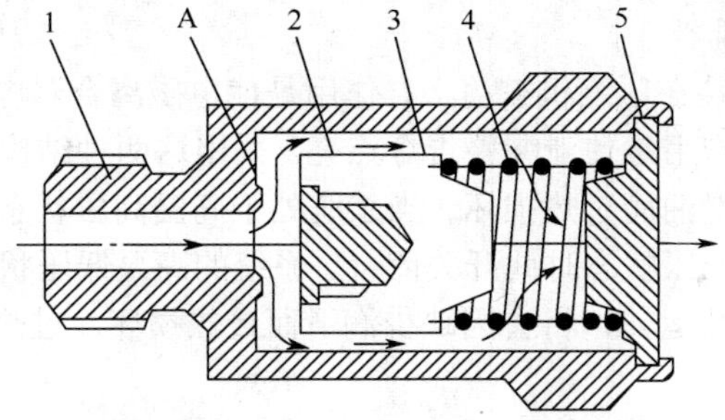

图 5-32 高压泄压阀的结构

1—阀体；2—密封塞；3—下弹簧座；4—弹簧；5—上弹簧座

图 5-33 所示为泄压阀在压缩机上的安装，这是 GM 公司的 V-5 型可变排量压缩机，它将几种压力开关都装在了压缩机上。

2）电子压力传感器

如图 5-34 所示，在新一代奥迪汽车上安装了电子压力传感器 G65，以代替压力开关 P129，它是根据硅晶片在不同压力下的电特性，以数字信号来实施控制，从而提高了控制精度，使风扇的接通、切断具有延时性，风扇运转更加平稳，乘坐更舒适；它能全程监控循环系统中的制冷剂压力，大大提高了系统的安全性。

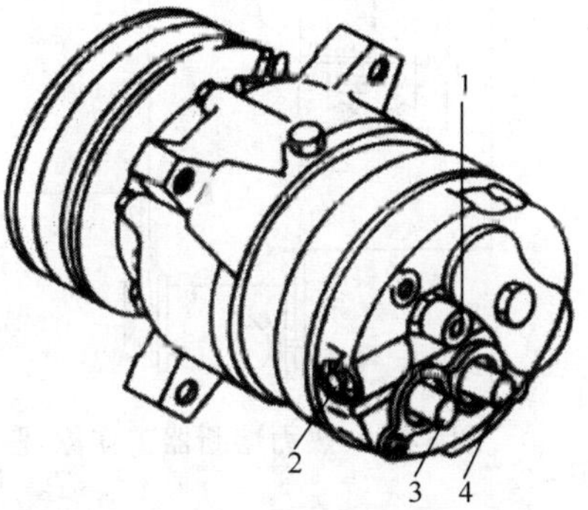

图 5-33 V-5 型压缩机上的泄压阀

1—泄压阀；2—压缩机控制阀；3—高压开关；4—低压开关

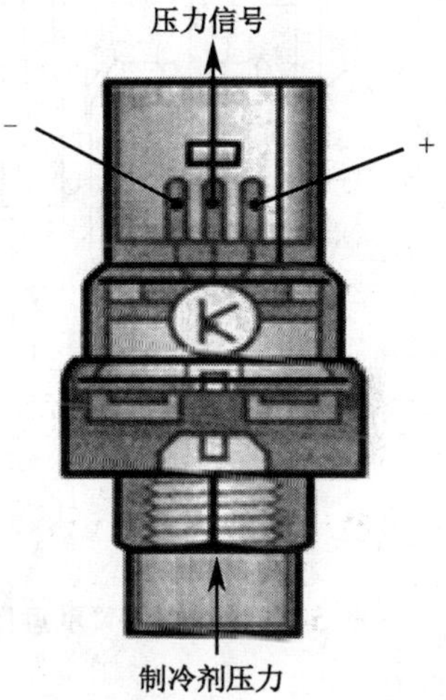

图 5-34 电子压力传感器 G65

3）冷却液过热开关

冷却液过热开关又称为水温开关，其作用是防止在发动机过热的情况下使用空调。过热开关一般安装在发动机散热器或冷却液管路上，以便监测发动机冷却液温度。

当发动机冷却液温度超过某一规定值（如奥迪 100 型轿车的设定值为 120℃）时，过热开关触点断开或触点闭合再通过空调放大器切断电磁离合器线圈电路使压缩机停止运转。

当冷却液温度降低到某一规定值（如奥迪 100 型轿车的设定值为 106℃）时，过热开关触点自动复位，空调压缩机恢复工作。

4）过热开关与热力熔断器

过热开关有两种：一种装在压缩机缸盖上，作用是使电磁离合器电源中断，压缩机停转；另一种装在蒸发器出口管路上，作用是使泄漏警告灯点亮。采用这两种结构的目的都是防止由于缺少制冷剂，造成压缩机因缺乏润滑油而过热损坏。当系统处于高温高压状态或低温低压状态下，此开关保持常开，当系统处在高温低压状态时此开关闭合。系统的高温低压状态通常是在缺少制冷剂时出现的，此时，如果压缩机继续运转，将会因缺少润滑而过热损坏，过热开关将使压缩机停止运行，直至故障排除为止。

空调器过热开关的结构如图 5-35 所示。当制冷剂温度升高到一定值，膜片下的蒸发压力使膜片上升，推动螺钉，带动动触点与定触点接触，过热开关接通，在过热开关后面串联一个过热时间继电器。当过热状态是持续的而不是瞬时的情况下，泄漏警告灯才点亮。

图 5-36 所示为热力熔断器的工作原理，它与过热开关配合使用，由温度感应熔丝、绕线式电阻加热器等组成。当过热开关闭合时，通向电磁离合器线圈的电流通过热力熔断器中的加热器，使加热器温度升高，直到把熔断器熔化，这样电磁离合器电路中断，压缩机停止运转。

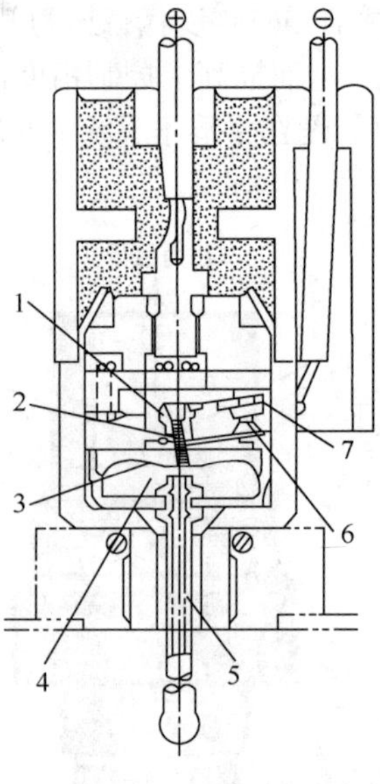

图 5-35　过热开关示意图

1—调整螺母；2—调整螺钉；3—膜片；4—制冷剂；
5—温度传感器；6—动触点；7—定触点

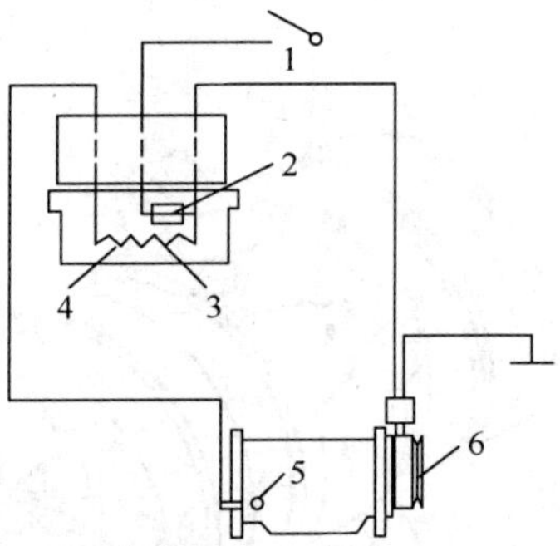

图 5-36　热力熔断器工作原理

1—环境温度开关；2—温度感应熔丝；
3—绕线式电阻加热器；4—热力熔断器；
5—过热开关；6—电磁离合器线圈

3．控制继电器

汽车空调控制电路中有各种类型的继电器，其作用是便于控制各种功能并能减少流入控制开关的电流，延长开关使用寿命。一般继电器分常开和常闭两种。

常开型继电器一般用于电磁离合器控制、冷凝器风扇控制、怠速提升装置控制等。只要有控制电流流过，继电器线圈上产生的磁力将活动芯棒吸入，使触点接通，反之则断开，如图 5-37 所示。

常闭型继电器用在只要有控制电流流过，触点就断开的电路上。例如，将空调电源继电器串接在启动电路中，只要汽车开关处于启动位置，此继电器的触点就断开，保证在汽车启动时，空调器不能工作。它的结构与常开型继电器相似，仅铁芯动作相反。怠速继电器也属于此类。

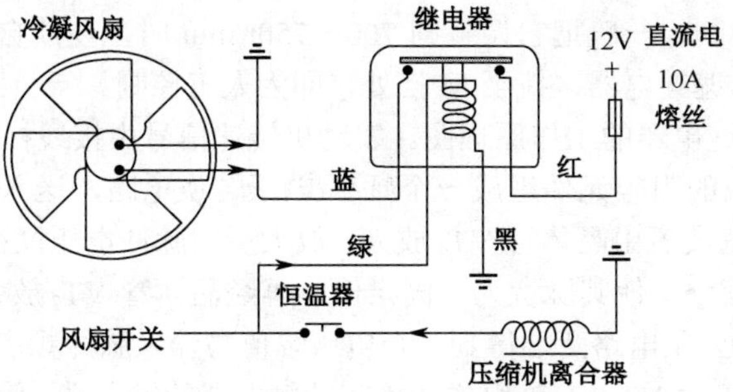

图 5-37 冷凝器风扇电路图

如图 5-38 所示，继电器的检查步骤如下。

（1）检查接线端①、②之间是否导通、是否有焊点脱落。

（2）检查接线端①、②之间是否导通、接线是否焊牢。

（3）在接线端①、②之间加电压，检查③、④之间是否导通。若不通，则更换。

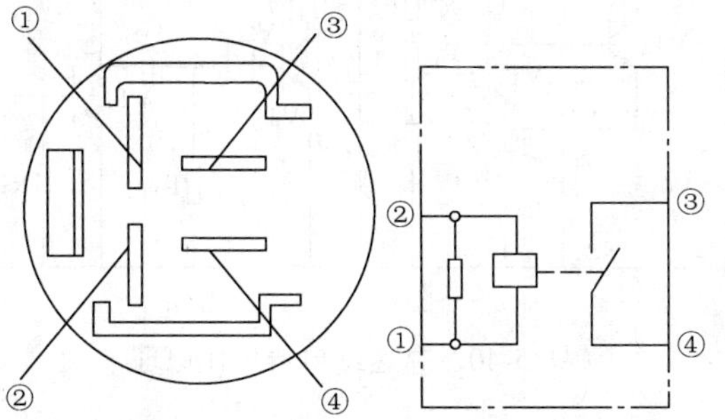

图 5-38 常开型继电器接线图

5.2.5 车速稳定装置

1. 发动机的怠速提升控制

当汽车临时停车和慢速行驶时，发动机处在小负荷或空载负荷运行工况。此时，非独立空调系统会出现由于压缩机所需转矩的增大，而发动机的负荷增大的矛盾，其结果会造成发动机的怠速工况不稳定，甚至导致发动机熄火，影响汽车的低速和怠速性能。为了保证汽车的怠速稳定性能，必须增加怠速稳定控制器，以保证在发动机怠速时能自动切断空调压缩机的离合器电路。

一般怠速稳定控制器有两种类型：一种是自动切断压缩机的离合器电路，停止压缩机运行，这样来减轻发动机的负荷，稳定发动机的怠速性能；另一种是当发动机怠速还需要空调系统继续工作时，使发动机自动加大节气门开度，以增加发动机的输出功率，并使发动机转速略有提高，达到带负荷的低速稳定运转的目的。

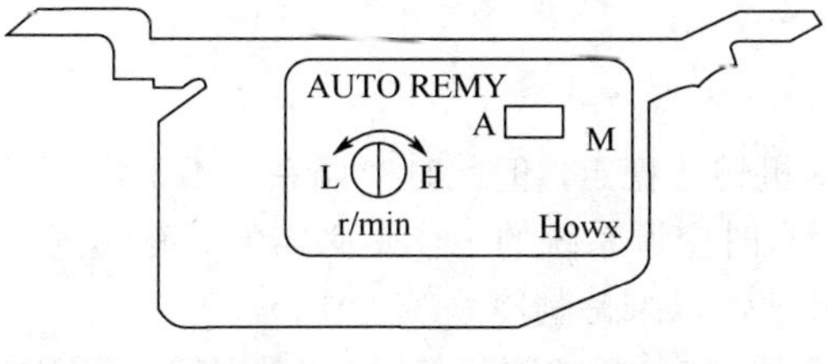

图 5-39 怠速继电器外观

1）怠速继电器

怠速继电器是当发动机处于怠速工况时，自动切断电磁离合器电路，停止发动机驱动压缩机来稳定发动机怠速工况的装置。这种装置是利用点火线圈的脉冲数作为转速控制信号，并将信号输入到怠速继电器的电路中。汽车空调系统的怠速继电器在点火线圈的初级低压负极上。

如图 5-39 所示，怠速继电器上面有一个怠速设定旋钮，预选转速由人工控制，一般把它调整到 700～750r/min 时，便能自动切断电路；950r/min 时再接通电路。如果不用怠速继电器，拨至 M 挡处，即为人工控制。

图 5-40 所示为怠速继电器的工作原理图。发动机转速信号由接线柱 2 输入怠速继电器电路，电路中 VT_1、VT_2 及相应的阻容元件组成一个频率/电压转换电路，送入的发动机转速信号经电阻 R_1、R_2 及电容 C_1 衰减、滤波后由晶体管 VT_1 放大，放大后的脉冲电压又被电容 C_2、电阻 R_5 和二极管 VD_2 组成的微分电路微分，使其脉宽为一固定值，再经晶体管 VT_2 放大整形，经 R_7、C_3 滤波后再由 R_8、R_w 和 R_9 组成的分压电路两端得到一个电压幅值与输入脉冲频率成反比的直流电压，此电压经电位器 R_w 分压后送入由 VT_3、VT_4 组成的施密特触发器的输入端，用来控制触发器的导通和截止，然后再通过继电器 K 来控制压缩机电磁离合器电路的通断。

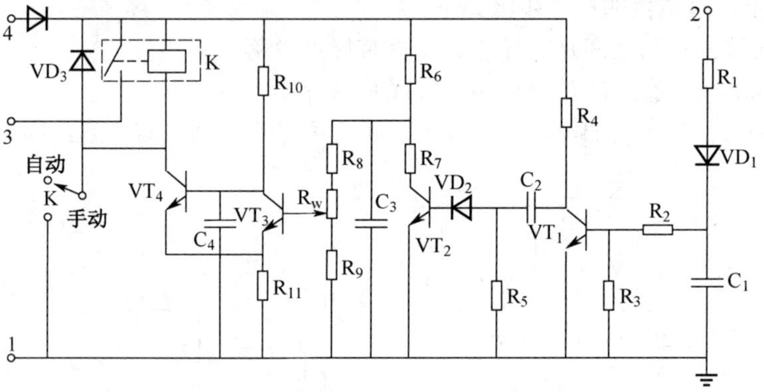

图 5-40　怠速继电器工作原理

1—接电源负极；2—接点火线圈负接线柱；3—接电磁离合器；4—接电源正极

当发动机处于怠速运转时，点火频率较低，经频率/电压变换电路得到的直流电压较高，施密特触发器的输入电压也较高，则 VT_3 导通，而 VT_4 截止，继电器触点 K 分开，切断了电磁离合器线圈电路，压缩机停止工作。当点火信号频率随着发动机转速升高而增加到一定值时，输入到施密特触发器的电压下降，使 VT_4 导通，继电器触点 K 闭合，电磁离合器线圈通电，使压缩机工作。

电位器 R_W 可用于调节输入到施密特触发器的输入电压，用来调节电磁离合器接通和断开时的发动机转速值，一般当发动机转速为 900～1100r/min 时接通，而转速为 600～700r/min 时断开。

该种怠速继电器具有“手动”和“自动”两个挡位，一般情况下置于“自动”挡位，当故障发生时，可以用“手动”挡位进行替代。此时，继电器线圈的电流经手动开关搭铁而构成回路，压缩机将不再受发动机转速控制。

为了确保发动机正常工作，有些汽车的空调系统还设置了发动机转速检测继电器，它的作用是只有当发动机转速超过 800～900r/min 时，空调电路才会被接通，而低于该转速时，继电器自动切断压缩机电磁离合器电路，空调不能开启，该继电器的转速信号也取自点火线圈。其控制电路如图 5-41 所示。

2）怠速提升装置

怠速继电器能在必要时切断电磁离合器，以保证发动机转速稳定，但此时空调系统不工作，汽车空调不能制冷，因此，这种方式显然是有缺陷的，因为有时空调系统的工作是必需的。有的汽车采用的方法是通过开大节气门开度来提高发动机的即时转速，以维持制冷系统工作。

对于化油器式发动机，一般是设置一个节气门位置控制器，如桑塔纳轿车 JV 发动机中的 KEIHIN 化油器，就设有该种装置，如图 5-42 所示。而现在轿车一般都是电控发动机，此时怠速的提升是通过怠速控制装置来实现的，发动机电子控制单元接收到空调开关 A/C 信号时，通过直接开大节气门（节气门直动式）开度，或开大节气门旁通空气道（旁通空气道式）来提高发动机的转速。现在大多数轿车发动机用的都是后者，如图 5-43 所示。

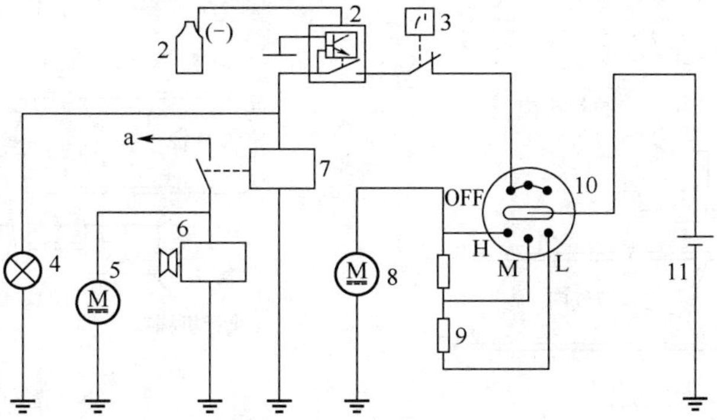

图 5-41　装有发动机转速检测继电器的空调电路

1—点火线圈；2—发动机转速检测继电器；3—温控器；4—压缩机工作指示灯；5—冷凝器冷却风扇电动机；6—电磁离合器；7—继电器；8—鼓风机电动机；9—鼓风机调速电阻；10—空调及鼓风机开关；11—蓄电池；a—接蓄电池正极

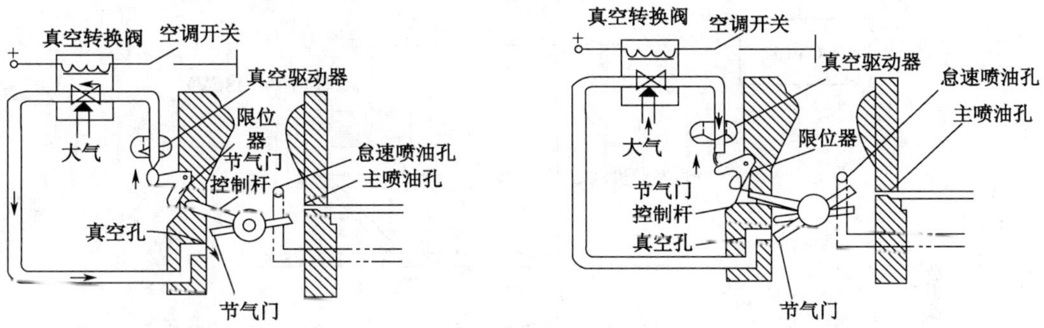

（a）空调制冷系统不工作时　　（b）空调制冷系统工作时

图 5-42　节气门位置控制器工作原理

（1）节气门位置控制器。图 5-42 所示为其工作原理。发动机怠速运转，不使用空调制冷时，真空转换阀的线圈中无电流通过，接通真空通路，真空驱动器的膜片上移，通过连杆带动限位器处于图 5-42（a）位置，此时节气门可关闭到发动机正常怠速运转的位置。

使用空调制冷时，空调开关 A/C 接通真空转换阀线圈电路，切断真空通路，大气压力便作用于真空驱动器膜片上方，在弹簧力作用下推动膜片下移，通过连杆带动限位器处于图 5-42（b）位置，当节气门向关闭方向转动时，由于节气门控制板被限位器限位，使节气门不能全闭而开度加大，从而达到提高发动机转速的目的。这种怠速提高装置曾经广泛应用于化油器轿车的空调系统中。

（2）微机控制怠速系统。控制方式一般有两种基本类型：一种是控制节气门旁通气道中空气流量的旁通空气式；另一种是直接控制节气门关闭位置的节气门直动式，如图 5-43 所示。一般常用旁通空气式，目前普遍采用的是由步进电动机驱动的怠速控制结构。如图 5-44 所示，空调工作信号是发动机 ECU（电子控制单元）的重要传感器信号之一，当空调制冷系统启动，ECU 接收该信号后，驱动由步进电动机带动的怠速控制阀门，将旁通气道开度加大，增加怠速时的进气量，使发动机转速增加，制冷压缩机正常工作。这种怠速提高装置可以根据发动机负荷变化的状况，精确地控制发动机根据空调压缩机等其他负载稳定地工作。大众系列轿车多采用节气门直动式怠速控制方式。

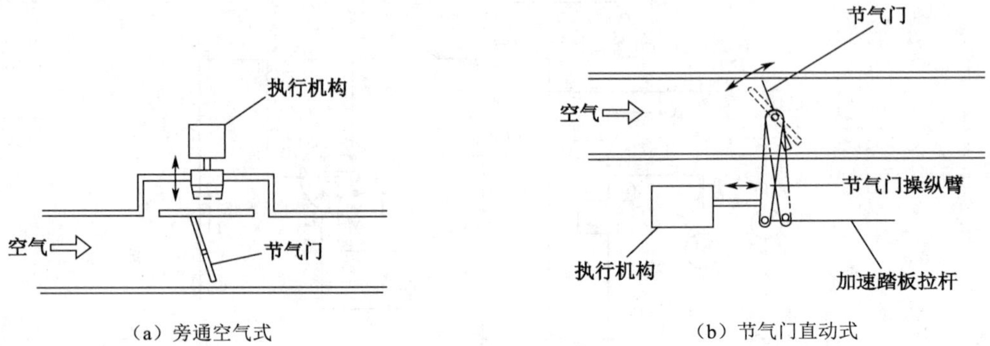

图 5-43 微机控制怠速系统的控制方式

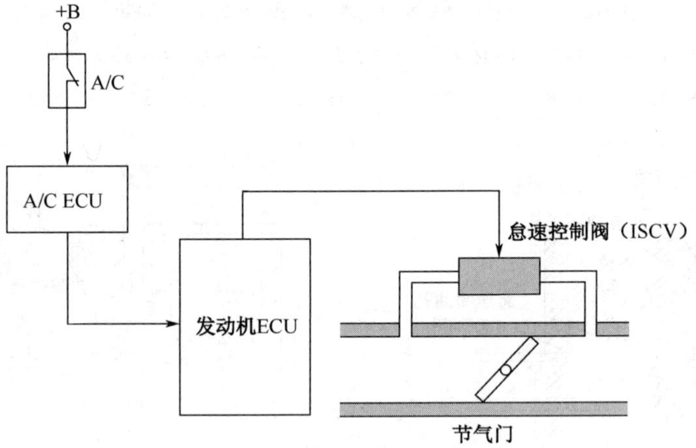

图 5-44 微机控制怠速系统

2. 发动机失速控制

发动机带空调怠速运转时，一旦有其他影响因素使发动机转速下降，将造成发动机失速而熄火。为防止这种情况发生，有的空调控制电路中设有防止发动机失速的控制电路，空调的控制单元通过检测点火线圈的脉冲来计算发动机的转速。当发动机的转速低于一定值时，将压缩机电磁离合器切断，如图 5-45 所示。

3. 传动带保护控制

当动力转向的油泵、发电机等附件与空调压缩机采用同一传动带驱动时，如果压缩机出现故障而锁死时，传动带将被损坏。为了防止这种情况的产生，有些空调的控制电路中采用了传动带保护控制装置。传动带保护控制装置的原理如图 5-46 所示。空调放大器（或 ECU）同时接收发动机的转速信号和压缩机的转速信号，并对这两个转速进行比较，当这两个转速的信号出现的差异超过某一限值时，空调放大器便认定压缩机出现故障，随后就切断压缩机电磁离合器的电源，使压缩机停止工作，以保证其他附件的正常运转。

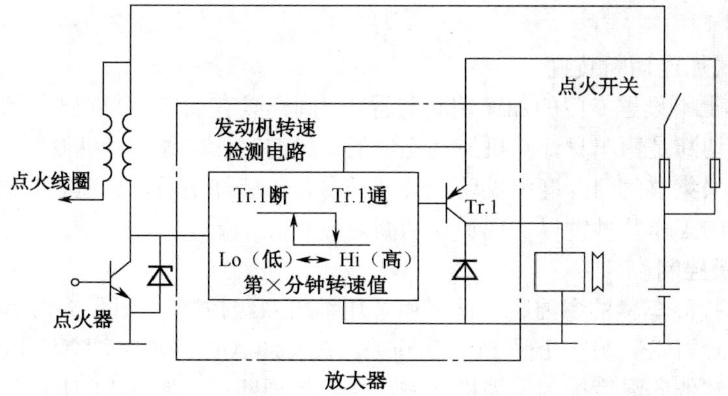

图 5-45 防止发动机失速控制电路

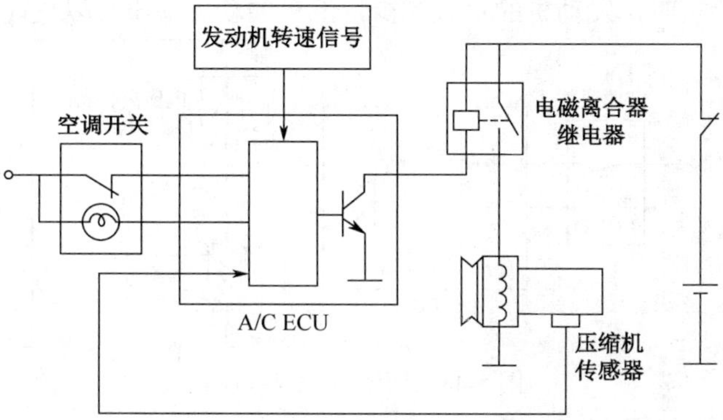

图 5-46 传动带保护控制电路

4. 加速控制装置

当汽车加速超车时，为了保证发动机有足够的动力，应当切断压缩机离合器电路，这样就卸除了压缩机的动力负荷，以尽量大的发动机功率来供汽车加速所需。常用的加速控制装置有三种方式：一是利用与节气门杠杆连接的机械开关；二是利用能感应进气管真空度的真空开关（此类开关和压缩机离合器的电路串联）；三是在一些电喷车上利用节气门位置传感器信号和曲轴位置传感器信号感知发动机处于加速状态，由发动机系统完成空调电路切断。

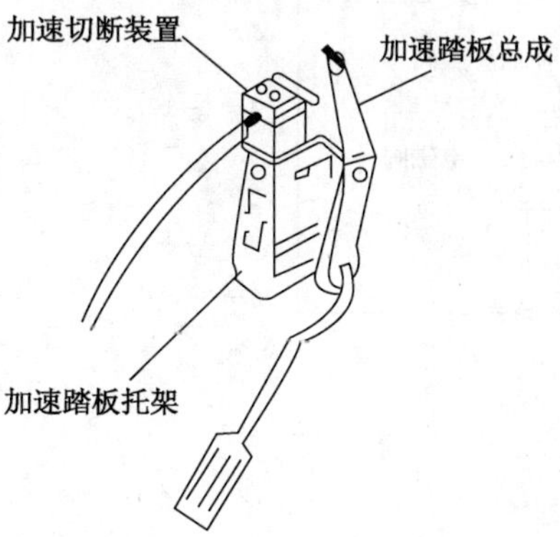

图 5-47 机械式加速切断装置

1）机械式加速切断装置

机械式加速切断装置如图 5-47 所示，这种机械式断开器由加速开关和延迟继电器组成。加速开关一般装在加速踏板下，也有装在其他位置通过连杆或钢索来操纵的。当加速踏板踏下行程达到最大行程的 90%时，加速开关的延迟继电器切断离合器线圈电路，使压缩机停止工作，解除了压缩机的动力负荷，发动机的全部输出功率用来克服加速时的阻力。当踏板行程小于 90%或加速开关打开延时十几秒后则自动接通离合器线圈电路，压缩机又自动恢复工作。

2）真空式加速切断装置

真空式加速切断装置由发动机进气歧管真空度控制，当汽车处于匀速行驶或加速较慢时，进气歧管真空度较低，开关闭合，空调正常工作；当汽车急加速或怠速行驶时，进气歧管真空度较大，开关断开，空调停止工作。

3）微机控制式加速切断装置

有些高级轿车上不设置专门的加速切断装置，但同样具有加速切断功能。例如，日产风度轿车，这种车的空调加速切断是由车身计算机控制完成的。加速时，车身计算机控制由节气门位置传感器和曲轴位置传感器采集节气门开度和发动机转速信号，当感知出急、加速状态时，车身计算机控制停止压缩机继电器的工作几秒钟以实现加速切断。

5．压缩机双级控制

有些车辆为了提高车辆的燃油经济性采用了压缩机双级控制，如图 5-48 所示。在空调上有两个开关：一个是 A/C 开关，另一个是 ECHO 开关。在接通 A/C 开关时，空调 ECU 根据蒸发器温度传感器的信号，在较低的温度控制压缩机电磁离合器的通断；在接通 ECHO 开关时，空调 ECU 便在较高的温度控制压缩机电磁离合器的通断，这样就可以减少压缩机工作的时间，减少汽车的燃料消耗，同时在压缩机停机时，发动机的负载减少，汽车的动力输出可以提高。

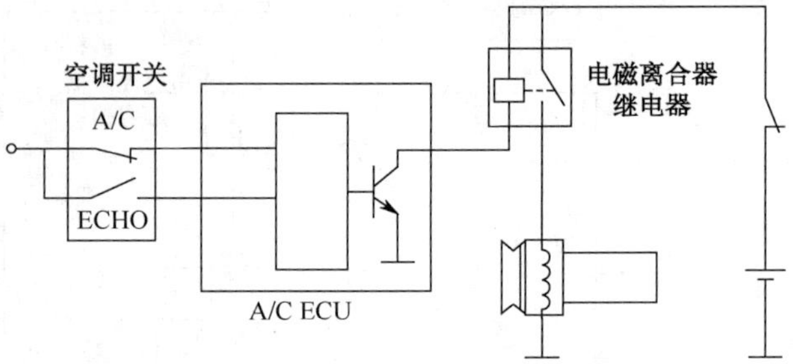

图 5-48　压缩机的双级控制

6．双蒸发器控制

现在有些车辆在前排和后排都有蒸发器，且两个蒸发器都采用一个压缩机，这样就面临着前后蒸发器分别控制的问题。为此，在两个蒸发器的入口处，安装两个电磁阀，用来分别控制前排座位和后排座位的温度，其示意图如图 5-49 所示。

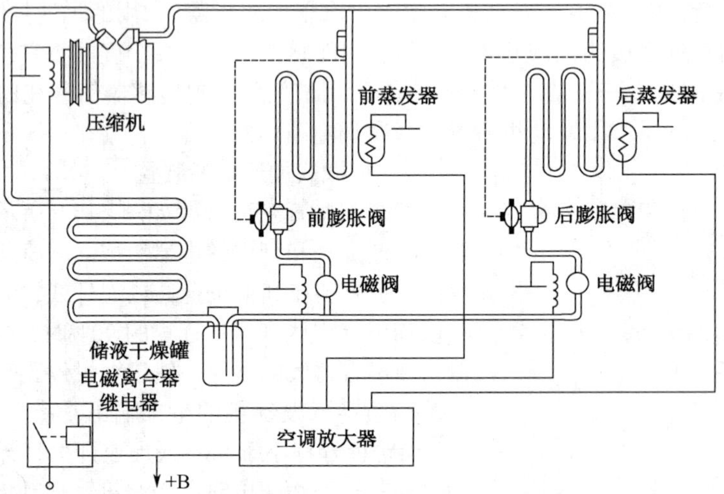

图 5-49　双蒸发器控制

5.2.6　真空控制装置

真空控制系统主要由单向阀、真空罐、真空驱动器和电一真空转换器组成。各类轿车的真空回路大同小异，真空管路一般采用橡胶管。不同功能的真空管路采用不同颜色的橡胶管以示区分。通常白色橡胶管连接气源门，蓝色橡胶管连接进气风门和除霜门，红色橡胶管用于全真空管路，黄色橡胶管连接中风门的除霜门。下面介绍真空控制装置的几种主要部件及其控制内容。

1．真空源和真空驱动器

1）真空源

汽车上的真空源来自发动机进气歧管，随着发动机工作状态的改变（进气压力改变），真空源是在不断变化的。为保证在各种发动机工况下系统都有稳定的最大真空度，真空系统中必须配备真空罐、单向阀或单向继动器。

2）真空驱动器

真空驱动器又称真空马达，实际上是一种带膜片的真空盒，能传送位移。有的真空膜盒自带弹簧。真空驱动器的作用是根据真空度的变化而进行机械动作的，用来控制风门和热水阀，目前汽车上所用的真空驱动器一般有两种类型。

（1）单膜片式真空驱动器。单膜片式真空驱动器的结构如图 5-50 所示，真空接口通过胶管连接真空源，连杆连接风门。当真空源接通时，膜片压缩弹簧提起连杆；当真空源被断开时，弹簧伸张使膜片带动连杆复位。该类真空驱动器通常用来控制全开或全闭的风门。

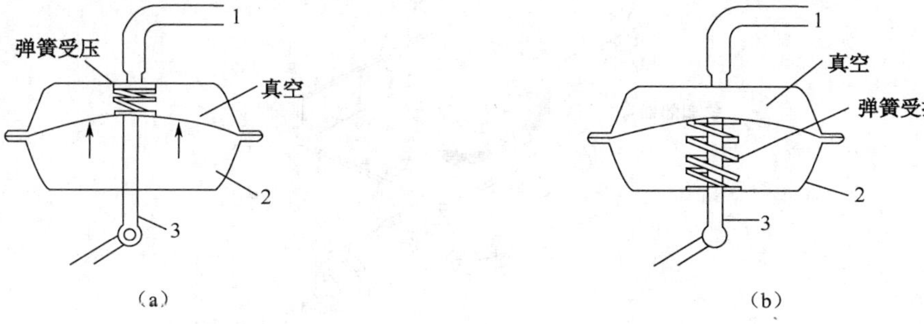

图 5-50 单膜片式真空驱动器

1 发动机真空管；2—空气泄漏孔；3—拉杆

（2）双膜片式真空驱动器 双膜片式真空驱动器的结构如图 5-51 所示，当只有 A 室有真空作用时，膜片带动连杆提到一半的位置；当 A 室和 B 室同时有真空作用时，连杆才被提到极限位置；当 A 室和 B 室都无真空作用时，连杆处于最下端。因此，采用双膜片式真空驱动器控制的风门有三个位置：全开、全闭、半开闭。也可以同时控制两个风门，一个打开、一个关闭，或者两个同时半开闭。

2．加热器控制

控制进入加热器的冷却液的流量方式一般有两种：一种是拉绳钢索式控制阀，如图 5-52 所示；另一种是真空开关阀。目前自动空调系统中采用的多为后者。

真空开关阀的控制如图 5-53 所示，阀门的开启和关闭受一个封闭的真空膜盒控制。其真空源一般来自发动机进气歧管且经过真空加力器（真空罐）。

供暖时，真空膜盒的右侧与真空管路相通，膜片受到真空引力，克服弹簧力作用带动活塞右移，来自发动机冷却系的冷却液进入加热器，在鼓风机的风扇作用下，热的空气进入驾驶室，系统处于供暖状态，如图 5-53（c）所示。当真空膜片盒中的真空源被切断时，弹簧力推动膜片左移，冷却液的通路被切断，驾驶室不供暖，如图 5-53（a）所示。当膜片右侧处于半真空时，真空吸力与弹簧力的共同作用使活塞处于半开闭状态，冷却液会以较小的流量通过，如图 5-53（b）所示。

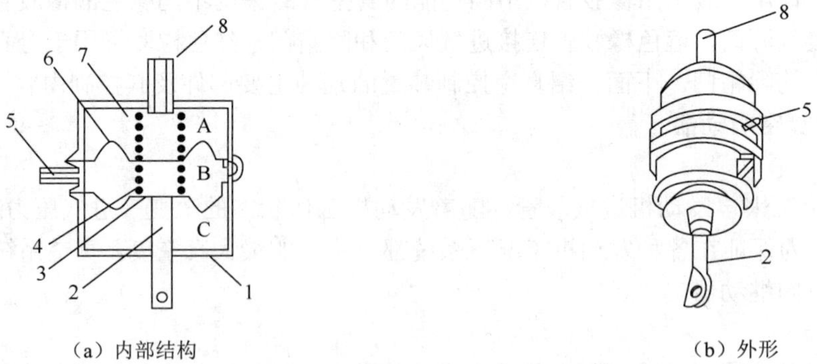

图 5-51 双膜片式真空驱动器

1—气孔；2—连杆；3—B 室膜片；4—B 室弹簧；5—中阀 B 室真空接口；
6—A 室膜片；7—A 室弹簧；8—真空接口

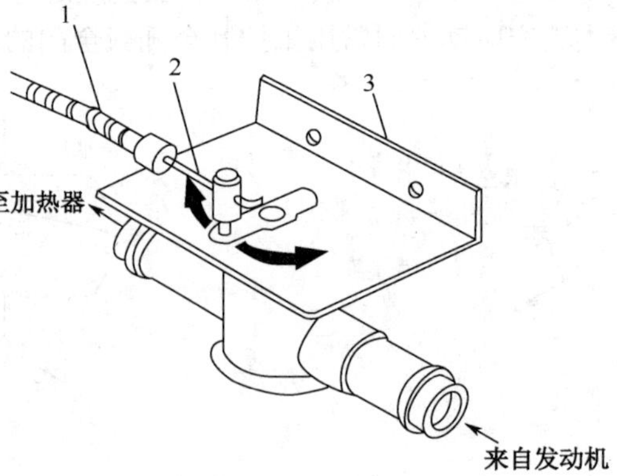

图 5-52　拉绳钢索式控制阀

1—护套；2—钢索；3—固定支架

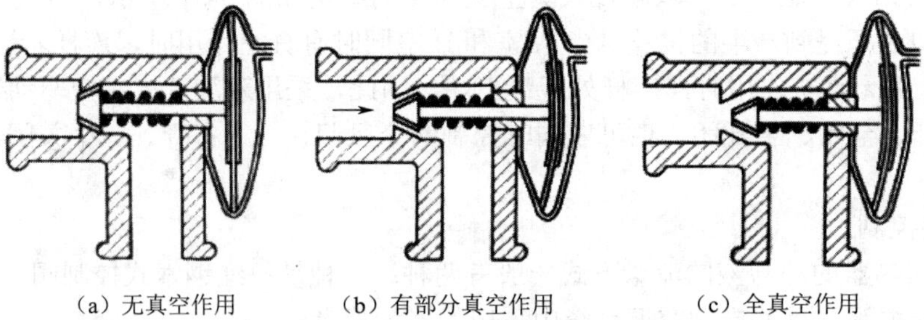

图 5-53　真空开关阀控制

3．真空罐

真空罐的作用是稳定来自进气歧管的真空度。因为当发动机工作时，其进气管中的真空度为 0.101kPa～33.7kPa，这将会影响由真空控制的工作系统的调控精度，因此必须进行稳压。

真空罐的结构如图 5-54 所示，主要由真空室和真空保持器组成。整个真空室是一个金属罐，里面是一个真空保持器，工作过程如下。

真空保持器被空心膜阀和膜片隔成三个腔。发动机进气管与中腔相连，右腔分别与真空室和真空执行系统相连。当发动机进气管的真空度大于真空罐的真空度时，由于空心膜阀右移而接通真空室，使其真空度提高，同时膜片克服弹簧的弹力左移，使真空室与真空执行系统的气口打开，形成通路；当发动机进气管的真空度小于真空罐时，空心膜阀外面压力将其压扁，关闭与真空室的通路，同时膜片右移，关闭气口，如此反复，保持真空罐内的真空度为一恒定值。

4．模式门的控制

所谓模式门，即指在汽车空调仪表板上有许多模式开关（按钮），用来人为地控制各种模式的风门开闭。汽车空调模式门有除霜门、内外进风门（指内、外风循环）、暖风/冷风出风门、中央风门和脚向风门等，可用绳索操纵，也可用真空操纵（近来发展到用电动机操纵）。图5-55所示为桑塔纳2000GSi轿车空调风门真空线路。其中，真空来自发动机（通过制动加力泵）或真空储气罐，

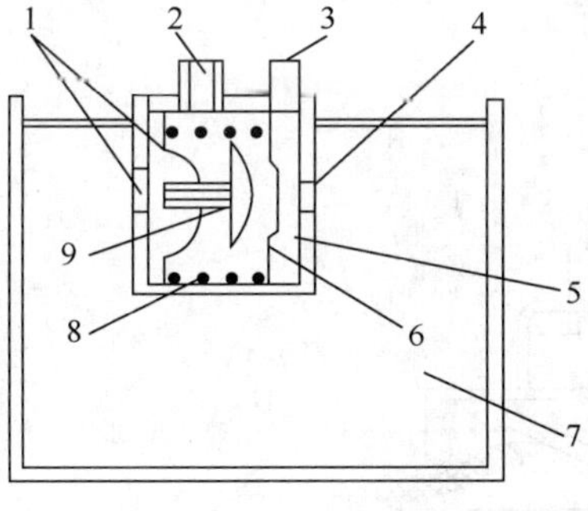

图5-54　真空罐

1、4—气孔；2—发动机歧管接口；
3—真空出口；5—真空保持器；6—膜片；
7—真空罐；8—弹簧；9—空心膜阀

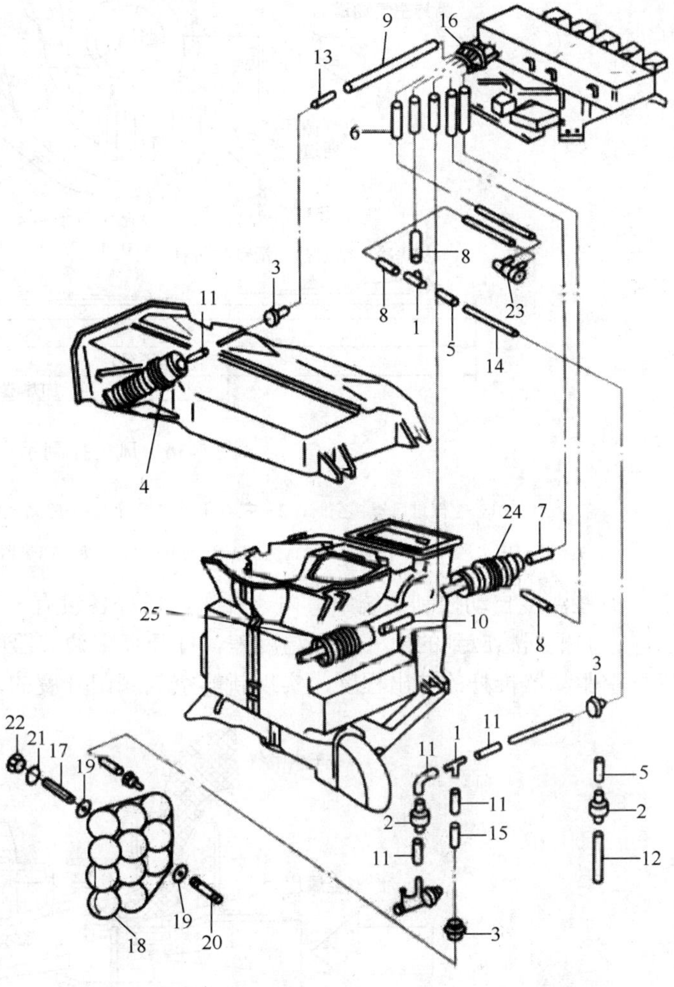

图5-55　桑塔纳2000GSi轿车空调风门真空线路图

1—三通管；2—单向阀；3—橡胶圈；4—进风罩真空阀；
5～12—真空软管；13～15—真空钢管；16—真空管接座；17—套管；18—真空罐；
19、21—垫圈；20—螺栓；22—螺母；23—四通管；24—除霜及中央风门真空阀；
25—脚向风门真空罐

真空储气罐上设有单向阀以防止真空罐中的真空倒流向发动机。真空通向选择按钮开关和真空开关。当按下所要选择的模式门按钮后，开关处的真空就按需要分别流向除霜门、脚向风门和外进风门等处的真空阀，真空阀的拉杆拨动这些风门动作，它只有开和关两种动作。当汽车空调手柄拨到取暖位置时，与手柄相接触的真空开关被推开，真空通过真空开关至外循环模式按钮开关处，接着通向进风罩真空阀，将外进风门打开，新鲜空气即进入车内。无论外循环模式按钮是否按下，只要冷暖拨杆拨至取暖模式，即自动转入外循环模式，图 5-56 为风门控制示意图。

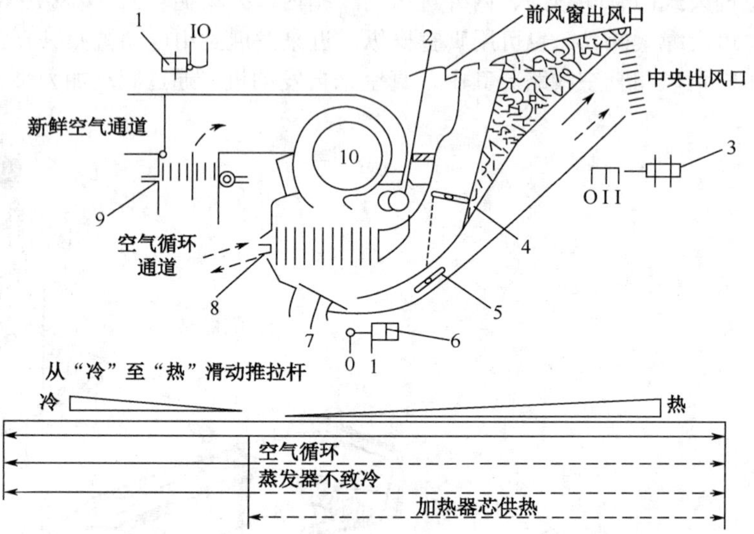

图 5-56　风门控制示意图

1—空气进风罩真空阀；2—左右出风口导管；3—除霜及中央风门真空阀；4—除霜风门；5—中央风门；6—脚向风门真空阀；7—脚向风门；8—加热器芯；9—蒸发器；10—新鲜空气鼓风机

有些温度自动控制系统中，内、外进风口处各设有一组双金属片式温度控制器，如图 5-57 所示。它们根据感应到的内外空气温度差，打开真空调节器内的泄流孔，改变真空度的大小，进而改变真空驱动器推杆的伸出程度，实现新鲜空气阀门开度的大小调节。

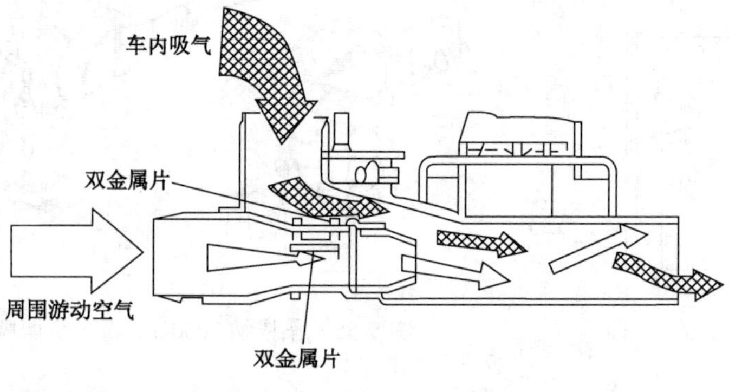

图 5-57　恒温真空调节器

5. 单向阀和单向继动器

大多数真空系统有一个单向阀或单向继动器，用于防止发动机进气歧管的真空度低于动作所要求的值。单向阀或单向继动器通常放在真空罐和真空源之间的管路上。

1）单向阀

当发动机吸气歧管中的真空度高于真空罐中的真空度时，单向阀打开，即单向阀是靠发动机的真空度打开的。此时，单向阀把真空罐连通。正常的发动机真空度也打开了真空膜盒，如图5-58所示，使控制系统中的真空信号到达真空驱动器。若发动机的吸气真空度低于真空储气罐的压力，单向阀关闭，真空膜盒也关闭，控制器到真空驱动器的回路中断，真空储气罐中的真空度不会下降。

图5-58（a）表示发动机真空度使单向阀打开，来自转换器的真空信号到达真空驱动器；图5-58（b）表示发动机真空度下降时，弹簧使膜片上抬，使真空驱动器保持一定的真空度。在加速或发动机停转时，发动机进气歧管中的真空度会下降，真空储气罐被用来驱动汽车空调系统及汽车上其他附属设备中的真空元件动作。

（a）单向阀打开　　（b）发动机真空度下降

图5-58　真空单向阀

A—到真空驱动器；B—来自转换器的真空；C—发动机真空；D—止回阀真空

2）单向继动器

单向继动器有两个作用：一是防止进气歧管真空度下降时真空系统的真空度下降；二是避免系统在这种情况下按正常状态运转。

单向阀及单向继动器的主要问题是膜片不密封及阀座不合适。发现上述故障（首先确认系统没有渗漏），应更换单向阀或单向继动器。

5.2.7　离合器控制装置

除大型独立式汽车空调机组以外，一般汽车空调压缩机都是通过电磁离合器与发动机主轴发生联系的。压缩机的停、开都是由电磁离合器的吸合与释放决定的，因此电磁离合器是汽车空调自动控制系统中的执行部件，受温度开关（恒温器）、压力开关（压力继电器）、车速继电器和电源开关等元件的控制，它一般装在压缩机前端。

1．电磁离合器的种类及工作原理

电磁离合器由离合器压力板、带盘（转子）及电磁线圈组成，其分解如图5-59所示。

电磁离合器有固定线圈式和旋转线圈式两种，前者电磁线圈固定在压缩机壳体上不转动，后者是电磁线网与带盘连在一起转动的。

1）固定线圈式离合器

固定线圈式电磁离合器的结构如图5-60所示。电磁线圈安装在压缩机端盖上不转动，转子靠轴承和卡簧保持在电磁线圈上面，转子的外部即为带盘。衔铁（离合器板）装在压缩机曲轴的端头。固定线圈式电磁离合器主要由带轮、电磁线圈、压力盘、轴毂总成组成，电磁线圈的一端搭铁，另一端经空调继电器与电源相连。当接通空调开关时，空调继电器接通，压缩机的电磁线圈通电，产生较强的磁场，使压缩机的电磁离合器从动盘和自由转动的带轮吸合，从而驱动压缩机主轴旋转，制冷系统工作。空调继电器断电时，切断了电磁离合器线圈的电流，磁场就消失，此时靠弹簧作用把从动盘和带轮分开，使压缩机停止工作。如图 5-60 所示，左侧的电磁离合器压力盘 5 与压缩机主轴是通过花键连接的，从动盘上固定了几个弹簧爪 6，弹簧的另一端固定在摩擦板 4 上，线圈 3 固定在压缩机壳体 2 上，带轮 1 装在轴承上，可自由转动。当电流接通时，摩擦板和带轮变为一体，压缩机开始运转；当电流切断时，弹簧使摩擦板和带轮分开，压缩机就停止运转。

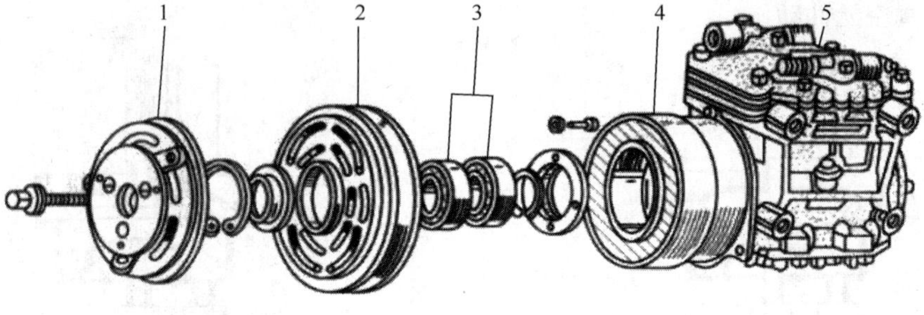

图 5-59　电磁离合器分解图

1—压盘；2—转子；3—转子轴承；4—定子；5—压缩机

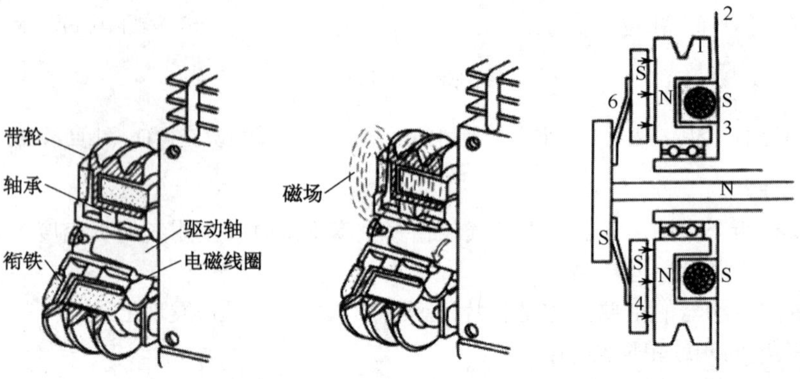

（a）电磁离合器分离　（b）电磁离合器结合　（c）工作原理

图 5-60　固定线圈式电磁离合器的结构

1—带轮；2—压缩机壳体；3—电磁线圈；4—摩擦板；5—压力盘；6—弹簧爪

2）旋转线圈式离合器

旋转线圈式离合器工作原理与固定线圈式离合器相同，但电磁线圈位置不同。在旋转线圈式结构中，电磁线圈是转子的一部分，与转子一起转动，电流通过装在压缩机上的电刷流到电磁线圈中，建立磁场。磁场使衔铁与转子接触，由衔铁、转子和线圈组成的整个电磁离合器的装置的转动带动了压缩机的转动。

这两种电磁离合器在衔铁及转子上都开有几条集流槽，以利于聚集磁场，增加两者的吸引力。

2．电磁离合器的使用注意事项

（1）由于电磁离合器的接合与脱开是高速进行的，在衔铁板和转子表面会有很多离合的痕迹。

这些痕迹对工作不会造成危害，是允许的。

（2）要引起重视的是对电磁线圈要施加合适的电压。对于12V电压的电磁线圈，若加在6V电压的系统中，则不能产生足够的磁场，会使衔铁打滑，缩短离合器的寿命，并降低制冷量。反之，若把一个6V的线圈加到12V电压的系统中，线圈寿命将缩短。

（3）线圈和转子之间的间隙很重要，线圈与转子应靠得尽量近，以便获得更强的磁场作用，但是此间隙不能过小，以免转子拖曳线圈（对定圈式离合器而言）。

（4）转子和衔铁之间的间隙也很重要。假如此间隙太小，当离合器脱开时，转子要拖曳衔铁；但假如此间隙太大，则当离合器工作时，它们之间接触太少。这两种状态都可以造成离合器性能不良。它们两者之间的合理间隙应该是当离合器无电流时，两者不发生拖曳现象；当离合器有电流时，能保证不发生打滑现象。

5.2.8 空调放大器

随着电子技术的发展，电子元器件高度集成化，体积不断缩小，功能不断扩展及智能化。汽车空调控制器在发展过程中也实现了从无到有，从简单到复杂，从低级到高级，从功能单一到多功能。例如，电子式温控器只具备温控功能，怠速控制器只具有怠速控制功能，功能相当单一。而现在汽车将几种控制器做成一体，成为空调放大器（空调控制器）。这种控制器功能增加，控制精度提高，在一些普通轿车及小客车上广泛应用。现在高档轿车更是将计算机作为控制装置，进行高度智能化控制，实现了空调运行与汽车运行的统一，极大地提高了制冷效果，节约了燃料，从而提高了汽车的整体性能和最佳的舒适性。

1．基本空调放大器电路

最基本的空调放大器由温度控制器和速度控制器组成。其内部电路由发动机转速检测电路、温度控制电路和放大驱动电路组成，如图5-61所示。

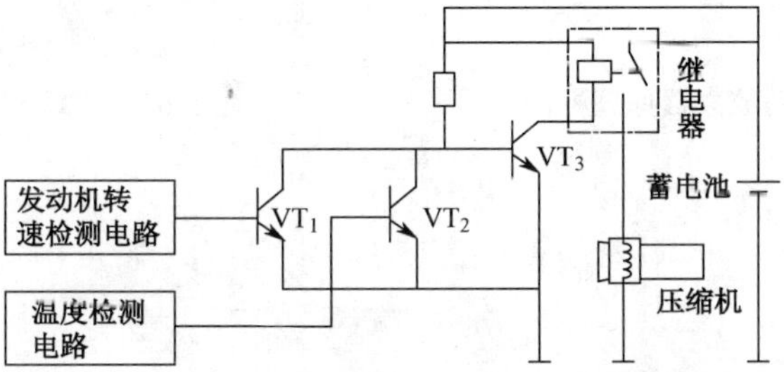

图5-61 基本空调放大器电路原理图

启动空调后，在实际工作中会出现以下四种工作情况。

（1）车内温度高于设定温度，发动机转速高于空调放大器设定转速。此时，转速检测电路使VT_1截止，温度检测电路使VT_2截止，故VT_3饱和导通，继电器线圈通电吸合，压缩机工作。

（2）车内温度高于设定温度，而发动机转速低于空调设定转速。此时，转速检测电路使VT_1导通，温度检测电路使VT_2截止。根据电路特点分析可知，只要VT_1或VT_2导通，就会使VT_3截止，所以VT_3处于截止状态，继电器不工作，电磁离合器处于分离状态。

（3）车内温度低于设定温度、而发动机转速高于空调工作转速。这时，发动机允许空调工作，但由于热敏电阻检测到温度低于调定值，经温度检测电路放大后，将使VT_1处于导通状态，仍然不能满足压缩机工作条件。

（4）车内温度低于设定温度，而发动机转速低于规定转速。此时，VT_1、VT_2均处于导通状态，

故 VT_3 截止，压缩机不工作。

综合以上四种工作状态可知：只有同时满足车内温度高于设定值，转速高于设定转速，压缩机才能启动。

2. 多功能手动放大器

这种放大器主要应用在手动空调上，它在温度控制和速度控制基础上增加了其他功能，使放大器更加完善。下面以图 5-62 为例说明这种放大器的工作原理。

这种放大器由工作电源、信号采集电路、执行器电路、空调放大电路等组成。空调放大器根据空调开关等各种信号，控制压缩机电磁离合器、发动机怠速提高等装置。采用空调放大器控制空调系统的车型有本田、丰田海狮和神龙富康等。

空调放大器输出控制电路如图 5-63 所示。例如，大众捷达、桑塔纳常用的空调放大器 J293（又称散热风扇控制器），根据双温开关和组合压力开关信号控制散热器风扇转速的高低挡。收到空调开关信号后，根据空调开启的条件是否满足来控制电磁离合器的接通与断开。

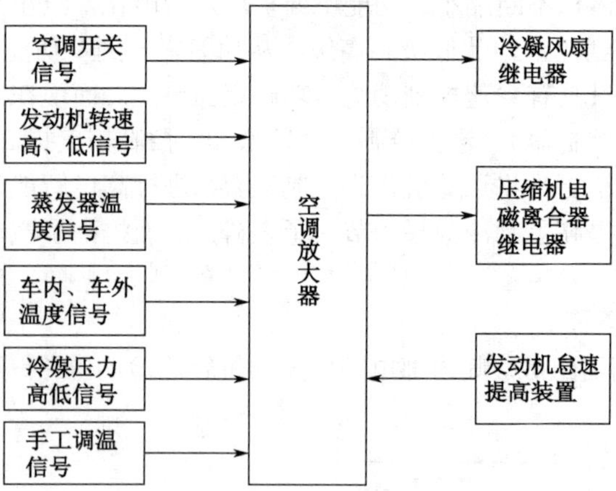

图 5-62　多功能手动放大器原理框图

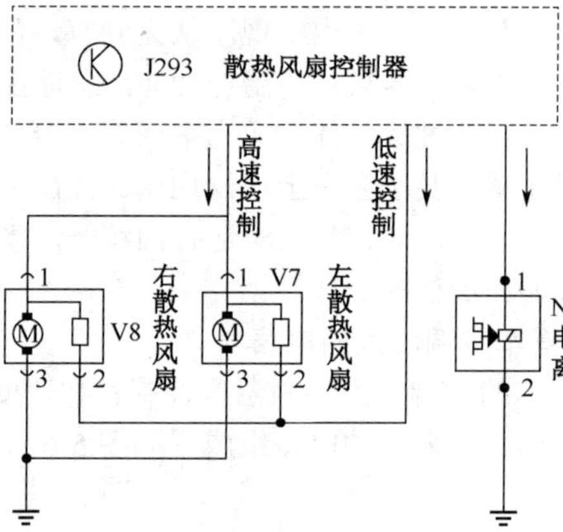

图 5-63　空调放大器输出控制电路

5.3 实训作业

【实施地点和要求】

拥有多种型号整车的汽车实验室，整车性能良好，汽车空调控制系统能正常工作；各种汽车空调控制系统控制部件和元件；蓄电池、数字式万用电表、真空泵等汽车空调检测维修设备；教学过程中，需要设置使汽车空调间歇不制冷的故障，再进行教学演示和学生动手操作。

【实施时间】

课程内容最好安排在气温较高的季节，使学生能体验汽车空调的间歇不制冷故障被排除后的成就感。

【教学要求】

根据整车数量将学生分成若干小组，每小组使用一辆整车，各种控制部件和元件每小组一套；实验室应配有小黑板和带写字板的座椅；指导教师先讲解并现场演示后学生再动手操作。

5.3.1 汽车空调控制总成检修

1．按键式控制总成检查

（1）A/C 指示灯。如图 5-64 所示，将蓄电池正极接端子 B-1，负极接端子 A-10，按下 A/C 键，检查指示灯是否会亮。

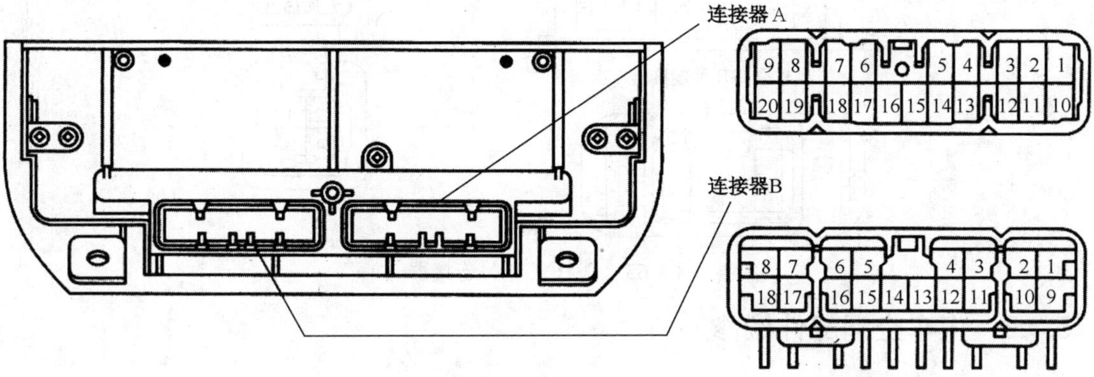

图 5-64 按键式开关连接器

（2）模式指示灯。将蓄电池正极接端子 B-1，负极接端子 B-9，分别按下每一模式键，检查它们的指示灯是否会亮。

（3）进气指示灯。将蓄电池正极接端子 B-1，负极接端子 B-9，交替地按下进气控制键，检查 FRESH（新鲜空气）和 RECIRC（再循环）指示灯是否会亮。

（4）鼓风机速度指示灯。将蓄电池正极接端子 B-1，负极接端子 B-9，分别按下每个鼓风机键，检查指示灯是否会亮。

（5）指示灯变暗工作情况。将蓄电池正极接端子 B-1，负极接端子 B-9 和 B-18，再将蓄电池正极接端子 B-8，检查模式指示灯是否变暗。以上①～⑤项检查中，如果工作情况不合要求，则应更换 A/C 控制总成。

（6）A/C 开关导通情况。开关在 OFF 位置时，A-8、A-16 端子不导通；开关在 ON 位置时，上述两个端子导通。

（7）模式控制开关导通情况。模式控制开关在 FACE 位置时，B-12、B-9 端子导通；在 B/L 位置时，B-11、B-9 端子导通；在 FOOT 位置时，B-6、B-9 端子导通；在 FOOT/DEF 位置时，B-3、B-9 端子导通；在 DEF 位置时，B-2、B-9 端子导通。

（8）进气控制开关导通情况。开关在 RECIRC 位置时，B-15、B-9 端子导通；开关在 FRESH 位置时，B-14、B-9 端子导通。

2．拨杆式控制总成检查

图 5-65 所示为拨杆式开关连接器。

（1）汽车空调开关导通情况。有加热器的，开关在 OFF 位置时，5、6 端子不导通，开关在 ON 位置时，5、6 端子导通；无加热器的，开关在 OFF 位置时，2、3 端子不导通。当温度控制旋钮按顺时针方向转动时，2、3 端子间的电阻应从 3kΩ 减至 0。如果不合规定要求，则应更换 A/C 控制总成。

（2）鼓风机速度控制开关导通情况。鼓风机速度控制开关在 OFF 位置时，3、5、6、7、8 端子均不导通；在●位置时，3、7 端子导通，在●位置时，3、7、8 端子导通，在●位置时，3、6、7 端子导通；在 HI 位置时，3、5、7 端子导通。1、2 端子接上蓄电池电压，开关指示灯会亮。如果导通情况不合要求，则应检修或更换 A/C 控制总成。

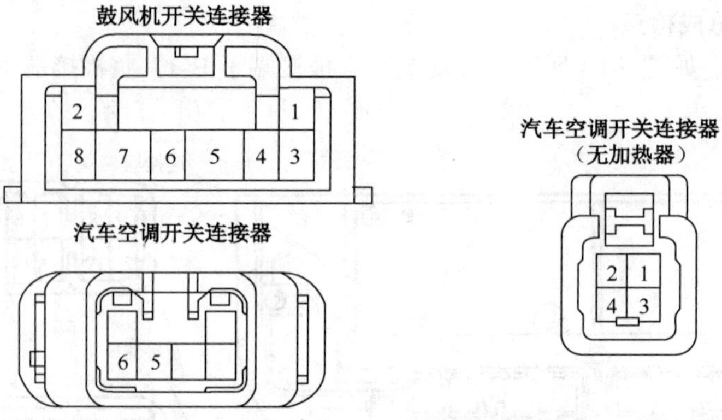

图 5-65　拨杆式开关连接器

5.3.2　汽车空调部件检修

1．传动皮带张紧度检查

（1）检查传动皮带是否正确地装在皮带轮槽内。

（2）检查传动皮带的张紧度。

在 98N 的作用力下，检查传动皮带的下陷度：4A-FE 型发动机，新皮带应为 6.0～7.0mm，旧皮带应为 8.5～9.5mm；3S-FE 型发动机，新皮带应为 6.0～9.0mm，旧皮带应为 9.0～11.0 mm；3S-GE 型发动机，新皮带应为 9.0～11.0mm，旧皮带应为 13.0～16.0mm；2C 型发动机，新皮带应为 11.0～13.0mm，旧皮带应为 15.0～18.0mm。

使用专用工具（SST09216-00020 或 00030）检查传动皮带张紧度，如图 5-66 所示。4A-FE 和 2C 型发动机，新皮带应为 519～755N，旧皮带应为 196～392N；3S-FE 型发动机，新皮带应为 611～853N，旧皮带应为 441～539N；3S-GE 型发动机，新皮带应为 686～784N，旧皮带应为 294～441N。

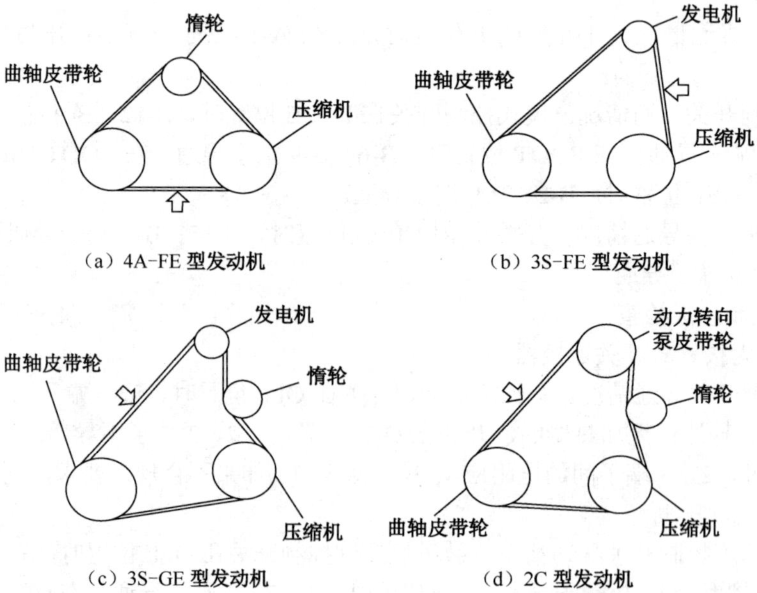

图 5-66　皮带张紧度检查

2．真空开关阀检查

如图 5-67 所示，将蓄电池接至 VSV 阀，从 A 管吹入空气，空气应从 B 管出来。断开蓄电池电源，从 A 管吹入空气，空气不能从 B 管出来，如发现有故障，应更换 VSV 阀。

VSV 阀短路和断路检查。用欧姆表检查每个端子和 VSV 阀之间的电阻，应不导通，如果导通应更换 VSV 阀。测量 VSV 阀两个端子间的电阻，应为 30～34Ω（20℃），如不符合要求，应更换 VSV 阀。

3．鼓风机电动机、鼓风机电阻器检查

（1）鼓风机电动机。如图 5-68 所示，将蓄电池正极接端子 1、负极接端子 2，检查电动机是否平稳地转动。

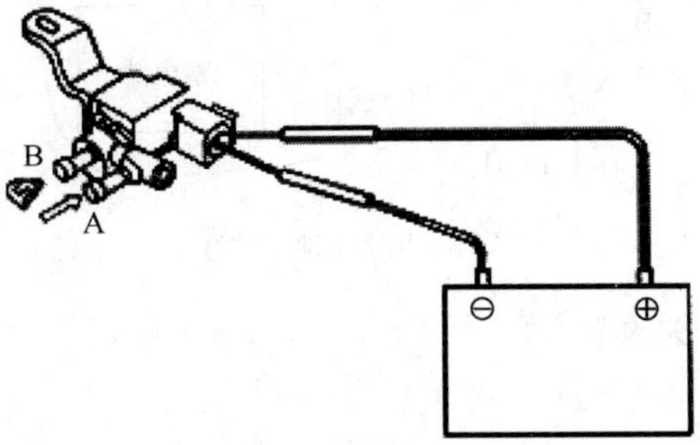

图 5-67　VSV 阀导通检查

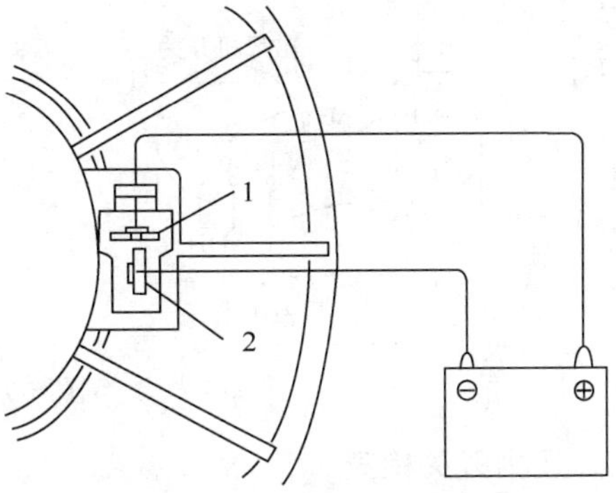

图 5-68　鼓风机电动机检查

1、2—鼓风机接线端子

（2）冷凝器风扇电动机。如图 5-69 所示，将蓄电池正极接端子 1、负极接端子 2，检查电动机在标准电流内是否平稳转动。3S-GE 和 2C 型发动机的标准电流值为（6.5±1.0）A，其他发动机的标准电流值为（6.0±1.5）A。

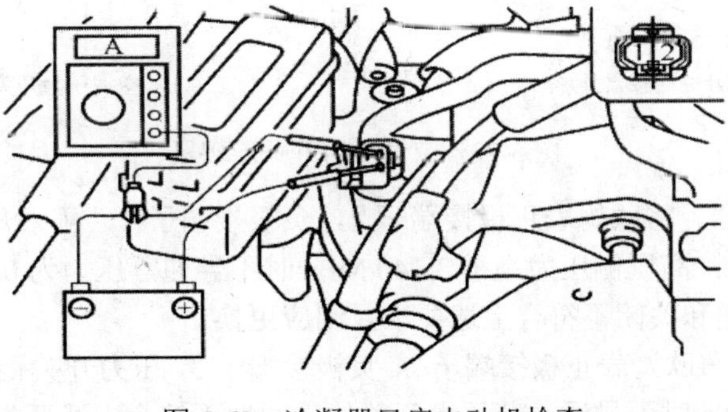

图 5-69　冷凝器风扇电动机检查

（3）鼓风机电阻器导通情况。如图 5-70 所示，用欧姆表检测鼓风机电阻器 L、M、H、F 端子间电阻情况，应在规定值范围内。如不符合要求，应更换鼓风机电阻器。

4．汽车空调开关的检查

用欧姆表（或蓄电池与试灯）检测鼓风机电阻器 L、M、H、F 端子间的导通情况，在开关处于图 5-71 所示的一定位置时，应导通。如不符合要求，应更换鼓风机电阻器。

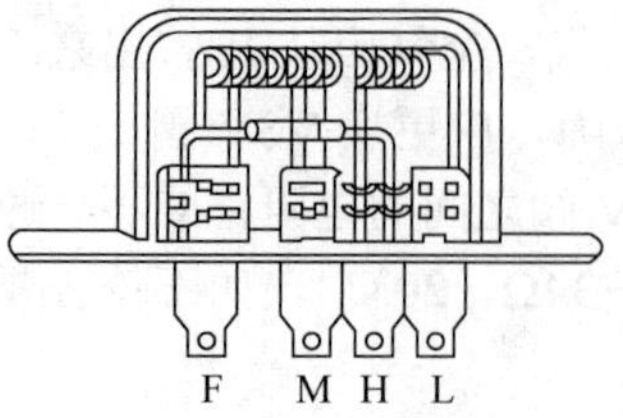

（a）鼓风机电阻器实物

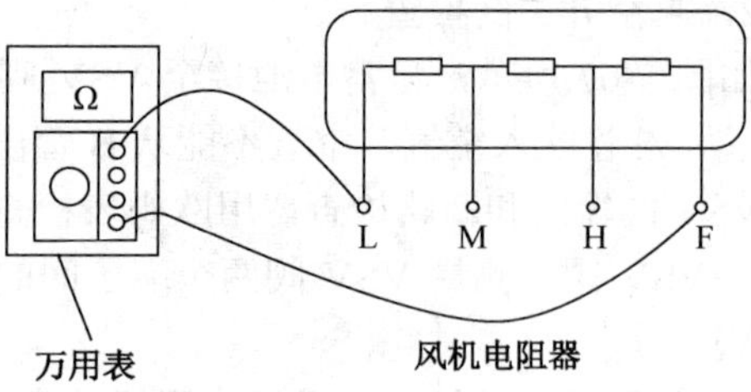

（b）检测

图 5-70　鼓风机电阻及检测

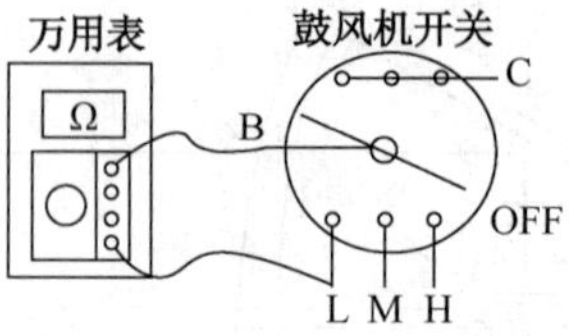

（a）用万用表

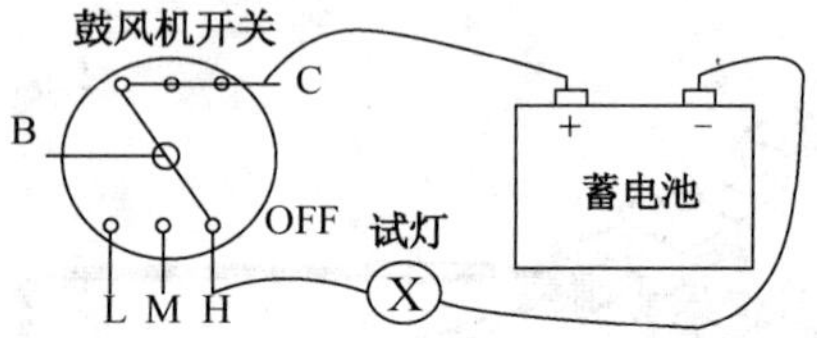

（b）用蓄电池与试灯

图 5-71　鼓风机开关检测

5．压力开关检查

装上歧管压力表，从压力开关上拆下线束连接器，使发动机以大约 2000r/min 的转速运转，然后用万用表检查压力开关的工作情况。空调压力开关连接器如图 5-72 所示。

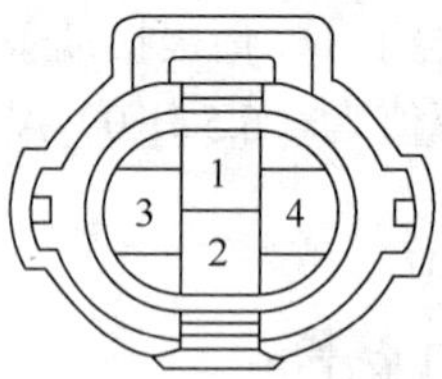

（a）空调压力开关连接器外形

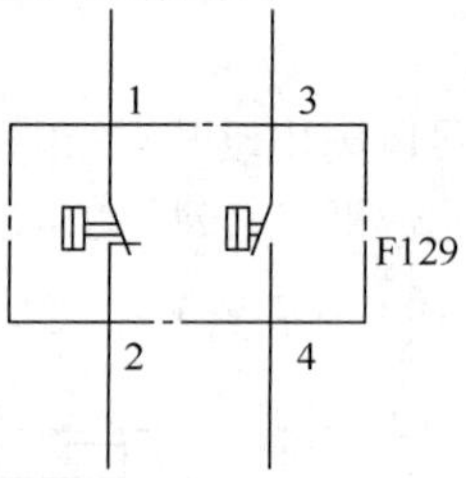

（b）空调压力开关连接器内部线路

图 5-72　空调压力开关连接器

（1）控制电磁离合器。将欧姆表正极接端子 4，负极接端子 1，压力开关正常时，低压侧压力低于 0.196MPa 时不导通；高压侧压力高于 3.140 MPa 时不导通，压力为 0.196 MPa～3.140 MPa 时导通。若压力开关的导通和关闭不符合上述要求，则应更换。

（2）控制冷却风扇。将欧姆表正极接端子 2，负极接端子 3，压力开关正常时，压力为 1.520 MPa 时导通，压力为 l.226 MPa 时不导通。若压力开关的导通性不符合上述要求，则应更换。

6．蒸发器温度传感器（热敏电阻）检查

蒸发器温度传感器的电阻值随着温度变化而变化，改变温度，检测电阻值的变化。

7．循环探测传感器检查

如图 5-73 所示，检测循环探测传感器 1、2 端子间的电阻，正常为 100～130Ω（20℃），如果不符合要求，应更换传感器。

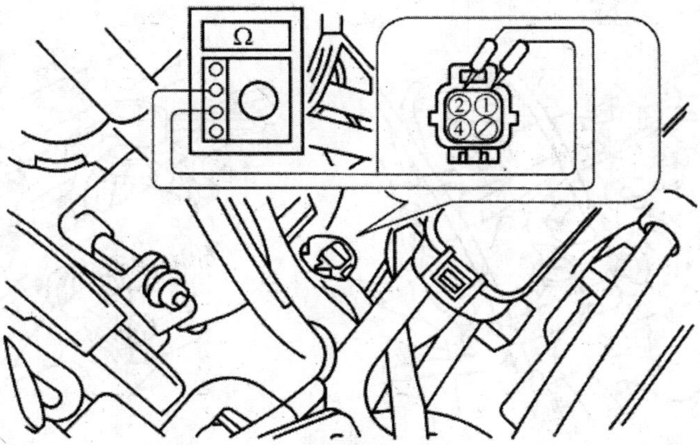

图 5-73 循环探测传感器检查

8．汽车空调放大器检查

拆下放大器，并按表 5-5 检查配线侧连接器端子间的电压和电阻，测试条件为点火开关位于 ON 位置，温度控制杆位于 MAXCOOL 位置，鼓风机开关位于 HI 位置。如不符合要求，则应检修或更换汽车空调放大器。

表 5-5 空调放大器的检查

检查内容	测试端子Ω	条件	正常值
导通情况	5—接地	固定	导通
电阻	3～8（无加热器）	A/C 开关接通（最冷至最暖）	约 0～3 kΩ
		A/C 开关断开	不导通
	3～12	固定	1.5kΩ （25℃）
	10～12（有循环探测传感器）	固定	约 115Ω（20℃）
电压	1—接地（仅 2C 发动机）	固定	蓄电池电压
		鼓风机开关接通	0 V
	2—接地	固定	蓄电池电压
		鼓风机开关接通	0 V
	4—接地（4A-FE 发动机除外）	启动发动机	约 10～14 V
		停止发动机	0 V
	7—接地	A/C 开关接通	蓄电池电压
		A/C 开关断开	0 V
	11—接地	A/C 开关接通	蓄电池电压
		A/C 开关断开	0 V

9．发动机怠速提升检查和调整

预热发动机，当车子处于下列条件时，检查发动机怠速：变速器在空挡位置，关闭所有的灯和后除霜开关，打开鼓风机开关，接通 A/C 开关使电磁离合器啮合。正常时 4A-FE 和 3S-FE 型发动机怠速为 900r/mini，3S-GE 和 2C 型发动机怠速为 950～800r/min。若怠速不符合要求，2C 型以外的发动机转动在 VSV 阀内的怠速调节螺丝调整怠速，2C 型发动机转动在调速控制器内的怠速调节螺丝调整怠速，调整后拧紧锁止螺母，如图 5-74 所示。

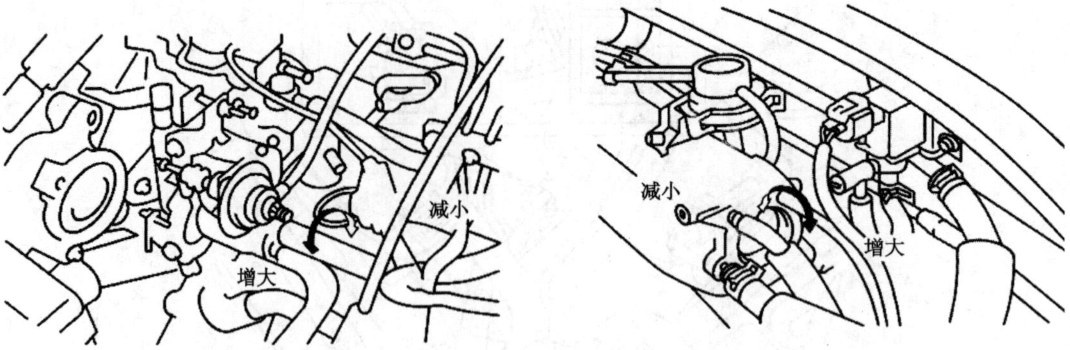

（a）2C 型发动机　　（b）2C 型以外的发动机

图 5-74　发动机怠速提升检查和调整

5.3.3　汽车空调温控器、鼓风机、离合器及其电路综合检测

有关汽车空调系统电气部分的故障，主要有以下 3 种。

1．电磁离合器和蒸发器风扇都不工作

1）故障现象

如果汽车空调系统的各个部件都不工作，系统不制冷，也没有空气流过蒸发器。目测时，会发现压缩机和蒸发器风扇电动机都不工作。在这种情况下，一般认为是保险丝或电路断电器故障。

2）测试步骤

（1）在地线和保险丝之间连接一个测试灯，打开点火开关到 ON（开）位置，如图 5-75 所示。

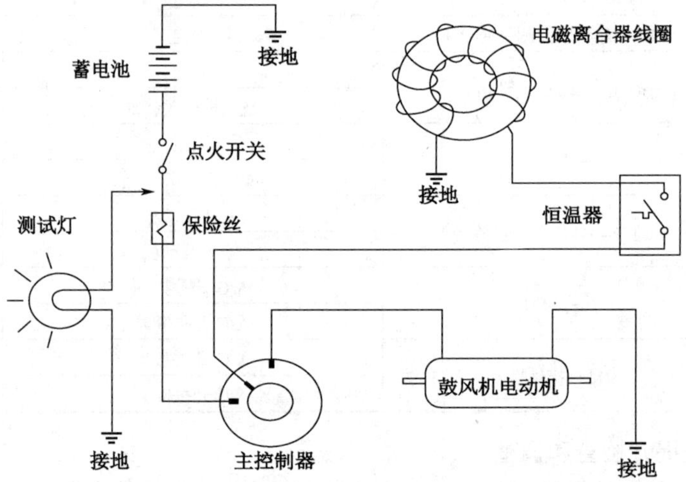

图 5-75　保险丝检测

（2）如果测试灯不亮，则说明从蓄电池端到保险丝或电路断电器间有断点、脱线或失效导线。

（3）如果测试灯亮，则进行下一步。

（4）在地线和保险丝或电路断电器的另一端到主控制器之间连接一个测试灯。

（5）打开点火开关到 ON（开）位置，如果测试灯不亮，则说明保险丝或电路断电器有故障，确定原因后进行修理或更换故障部件。

（6）如果测试灯亮，则进行下一步。

（7）在主控制器电源输入线与地线之间接测试灯。

（8）打开点火开关到ON（开）位置，如果测试灯不亮，则说明保险丝或电路断电器与主控制器间导线断开或有故障，维修或更换保险丝或电路断电器。

（9）如果测试灯亮，则进行下一步。

（10）在地线和主控制器输入到恒温器的电源接头间接一个测试灯。

2．只有压缩机的电磁离合器工作

1）故障现象

如果只有空调的电磁离合器能够工作，则说明故障明显是在鼓风机电动机、风机速度控制器及其之间的导线上。

下面的诊断步骤可以帮助准确地确定故障原因。

2）测试步骤

（1）参考图5-75，在地线和鼓风机电动机开关输入端间接一个测试灯，检查地线和主控制器间是否连通。

（2）把风速控制旋钮转拨到每一个位置（OFF除外）。

（3）如果当风速控制旋钮转到某一个位置时测试灯不亮，则说明了主控制器有故障，应当更换主控制器。

（4）如果测试灯在除OFF以外的每一个位置都是亮的，则进行下一步。

（5）在地线和鼓风机电动机电源线之间接一个测试灯。

（6）如果测试灯不亮，则说明导线断开或有故障，应维修或更换导线。

（7）如果测试灯亮，则说明鼓风机电动机有故障或鼓风机电动机地线松动、断开或脱线，应进行下一步诊断。

（8）在鼓风机电动机壳体和保险丝或点火开关12 V电源端之间接一个测试灯。

（9）如果测试灯不亮，则说明地线松动、断开或有其他故障，维修并更换相关部件。

（10）如果测试灯亮，则说明电动机有故障，需要更换鼓风机电动机。

3．只有鼓风机风扇工作

1）故障现象

如果只有鼓风机工作，则故障可能在离合器和离合器电路上。下面的诊断步骤可以帮助准确地确定故障原因。

2）测试步骤

（1）在地线和恒温器输入端之间连接一个测试灯。

（2）如果测试灯亮，则将恒温器调到最冷（MAXCOOL）的位置，在地线与恒温器到电磁离合器正极端之间连接一个测试灯，如图5-76所示。如果测试灯不亮，则前后转动恒温器几次。如果测试灯仍然不亮，则可能是恒温器有故障，应更换恒温器。

（3）如果测试灯亮，则进行下一步。

（4）在地线和压缩机离合器线圈引线之间连接一个测试灯，恒温器保持在最冷（MAXCOOL）的位置。

（5）如果测试灯不亮，则是恒温器和离合器线圈间导线断开、脱线或有故障，应进行相应的维修或更换。

（6）如果测试灯亮，则故障可能是离合器线圈或离合器失效。

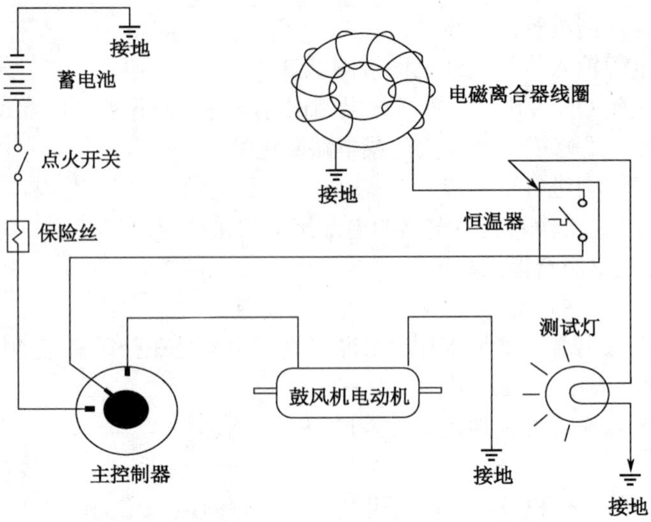

图 5-76　控制器及线路检测

（7）目测离合器转子或电枢总成，如果转子或电枢磨损或有过热的痕迹，就需要更换它们。检查地线、转子和电枢，确认其是否存在故障，并做相应的修理，一般地线的故障比率很高，要注意检查地线。

5.3.4　电磁离合器的拆卸与安装

1．拆卸

拆卸电磁离合器，如图 5-77 所示。

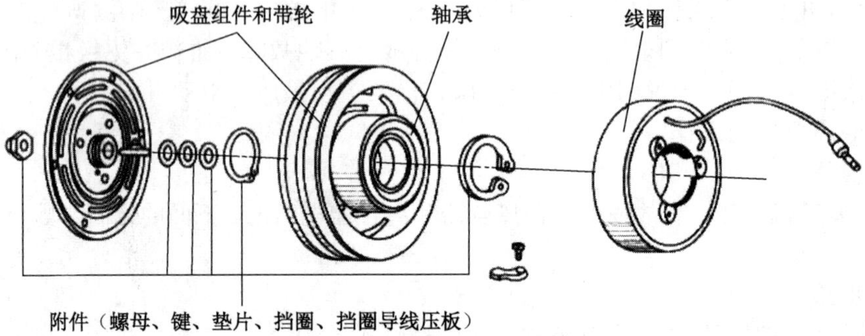

图 5-77　拆卸电磁离合器

（1）拆卸空调压缩机传动带。如图 5-78 所示，用力矩扳手拆卸六角组合螺母，旋出离合器吸盘。如图 5-79 所示，用卡簧钳将卡环取出。

（2）拆卸转子。如图 5-80 所示，将专用工具组合成二爪拉拔器形式，轻轻钩住转子的下沿。注意两侧夹持部位应在同一水平面上。顺时针转动，使转子脱出。

（3）拆除前盖挡圈。如图 5-81 所示，用卡簧钳将挡圈取出。安装时线圈凸缘必须与压缩机前盖上凹槽相配，防止线圈移动，并正确放置导线。

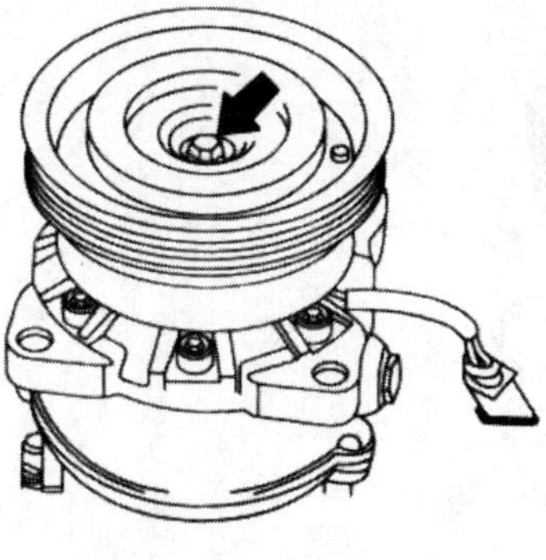

图 5-78 取出离合器吸盘

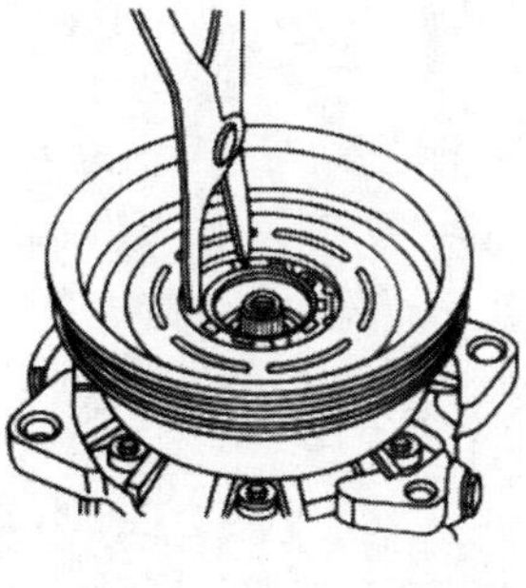

图 5-79 取出卡环

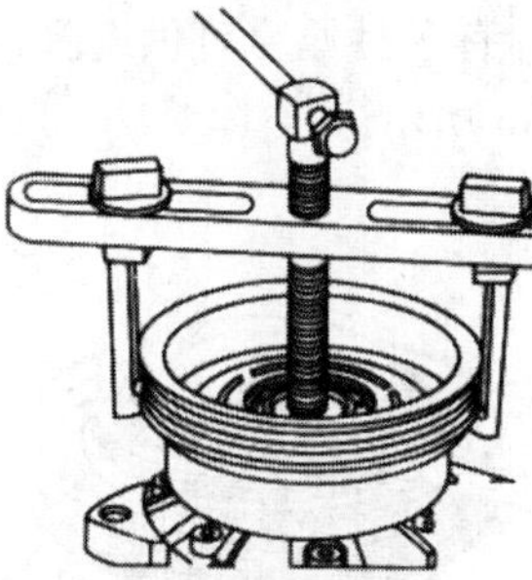

图 5-80 拆卸转子

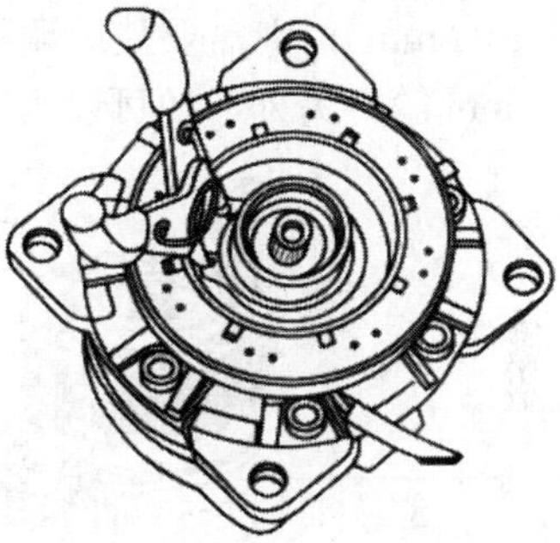

图 5-81 拆除前盖挡圈

2．安装

安装顺序与拆卸相反。

（1）安装转子。如图 5-82 所示，将专用工具组合使用，并置于中心部位，用锤子轻击四周，使转子安装到位。

（2）安装离合器吸盘。如图 5-83 所示，将图示工具压在离合器吸盘中心孔部位，用锤子轻击，使离合器吸盘安装到位。

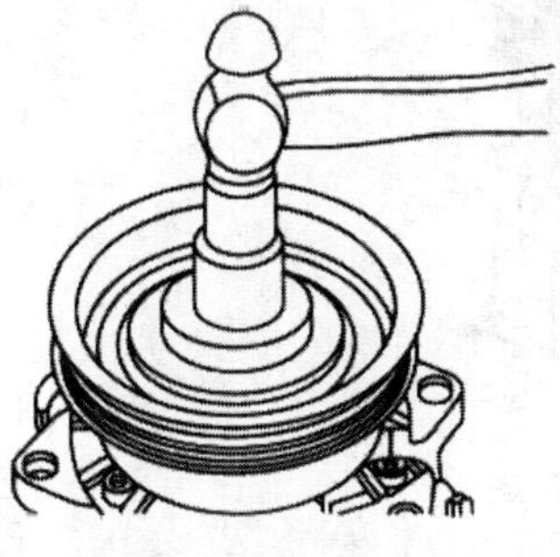

图 5-82 安装转子

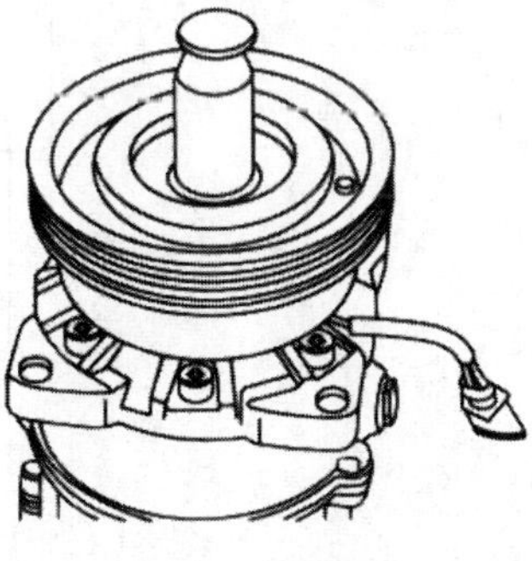

图 5-83 安装离合器吸盘

3．电磁离合器的检修

（1）检查压盘是否变色、剥落或损伤。如果有损坏，更换离合器。

（2）用手转动传动带，检查带轮轴承的间隙和阻力，如图 5-84 所示。如果出现噪声或发现间隙过大、阻力过大，则更换离合器。

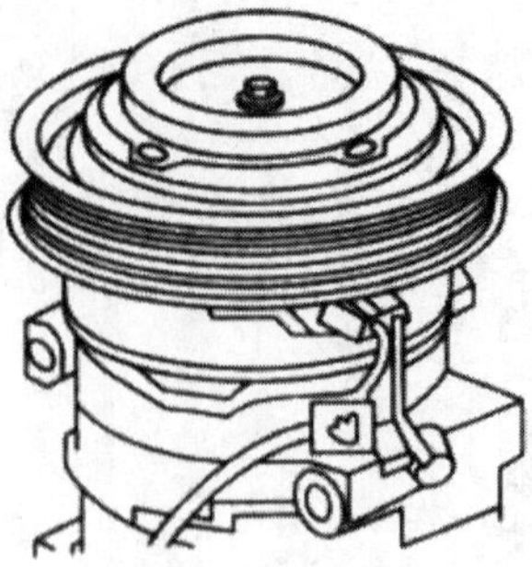

图 5-84　检查带轮轴承的间隙和阻力

（3）用百分表测量带轮（A）与压盘（B）之间的间隙，如图 5-85 所示。将百分表归零，然后给压缩机离合器施加 12V 电压。在施加电压时，测量压盘的位移。如果间隙不在规定的范围内（间隙约为 0.35～0.6mm），则需要使用调整垫片进行调整。调整垫片有多种厚度可供选择，如 0.1mm、0.3mm 和 0.5mm 等。另外，还可以用塞尺来测量间隙，如图 5-86 所示。

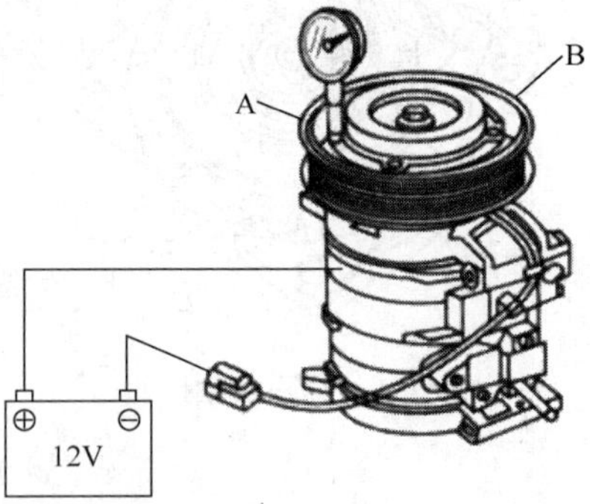

图 5-85　测量带轮与压盘之间的间隙（百分表）

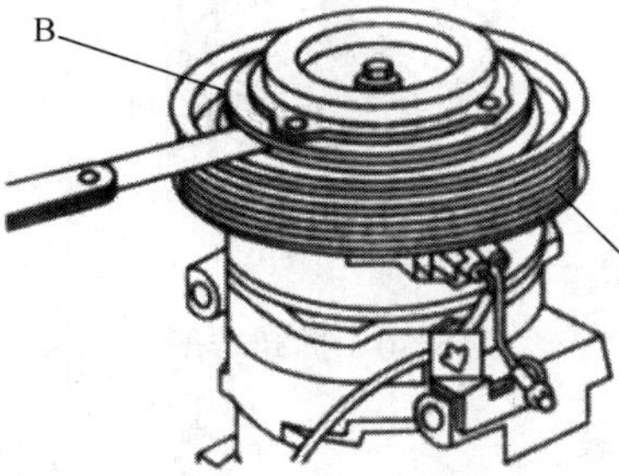

图 5-86　测量带轮与压盘之间的间隙（塞尺）

（4）测量电磁线圈的电阻，如图 5-87 所示。如果电阻不符合技术要求（正常电阻为 4～5Ω，20℃），则更换电磁线圈。

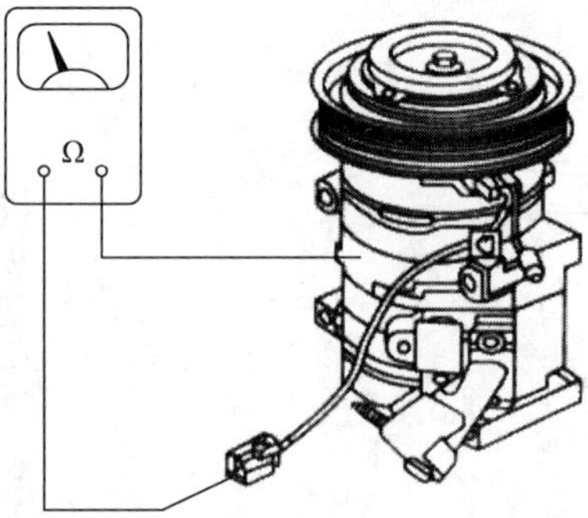

图 5-87　测量电磁线圈电阻

5.4　阅读资料

桑塔纳 3000 轿车空调系统电路分析。

1．电路组成

图 5-88 所示为桑塔纳 3000 轿车空调系统电子控制电路，它由电源电路、进气门电磁阀控制电路、鼓风机控制电路、空调电磁离合器控制电路、散热器风扇控制电路及空调保护电路等组成。该空调系统在原型号的基础上，对蒸发器、储液器、冷凝器、压缩机等总成和零件作了很大改进，使它的降温效果有了明显提高。

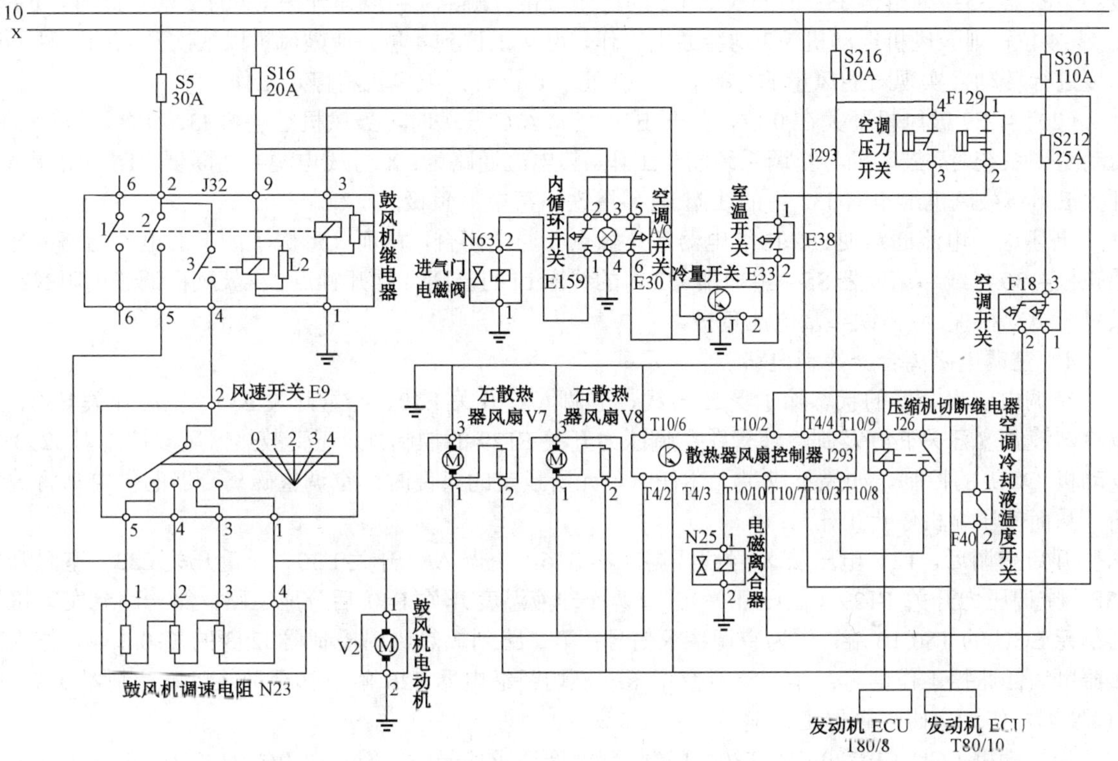

图 5-88　上海桑塔纳 3000 轿车空调系统电子控制电路

桑塔纳 3000 轿车空调系统的工作受发动机控制，发动机必须能正常工作，发动机 ECU（J220）的 T80/8 端子输出高电平时，压缩机切断继电器 J126 才能吸合，制冷系统才能工作。

2．工作原理

1）电源电路

空调系统由 30 号线和 X 号线供电，30 号线为常带电与蓄电池正极连接，X 号线受点火开关及卸荷继电器（中间继电器）的控制。当卸荷继电器线圈通电吸合，其常开触点闭合后，30 号线上的蓄电池电压就会加至 X 号线上，使连接在 X 号线上的鼓风机、空调电磁离合器及散热器风扇控制部分（除风扇冷却液温度控制外）等均通电。

2）进气门

电磁阀控制电路进气门电磁阀 N63 线圈的电流通路为：X 号电源线→空调熔断器 S16→内循环开关 E159→进气门电磁阀 N63 线圈→搭铁→蓄电池负极。

3）鼓风机控制电路

（1）鼓风机电动机 V2 的供电受控于鼓风机继电器 J32，当闭合点火开关时，X 号线通电，鼓风机继电器吸合，V2 才会通电工作。

鼓风机共有四种不同的转速，以满足不同送风量的要求，转速的变换是由鼓风机风速开关 E9 通过切换调速电阻 N23 来实现的。

当点火开关处于 ON 位置时，X 号线通电，由此形成了以下的电流通路：X 号电源线→熔断器 S16→鼓风机继电器 J32 内的线圈 L2→搭铁→蓄电池负极。

当将鼓风机的风速开关置于 1、2、3、4 挡时，就形成了以下的电流通路：蓄电池正极→30 号线→熔断器 S5→继电器 J32 内的线圈 L2 的已闭合常开触点 2→风速开关 E9 的 2 端。此时，E9 若在 1～4 位，则鼓风机电动机 V2 均会通电工作，可从 1 位到 4 位，使鼓风机以依次升高的四种不同速度进行转动，实现对通风量的控制。当 E9 处于 0 位时，鼓风机将停止工作。

（2）当 E9 鼓风机开关在 0 位，打开 E30 空调 A/C 开关时，鼓风机继电器 J32 吸合，以保证在启动空调系统时，鼓风机与空调系统同步工作。其电流通路为：X 号线电源→熔断器 S16→空调 A/C 开关 E30→鼓风机继电器 J32 内的线圈 L1→搭铁→蓄电池负极。

上述这一电流通路使 J32 内继电器常开触点 2 通电闭合，从而又形成了如下的电流通路：蓄电池正极→30 号线→熔断器 S5→继电器 J32 内的线圈 Ll 的已闭合常开触点 2→鼓风机调速电阻 N23→鼓风机电动机 V2→搭铁→蓄电池负极。

4）空调电磁离合器控制电路

空调电磁离合器的状态除了受 X 号线、空调 A/C 开关 E30、冷量开关 E33、室温开关 E38、空调冷却液温度开关 F40 及制冷液管路空调压力开关 F129 的控制外，还受散热器风扇控制器 J293 和发动机 ECU 的控制。如果不满足上述任一单元所设定的条件时，空调电磁离合器的供电都将被切断，从而使压缩机停止工作。

开启空调后，12V 电压从 X 号线经熔断器 S16、空调 A/C 开关 E30、冷量开关 E33、室温开关 E38、空调压力开关 F129（低压开关）、空调冷却液温度开关 F40 后分成三路：第一路到发动机控制单元 ECU 的 T80/10 端，作为空调请求信号；第二路到散热风扇控制器 J293 的 T10/3 端，作为散热器风扇低速挡工作信号；第三路经空调压缩机切断继电器 J26 触点加至散热风扇控制器 J293 的 T10/8 端，作为电磁离合器工作信号。

当发动机 ECU（JF220）的 T80/10 端收到空调请求信号时，发动机 ECU（J220）的 T80/8 端输出高电压，压缩机切断继电器 J26 电流通路使继电器吸合。

当散热风扇控制器 J293 的 T10/8 端为高电平时，风扇控制器的 T10/10 端输出 12V 电压控制空调电磁离合器吸合，空调工作。

5）散热器风扇控制电路

散热器风扇除了受冷却液温度和发动机舱温度的控制外，还受空调系统工作状态的控制。

（1）散热器风扇低速运转。当发动机运转时，如接通冷量开关 E33，散热风扇控制器 J293 的 T10/3 端为高电平时，风扇控制器的 T4/3 端输出 12V 电压控制左、右散热器风扇 V7、V8 低速运转。

当发动机冷却液温度达 95℃时，双温开关 F18 内的低温触点（3→2）闭合，12V 电源电压经触点接通风扇电动机的低速挡，左、右散热器风扇 V7、V8 低速运转。

（2）散热器风扇高速运转。当发动机冷却液温度达 102℃时，双温开关 F18 内的高温触点（3→1）闭合，12V 电压经闭合的触点到散热器风扇控制器 J293 的 T10/7 端。风扇控制器的 T4/2 端输出 12V 电压控制左、右散热器风扇 V7、V8 高速运转。

6）高、低压及其他保护电路

当空调管路压力高于 1.45MPa 时，空调压力开关 F129 中的 1.45MPa 压力开关（端子 4 和 3）闭合，散热器风扇控制器 J293 的 T10/2 端为高电平，其 T4/3 端输出 12V 电压控制散热器风扇高速运转，冷却强度加强，使空调系统的冷凝器迅速散热，用于降低制冷系统中的压力。

当空调制冷剂泄漏后，如果管路静态压力低于 0.2MPa，空调压力开关 F129 内的 0.2/3.2MPa 压力开关（端子 1 和 2）则断开，散热风扇控制器 J293 的 T10/3 端断电，空调停止工作，以防止空调压缩机在润滑不良的情况下运转而损坏。当管路压力高于 3.2MPa 时，0.2/3.2MPa 压力开关（端子 1 和 2）也断开，空调不工作，以保护空调管路及压缩机。同理，当发动机冷却液温度高于 119℃时，空调冷却液温度开关 F40 断开，空调也将停止工作。

空调压缩机切断继电器 J26 由发动机 ECU 的 T80/8 端控制。它有双向作用：一是控制全负荷时切断空调；二是空调工作时，控制发动机怠速提升。当发动机 ECU（J220）有故障或处于急速加速工况时，发动机 ECU 的 T80/8 端输出低电平，使压缩机切断继电器 J26 停止工作，散热风扇控制器 J293 的 T10/8 端为低电平，从而使压缩机停止工作。

复习与思考题

1．简述汽车空调基本控制部件的组成和工作原理。
2．试述汽车空调温度自动控制装置的工作原理。
3．试结合图 5-1 最基本的空调控制电路进行简要的电路分析。
4．常用的蒸发器温度控制器有哪些？
5．汽车空调系统中的吸气压力调节器有哪些种类？
6．真空管路橡胶管的颜色是怎样进行区分的？
7．检查汽车空调放大器主要有哪些内容？

6

项目6　自动空调系统的故障检修

项目描述

本项目通过对汽车自动空调控制系统各个组成部件的结构、特性的介绍，使读者了解汽车自动空调的基本工作原理。通过对电控系统传感器及线路检测，使读者掌握故障分析及排除的能力，了解现在空调的检修方法。

知识目标

1. 了解汽车空调电控系统的功用和组成。
2. 了解汽车空调电控系统工作原理。
3. 了解汽车空调各传感器的工作原理。
4. 了解汽车空调各执行器的工作原理。
5. 了解汽车空调自诊断过程。
6. 理解汽车空调故障码的含义。

技能目标

1. 能进行汽车空调控制电路传感器及线路检测。
2. 能进行汽车空调控制伺服电动机及线路检测。
3. 能使用检测仪调出故障代码。
4. 能进行汽车空调的自诊断。

重点掌握内容：汽车自动空调控制系统的结构和工作原理，自动空调控制系统的检修。

6.1 接待登记

维修接待人员应具有良好的形象气质和较强的组织协调能力，并善于和客户进行有效的沟通，表现出对顾客关注与尊重，体现出高水平的业务素质。

在接待过程中，维修接待人员有两项重要工作要做：一是填写接车问诊登记表（又称接车检查单），二是签订维修施工单（又称任务委托书、维修任务委托书或委托维修合同）。

1．填写接车问诊登记表

为避免顾客在提车时产生不必要的误会或纠纷，在客户车辆进入维修车间前，维修接待人员必须与顾客一起进行环车检查。环车检查的主要内容包括车辆外观是否有漆面损伤、车窗玻璃是否完好、内饰是否有脏污、仪表盘表面是否有损坏、随车工具附件是否齐全、车内和后备箱是否有贵重物品等。检查完成后，填写接车问诊登记表并经顾客签字确认。接车问诊登记表如表 6-1 所示，一般一式两份，一份交顾客保管，一份由企业保管。

2．维修施工单

维修施工单（又称任务委托书、维修任务委托书或委托维修合同）是顾客委托服务企业进行车辆维修的合同文本。

维修施工单的主要内容包括顾客信息、车辆信息、维修服务企业信息、维修作业任务内容、附加信息及顾客签字，如表 6-2 所示。

维修施工单一式三份，其中一份交给顾客，作为顾客提车时的凭证，以证明顾客曾经将该车交付维修企业维修，顾客结算提车时收回或盖章（“已提车”字样）；企业自用两份，一份用于维修车间派工及维修人员领料使用，另一份留底保存，以便查对。

根据车辆维修项目的不同，维修施工单的内容也有所不同。车辆如果只是进行一级维护，则接待人员可以直接同顾客签订维修施工单。车辆如果需要进行故障修理，则应对顾客车辆进行技术性检查和初步故障诊断，验证故障现象，必要时需请技术人员和顾客一起试车检验或用仪器检测。根据检测诊断结果，拟订维修方案，初步估算修理工时费用、材料费用及其他费用，预计完工时间，打印好任务委托书，并请顾客签字确认。

维修接待人员同顾客签订维修施工单时需同顾客解释清楚维修施工单的内容。重点解释说明维修项目、估算修理工时费用、材料费用、其他费用和预计完工时间等。

表 6-1　接车问诊登记表

接车问诊登记表

车牌号：__________ 车架号：__________ 行驶里程：__________（km）

用户名：__________ 电话：__________ 来店时间：__________

用户陈述：（故障发生时的状况）

故障发生状况提示：（行驶速度、发动机状态、发生时间、部位、天气、路况、声音等描述）

接车员检测确认建议：

车间检测确认结果及主要故障零部件：

车间检查确认者签名：__________

外观确认：（请在有缺陷的部位作标识）	功能确认：（工作正常√　不正常×）
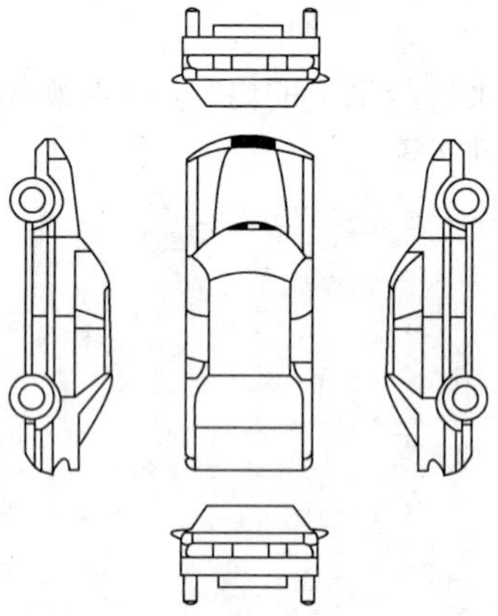	□音响系统　□后视镜　□全车灯光　□工具 □门锁（防盗器）□天窗　□点烟器　□座椅 □玻璃升降器　□玻璃 物品确认：（有√　无×） □贵重物品提示 □工具　□备胎　□灭火器　□其他 旧件是否交还用户　□是　□否 用户是否需要洗车　□是　□否

检测费用说明：本次检测的故障如用户在本店维修，检测费用包含在修理费用内；如用户不在本店维修，请您支付检测费用。

本次检测费用：__________元。

贵重物品：在将车辆交给我店检查修理前，已提示将车内贵重物品自行收起并保存好，如有遗失恕不负责。

接车员：__________ 用户确认：__________

表 6-2 维修施工单

顾客签字			业务接待员签字			
工单 NO：			业务接待员：			
车牌号		VINNO				
顾客 ID		顾客姓名				
邮政编码		地址				
电话 1		电话 2				
车型		SFX	外观色		内饰色	
入厂履历						
上次行驶公里		入厂预定		卡号		
入厂日	维修内容		入厂日	维修内容		
此次入厂情况			交车预定时间			
此次行驶公里			下次入厂预定			
委托事项	维修内容		必要的零件			
开始时间	完成时间	主修签字	主任签字	检验员签字		

6.2 知识储备

6.2.1 空调控制面板（空调控制器）

汽车空调是汽车现代化的标志之一，它是为满足驾驶员的舒适性而设置的。汽车空调自动控制系统的应用，免去了手动调节的麻烦，缓解了驾驶员的疲劳，在人类的现代化进程中，使汽车作为代步和交通运输工具的单性能得以不断地拓展和延伸。

汽车空调在经历了手动空调和自动空调两个发展阶段后，目前已出现了用微机控制的自动空调器。手动空调是人工调控的。无论是制冷压缩机的工作，还是鼓风机的转速，送风系统各风口位置变化等均由驾驶员手动调控。为免去这些由人工操作带来的麻烦，同时为提高空气调节质量，现代汽车中设置了自动空调控制系统，亦称汽车自动空调。由于采用了先进的控制理论和计算机技术，在控制方式、控制精度和舒适性及工作可靠性方面，与传统的汽车空调手动控制系统已经有了本质的区别。只要驾驶员按需要设定好调节温度，系统将根据自动检测的车、内外温度及外部太阳辐射和发动机工况，自动调节鼓风机转速和送出空气的温度，从而将车内温度保持在设定范围内，并适度调节空气质量。有些高级轿车还能进行进气控制、送风气流方式控制和压缩机工作控制，并保证系统安全可靠地工作。当系统出现故障时，还可自动检测和诊断故障部位，并且以故障码的方式指示给维修技术人员。

图 6-1 所示为全自动空调控制面板。

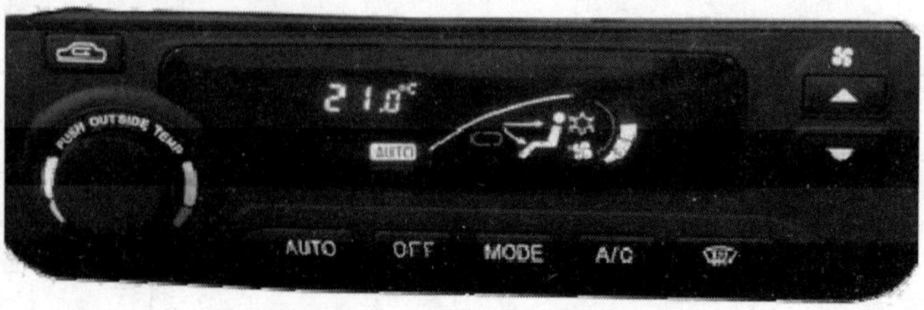

图 6-1　全自动空调控制面板

6.2.2　自动空调控制系统分析

全自动空调分为两类：由发动机/车身计算机控制的系统和单独计算机控制的系统。微型计算机接受车内、外的空气温度，阳光照射量、压缩机工作状态和设定温度等信号，并保持车内最佳温度，自动控制吸入、排出的空气量，还极大地简化了驾驶员的操作。现在汽车自动空调系统主要用在高级轿车上。

现在汽车自动空调系统一般具有以下功能。

（1）空调控制。空调控制包括温度自动控制、风量控制、运转方式的自动控制、换气量控制等，满足车内乘员对空调舒适性的要求。

（2）节能控制。节能控制即压缩机运转工况的控制、换气量的最佳控制及随温度变化的换气切换、根据车内、外温度自动切断压缩机电源等的控制。

（3）故障诊断储存。空调系统发生故障，ECU 将故障部位用故障码的形式储存起来，在需要修理时能指示故障的部位。

（4）故障、安全报警。故障、安全报警包括制冷剂不足报警、制冷压力高压或低压报警、离合器打滑报警、各种控制器件的故障判断报警，并对故障判断等报警直到修复为止。

（5）显示。显示功能包括显示给定的温度、控制温度、控制方式、运转方式的状况及运转时间等。

6.2.3　自动空调控制系统的结构

汽车自动空调控制系统的基本工作模式是：传感器（检测信号）→空调器放大器（或空调控制单元 ECU）→控制执行器。其中通过传感器来检测汽车工作中的一些信息（如车内、车外、导风管及环境日照辐射的温度和压缩机工况等），并将其检测到的信息以相应的物理量（电阻、电压、电流等），传送到空调放大器（或空调控制单元 ECU）中，经分析、比较、运算等处理，再由执行器完成其相应工作，如图 6-2 所示。

图 6-3 所示为自动空调的结构组成及控制示意图。自动空调和手动空调的机械部分基本是一致的。机械部分的故障诊断和修理方法也基本相同。自动空调和手动空调的区别在于空调的控制系统不同。自动空调系统在普通（手动）空调系统的基础上，采用各种传感器、程序装置、伺服电动机

和控制模块等带动执行机构。驾驶员通过操作控制器总成上的键，来选择空调系统的工作模式和鼓风机转速。自动空调系统通过程序装置检测空气温度，调节气流混合门位置来达到并保持驾驶员预先设置的舒适程序。自动空调可以分为半自动和全自动空调两种，两者的主要差别在于是否有自诊断功能。半自动空调系统没有提供故障码存储器，全自动空调系统具有监控系统，监控系统随机存储器（RAM）存储诊断码。其他的差别是所有的执行机构的形式和传感器数量。

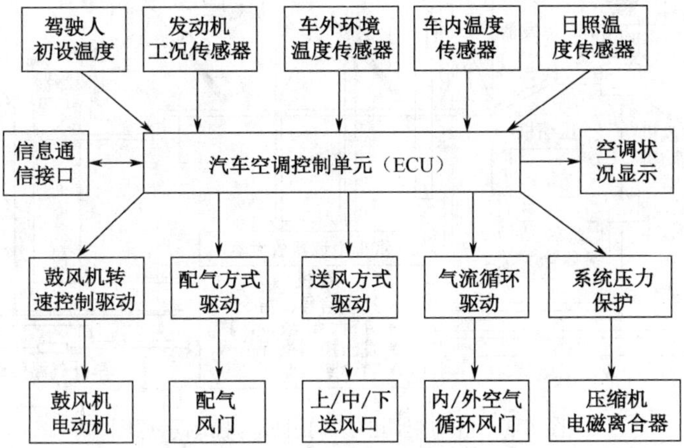

图 6-2 汽车自动空调控制系统基本组成

自动空调系统由制冷、暖风、送风、操纵控制等分系统组成。自动空调电子控制系统主要由传感器、执行元件和空调电控单元（ECU）三部分构成。

1．传感器

（1）车内及车外温度传感器。它们都是负温度系数热敏电阻传感器，分别用来感受车内及车外温度。当温度发生变化时，热敏电阻的阻值改变，从而向空调电控单元（ECU）输送温度信号。

（2）蒸发器温度传感器。这种传感器用来检测通过蒸发器的空气温度或者蒸发器表面的温度变化，并以此来控制压缩机电磁离合器的接合或断开。

（3）冷却液温度传感器。冷却液温度传感器直接安装在热交换器底部的水道上，用来检测冷却液温度，产生的冷却液温度信号输送给电控单元（ECU），控制低温时鼓风机的转速。

（4）阳光传感器。阳光传感器是一个光敏二极管，利用光电效应，把阳光照射量变化转换为电流值变化的信号并输送给空调电控单元，用来调整空调吹出的风量与温度。

2．执行元件

自动空调的执行元件一般包括伺服电动机、鼓风机及压缩机电磁离合器等。

（1）进气伺服电动机。进气伺服电动机控制进气方式，电动机的转子经连杆与进气风挡相连。当驾驶员使用进气方式控制键选择“车外新鲜空气导入”或“车内空气循环”模式时，空调 ECU 即控制进气伺服电动机带动连杆顺时针或逆时针旋转，从而带动进气风挡闭合或开启，达到改变进气方式的目的。

（2）空气混合伺服电动机。当驾驶员进行温度控制时，空调电控单元首先根据设置的温度及各传感器输送的信号计算出所需的出风温度，并控制空气混合伺服电动机连杆顺时针或逆时针转动，改变空气混合风挡的开启角度，从而改变冷、暖空气的混合比例，调节风温至与计算值相符。电动机内电位计的作用是向空调 ECU 输送空气混合风挡的位置信号。

（3）出风模式伺服电动机。出风模式伺服电动机也叫气流方式伺服电动机。当驾驶员操纵面板上的某个出风模式键时，空调电控单元电动机上的相应端子接地，而电动机内的驱动电路据此使电动机连杆转动，将送风控制风挡转到相应的位置，打开某个送风通道。

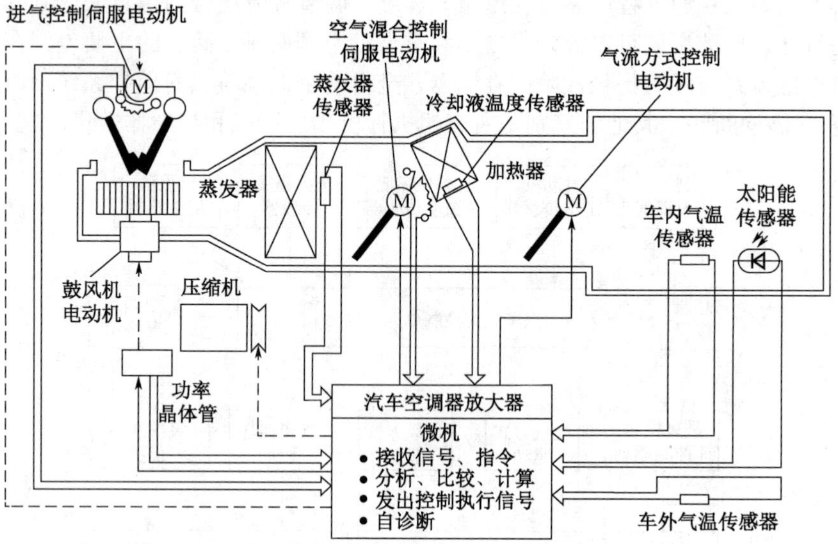

图 6-3　自动空调的结构组成与控制示意图

（4）最冷控制伺服电动机。最冷控制伺服电动机的风挡有全开、中开和全闭三个位置。当空调电控单元使某个位置的端子接地时，电动机驱动电路使电动机旋转，带动最冷控制风挡位于相应的位置上。

3．空调电控单元（ECU）

空调电控单元又称空调控制器。控制器总成上的键是控制器的输入装置。控制器首先接收来自车内温度和外界温度传感器的输入信号，然后根据来自传感器和控制器总成上各键的输入，输出用于控制压缩机、电磁离合器、暖风加热器、热水阀等的工作情况，以及模式风门位置的信号。

6.2.4　自动空调系统的控制原理

微机控制自动空调系统的控制功能主要包括送风温度控制、鼓风机转速控制、工作模式控制、进气模式控制、压缩机控制等项目。

1．送风温度控制

温度控制的目的是为了使车内空气温度达到车内人员设定温度的要求，并保持稳定。如图 6-4 所示，微机控制空调的温度控制系统包括车内温度传感器、车外温度传感器、太阳能传感器、蒸发器温度传感器、冷却液温度传感器、设定温度电阻器、自动空调控制 ECU 和空气混合伺服电动机等。

ECU 根据设定温度和车内温度传感器、车外温度传感器和太阳能传感器等信号，自动调节混合风门的位置。一般来说，车内温度越高、车外温度越高、阳光越强，混合风门就越接近“全冷”位置。ECU 根据车内温度和车外温度控制空气混合风门的位置，如图 6-5 所示，若车内温度 35℃，则混合风门处于最冷位置；若车内温度 25℃，则混合风门处于 50%的位置。

温度控制系统的工作过程如下。

（1）T_{AO} 值是车内温度保持在设定温度所必需的鼓风机出风口空气温度，是空调控制器根据输入信号（车内温度传感器、车外温度传感器、阳光传感器）和温度设定计算出来的。空调控制器参

照这个 T_{AO} 值对执行器进行控制。T_{AO} 值可由下面公式计算出。

$$T_{AO}=A\times T_{SET}-B\times T_R-C\times T_{AM}-D\times T_S+E$$

式中 T_{SET}——设定温度；

T_R——车内温度；

T_{AM}——车外温度；

T_S——太阳辐射强度；

A、B、C、D、E——常数。

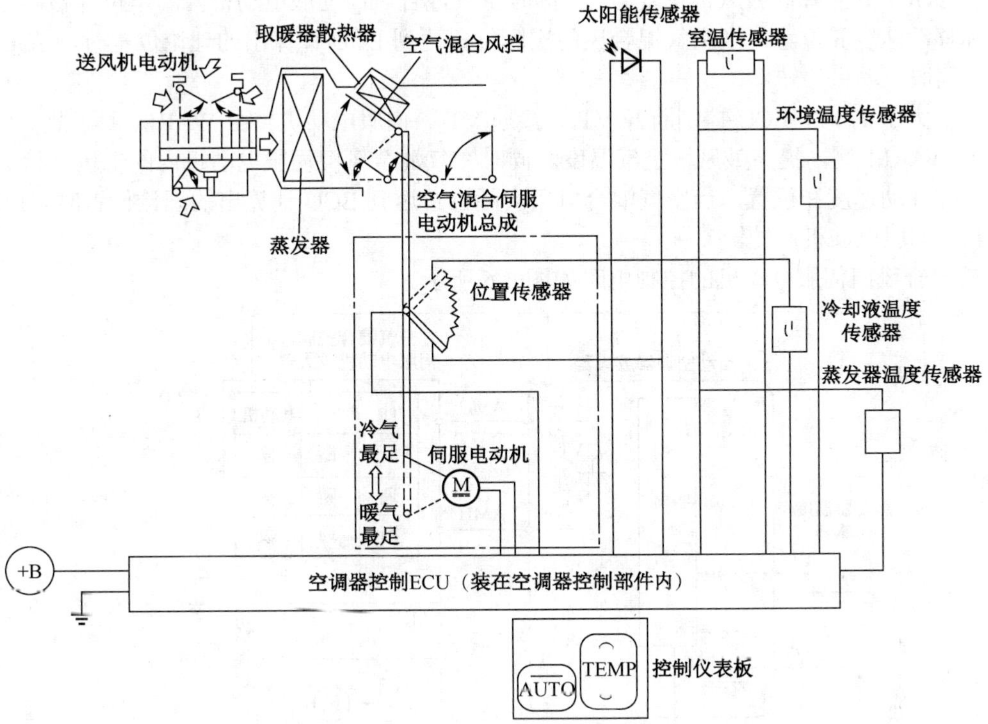

图 6-4 微机控制空调的温度控制系统

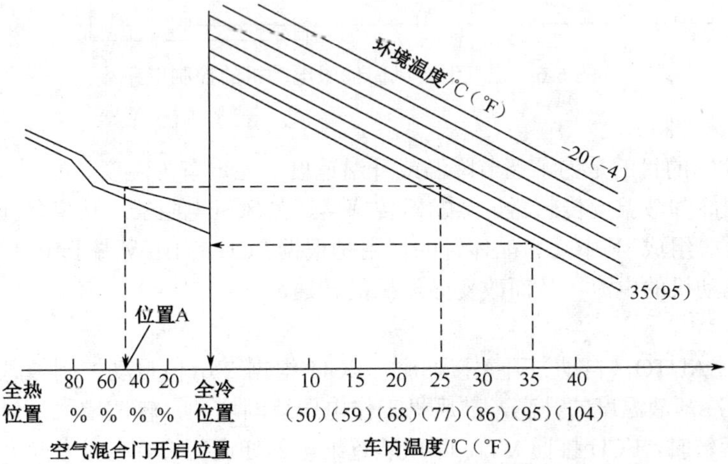

图 6-5 温度控制的控制规律

特殊的是，当温度控制开关或控制杆置于 MAX COOL（最大冷风）或 MAX WARM（最大暖风）位置时，ECU 采用某一固定值，不按上述公式计算。

（2）ECU 再将计算所得的 T_{AO} 值与蒸发器温度信号 T_E 进行比较，通过空气混合风门伺服电动机控制空气混合风门位置。

当 T_{AO} 和 T_E 近似相等时，ECU 控制断开 VT_1 和 VT_2。伺服电动机断电停转，空气混合风门保持在当时的位置。

当 T_{AO} 小于 T_E 时，ECU 控制接通 VT_1，断开 VT_2。伺服电动机转至 COOL 侧，带动空气混合风门移至 COOL 侧，降低鼓风机空气温度。同时空气混合风门伺服电动机内的电位计检测空气混合风门实际移动速度和位置，当空气混合风门实际位置达到 ECU 计算出的理论位置时，ECU 控制断开 VT_1，伺服电动机停转。

当 T_{AO} 大于 T_E 时，ECU 控制断开 VT_1，接通 VT_2。伺服电动机转至 WARM 侧，带动空气混合风门移至 WARM 侧，提高鼓风机空气温度。同时空气混合风门伺服电动机内的电位计检测空气混合风门实际移动速度和位置，当空气混合风门实际位置达到 ECU 计算出的理论位置时，ECU 控制断开 VT_2，伺服电动机停转。

空气混合风门伺服电动机的控制电路如图 6-6 所示。

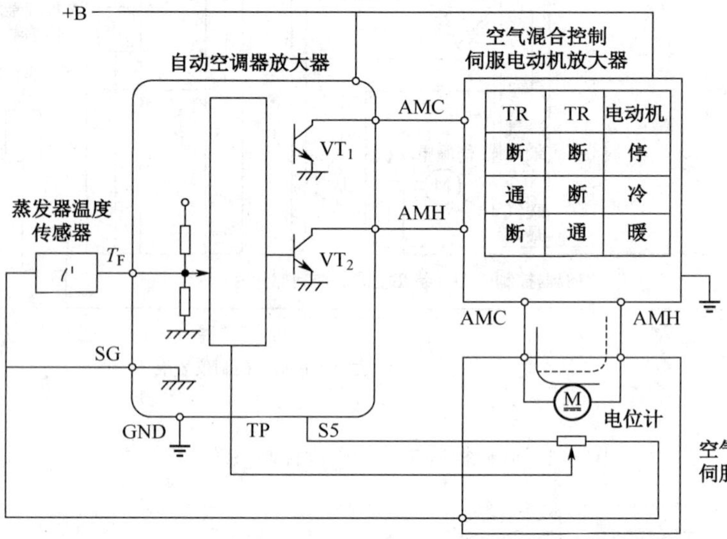

图 6-6　空气混合风门伺服电动机的控制电路

2．鼓风机转速控制

鼓风机转速控制的目的是为了调节降温或升温速度，稳定车内温度。如图 6-7 所示，鼓风机转速控制系统主要由冷却液温度传感器、蒸发器传感器、鼓风机电阻器、功率晶体管、ECU、鼓风机电动机和控制面板等组成。其中功率晶体管的作用是根据 ECU 的 BLW 端子输出的鼓风机驱动信号，改变流至鼓风机电动机的电流，从而改变鼓风机的转速。

1）自动控制

当控制面板上 AUTO（自动）开关接通时，ECU 根据 T_{AO} 值自动控制鼓风机转速。控制规律如图 6-8 所示，随冷却液温度的升高，鼓风机工作电压逐渐增大，转速增大，风力增强。

鼓风机低速运转时，ECU 接通 VT_1，暖风装置继电器通电闭合，电流方向为蓄电池→暖气装置继电器→鼓风机电动机→鼓风机电阻器→搭铁，鼓风机低速运转。此时控制面板 AUTO（自动）指示灯和 Lo（低速）指示灯均亮。

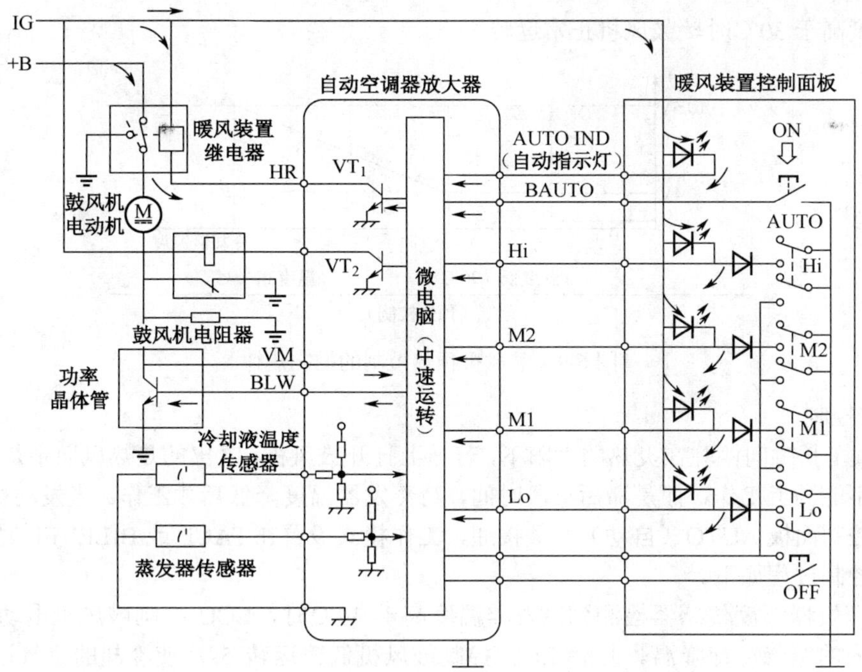

图 6-7 鼓风机转速控制系统的控制电路

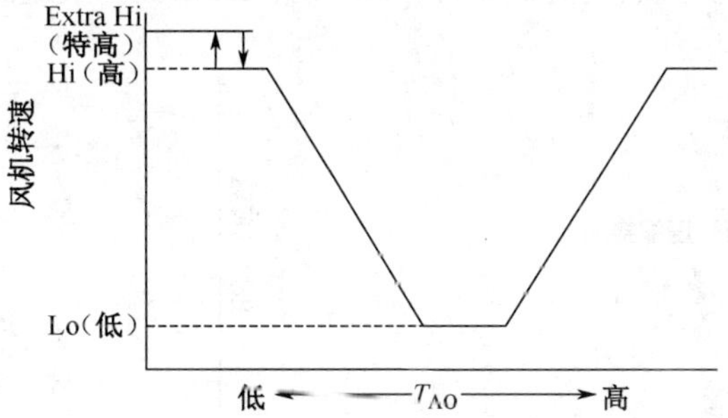

图 6-8 鼓风机转速与 T_{AO} 信号值的关系

鼓风机中速运转时，ECU 接通 VT_1，使暖风装置继电器通电闭合，ECU 根据计算出的 TAO 值，从 BLW 端子输出信号至功率晶体管，电流方向为蓄电池→暖气装置继电器→鼓风机电动机→鼓风机电阻器和功率晶体管→搭铁，鼓风机中速运转。同时 ECU 从与功率晶体管相连的 VM 端子接收反馈信号，检测鼓风机实际转速，以此修正鼓风机驱动信号。此时控制面板 AUTO（自动）指示灯亮，Lo（低）、M1（中 1）、M2（中 2）、Hi（高）指示灯根据鼓风机转速高低点亮。

鼓风机以特高速度运转时，ECU 接通 VT_1 和 VT_2，使暖风装置继电器和鼓风机继电器闭合。电流方向为蓄电池→暖风装置继电器→鼓风机电动机→鼓风机风扇继电器→搭铁，鼓风机以特高速度运转。此时控制面板 AUTO（自动）和 IIi（高速）指示灯亮。

2）预热控制

冬天，车辆长时间停放后，若马上打开鼓风机，吹出的是冷空气而不是想要的暖风，因此，鼓风机要在冷却液温度升高时，才能逐步转向正常工作。鼓风机预热控制的控制规律如图 6-9 所示。

鼓风机预热控制时，控制面板 AUTO（自动）开关接通，工作模式设为 FOOT 或 BILEVEL，ECU 根据冷却液温度传感器检测发动机冷却液的温度，当冷却液温度低于 30℃时，鼓风机停转；

当冷却液温度高于30℃时，鼓风机正常运转。

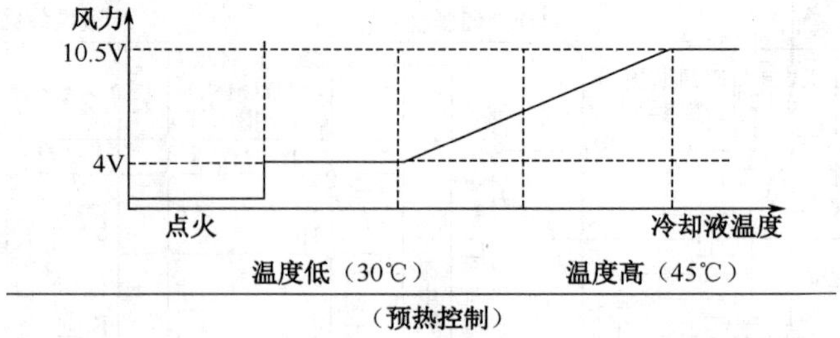

图6-9　鼓风机预热控制的控制规律

3）时滞控制

夏天，汽车长时间停驻在炎热的太阳下，若马上打开鼓风机，吹出的是热风而不是想要的冷风，因此鼓风机不能马上工作，而是滞后一段时间，待蒸发器温度降低后才工作。当发动机运转，压缩机已工作，控制面板AUTO（自动）开关接通，工作模式设置在FACE或BILEVEL时，ECU对鼓风机的时滞控制过程如下。

（1）当蒸发器温度传感器检测到蒸发器温度高于30℃时，ECU控制鼓风机电动机关断4s，使冷风装置内的空气冷却降温。此后ECU控制鼓风机低速运转5s，使冷却的空气送至乘客室，如图6-10（a）所示。

（2）当蒸发器传感器检测到蒸发器温度低于30℃时，ECU控制鼓风机低速运转5s，如图6-10（b）所示。

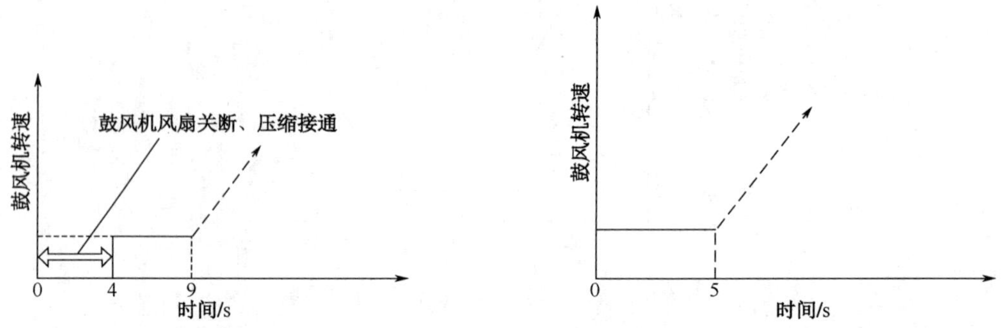

（a）蒸发器温度高于30℃　　（b）蒸发器温度低于30℃

图6-10　时滞控制

4）鼓风机启动控制

鼓风机在启动时，工作电流会比稳定工作时大很多，为了防止烧坏鼓风机控制模组，无论鼓风机目标转速是多少，在鼓风机启动时均应为低速运转，然后才逐步升高，直至目标转速。当鼓风机启动，ECU控制暖风装置继电器闭合时，电流流过鼓风机电动机和电阻器，电动机低速运转，2s后ECU通过BLW端子向功率晶体管输出驱动信号，从而防止功率晶体管被启动电流损坏。

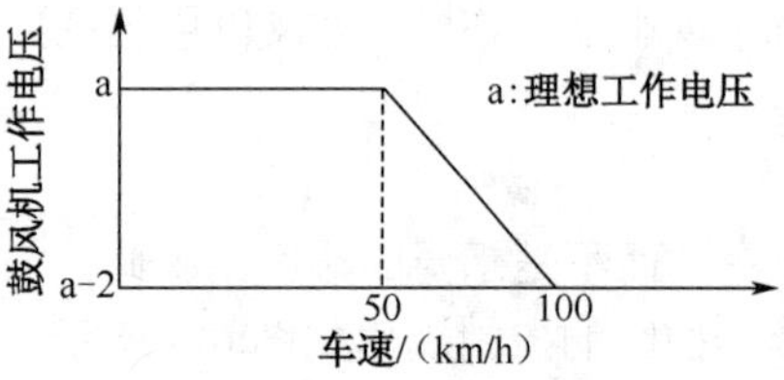

图6-11　车速补偿控制规律

5）车速补偿

车速高时，迎面风冷却强度大，鼓风机的转速可适当降低，使之与低速时具有一样的感觉，如图6-11所示。

6）极速控制

有些车型，当设定温度处于最低（18℃）或最高（32℃）时，鼓风机转速会固定为高速运转。

7）手动控制

ECU 根据控制面板手动开关的操纵信号，将鼓风机驱动信号送至功率晶体管，相应地控制鼓风机的转速。

3. 工作模式控制

工作模式控制的目的是调节送风方向，提高舒适性。工作模式控制系统主要由传感器、ECU、工作模式控制伺服电动机和控制面板等组成。在手动模式中，模式风门有吹脸、双层、吹脚、吹脚/除雾、除雾 5 种位置。在自动模式中，模式风门一般有吹脸、吹脚、双层 3 种位置，ECU 根据传感器信号按照“头冷脚热”的原则自动调节模式风门的位置。ECU 根据 T_{AO} 值控制工作模式，其控制规律如图 6-12 所示，控制电路如图 6-13 所示。

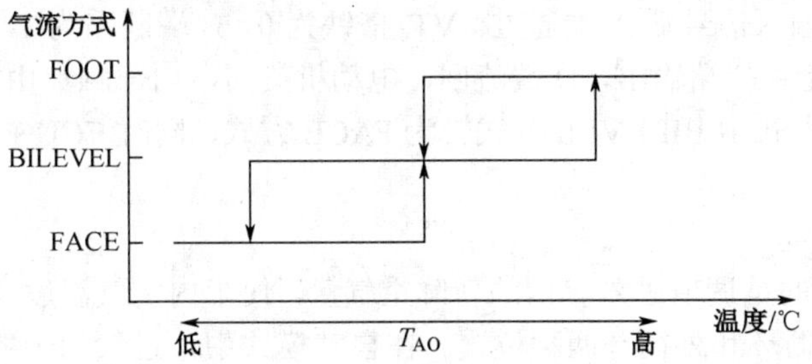

图 6-12　工作模式控制规律

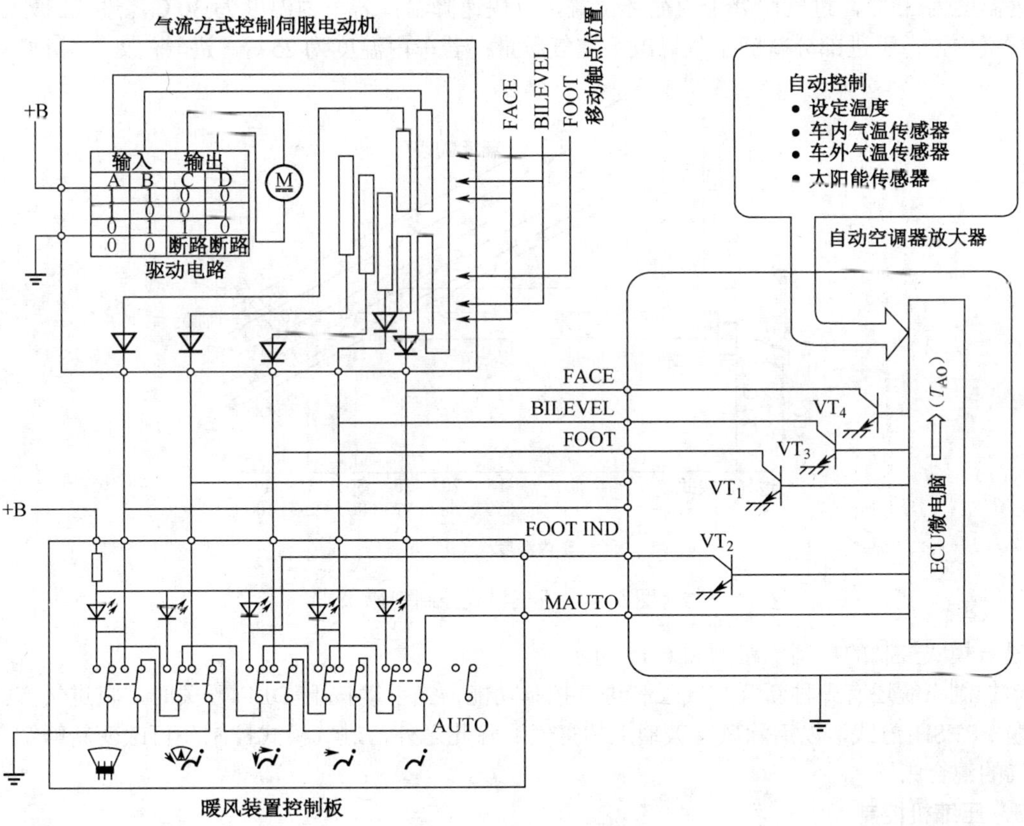

图 6-13　工作模式控制电路

当 T_{AO} 从低变至高时，原来气流方式控制伺服电动机内的移动触点位于 FACE 位置。ECU 接通 VT_1，使驱动电路输入信号端 B 端通过。VT_1 搭铁为 0，A 端断路为 1。此时驱动电路输出端 D 端为 1，C 端为 0，电流由 D 端输出，C 端流回，电动机旋转，内部触点由 FACE 位移到 FOOT 位，电动机停转，出气方式由 FACE 方式转为 FOOT 方式。同时 ECU 接通 VT_2，使控制面板上的 FOOT 指示灯点亮。

当 T_{AO} 已从高变至中时，原来气流方式控制伺服电动机内的移动触点位于 FOOT 位置。ECU 接通 VT_3，使驱动电路输入信号端 A 端通过。VT_3 搭铁为 0，B 端断路为 1。此时驱动电路输出端 C 端为 1，D 端为 0，电流由 C 端输出，D 端流回，电动机旋转，内部触点由 FOOT 位移到 BILEVEL 位，电动机停转，出气方式由 FOOT 方式转为 BILEVEL 方式，同时 ECU 控制面板上的 BILEVEL 指示灯点亮。

当 T_{AO} 已从中变至低时，原来气流方式控制伺服电动机内的移动触点位于 BILEVEL 位置。ECU 接通 VT_4，使驱动电路输入信号端 A 端通过。VT_4 搭铁为 0，B 端断路为 1。此时驱动电路输出端 C 端为 1，D 端为 0，电流由 C 端输出，D 端流回，电动机旋转，内部触点由 BILEVEL 位移到 FACE 位，电动机停转，出气方式由 BILEVEL 方式转为 FACE 方式，同时 ECU 控制面板上的 FACE 指示灯点亮。

4．进气模式控制

进气模式控制的目的是调节进入车内的新鲜空气量，使车内空气温度和质量达到最佳。在手动模式中，进气门只有内循环和外循环两种位置。在自动模式中，进气门一般有内循环、20%新鲜空气和外循环三种位置。ECU 根据传感器信号自动调节进气门的位置，其控制规律如图 6-14 所示：若车内温度为 35℃，进气门处于内循环位置，以快速降温；若车内温度为 30℃，进气门处于 20%新鲜空气位置，引进部分新鲜空气以改善空气质量；若车内温度为 25℃，进气门处于外循环位置。

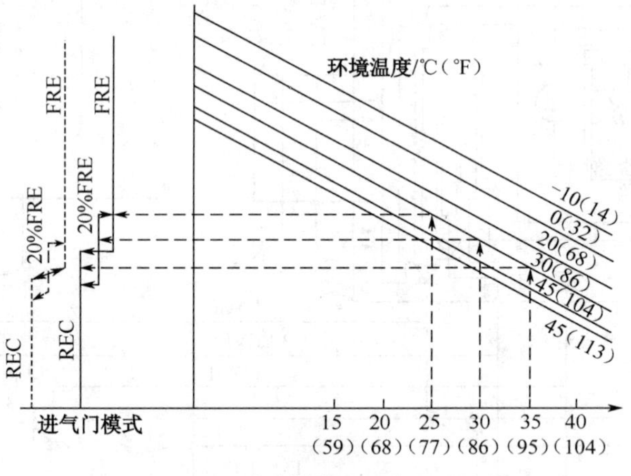

图 6-14　进气模式控制规律

进气模式控制的控制电路如图 6-15 所示。

该控制系统还有一种新鲜空气强制进气控制功能，当手动按下 DEF 开关时，将进气方式强制转变为 FRESH 方式，以清除风窗玻璃上的雾气。除此之外，进气模式控制还可改变新鲜空气与循环空气的混合比例。

5．压缩机控制

（1）基本控制。ECU 根据车内温度、车外温度、蒸发器温度和设定温度等参数，自动控制压缩机的通断，调节蒸发器表面温度，并防止蒸发器表面结冰。

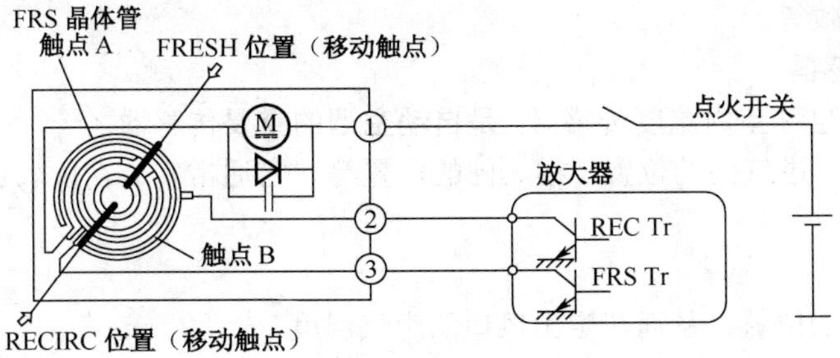

图 6-15　进气模式控制电路

（2）低温保护。当车外环境温度低于某值（3℃或 8℃）时，压缩机停止工作，防止压缩机的损耗。

（3）高速控制。当发动机转速超过某转速时，压缩机停止工作，防止因压缩机转速过高而造成损坏。

（4）加速切断。当发动机处于急加速工况时，为了保证发动机足够的动力，压缩机暂时停止工作。

（5）高温控制。当发动机冷却液温度超过某值（109℃）时，压缩机停止工作，防止发动机冷却液温度进一步上升。

（6）打滑保护。当压缩机卡死导致传动带打滑时，压缩机停止工作，防止传动带负荷过大而断裂，进而影响水泵、发电机等的工作。

（7）低速控制。当发动机转速低于某转速（600r/min）时，压缩机停止工作，防止发动机失速。

（8）低压保护。当制冷系统压力低于某值（500kPa）时，压缩机停止工作，防止压缩机在系统制冷剂不足条件下工作，造成压缩机损坏。

（9）高压保护。当系统压力超过某值（2800kPa）时，压缩机停止工作，防止空调系统瘫痪。

（10）可变排量压缩机的控制。可变排量压缩机有全容量（100%）运转、半容量（50%）运转和压缩机停止三种工作模式。ECU 根据空调系统冷气负荷的大小，控制压缩机的排量变化，以减少能量的浪费。可变排量压缩机的控制系统主要有两种类型：一种是根据冷却液温度进行控制；另一种是根据蒸发器表面温度进行控制。

根据冷却液温度进行控制的方法是：当发动机冷却液温度过高时，ECU 根据冷却液温度传感器信号，控制压缩机按半容量模式运转，防止发动机过热；反之，当发动机冷却液低于某一值时，ECU 控制压缩机按全容量模式运转，满足制冷需要。

根据蒸发器表面温度进行控制的方法是：当蒸发器温度大于某一值（40℃）时，ECU 控制压缩机按全容量模式运转，降低蒸发器温度；当蒸发器表面温度低于某一值（40℃）时，ECU 控制压缩机按半容量模式运转，以降低能耗；当蒸发器温度低于 3℃时，ECU 控制压缩机停止运转，防止损坏压缩机。

6.2.5　自动空调传感器

汽车自动空调电控系统传感器主要是用于温度检测的传感器，主要应用了具有负温度系数（NTC）的热敏电阻，其特性如图 6-16 所示。热敏电阻阻值随温度的升高而减小，反之电阻增大。自动空调系统的传感器主要有车外温度传感器、车内温度传感器、蒸发器温度传感器、阳光传感器、冷却液温度传

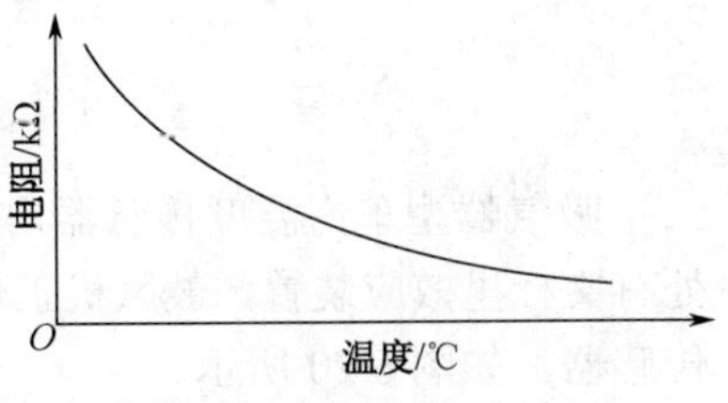

图 6-16　热敏电阻特性

感器、空气质量传感器、烟雾传感器及发动机电控单元输入信号等。其常见的故障有传感器配线短路、断路、传感器失效等。

1. 车内温度传感器

车内温度传感器也称室内温度传感器，是自动空调的重要传感器之一，它会影响出风口空气的温度、鼓风机的转速、进气门的位置及模式门的位置等。它通常安装在仪表板后面的吸气装置内，如图 6-17 所示。

其主要作用如下。

（1）确定混合门的位置，从而决定出风口的空气温度。

（2）确定鼓风机的转速，从而决定出风口的风量。

（3）确定进气门的位置，从而影响车内空气的温度与新鲜度。

（4）确定模式门的位置。

按强制导向车内温度传感器的气流方式不同，车内温度传感器可分为电动机型和吸气器型两种，分别如图 6-18 和图 6-19 所示。

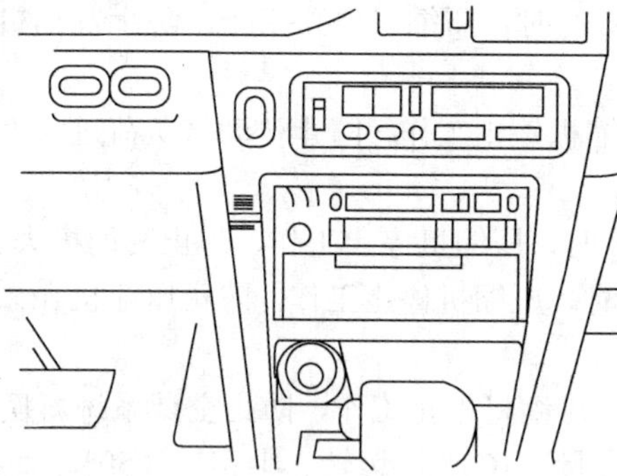

图 6-17　车内温度传感器

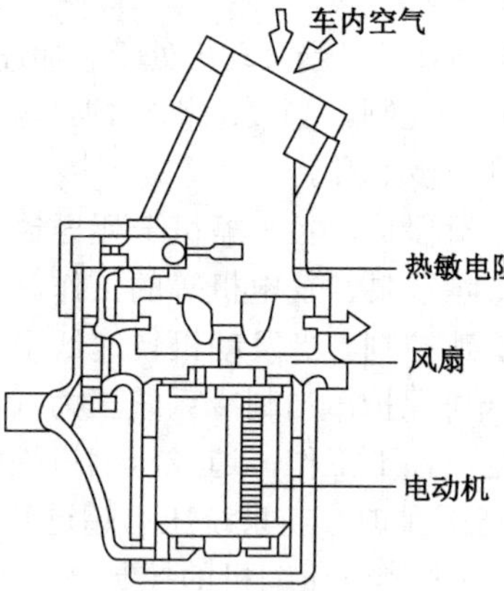

图 6-18　电动机型温度传感器

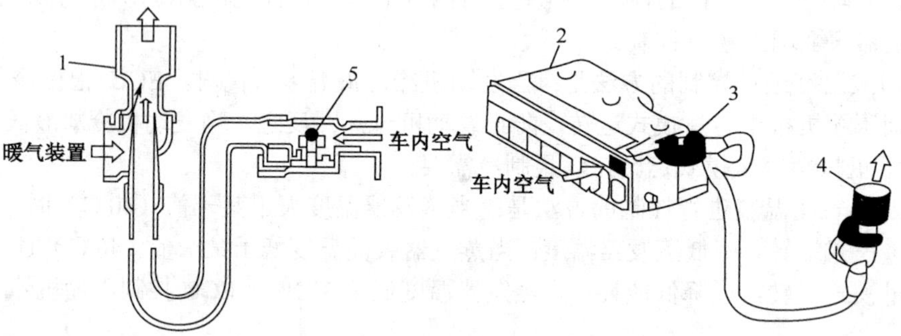

图 6-19　吸气器型车内温度传感器的结构

1、5—吸气器；2—暖风装置控制板；3—传感器；4—热敏电阻

吸气器型车内温度传感器内有一根抽风管连接车内温度传感器与空调的管道，与空调管道连接处有文杜里效应装置，鼓风机工作，空气快速流过就会产生负压。这样就有少量空气流过车内温度传感器，如图 6-20 所示。

车内温度传感器与空调控制器连接电路如图 6-21 所示。

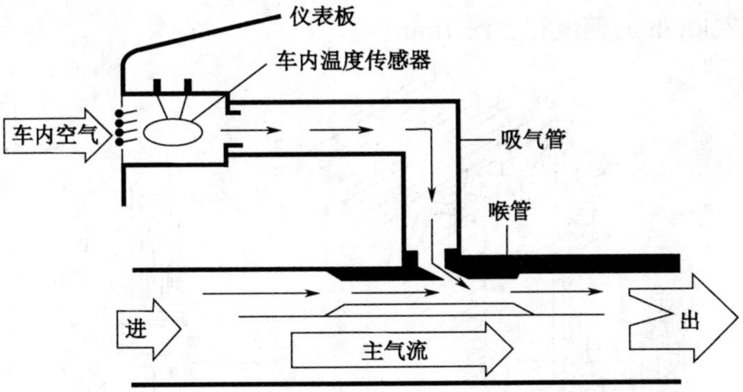

图 6-20　吸气器型车内温度传感器的工作原理

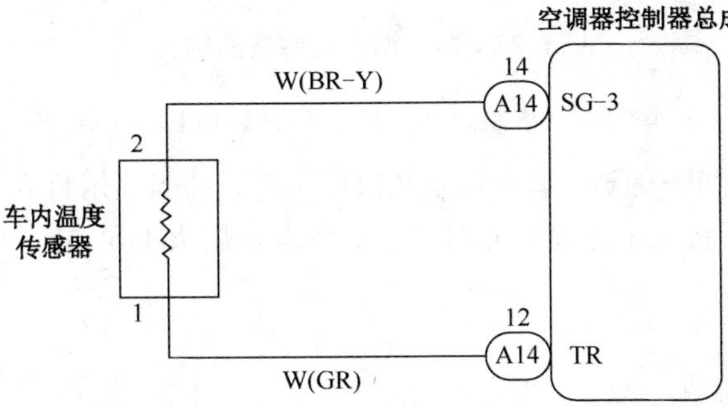

图 6-21　车内温度传感器与空调控制器连接电路图

① 电压测量。拆下空调控制器，但连接器不断开，将点火开关旋至“ON”位置，用万能表测量控制器连接端子 TR 和 SG-3 之间的电压，测量的电压值应随温度的升高而下降，在 25℃时电压应为 1.8～2.2V，在 40℃时电压应为 1.2～1.6V。

② 电阻测量。拆下车内温度传感器，测量连接器的端子 1 和端子 2 之间的电阻。电阻应随温度的升高而减小。在 25℃时，电阻应为 1.65kΩ～1.75kΩ，在 40℃时电阻应为 0.55kΩ～0.65kΩ。如果正常，则进行下一步检查，若不正常，则要更换车内温度传感器。

2．车外温度传感器

车外温度传感器也称环境温度传感器、外界空气温度传感器或大气温度传感器。它能影响出风口空气的温度、鼓风机的转速、进气门的位置和模式门的位置及压缩机的工作状态等。其作用如下。

（1）确定混合门的位置，从而决定出风口的空气温度。

（2）确定鼓风机的转速，从而决定出风口的风量。

（3）确定进气门的位置，从而影响车内空气的温度与新鲜度。

（4）确定模式门的位置。

（5）控制压缩机。

车外温度传感器一般都安装在前保险杠内或散热器之前，如图 6-22 所示。

别克轿车外部空气温度传感器位于车辆前减振器下面的护栅部位。HAVC（暖风通风空调）控制器通过该传感器接收环境温度信息。根据该信息，暖风通风空调控制板向驾驶员提供外界空气温度数字显示。

若外界温度增加，所显示的温度只有在如下条件下才能随之增高。

① 车辆以高于 32km/h 的速度行驶约 2min。

② 车辆以高于 72km/h 的速度行驶约 1min。

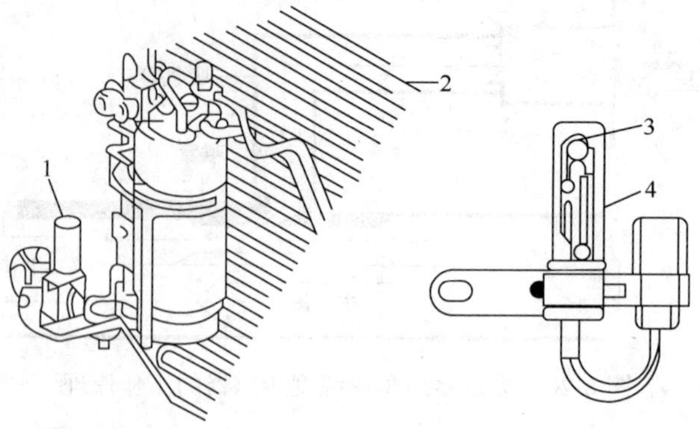

图 6-22 车外温度传感器的结构

1—车外温度传感器；2—冷凝器；3—热敏电阻；4—树脂壳

这些限制有助于防止错误读数。若所显示的温度下降，外界显示将立即更新。如果车辆熄火超过 3h，车辆再次启动时，将显示当前外界温度。如果车辆熄火不足 3h，车辆再启动时，将显示车辆上次操作时的温度。

主要检测内容如下。

1）检查空调控制器总成

车外温度传感器与空调控制器连接电路如图 6-23 所示，拆下空调控制器，但连接器不断开车外温度，将点火开关旋至“ON”位置，用万用表测量控制器连接端子 TAM 和 SG-5 之间的电压。电压应随温度的升高而下降，在 25℃时电压为 1.4～1.8V，在 40℃时电压应为 0.9～1.3V。

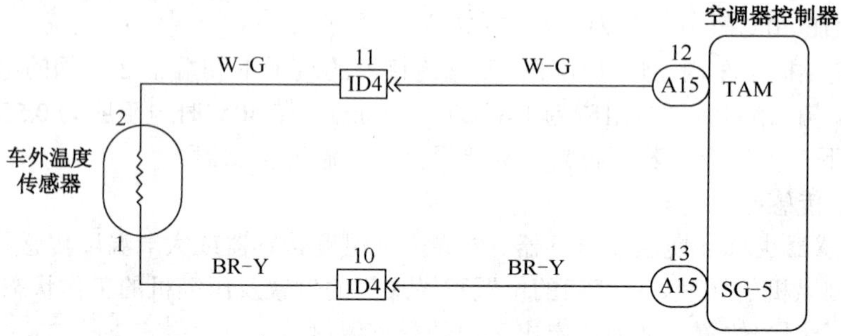

图 6-23 车外温度传感器与空调控制器连接电路图

2）电阻检查

拆下车外温度传感器，测量连接器的端子 1 和端子 2 之间的电阻。电阻应随温度升高而降低，在 25℃时，电阻应为 1.65～1.75kΩ，在 40℃时，电阻应为 0.55～0.65 kΩ。如不正常，则应更换车外温度传感器。

3．蒸发器温度传感器

蒸发器温度传感器通过测量蒸发器表面温度，可以修正混合门位置，控制压缩机，并在蒸发器表面温度低于一定值时，使压缩机停止工作，以防止蒸发器表面结霜。有些车型有两个蒸发器温度传感器，其中一个用来修正混合门的位置，另一个用来防止蒸发器结霜。

蒸发器的热敏电阻一般安装在蒸发器传热片上，其结构如图 6-24 所示。有的安装在蒸发器出风口位置，用来测量从蒸发器出来的空气温度。

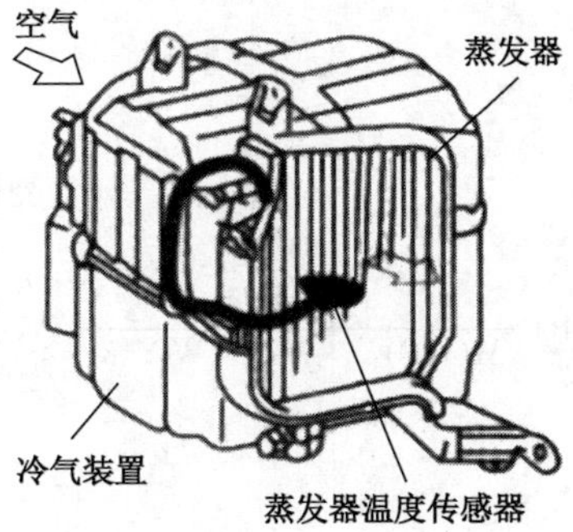

（a）普通汽车空调

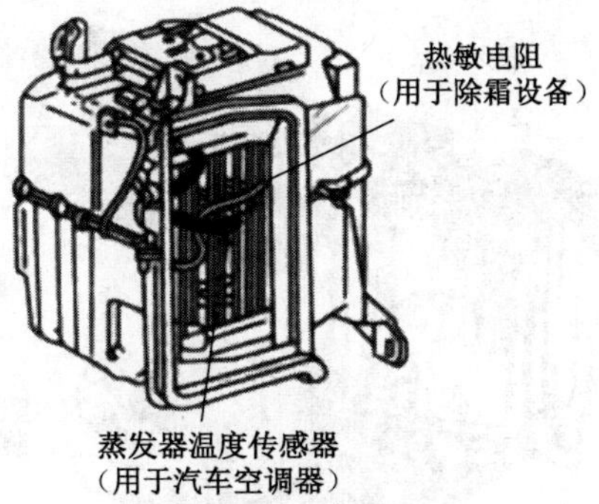

（b）自动汽车空调

图 6-24 蒸发器温度传感器

蒸发器温度传感器中热敏电阻的工作原理与车内、车外温度传感器相同。

图 6-25 所示为一汽丰田花冠自动空调蒸发器温度传感器与空调控制器的连接电路示意图。

（1）电压检查。拆下空调控制器，但连接器不断开，将点火开关旋至“ON”位置，用万用表测量控制连接端子 TE 和 SG-4 之间的电压。在 0℃时电压应为 2.0～2.4V，在 15℃时电压应为 1.4～1.8V。

（2）电阻检查。拆下蒸发器温度传感器 1 号热敏电阻器，测量热敏电阻器端子 1 和端子 2 之间的电阻，电阻值应符合图 6-26 所示的特性曲线。如不正常，应更换蒸发器温度传感器。

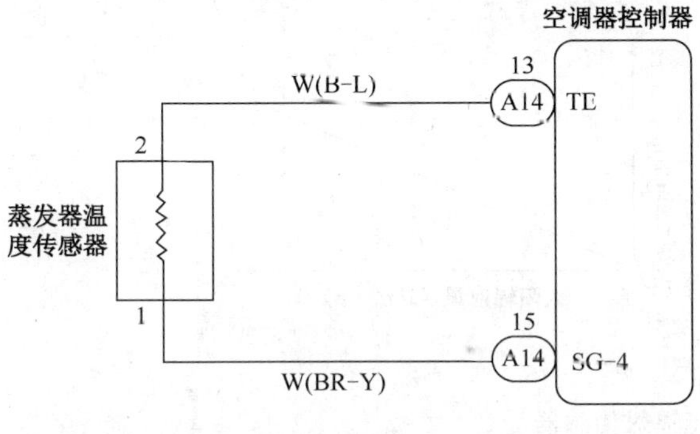

图 6-25 蒸发器温度传感器与空调控制器的连接电路

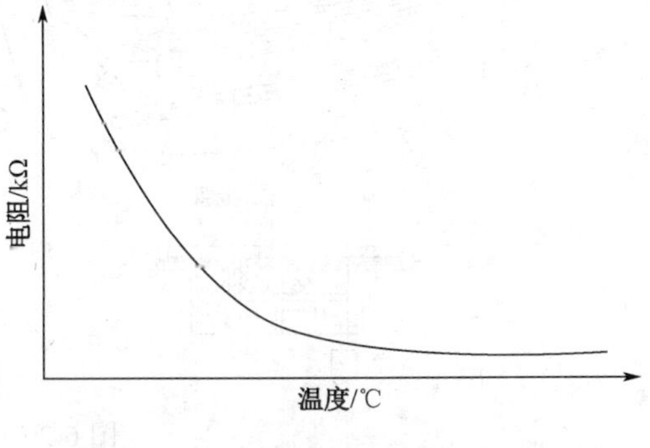

图 6-26 蒸发器温度传感器的特性曲线

4．冷却液温度传感器

汽车空调系统的冷却液温度传感器，一种采用单独的冷却液温度传感器，另一种通过发动机微机获得冷却液温度信号。

冷却液温度传感器的作用如下。

（1）测量热交换器芯温度，修正混合门的位置。

（2）保护功能，防止发动机尚在高温状态时压缩机工作。

（3）控制鼓风机，在冷却液温度低时，启动鼓风机的预热控制。

汽车空调系统的冷却液温度传感器一般安装在暖风装置内，如图 6-27 所示，自动空调系统中的冷却液温度传感器采用的也是负温度系数的热敏电阻。冷却液温度传感器能检测冷却液温度并将相应的信号传送至空调控制器，此信号在发动机冷却时，用来进行暖机控制，其电路如图 6-28

所示。

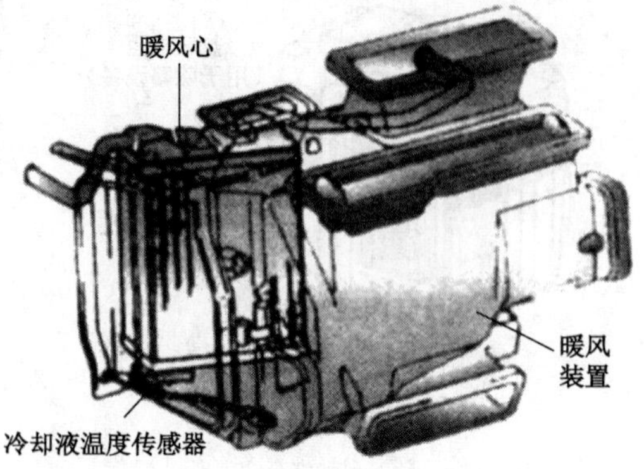

图 6-27　冷却液温度传感器

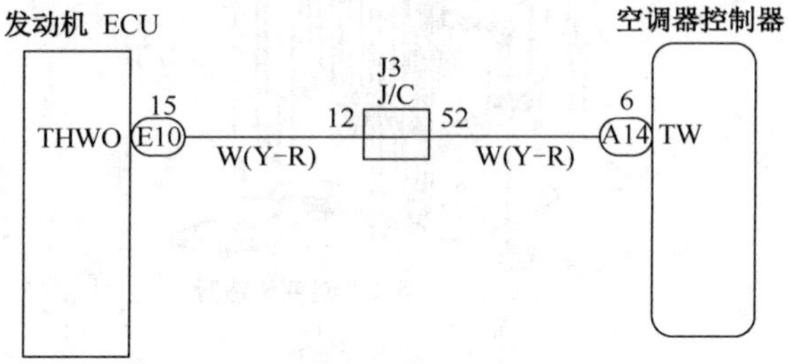

图 6-28　冷却液温度传感器的电路

5. 阳光传感器

阳光传感器又称日光传感器、日照传感器等。它通过检测在传感器上的太阳光照强度，将光信号转变为电压或电流值送给空调控制器，用来修正混合门的位置与鼓风机的转速。它一般安装在容易检测日照变化的仪表板上面，靠近前风窗玻璃的底部。阳光传感器中的光电二极管可检测出日光辐射变化，并将其变为电流信号传至空调控制器。它的安装位置及特性如图 6-29 所示。

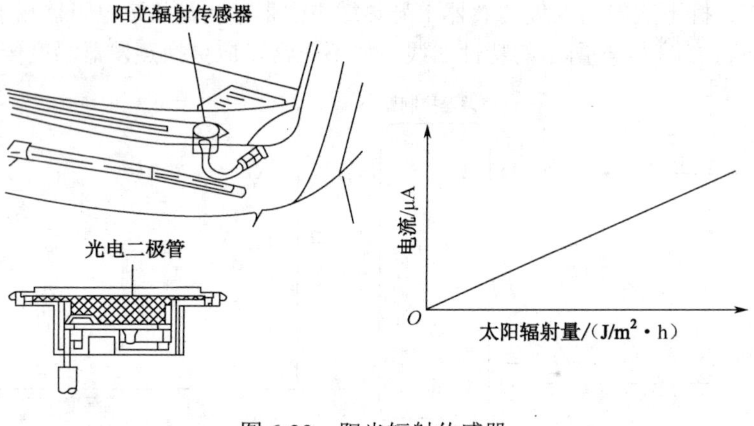

图 6-29　阳光辐射传感器

阳光传感器是用光敏二极管检测日照变化情况的，光敏二极管对日照变化反应敏感，而其自身又不受温度的影响，它把日照变化转变成电流，根据电流的大小可以知道日照量。如果光照强，电阻值减小，电流就大，并把该信号输入计算机中，以便空调 ECU 修正日照所引起的车内温度的升高。

阳光传感器与空调控制器的连接电路如图 6-30 所示。

（1）电压检测。在点火开关闭合的情况下，测量空调控制器的端子 SG-3 和 TS 之间的电压。

①传感器受电灯照射时，随着检查灯光逐渐远离传感器，电压应上升，但不应超过 4.0V；

②传感器被布遮住时，电压应为 4.4～4.5V。否则，应进行下一步检查。

（2）电阻检测。拆下阳光传感器热敏电阻器，测量阳光传感器连接器端子 1 和端子 2 之间的电阻。用布遮住阳光传感器时测量，电阻应为无穷大（不导通）；取走阳光传感器上的遮布并用灯光照射传感器，测得电阻值大约为 10kΩ（导通）。如不符合，需更换阳光传感器。

（3）阳光传感器与控制器之间的配线连接器的检测。拆下阳光传感器的接头及与空调控制器的连接插头，检测配线连接器是否断路，方法是将万用表挡位转到200Ω挡，分别测量两连接器之间的同一根导线之间的电阻，正常情况下应小于0.5Ω，如测量结果为无穷大或阻值较大，说明配线断路或线路间存在接触电阻。

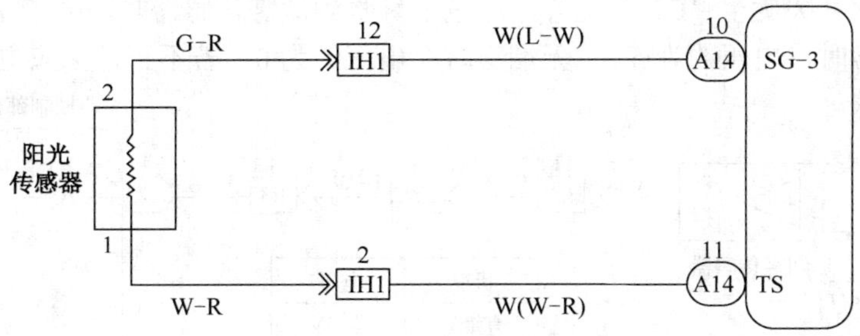

图6-30 阳光传感器与空调控制器的连接电路

6．空气质量传感器

空气质量传感器又称多功能传感器。它主要是测量空气中的水分、环境温度和外界空气的污染程度（通过测量空气中的CO、CO_2、NO_X等的含量），空调ECU通过测量结果，来控制压缩机的工作与进气门的位置。如图6-31所示，其测量元件是一个混合氧传感器。空气质量传感器的精度因催化添加物铂铑数量的增加而提高。该传感器的工作原理类似于电控发动机中的氧传感器，传感器的工作温度为350℃，其耗电量大约为0.5W。

图6-31 空气质量传感器

图6-32所示为雷克萨斯LS400空气质量传感器与空调控制器的线路连接。

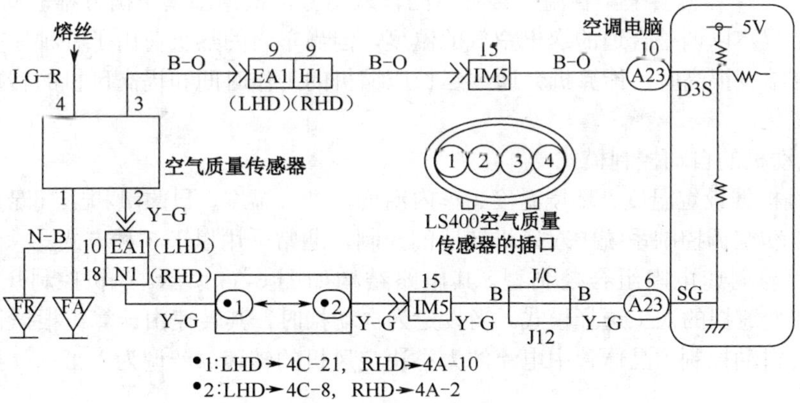

图6-32 空气质量传感器的电路

（1）电压测试。将点火开关置于“ON”位置30s后，传感器的信号电压应为0.1～4.5V（10～35℃时）。

（2）电阻测试。拆下空气质量传感器接头，把传感器4号脚接蓄电池正极，1号脚搭铁，30s后测量传感器2号与3号脚间的电阻，电阻应为5kΩ～100kΩ（10～35℃时）。

7．烟雾传感器

烟雾传感器的作用是控制鼓风机转速。烟雾传感器设置在后置空调装置内，当接通点火开关且空调处于“AUTO”方式时，烟雾传感器便开始检测烟雾浓度，并将信号传送给空调控制器，以控制后送风鼓风机电动机的转速。

雷克萨斯 LS400 烟雾传感器与空调控制器的线路连接如图 6-33 所示。拆下空调控制器，但连接器不断开，将点火开关旋至“ON”位置，测量烟雾吹到烟雾传感器时，端子 A/PIN 和车身搭铁间的电压。在有烟雾时，电压约为 5V，无烟雾时，电压约为 0。若不正常，应更换传感器。

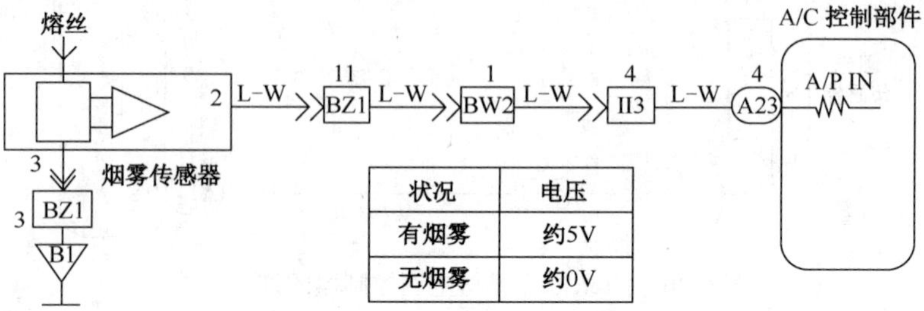

图 6-33　烟雾传感器的电路

6.2.6　自动空调执行器

1．自动空调控制模式

随着汽车空调系统的应用，人们对空调的质量提出了更高要求，要求空调无噪声干扰、操作简便，要求更高的制冷效率及可靠性，这就需要对汽车空调实行自动控制。

汽车自动空调控制的内容包括温度的自动控制、风机电动机的自动控制、新风换气量的自动控制、送风模式的自动控制、送风量的自动控制及制冷压缩机的自动控制等。目前汽车自动空调系统有各种不同的形式，控制的办法也各不相同。

1）温度的自动控制模式

一般情况下，计算机会采集各温度传感器的输入信号，根据温度平衡方程驱动 DVV 阀动作，调节温度门的位置，以调整合适的送出空气的温度。但当车内的热负荷由于各种原因，如炎热夏季车刚启动，车内温度很高时，计算机会通过延长压缩机的工作时间和提高风机的转速的方法，来改善车内的温度变化。

2）风机电动机的自动控制模式

风机转速是根据设定温度、环境温度、车内温度、进气温度、日照量和空气混合门位置等因素自动控制的，自动空调控制系统中对风机转速的控制，通常采用以下 3 种方式。

（1）晶体管与调速电阻组合控制型。其电路结构如图 6-34 所示。风机控制开关有自动挡（经济运行模式）和变速挡的人工选择模式。当设定为自动挡时，其转速由计算机根据传感器参数和驾驶员设定的温度自动控制。晶体管中电流的大小决定风机的转速。若调为人工选择挡，则根据调整改变转速。

（2）晶体管减负荷工作型。在控制电路中，风机是根据温度传感器送入计算机中的参数，经计算机分析处理后发出的相应指令实现相应工作的。通常工作有低速、高速、自动和时滞气流控制 4 种模式。图 6-35 所示为风机转速控制电路。

① 低速。计算机发出低速工作指令时，电路中晶体管 VT_1 导通，风机继电器常开触点闭合，风机低速运转。当车内温度与设定温度接近时，维持最低转速。电流方向：蓄电池→风机继电器→风机电动机→低速电阻→搭铁。

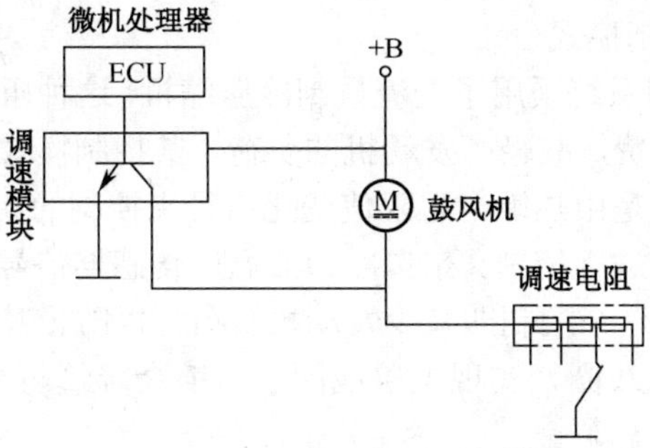

图 6-34　调速电阻组合型调速电动机

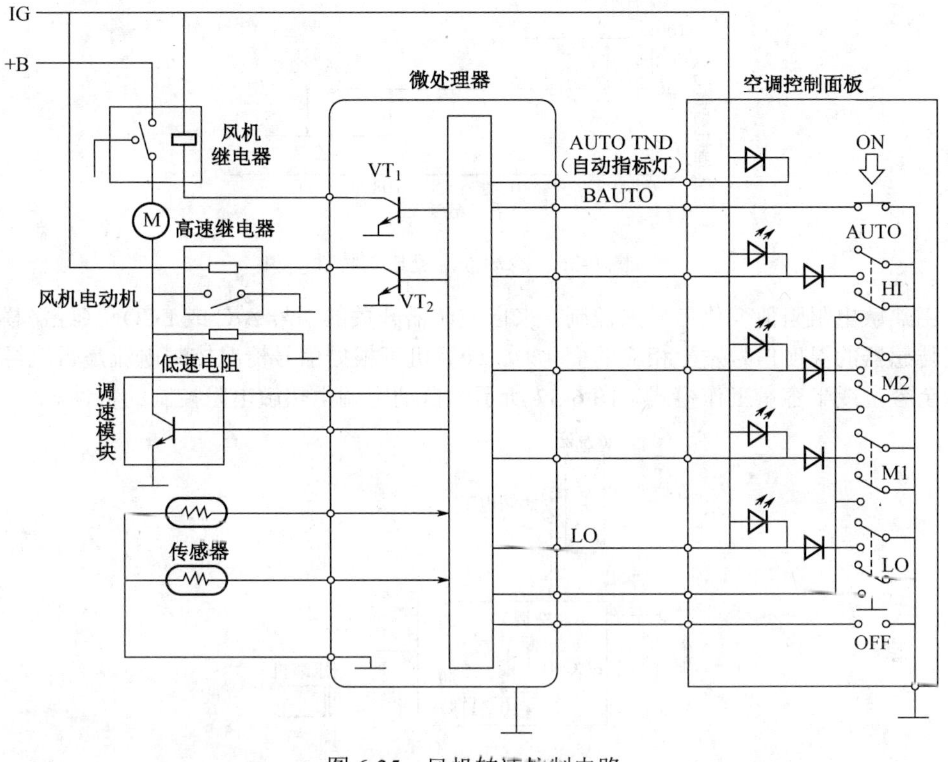

图 6-35　风机转速控制电路

② 高速。当车内温度与设定温度差较大时，计算机发出风机高速工作信号，晶体管 VT_2 导通，风机高速继电器常开触点闭合，风机高速运转。电流方向：蓄电池→风机继电器→风机电动机→高速继电器→搭铁。

③ 自动。当调整到自动模式时，计算机则根据车外温度与设定温度的参数，发出自动运行控制信号，调速模块晶体管以不同的角度导通，风机电动机实现无级变速。电流方向：蓄电池→风机继电器→风机电动机→调速模块→搭铁。

④ 时滞气流控制。该控制模式仅用于制冷工况，以防止在炎炎烈日下久停的汽车启动空调时放出热空气。

（3）脉冲控制全调速型。这种风机转速控制系统是由计算机处理器根据系统送风量的要求，控制内部脉冲发生器，提供不同占空比的导通信号，调速模块中一般由大功率晶体管组成驱动风机电路，完成对其转速的无级调整工作。

3）制冷压缩机的自动控制模式

较为先进的空调自动控制系统采用了变流量制冷压缩机，这种压缩机可根据冷负荷需要改变其流量，减少了不必要的能量浪费，减轻了发动机的负荷。其控制模式有两种类型：一种是根据冷却液温度信号进行控制；另一种是由热敏电阻阻值变化信号来控制的。

（1）根据冷却液温度信号进行控制。来自冷却液温度传感器信号对应的是一种发动机工况（负荷）信号，如果发动机过热，这个控制即减少发动机负荷，以防止其进一步过热。控制放大器允许电流流至或不流至压缩机电磁线圈，实现电磁线圈在压缩全容量与半容量工作之间转换。图 6-36 所示为冷却液温度控制特性。

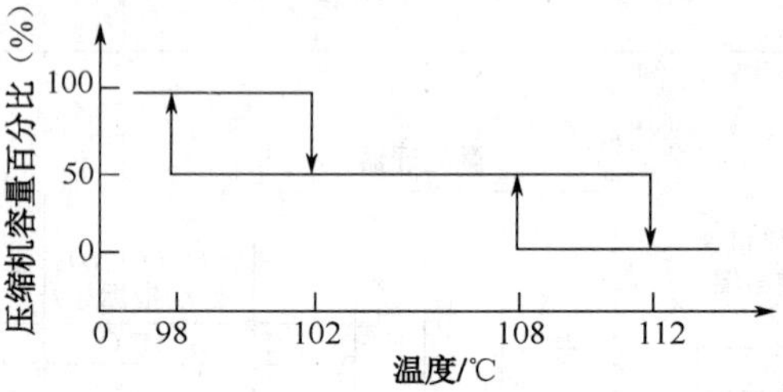

图 6-36　冷却液温度控制特性

（2）由热敏电阻阻值变化信号来控制。来自空调器开关的信号 A/C 或 ECON（经济模式）及蒸发器温度传感器的温度信号发生相应的变化时，计算机可根据信号情况控制电流是否流经压缩机线圈，实现全容量或半容量工作模式。图 6-37 所示为自动空调由热敏电阻控制的特性。

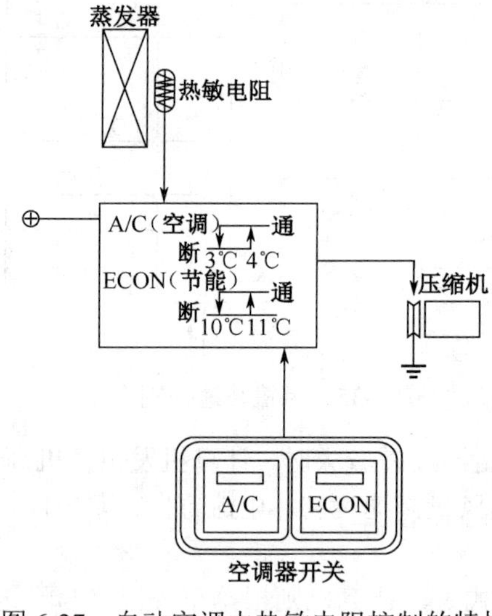

图 6-37　自动空调由热敏电阻控制的特性

4）送风模式的自动控制

送风模式的自动控制就是根据空气调节的要求自动控制车内空气送风的方式。当驾驶员在车内空调控制面板上调整开关至 AUTO（全自动）方式时，计算机将接收到这个信息，其设定值按图 6-38（a）所示的方式实现自动控制调节。

图 6-38（b）所示为送风模式自动控制电路图。其工作过程是当车内温度与驾驶员设定的温度偏差较大时，由计算机发出改变气流方式的指令，相应的晶体管导通，驱动电路中的输入、输出关系依内部程序为电动机提供相应工作通路，驱动伺服电动机开始工作，带动触点组移动到相应位置

后停止，送入车内的空气会按相应风口及风口摆动到的角度吹出，实现自动送风方式的控制。

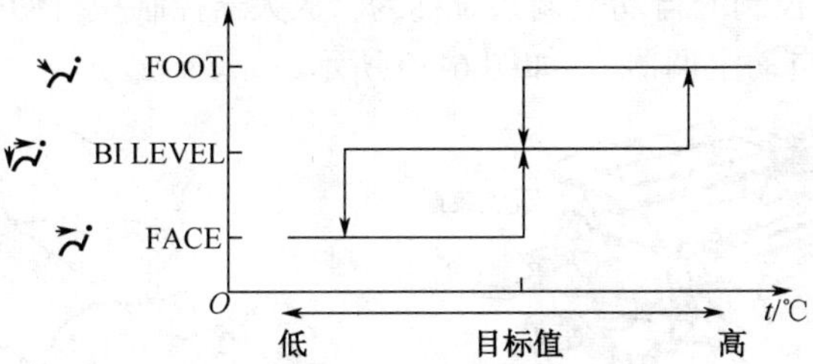

（a）自动调节方式

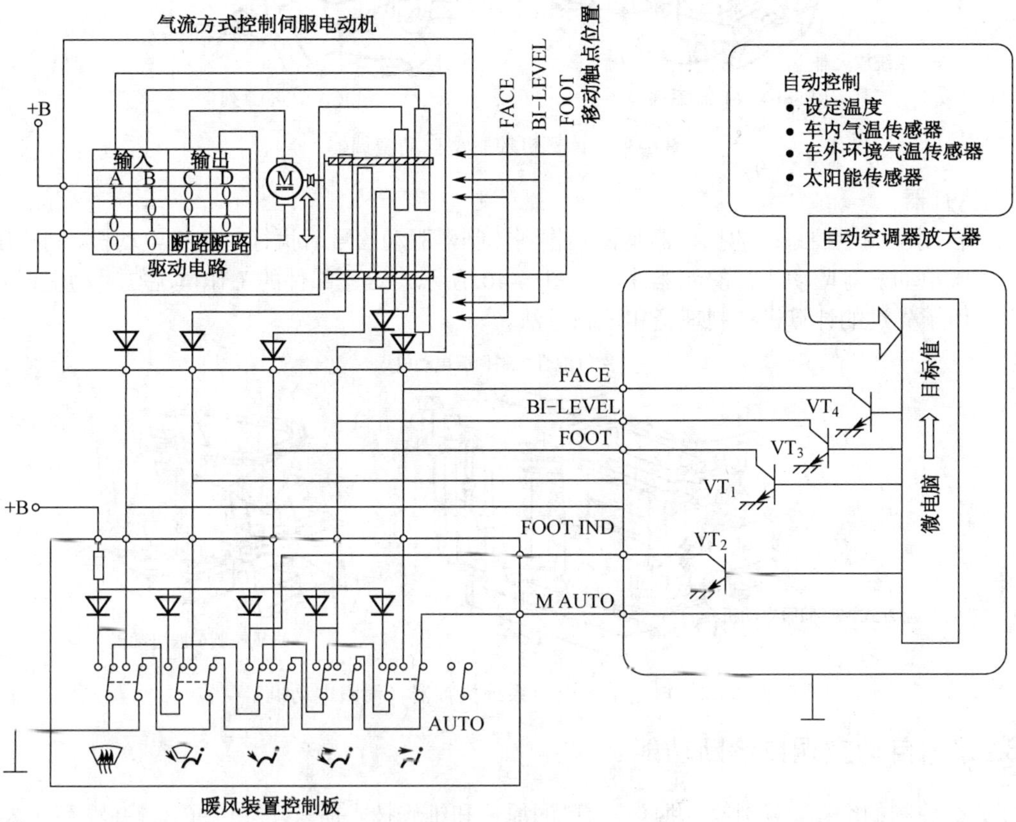

（b）电路图

图 6-38　送风模式自动控制

5）新风换气量的自动控制

影响新风换气量的自动控制的因素包括设定温度、环境温度、车内温度、进气温度、日照量及压缩机的开关操作等。当车内温度明显偏高时，计算机发出指令驱动气源门（车内与车外之间连通的风门）伺服电动机工作，以关闭气源门。当车内温度迅速下降至设定温度时，再打开气源门，按一定的比例引入车外的新鲜空气。

2．自动空调系统控制执行机构

1）控制器

控制器分为两种类型：一种是采用 IC（集成电路），另一种是采用计算机。这些控制器通常被称为“系统放大器”、“自动空调放大器”或“空调器 ECU（电子控制单元）”。

采用 IC（集成电路）控制的自动空调系统称为“放大器控制型自动空调器”，而采用计算机控制的称为“计算机控制型自动空调器”，如图 6-39 所示。

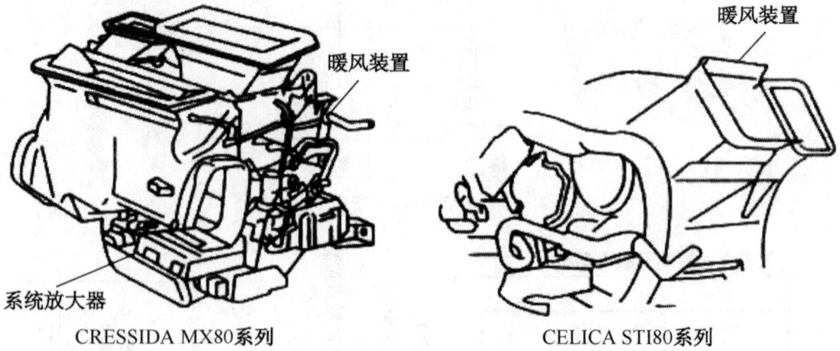

图 6-39　计算机控制型自动空调器

2）执行器

汽车自动空调电控系统的执行器是在接收到控制器驱动信号后执行对风机电动机、制冷压缩机及风门伺服电动机等驱动执行的元器件，如图 6-40 所示。这些部件的工作情况与手动空调完全不同，它采用了先进的计算机控制理论和控制方法。

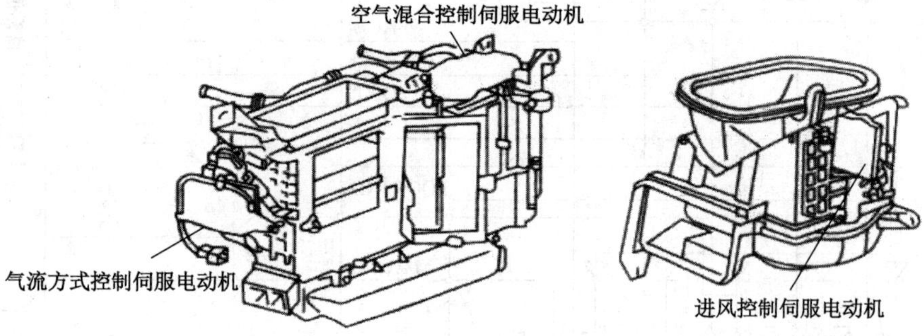

图 6-40　自动空调电控系统执行器（伺服电动机）

6.2.7　自动空调自诊断功能

计算机控制的空调，就制冷、供暖、通风的原理和维修技术而言，与普通空调并没有什么区别，所以，以前介绍的制冷系统的检测、维修等方法，如应用表阀来测定其高、低压端制冷剂压力，视液镜检查制冷剂量的方法；制冷系统的检漏、抽真空、充注冷冻润滑油、充注制冷剂，以及制冷性能的检查、测定的方法，在这里同样有效。

计算机控制空调系统的修理技术的最大特点是控制电路比较复杂，所以需要一定的电路基础知识和能看懂电路控制图。在这里主要介绍电脑控制空调系统的修理技术，以及其电路系统的检测修理。

1．自诊断系统

1）概述

任何技术的发展都有一个从低级到高级的完善过程，微电脑控制的汽车空调自诊断系统也经历了这个过程。例如，该系统应用的初期，自诊断系统各厂家各行其是，其诊断模式会因厂家、车型的差异而不同，使维修人员应用起来很不方便。因此，目前世界上各大型汽车厂家都逐步采用 OBD-Ⅱ车载诊断系统，如 1994 年以后生产的通用、福特、克莱斯勒；1995 年以后生产的奔驰、沃尔沃、三菱、马自达、本田、丰田，都逐步采用了该系统。另外就诊断方式来而言，新车型普遍采用故障诊断仪读取故障码的诊断模式（如V. A. G. 1551故障诊断仪）。本书在后面将对上述几类自诊断检测方式一一加以介绍。不过读者应注意的是，在进行上述具体维修诊断工作时，一定要检查相关的维修手册，以免出错。

2）带自诊断系统的空调故障排除程序

（1）用户故障分析。在汽车进行修理时，向用户详细了解出现的故障情况有如下几点。

① 风量控制不良，其中包括送风电动机不转、送风量不能调节。

② 温度控制失控，其现象包括温度不降低、不升高，或者降低、升高缓慢。

③ 进气控制失控，只有车外空气送入，或只有车内空气循环，两者不能按控制方式来进行调配。

④ 通风控制失控，启动功能选择键后，送出来的空调风不是按键上所要求的风门和温度调配后送出。

另外有些用户的报修，诸如“空调器效率不高”、“总是很闷”等都应该记录在案，以便修理时参考。

（2）检查和清除故障码。因为计算机控制的汽车空调，可以将故障以故障码的形式储存在存储器中，所以在听了用户的报修情况后应首先依靠计算机的诊断功能，将存储在计算机中的故障码读出来，并记录下来。然后将储存的故障码从计算机中清除。

（3）分析和确认故障及故障部件。通过用户调查和电脑故障码检查，对可能的故障做进一步的分析。还应启动空调系统，对用户的报修进行故障模拟检查，并观察、触摸、查漏、检测温度和风量，进行综合性考察，以初步判断故障种类和位置。

（4）根据故障码，依次检测传感器和故障码所代表的电路、配线、接头、控制器。

（5）根据确诊的故障，再检测无故障码的电路、配线、接头和控制器。

（6）修理或更换故障发生部件的零部件。

（7）试验。修理结束后，不但要确认故障确已消除，而且还要再进行故障码检查和执行器检查，空调高、低制冷剂压力检查，空调空气温度调配检查等，务必使整个空调系统均运转正常。

2. 自诊断系统应用方法

1）非OBD Ⅱ的车载自诊断系统应用

（1）诊断通信连接器（TDCL）和检查连接器。诊断通信连接器（TDCL）的外形，如图6-41所示。TDCL设在仪表板左侧，如图6-42所示。它是一个专用连接器，能接收来自发动机、自动变速器、防抱死制动系统、空调系统等的电子控制器的数据。注意，连接时不要接错接口位置，否则会引起故障。其连接口和选择的系统代码如表6-3所示。

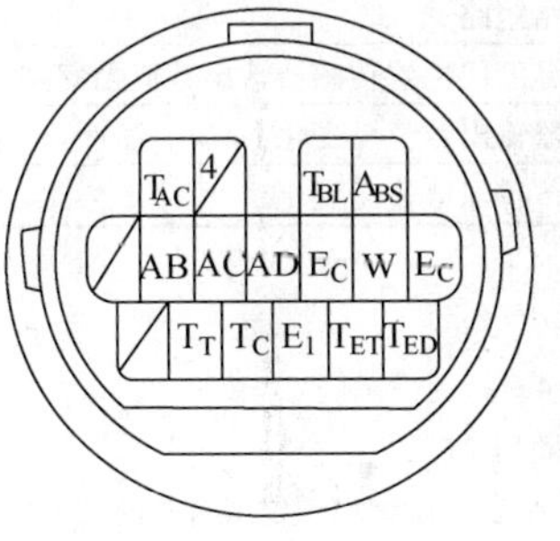

图6-41 TDCL的接口

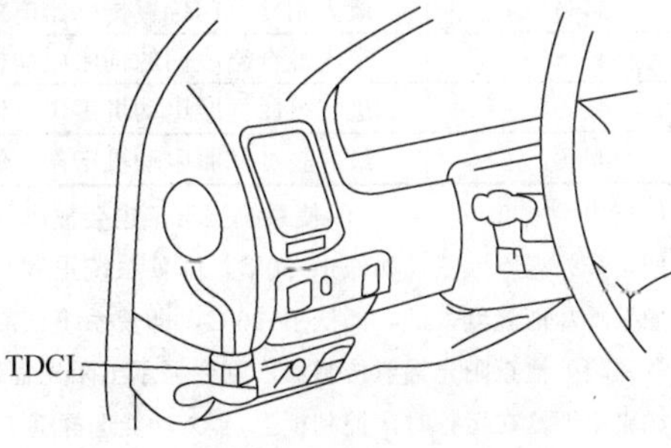

图6-42 TDCL安装位置

表 6-3 TDCL 的接口和选择的系统代码

接 口	系统代码	接 口	系统代码
T_T	发动机和变速器正常时代码	T_C	空调系统、防抱死制动系统、安全气囊等系统代码
T_{ET} 和 T_{ED}	发动机和变速器试验时代码	E_I	自动变速器代码

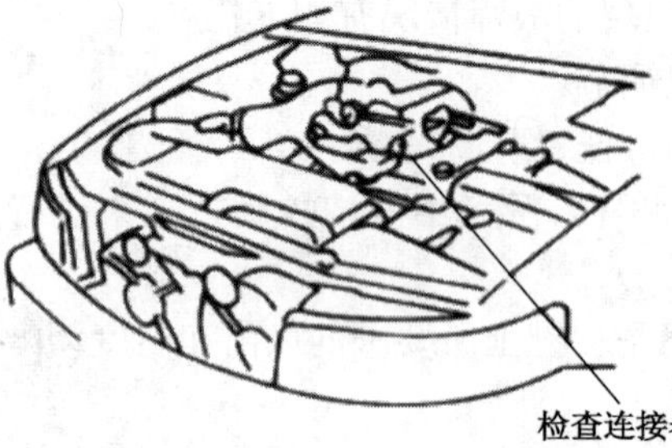

图 6-43 检查连接器安装位置

检查连接器设置在发动机室内，其位置如图 6-43 所示。同样的原因，其接口应严格按图 6-41 所示的接口位置接到空调计算机控制器上。

进行检查时，只要把 TDCL 和检查连接器接到计算机中为 TDCL 而设计的监控器接口即可，即接至 DIN 和 DOUT 接口，便能方便地读出各系统的诊断结果，从而找出故障发生的系统或零部件部位。

（2）故障码。汽车空调上的计算机自诊断系统，用数字故障码的形式，代表空调系统的各部分故障，并将故障码输入计算机存储和进行输出显示。故障码有两种，一种是对传感器性能进行检查的故障码，另一种是对控制板上各种控制键功能进行检查的故障码。

① 传感器检查故障码。在诊断传感器电路时，由于显示的故障码代表空调系统各个传感器电路发生的故障，所以可以根据故障码的指示，检修确诊发生故障的传感器电路。诊断传感器电路时，电脑显示的故障码代表的电路，如表 6-4 所示。

表 6-4 传感器检查的故障码和故障码检测状况

故 障 码	故障码检测状况
00	正常
11（注 1）	车内温度传感器电路内短路或开路
12（注 2）	车外温度传感器电路内短路或开路
13（注 2）	蒸发器温度传感器电路内短路或开路
14（注 3）	发动机冷却液传感器电路内短路或开路
21（注 4）	阳光辐射传感器电路内短路或开路
22（注 5）	制冷压缩机传感器报警，压缩机在下列条件下应检测 3s 以上。 ① 发动机转速在 500r/min 以上。 ② 发动机和压缩机转速比相差 20%以上
23	制冷剂压力传感器电路开路；制冷剂压力不正常
31	空气混合温度门位置传感器电路接地开路或电源电路短路
32	进气风门位置传感器电路接地开路或电源电路短路
34	最大制冷风门位置传感器电路接地开路或电源电路短路
41	空气混合温度门的伺服电动机转动，但空气混合温度门位置传感器输出数值无变化
42	进气风门伺服电动机工作，但进气风门位置传感器输出数值无变化
44	最大制冷伺服电动机工作，但最大制冷风门位置传感器数值无变化

注 1．如车内温度低于-20℃，即使系统正常，也会输出故障码 11。

2．如果车外温度太低，如低于-50℃，即使系统正常，也会输出故障码 12 或 13。

3．如果冷却液温度太低，如低于-20℃，即使系统正常，也会输出故障码 14。

4．在黑暗处检查阳光辐射传感器，则会显示出阳光辐射传感器电路异常故障码 21。

5．如果空调器在运行时，控制板上 A/C 功能选择键上的指示灯出现闪烁，则表示压缩机锁定或者制冷剂不足。发出这一警告后，汽车空调必须马上进入检查和修理。首先进行传感器检查，若故障码为 22，则表示压缩机锁定；若故障码为 00，代表传感器电路正常，是制冷剂不足。

为了确认诊断故障码是否显示压缩机锁定故障，可以执行下列步骤。

a．启动发动机，进入故障码检查方式。

b．按下 REC 开关（车内空气循环键），进入控制板各键检查方式，并置空调送风电动机于 MED 档，最大制冷风门于 50%开度，电磁离合器电路置“ON”位置。

c．按下 AUTO 开关，退回到传感器诊断检查方式。

d．约 3s 后，显示故障码。若故障码是 22，则确诊为压缩机锁定故障。

为了鉴别传感器电路是否是偶发故障，计算机程序规定于各种传感器电路的故障在连续时间超过某一定值时，才能输入计算机中存储。这点对于修复检验故障是否消失很重要。下面是计算机程序规定的最短时间，故障消除检验的操作时间应超过下面的时间。

车内温度传感器电路、车外温度传感器电路、蒸发器温度控制传感器电路、冷却液温度传感器电路、阳光辐射电路，均应大于 8.5min。

空气混合温度门位置传感器电路，进气风门位置传感器电路、最大制冷风门位置传感器电路，均应该在 1min 以上。

压缩机锁定传感器电路，制冷剂压力传感器电路，都应该大于 3s。

传感器电路故障排除后，首先要清除储存在电脑里的故障码，否则它将永远储存在电脑里，这样在以后进行传感器电路故障诊断时，它又会显示出来造成误诊。清除故障码的方法是将电路中总熔丝或圆顶形熔丝拉出 15s，然后再插回去。总熔丝和圆顶形熔丝的位置如图 6-44 所示。

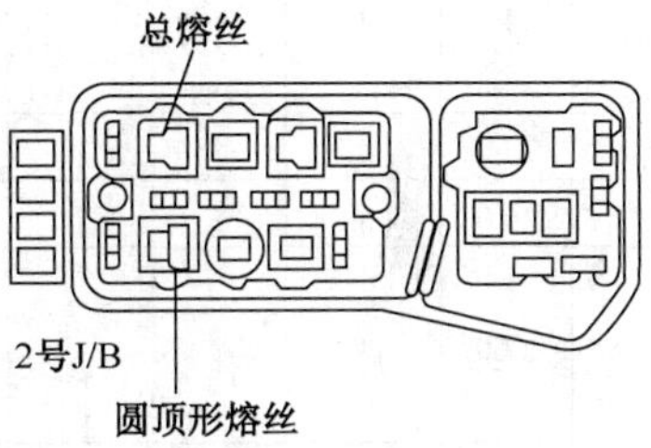

图 6-44 总熔丝和圆顶形熔丝的位置

如果一时找不到熔丝位置，可将蓄电池的接地电缆断开 15s 后也可清除故障码。

② 控制键检查故障码。计算机控制的空调器，为了检修方便，在控制键检查中也设有控制键检查故障码。

丰田高级轿车计算机控制的空调控制板上的各键位置和名称如图 6-45 所示。显示屏上的温度是华氏温度，左边是车外温度和车内温度，右边是蒸发器温度和车外温度。

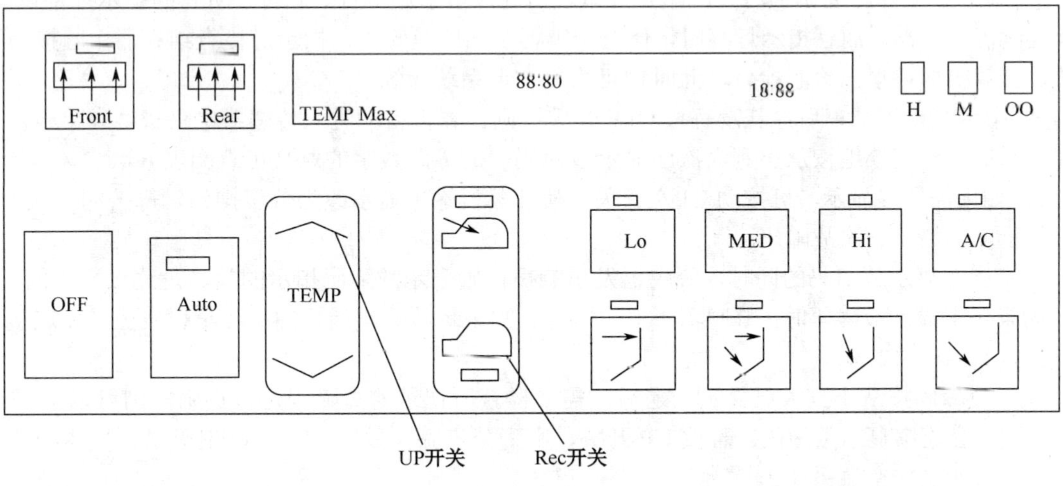

图 6-45 计算机空调的控制板

当进入诊断系统时，左显示屏显示的故障码为传感器检查故障码，右侧显示屏的故障码为控制键检查故障码。

控制键检查故障码的显示是按步骤的，其检查步骤、故障码和控制键状态如表 6-5 所示。

表 6-5　控制键检查故障码和控制键状况

步骤号	显示故障码	状况										
		供暖继电器	超高速继电器	送风电动机	通风口	最大制	进气风门冷风门	电磁离合器	空气混合温度门	后特大流量	后空调器
1	20.0	OFF	OFF	OFF	（FACE）	0%开度	（Fresh）	OFF	冷侧（0%开度）	ON	OFF
2	21.0	ON	↑	Lo	↑	↑	↑	↑	↑	↑	Lo（A/P）
3	22.0	↑	↑	MED	↑	50%开度	（F/R）	ON	↑	OFF	Hi（A/P）
4	23.0	↑	↑	↑	↑	100%开度	（Recite）	↑	↑	↑	Hi（A/C）
5	24.0	↑	↑	↑	（BI·LEVEL）	↑	（Fresh）	↑	冷/热（50%开度）	↑	↑
6	25.0	↑	↑	↑	↑	↑	↑	↑	↑	↑	Lo（A/C）
7	26.0	↑	↑	↑	（FOOT）	↑	↑	↑	↑	↑	OFF
8	27.0	↑	↑	↑	↑	↑	↑	↑	热侧（100%开度）	↑	↑
9	28.0	↑	↑	↑	（FOOT/DEF）	↑	↑	↑	↑	↑	↑
10	29.0	↑	ON	Hi	（DEF）	↑	↑	↑	↑	↑	↑

③ 诊断检查的操作。调取故障码按图 6-46 所示的步骤进行操作，当按动空调控制板上的开关后，即可进入诊断检查。

a．将点火开关旋至 ON 位置，接通点火开关，同时按下 AUTO 键和 REC 键，空调便进入诊断检查工作状态。

b．显示屏上的温度显示消失，计算机即自动进入指示灯检查。此时，所有的指示灯都以 1s 的间隔连续闪光 4 次，而且指示灯亮时，伴有蜂鸣器发出的嗡嗡声。指示灯检查结束后，若按动 OFF 开关，计算机即可退出诊断检查，此时便可恢复空调系统操纵。

c．指示灯检查结束后，若没有按 OFF 开关，则计算机自动进入传感器电路故障码检查。此时温度显示屏上会连续地按从小到大次序显示故障码，故障码数字的意义可查阅表 6-4。

d．如果需要慢显示，可按动 UP∧开关，使计算机输出显示改为分步操作，每按动一次 UP 开关，显示屏上显示一次故障码。

如果屏上显示故障码的同时，蜂鸣器发出响声，则表示故障码指示的故障是连续发生的。

如果屏上显示故障码时，蜂鸣器不发出响声，则表示故障码指示的故障早已发生（如连接器接触不良等）。

如果故障码按从小到大已显示一遍后，需要检查所记录的故障码是否正确，则可以按 AUTO 开关，屏上会连续显示故障码；若按 UP 开关，则为分步骤作显示；若按 OFF 开关，则退出诊断检查，可以开始操作空调系统。

e．在传感器电路故障码连续检查或分步检查后，只要按下 REC 开关，则计算机的检查方式便可进入控制键检查方式。这时，计算机以 1min 的间隔自动操作空调器的出风门、空气混合温度门、进气风门、继电器和伺服电动机的工作状态的改变等，这时必须用眼睛和手相结合，检查空调器的出风口状况和空气调配温度，以及空调器的工作状况是否和温度显示屏上显示的故障码相符，控制键检查故障码所表示的空调器工作状况，可参阅表 6-5。

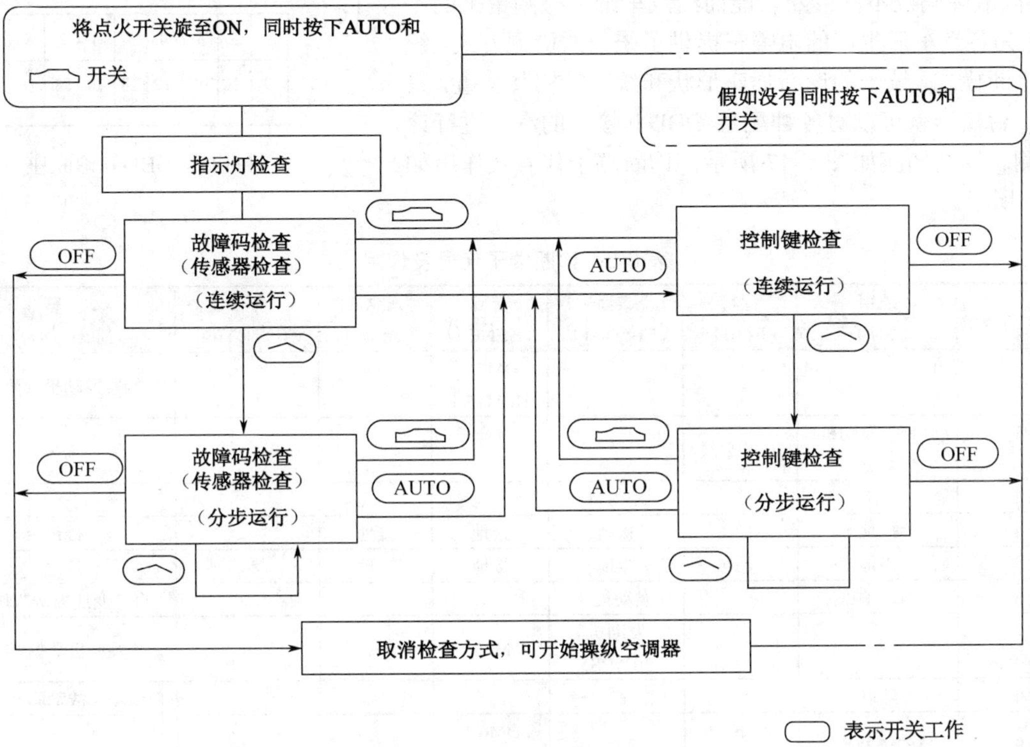

图 6-46　诊断检查的操作

f. 如果需要慢显示，可按动 UP 开关，使计算机输出显示改为分步操作，每按一次 UP 开关，显示屏上会由小到大显示一次故障码。

当显示故障码改变时，蜂鸣器会发出声响。

如果在分步检查后，按下 REC 开关，则屏上会自动把每间隔 1s 连续显示控制键故障码，如果按动 UP 开关，控制键检查的故障码会重新分步显示。

如果按下 AUTO 开关，电脑会从控制键检查方式自动进入诊断传感器检查方式。

在诊断检查操作过程中，只要按动 OFF 开关，电脑都会自动退出诊断检查，进入空调器操纵过程。

在读出了储存在电脑中的故障码后，必须首先消除存储在电脑中故障码，因为存储在电脑中的故障码不会自动消除。否则，故障排除后，一检查故障码，电脑又会输出来带来误诊。

控制键检查方式与传感器电路相同，而清除控制键检查故障码，只要按下 OFF 开关即可。

2）OBD Ⅱ车载自诊断系统应用

OBD Ⅱ是 ON BOARD DIAGNOSITICS Ⅱ的缩写，即第二代车载诊断系统，它是由美国汽车工程学会（SAE）倡导提出，经美国环境保护局（EPA）和美国加州空气资源协会（CARB）认证通过的一套汽车通信协议标准。目前世界各汽车制造厂都在将 OBD Ⅱ技术应用于新生产车，1994 年后的通用、福特、克莱斯勒和 1995 年后的奔驰、沃尔沃、三菱、马自达、本田、丰田等逐渐采用 OBD Ⅱ诊断模式。美国政府要求 1998 年以后销往美国的电喷汽车都必须加装该自诊断系统。

（1）OBDⅡ系统的主要特点。

① 统一诊断插座为 16 端子，并统一安装在驾驶室仪表板下方转向柱附近，杜绝了各汽车厂采用不同的诊断插座、不同故障码及不同诊断功能而给汽车维护检测带来的不便，它为各汽车厂生产的电喷车提供了统一的检测方式、统一的诊断模式、统一的诊断插座形状和统一的安装位置，只需要一台仪器就可以对各种配备 OBDⅡ接口的汽车进行诊断检测。诊断插座如图 6-47 所示，诊断端子代号及作用如表 6-6 所示。

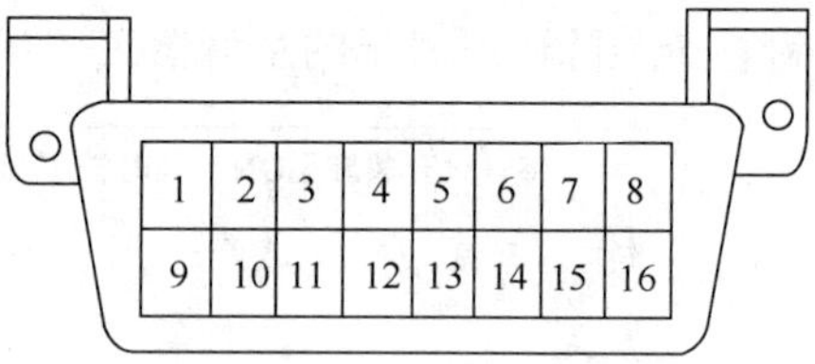

图 6-47　OBDⅡ诊断座

表 6-6　诊断端子代号及作用

端子代号	通用（GM）	福特（Ford）	克莱斯勒（Chrysler）	奔驰（BENE）	沃尔沃（Volvo）	丰田（TOYOTA）	三菱（Mitsubishi）
1				DM7/1 HFM15/1			触发发动机故障码
2 SAE-J2012	“M”发动机数据	BUS 总线					
3	悬架		SRS-4	A2 BUS			
4	接地	接地	接地	接地	接地	接地	接地
5	接地	接地	接地	接地	接地	接地	接地
6	“B”触发		发动机 9				自动变速器故障码 9
7 ISO-9141			发动机 30 ABS5	DM23/1	A6 BUS		发动机数据 92
8	防盗						ABs 故障码 22
9	BCM 数据			DM6/1 HFM16/1			
10 SAE-J2012		BUSS					发动机数据 86
11	悬架		SRS				
12							SRS 诊断 9
13		触发	SRS				定速 24
14	音响空调						
15 ISO-9414							
16	B+	B+	B+	B+	B+	B+	B+

② 具有数值分析、数据传输功能。数据传输标准：欧洲统一标准 ISO-Ⅱ（利用端子 7 和 15）；美国统一标准 SAE（利用端子 2 和 10）。

③ 具有行车记录功能。能记录车辆行驶过程中有关数据，进行车辆运行时动态数据分析，使故障分析、维修更加准确、快捷和方便。

④ 具有重新显示记忆故障功能。

⑤ 可由仪器直接清除故障码。

（2）OBDⅡ故障码的代表含意及特点。OBDⅡ系统采用意义相同的统一故障码。

各种车辆相同故障码代表意义相同。OBDⅡ故障码由 5 个字母数字组成，第一个是英文代号，代表测试系统，如 B 代表车身计算机，C 代表底盘计算机，P 代表发动机、变速器计算机，U 未定义，由 SAE 另行发布。第 2 到第 5 个为数字码，每一个代码均有特殊含义，如 P1352 可表示。

P——代表测试系统。

1——代表汽车制造厂商码。

3——代表 SAE 定义故障码范围。

52——代表原厂故障码。

故障码前 2 位代码表示意义不同，例如：

P0——发动机、变速器计算机控制系统，由 SAE 统一制定故障码。

P1——发动机、变速器计算机控制系统，由厂家自行制定故障码。

P2——发动机、变速器计算机控制系统预留故障码。

P3——发动机、变速器计算机控制系统预留故障码。

CO——底盘计算机控制系统，由 SAE 统一制定故障码。

C1——底盘计算机控制系统，由厂家自行制定故障码。

C2——底盘计算机控制系统预留故障码。

C3——底盘计算机控制系统预留故障码。

B0——车身计算机控制系统，由 SAE 统一制定故障码。

B1——车身计算机控制系统，由厂家自行制定故障码。

B2——车身计算机控制系统预留故障码。

B3——车身计算机控制系统预留故障码。

U0——车载网络相关故障码。

U1——车载网络相关故障码。

U2——车载网络相关故障码。

U3——车载网络相关故障码。

故障码第 3 位代表 SAE 定义故障码范围，各数字含义具体规定如下。

1 —燃油或进气系统不良。

2——燃油或进气系统不良。

3——点火系统不良或发动机间歇性缺火。

4——排放控制辅助装置系统不良。

5——汽车怠速控制系统不良。

6——计算机或输出控制单元不良。

7——变速器控制系统不良。

OBD Ⅱ发动机和变速器的故障码大致分为 10 类，具体情况如下。

P01××——燃油和进气系统。

P02××——燃油和进气系统。

P03××——点火系统。

P04××——排放控制相关系统。

P05××——车速传感器，怠速控制相关系统。

P06××——控制计算机相关系统。

P07××——变速器故障码。

P08××——变速器故障码。

P09××——SAE 预留故障码。

P00××——SAE 预留故障码。

故障码（P0000～P9999）为 SAE 统一规定部分，这部分故障码很多，不加详述。

故障码（P1000～P1795）为各厂家自行制定部分，这部分故障码也很多，不再详述。

OBD Ⅱ故障码 1996 年已增加到 1000 多个，测试范围遍及汽车各个系统，由于 OBD Ⅱ诊断模式采用高速数据传输方式，所以汽车的检测必须使用专用设备。

（3）OBD Ⅱ系统故障码的读取与清除。OBD Ⅱ系统故障码的读取与清除随车型的不同而不同，但多数 OBD Ⅱ故障码的读取和清除都必须使用专用诊断仪。具体的处理方法，可参看各车型维修手册。

3．微机控制汽车空调故障表

如果在传感器电路故障码检查时显示的是正常故障码（0 0），但是空调系统的故障仍然存在或重新出现，则应针对每种故障的症状进行排除，并按照表 6-7 所示的排除故障的顺序检查每种电路和空调器件。在每种故障的可能原因按表规定的顺序全部检查完毕且未见异常后，此时便应检查或更换空调各个控制部件（包括计算机控制器）。

表 6-7　计算机控制空调故障的症状与检修

故障症状		可疑电路、器件和检查顺序
风量控制	鼓风机不运行	① 点火电源电路 ② 空调器控制电源电路 ③ 供暖主继电器电路 ④ 空调器送风机电动机电路 ⑤ 冷却液温度传感器电路 ⑥ 计算机控制器
	鼓风机无控制	① 点火电源电路 ② 功率晶体管电路 ③ 超高速继电器电路 ④ 供暖主继电器电路 ⑤ 鼓风机电动机电路 ⑥ 冷却液温度传感器电路 ⑦ 计算机控制器
	风量不足	鼓风机电动机电路
温度控制	无冷空气输出	① 制冷剂漏光 ② 传动 V 带折断或张力不够 ③ 用表阀检查制冷系统 ④ 压缩机电路 ⑤ 制冷剂压力开关电路 ⑥ 压缩机锁定传感器电路 ⑦ 空气混合温度门位置传感器电路 ⑧ 空气混合伺服电动机电路 ⑨ 车内温度传感器电路 ⑩ 车外温度传感器电路 ⑪ 蒸发器温度传感器电路 ⑫ 点火电源电路 ⑬ 空调器控制电源电路 ⑭ 供暖主继电器电路 ⑮ 鼓风机电动机电路 ⑯ 点火器电路 ⑰ 计算机控制器
	无暖风送出	① 热水阀 ② 冷却液温度传感器电路 ③ 空气混合温度门位置传感器电路 ④ 空气混合伺服电动机电路 ⑤ 点火电源电路

续表

故障症状		可疑电路、器件和检查顺序
温度控制	无暖风送出	⑥ 空调器控制电源电路 ⑦ 供暖主继电器电路 ⑧ 鼓风机电动机电路 ⑨ 车内温度传感器电路 ⑩ 车外温度传感器电路 ⑪ 蒸发器温度传感器电路 ⑫ 计算机控制器
	输出空气温度比规定值高或者低，或者响应缓慢	① 制冷剂量 ② 传动V带张力 ③ 用表阀检查制冷系统 ④ 冷凝器风机电路 ⑤ 热水阀⑥ 鼓风机电动机电路 ⑦ 阳光辐射传感器电路 ⑧ 车内温度传感器电路 ⑨ 车外温度传感器电路 ⑩ 蒸发器温度传感器电路 ⑪ 冷却液温度传感器电路 ⑫ 空气混合温度门位置传感器电路 ⑬ 空气混合伺服电动机电路 ⑭ 进气风门位置传感器电路 ⑮ 进气风门伺服电动机电路 ⑯ 冷凝器 ⑰ 储液干燥器 ⑱ 蒸发器 ⑲ 加热器芯 ⑳ 膨胀阀 ㉑ 计算机控制器
	无温度控制，只有冷气或暖气不足	① 车内温度传感器电路 ②车外温度传感器电路 ③ 空气混合温度门位置传感器电路 ④ 空气混合伺服电动机电路 ⑤ 计算机控制器
	无进气控制	① 进气风门位置传感器电路 ② 进气风门伺服电动机电路 ③ 计算机控制器
	出气气流无法控制	① 功能选择键伺服电动机电路 ② 最大制冷伺服电动机电路 ③ 空调计算机控制器
	发动机怠速时，不出现转速提高或持续提高	① 压缩机电路 ② 空调计算机控制器 ③ 发动机和变速器计算机控制器
后置空调器故障	后鼓风机不运行	① 后空调器送风机电动机电路 ② 后空调器控制开关电路 ③ 计算机控制器

续表

故障症状		可疑电路、器件和检查顺序
后置空调器故障	无后鼓风机控制	① 后空调器高速送风机控制电路 ② 后空调器超低速送风机控制电路 ③ 烟雾传感器电路 ④ 后空调器控制开关电路 ⑤ 计算机控制器
	无后冷气输出	① 后空调器电磁阀电路 ② 计算机控制器
	后输出空气温度与规定值不符，或响应缓慢	① 后空调器电磁阀电路 ② 后空调器高速送风机控制电路 ③ 烟雾传感器电路 ④ 后空调器控制开关电路 ⑤ 空调计算机控制器
	后气流风口不可控制	① 后空调器控制开关电路 ② 空调计算机控制器

4．微机控制空调电路检修方法

计算机控制空调和其他空调故障的最大不同点是电路复杂，连接器多。可以参照相关电路图检查各电路中元件位置。

1）车内温度传感器电路

当诊断传感器电路时，故障码显示为 46 或 11，说明车内温度传感器电路中有开路或短路故障，可用如下的方法解决。

（1）将车内温度传感器拆下，并用万用表测量其阻值随温度变化的情况。若电阻值随温度上升而下降，传感器性能良好；若电阻值不变化，说明传感器已损坏，必须更换。

（2）检查传感器到电脑控制器之间的配线和连接器是否断开、短路、松脱、锈蚀等，重新接紧和更换已经坏了的配线和连接器。

（3）通过上面步骤检修后，故障仍然存在，即重新进行传感器电路检查，此时若仍不断显示 46 或 11 故障码，则说明空调计算机控制器已坏，需要更换。

2）车外温度传感器电路

其故障码为 12，说明车外温度传感器电路内有开路或短路，故障的检修方法与步骤同车内温度传感器电路一样。

3）蒸发器温度传感器电路

其故障码为 13，说明蒸发器温度传感器电路中有开路或短路，故障的检修方法与步骤同车内温度传感器电路一样。

4）发动机冷却液温度传感器电路

其故障码为 14，说明发动机冷却液温度传感器电路内有开路或短路，故障的检修方法与步骤同车内温度传感器电路一样。

5）阳光辐射传感器电路

阳光辐射传感器是一个光敏二极管，当诊断传感器电路时，其诊断故障码显示为 21，说明阳光辐射传感器电路内有短路故障。用如下方法进行检修。

（1）用万用电表检测阳光辐射传感器电路中传感器的两端，当灯光照射时，其端电压应该小于 4V，但用布包盖传感器时，其端电压为 4～4.5V；取出布包，将灯光慢慢远离传感器，传感器两端电压应慢慢增大。

另外，在黑暗中检查阳光辐射传感器的电阻，阻值应该无限大，处于不导通状态，而用灯光照射传感器，其电阻约为4Ω，处于导通状态。当慢慢移开灯光时，其电阻应逐渐增大。

如用万用表测到其电压为无限大，电阻为零，则说明阳光辐射传感器内部已经短路，需要更换。

（2）、（3）步和车内温度传感器诊断步骤的（2）、（3）相同。

6）压缩机锁定传感器电路

压缩机锁定传感器安装在压缩机内，当发动机每转一圈，向空调计算机控制器发出四个脉冲信号。如果压缩机的转速与发动机转速之比小于预定值，则空调计算机控制器自动切断压缩机电磁离合器电路，同时使空调开关指示灯，以0.5s发光，0.5s熄灭的方式闪光报警。此时，进行传感器电路检查，屏上显示的故障码为22，则说明压缩机锁定传感器电路起作用。

其故障可用如下的方法进行检修。

（1）检查V带张力是否过小或者松弛，并调整张力到规定值。

（2）检查视液镜内制冷剂流量是否过多。

（3）检查排气压力是否过高，并排除排气压力过高的原因。

（4）离合器处是否有冷冻润滑油引起打滑。

（5）将压缩机锁定传感器的接线从连接器中拆出，用万用表测量电阻，若电阻无限大，则为正常，若电阻为零，则锁定传感器已坏，需更换。

（6）检查锁定传感器到计算机控制之间的配线和连接器是否短路、断路、松脱、腐蚀等损坏，并修理或更换。

（7）当上述检修后，压缩机仍处于锁定状态，则应更换计算机控制器。

7）制冷剂压力开关电路

一般在空调制冷系统压力出现异常时，制冷剂压力开关会向空调电脑发出信号，空调电脑接到此信号后，再发出指令，通过发动机和变速器电脑控制器输出信号，将压缩机电磁离合器继电器开关切断，压缩机便停止运行。若进行传感器电路检查，故障码显示为23，说明压力开关电路处于开路状态，制冷剂压力异常。此时可用如下的方法检修。

（1）用表阀检查制冷剂的压力，若压力低于表压力196kPa或高于2700kPa（对于R-134a制冷剂，则为3140kPa）时，压力开关两端的电压为12V，其电阻为无穷大（不导通），若为196kPa～2700kPa时压力开关导通则为性能良好。若为196kPa～2700kPa时，压力开关断开，或在低于196kPa、高于2700kPa时，压力开关导通，则说明压力开关已损坏，需要更换。

（2）检查压力开关到计算机控制器之间的配线、连接器是否短路、断开、松脱或腐蚀，然后更换损坏的配线和连接器。

（3）对制冷系统，管件接头进行检漏，并予修理。

（4）若上述检修后，显示压力开关电路的故障码仍然是23，其工作仍显不正常，则应该更换空调计算机控制器。

8）空气混合温度门位置传感器电路

空气混合温度门位置传感器功能是检测空气混合温度门的开度，向空调计算机控制器发出信号，它安装在空气混合伺服电动机内。在检查传感器电路故障码时，若显示的故障码为31，则表示空气混合温度门位置传感器电路接地开路或电源短路；若显示的故障码为41，则表示在空气混合温度门位置传感器电路中，存在这样的故障：计算机能启动空气混合伺服电动机工作，但空气混合温度门位置传感器有故障（传感器电压没有变化）。检修该电路的方法如下。

（1）当空气混合温度门的位置从最冷位置移至最热位置时，传感器的电压应从4V下降到约1V，而其电阻从3.76kΩ～5.76kΩ下降到0.94kΩ～1.44kΩ，否则传感器已损坏，应予更换。

（2）检查传感器到计算机控制器之间的配线，连接器是否短路、开路、脱落或腐蚀。

（3）检查空气混合伺服电动机是否损坏，若已损坏（短路），则需要更换。

（4）通过上面检修后，故障仍然存在，显示的诊断故障码仍然是 31 或 41，则需更换空调计算机控制器。

9）进气风门位置传感器电路

进气风门位置传感器的功能为检测进气风门的位置，向计算机发出信号，该传感器置于进气风门伺服电动机内。当它的故障码为 31 时，说明进气风门位置传感器电路接地开路或电源电路短路。当故障码为 42 时，表示即使计算机仍能启动进气风门伺服电动机工作，但进气风门位置传感器输出信号无变化。进气风门位置传感器及其电路与上述空气混合温度门传感器、电路相似，故其检修方法也类似。区别仅在检测传感器输出数据时，空气混合温度门传感器是启动最冷和最暖开关，而进气风门位置传感器是启动车外空气和车内空气循环开关。

10）最大制冷风门位置传感器电路

其电路的工作原理和空气混合温度门位置传感器电路相差无几，即都是应用二极管来检测风门的位置，并向计算机控制器发出合适的信号。最大制冷风门有三个位置，故有三个二极管；同时当最大制冷风门在开启的位置时，通过本电路的 IC 集成电路向空气混合温度门位置传感器电路和进气风门位置传感器电路发出指令，使它们处在最大电阻状态下工作，即进气风门处在车内空气循环位置，而空气混合门将关闭热空气通路，并指令关闭热水阀。同时计算机指令超高速继电器接通鼓风机电动机电路，使鼓风机电动机高速运行，将最大冷空气量送到车内。

当诊断传感器电路时，屏上显示诊断故障码为 34 时，则表示最大制冷风门位置传感器电路的接地已开路或电源电路短路；当故障码为 44 时，表示即使计算机能指令最大制冷伺服电动机工作，但最大制冷风门位置传感器输出信号无变化。

显然，最大制冷风门位置传感器电路的检修方法与空气混合温度门位置传感器电路类似。

11）空气混合伺服电动机电路

本电路的作用是将空气混合温度门转至所需的开度，以输入车内所需的空气温度。

当诊断传感器电路时，屏上显示出故障码为 41，表示计算机即使能启动空气混合伺服电动机，空气混合温度门位置传感器没有变化输出信号，此时，应将故障诊断方式转至控制键诊断方法。

按下 REC 键，使空调计算机转入控制键检查方式。按下 UP 键，显示 20～23 故障码时，表明热空气通路关闭，吹出冷气通路通；显示 24～26 故障码时，表明空气混合温度门处于供给 50%热气通路开启，吹出风为冷/热风，调配过的送风；显示 27～29 故障码时，表明空气混合温度门处于 100%开度，此时送出空气为暖风。

若计算机的诊断故障码为 41，以及控制键检查显示的故障码与空调器工作状况不符，则说明空气混合伺服电动机电路发生故障，其检修方法如下。

（1）检查该伺服电动机是否有故障。

（2）检查传感器是否失效。

（3）本电路的配线，连接器是否有断开、短路、脱落、腐蚀等故障。

（4）如仍无法排除则应更换空调计算机控制器。

12）进气风门伺服电动机电路

本电路的作用是将进气风门移到所需位置。

当诊断传感器电路时，若屏上显示出故障码为 42，表示计算机即使能启动进气风门伺服电动机工作，但其传感器没有变化的输出信号。当进行功能键检查诊断，检查进气风门状况时，在正常状况下，按下 UP∧键后，出现的故障码为 20～21、24～29，表示车外风门打开，车内空气循环风门关闭；当故障码为22时，表示进气风门在中间；当故障码为23时，表示车外风门关闭，车内空气循环风门打开。

本电路的检修方法与空气混合伺服电动机电路类似。

13）最大制冷伺服电动机电路

本电路的作用是将最大制冷风门移至所需的开度。

当故障码为44，进行控制键检查时，按下UP∧键，检查最大制冷风门位置及鼓风机电动机的噪声和送风量状况。

故障码为20～21时，表明冷风量最大，鼓风机噪声能听到；故障码为22时，表明冷风量中等，鼓风机噪声很小；当故障码为23～29时，表明最大制冷风门关闭。

其检修方法与空气混合伺服电动机电路类似。

14）供暖继电器电路

本电路由空调计算机控制器发出指令后，便向鼓风机电动机提供电源。

本电路的工作状况如下：当功能键在Foot，F/D，Def三个键时，LC电路向空调计算机控制器发出需供暖的信号。此时，接通供暖继电器电路，并由点火开关向鼓风机电动机提供电源。也就是说，供暖时，发动机仍必须运行，鼓风机电动机才能获得电源而运转。

检查供暖继电器电路的方法如下。

（1）从连接器上拆下供暖继电器到计算机控制器的连线，并将点火开关和供暖继电器接通，这时，当点火位置在ON时，主继电器电压为0，鼓风机应为12V电压；若点火位置在OFF，则主继电器为12V电压，鼓风机电压为0，这才是正常的，否则进行下列检查步骤。

（2）检查熔断器中熔丝是否断开。

（3）检查蓄电池到供暖继电器，计算机控制器之间的配线和连接器是否已开路、短路、松脱、腐蚀等。

（4）将供暖继电器的五条连接线从连接器中取出，用万用表测量电磁线圈是否短路或开路（若电阻为0，则为短路；电阻为无限大，则为开路），若电磁线圈完好，则施加12V电压，测量触头电阻，若电阻比较大，则触头已损坏，需要更换。

（5）进行上述四步骤后，若故障仍然存在，则需要更换计算机控制器。

15）鼓风机电动机电路

鼓风机电动机运转应平稳，且转速能够控制，鼓风机电动机的电阻约为1.8Ω。

当检修鼓风机电动机电路时，首先检查鼓风机电阻器是否已断开。

16）超高速继电器电路

在最大制冷时，需要鼓风机电动机超高速运行。这时，计算机发出指令，将超高速继电器电路接通，使鼓风机电动机电路与电阻器断开，而通过继电器的无电阻状态下高速运转。

检查超高速继电器电路很简单，让计算机进入控制键检查诊断方式，并按下UP∧键，检查鼓风机工作状况。故障码在21～28时，鼓风机都在中转速工作，故障码为29时，鼓风机为高转速工作，属正常，否则应更换超高速继电器。

17）功率晶体管电路

功率晶体管电路的功能是控制鼓风机电动机的转速，当超高速继电器接通后，鼓风机电动机处于无电阻超高速工作。当车内温度逐渐降低接近设定温度时，计算机控制器便会向功率晶体管基极发出信号，并不断增大基极电流，从而控制了晶体管的集电极和发射极之间的电压，这样也控制了鼓风机电动机的输入电压。当车内温度离设定的温度距离较大时，功率晶体管集电极与发射极之间的电压较小，鼓风机电动机的输入电压则较大，它将以超高速工作，供给大量冷气。随着车内温度的降低，功率晶体管电压在计算机控制下将不断下降，但在温度下降过程中，引起的电压下降量较小，还不足以使鼓风机转速下降。当预定温度和车内温度达到平衡时，晶体管在基极某一电流作用下，发射极与集电极之间电压产生较快增大，迅速影响鼓风机电动机，使其输入电压迅速变小，风扇转速变慢下来。这样就能使空调器进入至设定温度范围的微调工作状态。

晶体管电路比较简单，所以只需要检查晶体管是否已击穿或熔丝是否熔断即可。

18）功能选择键伺服电动机电路

本电路由计算机控制器发出信号来启动伺服电动机运行，以改变送风门的开度位置。当控制器接受功能选择的AUTO的信号时，控制器会按设定的温度在FACE（面部），BILEVEL（双层），FOOT（足部）几种方式自动改变送风的位置。

当计算机处于诊断控制键检查方式时，按下UP∧键，功能选择键控制伺服电动机电路供给正常气流状况故障码如下。

显示的故障码为20～22时，应该是最大面部风向；当显示的故障码为23时，则为中速面部风向；当显示故障码为24～25时，是面部和足部的双层风向；当显示故障码为26～27时，是吹向足部的热风；当显示故障码为28时，是吹向足部和风窗玻璃除霜热风；当显示故障码为29时，则为吹向风窗玻璃的除霜热风。

如果风向和温度不是如此，则应对功能键伺服电动机电路进行检修，其方法如下。

（1）检查功能状态触摸键内5个二极管是否工作良好。

（2）伺服电动机的电阻应为1.8Ω，且运转平稳，无噪声。

（3）检查功能选择器和计算机控制器的配线和连接器是否有断开、短路、脱落和腐蚀。

（4）检查本电路的电源是否开路和短路，特别是易熔线、点火开关及熔断器内120A的总熔丝和40A的主熔丝是否完好。

（5）若上述检修完毕，功能选择键状态控制伺服电动机电路仍有故障，则应更换计算机控制器。

19）压缩机电路

压缩机电路中包括A/C电磁离合器继电器和计算机控制器。它的工作过程如下：空调计算机控制器向发动机和变速器的计算机控制器输出吸合电磁离合器继电器的信号时，由发动机和变速器计算机控制器将电磁离合器继电器电源接通，则空调压缩机离合器电源接通吸合，使压缩机运行。空调计算机控制器还需在A/C IN接口中设立检测站，以监测电磁离合器是否向压缩机离合器提供电源。

由发动机电脑控制器来控制电磁离合器继电器的电路的原因，是在怠速时能通过VSV阀来提高发动机的转速，并且可以按发动机的工况来决定是否断开压缩机的工作。例如，在汽车爬坡、高速超车的工况下，发动机计算机控制器都会自动切断离合器继电器通向压缩机的电路，尽管空调计算机控制器此时仍发出接通信号。当发动机大负荷工况消失后，发动机计算机又会自动接通压缩机电路。

本电路按常规检测离合器继电器、电磁离合器的电阻即可，另外再检查配线、连接器的状况及电源熔丝等。

20）烟雾传感器电路

烟雾传感器设置在后空调内，若没有后空调系统，则在排风口设立排气扇，由计算机控制其开、关。

当空调的工作状态在Auto键时，本传感器将感测到空气中烟雾浓度信号输送到计算机控制器，当烟雾浓度达到规定值时，计算机控制器发出指令，让后空调鼓风机或排气扇低速工作，排除烟雾清洁空气。

计算机空调系统还有一些其他电路，这里不一一介绍。总的来说，电脑空调电路系统比较复杂，需要一定的电学知识。在检测计算机空调系统时首先应分析电路，再按照上述检查步骤一步步进行。

6.3 实训作业

【实训要求】

整车性能良好，汽车空调正常工作，汽车车型多样化的汽车实训场地。汽车空调各种电子控制元器件，万用表，汽车空调检测维修设备，在教学过程中，让学生先熟练对检测仪器使用，然后动手操作。

【实训时间】

气温比较高的时候，以便体验汽车空调电子控制系统故障被排除的成就感。

【教学要求】

将学生合理分成若干小组，每组共用一辆整车，教师按照入门指导、示范操作、巡回指导的步骤，引导学生进行正确的动手操作。

6.3.1 自动空调控制系统的认识

自动空调控制面板各按钮功能如图 6-48 所示。

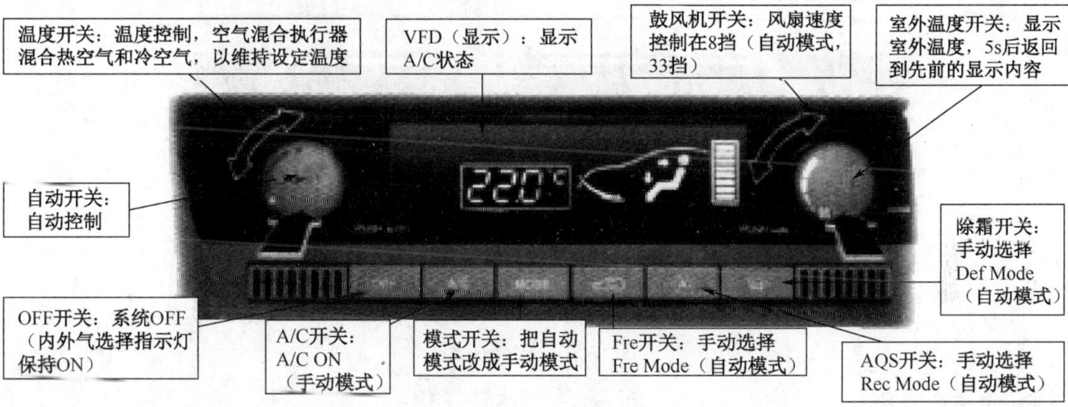

图 6-48 自动空调控制面板各按钮功能

显示窗内各个符号含义如图 6-49 所示：

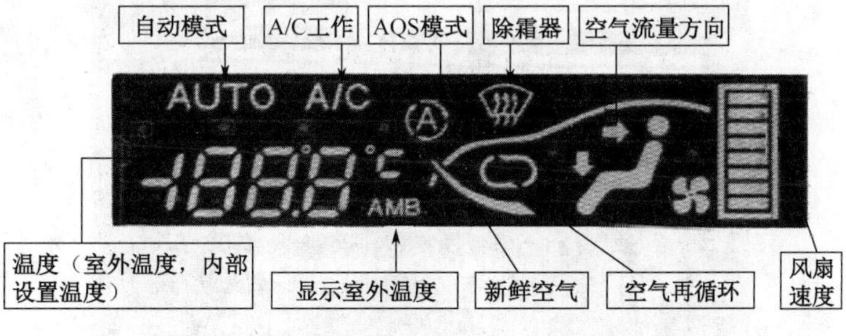

图 6-49 自动空调控制面板显示窗符号含义

6.3.2 自动空调检测、维修

现代伊兰特及索纳塔轿车的自动空调系统具有故障自诊断系统，其诊断方法和故障内容如下。

1．自诊断方法

（1）打开点火开关 OFF-ON。

（2）按下 AUTO 按钮状态，2s 内连续按下 AMB 按钮 4 次以下，如图 6-50 所示。

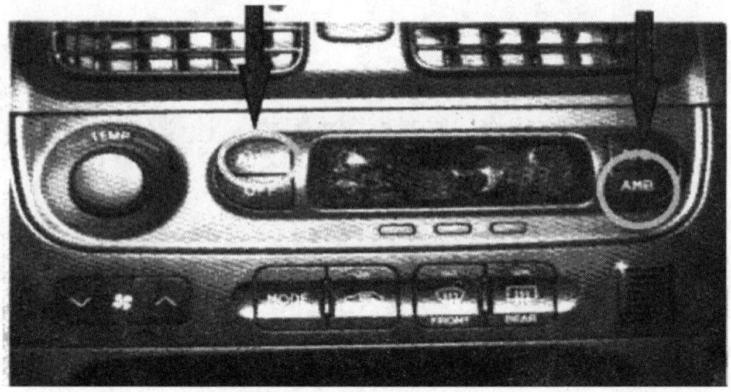

图 6-50 启动自诊断

（3）液晶显示屏内的全部显示灯以 0.5s 周期闪亮 3 次，如图 6-51 所示。

图 6-51 液晶屏亮

（4）实施自我诊断。

（5）显示故障代码，如图 6-52 所示。

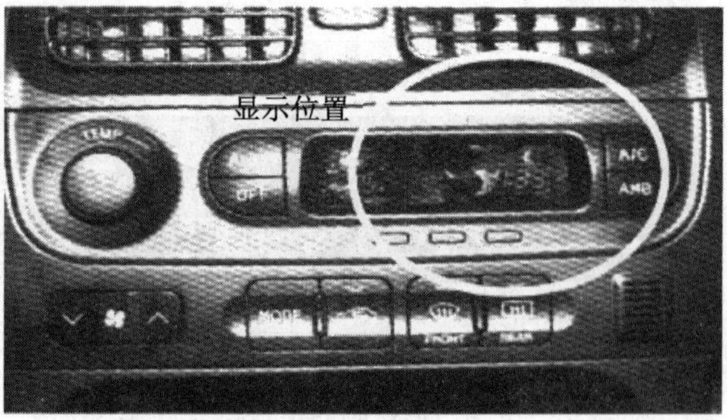

图 6-52 故障代码的显示位置

（6）按下 OFF 按钮，复位至自我诊断之前工作模式。

2．故障代码显示表示方法

故障代码在液晶屏上的显示方法如图 6-53 所示。

图 6-53 显示故障代码

6.4 阅读资料

日产风度 A32 汽车空调局域网控制系统简介。

1．汽车空调系统 LAN 控制原理

日产风度 A32 车系所配置的汽车空调系统全面采用 LAN 控制技术。

LAN 的全称是 Local Area Network，其字面含义为局域网络，在汽车空调系统中，指该汽车空调系统采用汽车局部网络通信技术传递数据信号，再由各个局部控制单元接收指令、识别指令和发出反馈信号来完成整个系统的工作。它的成功应用标志着汽车新技术将再次革命。

日产风度 A32 LAN 汽车空调控制系统的工作原理如图 6-54 所示。

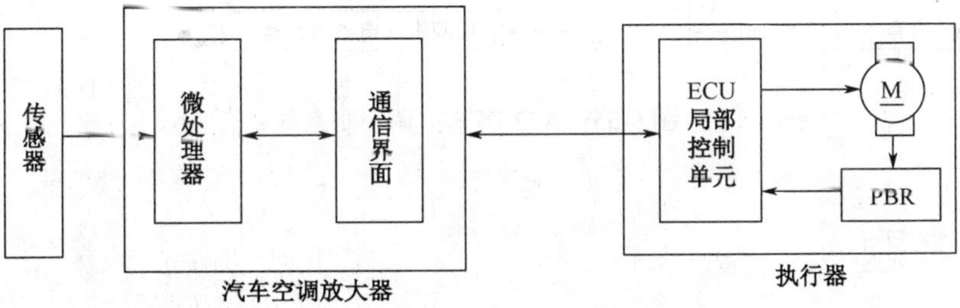

图 6-54 LAN 系统工作原理

在 LAN 系统中，汽车空调放大器与空气混合门电动机、模式门电动机之间建有一个小型的网络，它们之间通过数据传输线路和电动机供电线路连接在一起。其工作过程如下：汽车空调放大器接收来自各个传感器的信号和工作指令，并利用执行器中的 PBR（位置传感器）反馈信号，将调节空气参数的指令即空气混合门和模式门开启角度数据发送到空气混合门电动机 ECU 和模式门电动机 ECU，完成既定工作。

其中置于空气混合门电动机和模式门电动机中的 ECU 的功能包括地址、电动机开启角度信号、数据传输、电动机停止和转动指令、开启角度传感器（PBR 功能）、比较、指令（自动放大器的指令值与电动机开启角度的比较）。

它与普通控制系统的根本区别在于执行器接受指令动作后，将完成指令的工况反馈到系统控制器中，与发送信号进行比较，如果存在执行误差，控制器将根据 PBR 的参数及时修正，直至完成设定值。

这种全新的控制理念和工作模式，使汽车空调的控制效果更具现代意义，也是汽车控制系统的更新趋势。

2．LAN 控制系统的组成

A32 汽车空调控制系统包括输入传感器及设定开关、汽车空调放大器（微处理器）、执行器。这些部件之间的关系如图 6-55 所示。

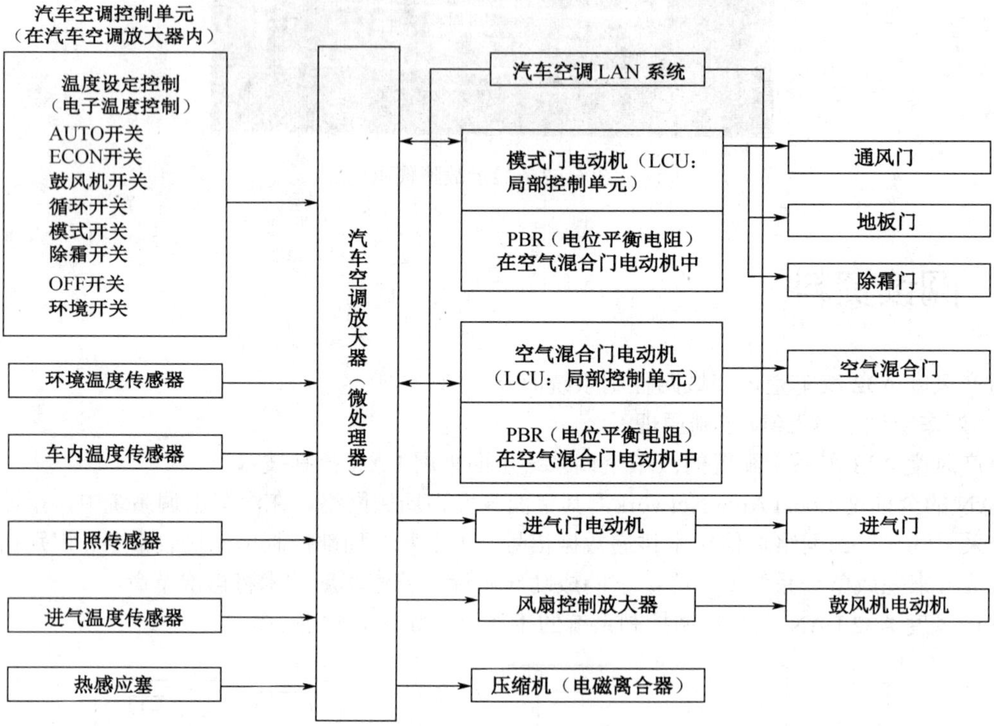

图 6-55　A32 汽车空调控制系统

复习与思考题

1．汽车自动空调系统一般具有哪些功能？
2．试述汽车自动空调系统的系统组成及各部分的作用。
3．汽车自动空调系统主要有哪些传感器？
4．汽车自动空调控制的内容主要有哪些方面？
5．试述带自诊断系统的空调故障排除程序。
6．如何调取和取消汽车空调的故障代码？

项目 7　汽车空调的使用与维护

项目描述

本项目是在全面学习了汽车空调各部分内容之后，介绍如何正确使用汽车空调，如何对汽车空调进行合理的维护。

知识目标

了解汽车空调的正确使用与维护方法。

技能目标

能正确进行汽车空调的使用和维护。

重点掌握内容：汽车空调的正确使用与维护。

7.1 接待登记

维修接待人员应具有良好的形象气质和较强的组织协调能力，并善于和客户进行有效的沟通，表现出对顾客关注与尊重，体现出高水平的业务素质。

在接待过程中，维修接待人员有两项重要工作要做：一是填写接车问诊登记表（又称接车检查单），二是签订维修施工单（又称任务委托书、维修任务委托书或委托维修合同）。

1．填写接车问诊登记表

为避免顾客在提车时产生不必要的误会或纠纷，在客户车辆进入维修车间前，维修接待人员必须与顾客一起进行环车检查。环车检查的主要内容包括车辆外观是否有漆面损伤、车窗玻璃是否完好、内饰是否有脏污、仪表盘表面是否有损坏、随车工具附件是否齐全、车内和后备箱是否有贵重物品等。检查完成后，填写接车问诊登记表并经顾客签字确认。接车问诊登记表如表 7-1 所示，一般一式两份，一份交顾客保管，一份由企业保管。

2．维修施工单

维修施工单（又称任务委托书、维修任务委托书或委托维修合同）是顾客委托服务企业进行车辆维修的合同文本。

维修施工单的主要内容包括顾客信息、车辆信息、维修服务企业信息、维修作业任务内容、附加信息及顾客签字，如表 7-2 所示。

维修施工单一式三份，其中一份交给顾客，作为顾客提车时的凭证，以证明顾客曾经将该车交付维修企业维修，顾客结算提车时收回或盖章（“已提车”字样）；企业自用两份，一份用于维修车间派工及维修人员领料使用，另一份留底保存，以便查对。

根据车辆维修项目的不同，维修施工单的内容也有所不同。车辆如果只是进行一级维护，则接待人员可以直接同顾客签订维修施工单。车辆如果需要进行故障修理，则应对顾客车辆进行技术性检查和初步故障诊断，验证故障现象，必要时需请技术人员和顾客一起试车检验或用仪器检测。根据检测诊断结果，拟订维修方案，初步估算修理工时费用、材料费用及其他费用，预计完工时间，打印好任务委托书，并请顾客签字确认。

维修接待人员同顾客签订维修施工单时需同顾客解释清楚维修施工单的内容。重点解释说明维修项目、估算修理工时费用、材料费用、其他费用和预计完工时间等。

表 7-1 接车问诊登记表

接车问诊登记表

车牌号：________ 车架号：________ 行驶里程：________（km）

用户名：________ 电话：________ 来店时间：________

用户陈述：（故障发生时的状况）

故障发生状况提示：（行驶速度、发动机状态、发生时间、部位、天气、路况、声音等描述）

接车员检测确认建议：

车间检测确认结果及主要故障零部件：

车间检查确认者签名：________

外观确认：（请在有缺陷的部位作标识）

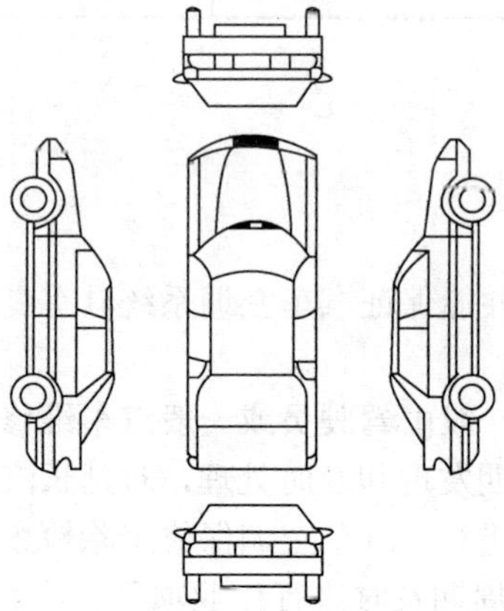

功能确认：（工作正常√ 不正常×）

□音响系统 □后视镜 □全车灯光 □工具

□门锁（防盗器）□天窗 □点烟器 □座椅

□玻璃升降器 □玻璃

物品确认：（有√ 无×）

□贵重物品提示

□工具 □备胎 □灭火器 □其他

旧件是否交还用户 □是 □否

用户是否需要洗车 □是 □否

检测费用说明：本次检测的故障如用户在本店维修，检测费用包含在修理费用内；如用户不在本店维修，请您支付检测费用。

本次检测费用：________元。

贵重物品：在将车辆交给我店检查修理前，已提示将车内贵重物品自行收起并保存好，如有遗失恕不负责。

接车员：________ 用户确认：________

表 7-2　维修施工单

<table>
<tr><th colspan="6">顾客签字</th><th colspan="7">业务接待员签字</th></tr>
<tr><td colspan="6"></td><td colspan="7"></td></tr>
<tr><td colspan="6">工单 NO：</td><td colspan="7">业务接待员：</td></tr>
<tr><td>车牌号</td><td colspan="3"></td><td colspan="2">VINNO</td><td colspan="7"></td></tr>
<tr><td>顾客 ID</td><td colspan="3"></td><td colspan="2">顾客姓名</td><td colspan="7"></td></tr>
<tr><td>邮政编码</td><td colspan="3"></td><td colspan="2">地址</td><td colspan="7"></td></tr>
<tr><td>电话 1</td><td colspan="3"></td><td colspan="2">电话 2</td><td colspan="7"></td></tr>
<tr><td>车型</td><td colspan="3"></td><td colspan="2">SFX</td><td>外观色</td><td colspan="2"></td><td colspan="3">内饰色</td><td></td></tr>
<tr><td colspan="13">入厂履历</td></tr>
<tr><td>上次行驶公里</td><td colspan="3"></td><td colspan="2">入厂预定</td><td colspan="2"></td><td colspan="2">卡号</td><td colspan="3"></td></tr>
<tr><td>入厂日</td><td colspan="5">维修内容</td><td colspan="2">入厂日</td><td colspan="5">维修内容</td></tr>
<tr><td></td><td colspan="5"></td><td colspan="2"></td><td colspan="5"></td></tr>
<tr><td></td><td colspan="5"></td><td colspan="2"></td><td colspan="5"></td></tr>
<tr><td></td><td colspan="5"></td><td colspan="2"></td><td colspan="5"></td></tr>
<tr><td></td><td colspan="5"></td><td colspan="2"></td><td colspan="5"></td></tr>
<tr><td></td><td colspan="5"></td><td colspan="2"></td><td colspan="5"></td></tr>
<tr><td colspan="13"></td></tr>
<tr><td>此次入厂情况</td><td colspan="5"></td><td colspan="2">交车预定时间</td><td colspan="5"></td></tr>
<tr><td>此次行驶公里</td><td colspan="5"></td><td colspan="2">下次入厂预定</td><td colspan="5"></td></tr>
<tr><td colspan="3">委托事项</td><td colspan="5">维修内容</td><td colspan="5">必要的零件</td></tr>
<tr><td colspan="3"></td><td colspan="5"></td><td colspan="5"></td></tr>
<tr><td colspan="2">开始时间</td><td colspan="3">完成时间</td><td colspan="2">主修签字</td><td colspan="4">主任签字</td><td colspan="2">检验员签字</td></tr>
<tr><td colspan="2"></td><td colspan="3"></td><td colspan="2"></td><td colspan="4"></td><td colspan="2"></td></tr>
</table>

7.2　知识储备

正确使用汽车空调系统，可以节约能源，减少故障出现，并能保证汽车空调系统具有良好的技术状况和工作可靠性，发挥其最大效率，延长其使用寿命。

汽车空调系统分日常维护保养和定期保养。日常维护保养一般由驾驶员或一般汽车维修人员进行，在维护时会发现许多没有注意到的故障，而这些故障的早期发现和及时处理，对延长汽车空调装置的使用寿命起着重要作用。定期保养则由汽车空调保修工进行，汽车空调保修工除检查和调整驾驶员所担负的例行保养项目外，还应按汽车空调专门的维护周期及时进行作业项目。

7.2.1　汽车空调使用注意事项

1．正确使用

1）非独立式空调的正确使用

对于非独立式汽车空调，其操作使用是比较方便的，但是否正确使用，对机组的空调性能及寿命、发动机的工作稳定及功耗都有很大影响。为此，空调使用时应注意以下几点。

① 汽车空调在换季初次使用时，最好对汽车空调系统进行杀菌除臭处理，这是因为汽车空调系统长期“休假”会滋生真菌和霉菌，它不但使空气发出难闻的霉臭味，而且对车厢内人员的健康有害。这项工作可以到修理厂进行，也可以自购杀菌除臭专用喷剂自行处理。

② 夏日应避免直接在阳光下停车暴晒，尽可能把车停在树荫下，在长时间停车后车厢内温度很高的情况下，应先开窗及通风，用风扇将车内热空气赶出车厢，再开空调，开空调后车厢门窗应关闭，以降低热负荷。

③ 不使用空调的季节，应经常开动压缩机，避免压缩机轴封处因油干而泄漏，也避免转轴因油干而咬死。一般一个月应运转1～2次，每次10min左右。冬季气温过低时，可将保护开关电线短路，待保养运行完毕，再将电路恢复原样。

④ 长距离上坡行驶，应暂时关闭空调，以免散热器“开锅”；超车时，若本车空调无超速自动停转装置，则应关闭空调。

⑤ 使用汽车空调时，冷气温度不宜调得过低，一方面温度调得过低，会影响身体健康；另一方面易使蒸发器表面结霜，形成风阻，而造成压缩机液击现象。同时，若风机开在低速挡，则冷气温度开关不宜调得过低。一般车厢内外温差在10℃以内为宜。

⑥ 在空调运行时，若听到空调装置有异常响声，如压缩机响、风机响、管子爆裂等，应立即关闭空调，并及时请专业维修人员检修。

⑦ 定期清洗冷凝器和蒸发箱，这是因为由于外界空气环境等原因，冷凝器、蒸发箱表面易被灰尘等脏物附着，造成汽车空调系统的制冷效果下降。

⑧ 启动发动机时，空调开关应处于关闭位置，发动机熄火后，也应关闭空调，以免蓄电池电量耗竭。

⑨ 当车速低于25km/h时，应将风速开关置于低速挡位，避免发电量和冷气不足。

⑩ 在只需要换气不需要冷气时，可只将风机开关打开而不需要开动汽车空调压缩机。

2）独立式空调的正确使用

对于安装独立式空调的汽车，应严格按使用说明书的规定启动和运行空调，因这类空调通过遥控装置控制辅助发动机的启动和运行，启动方法要比非独立式空调复杂。

一般使用时的注意事项与非独立式大体相同，但由于辅助发动机有时有单独的油箱，因而还要经常注意检查油箱的储油情况，并要检查发动机冷却液温度、油压情况。

2．注意事项

1）确保系统中不混入水汽、空气和脏物

如果空气、水汽和脏物混入制冷系统，不仅会影响制冷效率，有时会使制冷设备损坏，其影响如表7-3所示。例如，压缩机的吸气管，如果接头没有锁紧，由于吸气管内是负压，其压力小于外界大气压，外界的空气就会进入系统，于是水汽和脏物也会随之而入。此外，在充注制冷剂时如果操作不当，也可能使空气进入系统，空气中的氧气非常活跃，它会和冷冻润滑油作用发生反应，从而影响制冷系统的正常运行。

表7-3 制冷系统中的异物及其影响

制冷系统中的异物	影　响
水汽	压缩机气门结冰；膨胀阀紧闭不开；变成盐酸和硝酸；腐蚀生锈
空气	造成高温高压；使制冷剂不稳定；使冷冻润滑油变质；使轴承易损坏
脏物	堵住滤网，变成酸性物；腐蚀零件
其他油类	形成蜡或渣，堵住滤网；润滑不好；使冷冻润滑油变质
金属屑	卡住或粘住所有的活动零件
酒精	腐蚀锌和铝；铜片起麻点；使制冷剂变质；影响制冷效果，冷气不冷

（1）不能让水汽进入系统。水在 0℃会结冰，如果压缩机气门结了冰，压缩机就不能正常工作；如果膨胀阀结了冰，膨胀阀则不能打开，失去作用。另外水和制冷剂起化学作用，会生成盐酸和硝酸等多种酸类。系统内水分愈多，形成腐蚀性酸液的浓度愈高，腐蚀性愈强，会造成零件严重腐蚀、生锈。

此外，冷冻润滑油如果遇到水，会变质生成胶状物，导致压缩机的活塞、活塞环和轴承等主要零件损坏，破坏压缩机的正常工作。为了避免以上情况的发生，可采取以下预防措施。

① 尽量不让空气进入制冷系统中，因为空气中含有水分。

② 冷冻润滑油要经常加盖。

③ 在周围环境有水分或在露天、下雨等情况下，绝对不能修理制冷装置。修理制冷装置时，如果压缩机等部件的内部暴露在大气中，必须用真空泵抽真空。

（2）不能让空气进入系统。空气具有很大的弹性，如果空气存留在压缩机的管道中，压缩机就不能顺利泵动制冷剂，导致压缩机做无用功，造成压缩机过热等不良后果。同时，压缩机里的冷冻机油吸收了空气，空气中的氧和冷冻机油起作用发生化学变化，形成胶状物质，以致使冷冻润滑油变质，压缩机轴承磨损，影响压缩机寿命。

冷冻润滑油中如果渗入了空气，当冷冻润滑油跟制冷剂离开压缩机到蒸发器之后，由于空气有弹性，致使冷冻润滑油不能跟制冷剂一起回到压缩机。这样，冷冻润滑油只出不进，使压缩机里出现严重缺少冷冻润滑油的现象，损坏压缩机。预防措施如下。

① 冷冻润滑油要加盖。

② 管子接头一定要锁紧，要用专门的管夹。

③ 必要时要抽真空，压缩机装好后，需用真空泵抽出里面的空气。抽完真空后，要停几分钟，查看真空吸力是否有变化，用此法检查整个系统是否漏气。如不漏气，就说明空气和水汽没有侵入。

（3）不能让脏物进入系统。如果脏物进入了系统，容易使制冷剂和冷冻润滑油变质，腐蚀零件，而且容易引起堵塞。预防措施如下。

① 不让空气进入制冷装置。

② 一定要保持修理工具的清洁。

2）防止腐蚀

要防止制冷装置生锈及化学变化的侵蚀，这些现象会使气门、活塞、活塞环、轴承等受到腐蚀，若遇到了高温、高压，腐蚀会加剧。

3）防止高温高压

在正常的运转情况下，压缩机的温度是不会高的。如果冷凝器堵塞，压缩机的温度会越来越高、温度高使气体发生膨胀，产生高压，高温和高压两个因素互为因果，形成恶性循环。

此外，如果冷凝器由于某种原因通风不好，热量散不出去，也会增加压缩机的负荷，使压缩机温度升高。

高温会使制冷剂橡胶软管变脆，压缩机磨损加剧，使腐蚀机器的化学变化加速，机器容易损坏。同时，高温的气体压力变大，被高温引起变脆的软管很容易爆破，由于压缩机内部压力超过正常范围，压缩机的气门容易产生变形而影响密封。

4）保护好控制系统

制冷系统中的风管、控制风向的阀门、电磁离合器等，每一零部件的失灵，都会影响制冷装置的正常运转。所以控制系统的风管、开关等部件，都要保护好，才能使制冷装置正常工作。

7.2.2 汽车空调的日常维护

汽车空调系统的工作性能和使用寿命，很大程度上取决于维护保养得好与不好。在使用过程中，做好空调系统的日常维护，对确保空调系统正常工作、及时排除空调系统的故障、延长空调的使用寿命均十分重要。即使天气较冷不需要汽车空调，每两周也要使压缩机工作 5min，这样不仅可以防止轴封干枯，降低密封作用，也不易产生“冷焊”现象。因为在长期不运转的情况下，压缩机的轴封、衬垫之类的零件易变干、发硬和开裂，再投入运行时会使制冷剂泄漏。同时，压缩机的主要零件，如活塞与汽缸、曲轴与轴承等，都需要润滑油进行润滑。若压缩机长期不运行，这些零件摩擦表面的润滑油会变干，或者润滑油会把零件黏在一起。这会使压缩机再启动的初始阶段出现润滑不足或没有润滑现象，容易损坏压缩机零部件。

汽车空调的日常维护保养是通过看、听、摸、测等方法进行检查。日常维护主要包括如下内容。

（1）经常检查冷凝器、蒸发器的表面有无污物，其散热片有无弯曲阻塞等。如果冷凝器或蒸发器表面有脏污，应该用压缩空气吹净或用具有一定压力的清水冲洗干净，以确保其良好的散热。

（2）检查制冷系统制冷剂是否充足。在汽车空调机组正常工作时，观察储液干燥器顶部的视液镜，若视液镜内没有气泡，仅在增加或降低发动机转速时出现少量的气泡，这说明制冷剂适量；若发动机在低速运转时，看到有混浊状的气泡流动，则说明管路内制冷剂不足，应予补充；若无论怎样调节发动机转速，始终看不到气泡，则说明制冷剂过量。

（3）检查压缩机传动带的松紧度是否适当。传动带过紧会加剧轴承磨损，过松则会使传动带打滑，使压缩机转速过低或不转，导致制冷不足或不制冷。如果检查结果为传动带过紧或过松，应及时予以调整。

（4）检查制冷系统软管外观是否正常，各接头处连接是否牢靠，接头处有无油污，有油污表明有微漏，应进行紧固。检查螺栓螺钉连接处有无松动和损伤，传动机构工作是否正常、胶管有无老化破损等，如果发现异常应及时修理。

（5）用手摸压缩机附近高、低压管有无温差，正常情况下低压管路呈低温状态，高压管路呈高温状态。

（6）用手摸冷凝器进口和出口处，正常情况下是前者较后者热。

（7）用手摸膨胀阀前后应有明显温差，正常情况是前热后凉。

（8）检查通风通道进气口空气过滤器是否有灰尘或杂物堵塞。如果过滤器有堵塞，随打开进气通道入口处的蒸发器检查门，并卸下过滤器的滤网予以清洁。

（9）经常检查空调系统电路连接，查看插接器有无松动，线束有无破损等。如果插接器有松动，应将其插紧，导线破损则需更换线束。

（10）经常注意观察空调系统工作时有无噪声、异响、振动和异常气味等，若有异常情况应及时查明原因，排除故障。

7.2.3 汽车空调的定期维护

为保证汽车空调无故障运行，需要定期对系统各主要零部件进行维护保养，如压缩机、冷凝器、散热器、蒸发器、电器部件等。汽车空调定期维护是使空调系统保持良好工作状态所必须的，通常需要专业人员来做。汽车空调的定期维护有以下内容。

1. 压缩机

压缩机的定期维护时间一般是 3 年进行 1 次，检查内容包括进、排气压力是否正常，各紧固件有无松动，有无漏气现象等。

在压缩机运转情况下，检查其有异常响声，说明压缩机的轴承、阀片、活塞环或其他部件有可能损伤或冷冻润滑油过少；检查压缩机的高、低压端有无温差。

应该注意的是，压缩机拆修后必须更换各密封件。一般修理厂由于缺乏技术和配件，通常不对压缩机进行拆修。

2．冷凝器、蒸发器

冷凝器、蒸发器的定期维护周期是1年左右，检查维护的内容包括清洁冷凝器、蒸发器表面的灰尘清洁状况、通道是否畅通，以保证其能通过最大的通气量；检查冷凝器、蒸发器有无破损与泄漏，修复弯折变形的散热片等。

3．膨胀阀

膨胀阀的定期维护周期为1～2年，检查其动作是否正常、开度大小是否合适、进口滤网有无堵塞，感温包与蒸发器出口管路是否贴紧；膨胀阀能否根据温度的变化自动调节制冷剂的供给量。如果检查有异常，需予以调整或更换。

4．高、低压管

制冷系统管路接头应每年检查1次，除了用检漏仪检查有无泄漏外，还应检查配管有无与其他部件相碰，软管有无裂纹、鼓包、老化或破损现象，硬管是否有裂纹或渗漏现象，是否会碰到硬物或运动件，管道螺栓是否紧固。

一般使用3～5年应更换软管。

5．储液干燥器

检查易熔塞是否熔化，各接头处是否有油迹；正常工作时其表面应无露珠或挂霜现象；每年四、五月份维护期中视需要更换干燥剂或干燥过滤器总成。

储液干燥器的更换时间一般为3年左右。此外，当制冷系统进水、管路出现破损或被打开时，一般也要更换储液干燥器。

6．电气系统

压缩机电磁离合器的定期维护周期为1～2年，检查内容包括电磁离合器有无打滑现象，接合面、离合器轴承等有无严重磨损等；低温保护开关在规定的气温下如不能正常启动压缩机则说明其有故障；检查电线连接是否可靠。

7．高、低压开关

检查高、低压开关，高压开关在压力2.2MPa时，应能自动接通声光报警电路并使电磁离合器断电，当压力小于2MPa时应能自动复位；低压开关在压力小于0.2MPa时，应能自动接通声光报警电路并使电磁离合器断电，当压力大于0.2MPa时应能自动复位。

8．冷凝器和蒸发器风机

冷凝器和蒸发器风机的定期维护周期是1年左右，检查和维护的内容包括工作时有无异常响声，叶片有无破损，螺栓连接是否牢固，电动机轴承有无缺油现象。

9．驱动机构的检查与维护

压缩机驱动机构也应定期维护，传动带一般每使用1000h检查1次张紧度和磨损情况；张紧轮及轴承每年检查1次，并加注润滑油，使用3年左右应更换新件。

10．冷冻机油的更换

冷冻机油一般两年左右检查或更换1次。当系统管路有泄漏时，应及时检查和补充冷冻机油。

11．其他

空调系统各部件的安装螺栓螺母等紧固件应每3个月紧固1次；防振隔振橡胶应每年检查其是否老化、变形，如果有应及时更换；管路保温材料应每年检查1次是否老化失效；制冷状况的检查应每两年进行1次，通常用测量进、出口温度差来检查，其温度差应为7～10℃，如果进、出口温度差过小，应检查制冷剂量及制冷系统的部件和管路。

7.2.4 汽车空调维修操作注意事项

汽车空调维修操作包括制冷管路的拆装、制冷系统的检漏、制冷剂的排放、制冷系统的抽真空、制冷剂的充注及冷冻机油的充注等。正确的维修操作不仅可确保汽车空调维修质量，还可避免发生事故。汽车空调维修注意事项如下。

（1）作业环境。在检修汽车空调时，应确保作业环境清洁、通风、防潮和防火，避免在拆装空调系统部件时有灰尘、杂质、水分或污物进入系统管路。

（2）制冷剂钢瓶。在保存和运送制冷剂钢瓶时，应按要求存放，严禁直接对制冷剂钢瓶加热或放在40℃以上的水中加热。

（3）更换部件。更换空调制冷系统部件时，必须按该车型的维修手册补充冷冻机油。在给压缩机补充冷冻机油时，务必使用指定的牌号，千万不能混用不同牌号的冷冻机油或发动机润滑油。

（4）拆装制冷管路。拆卸制冷剂管路时，应立即将管道或管路接头封住，以避免灰尘、潮气进入制冷管路内。严禁用嘴或未经干燥的压缩空气去吹制冷管路和制冷系统部件。

（5）装卸管路。接头拧紧或拧松制冷管路接头时，应用两把呆扳手，并按规定的力矩拧紧。不同材料，不同规格的制冷管路的拧紧力矩如表7-4和表7-5所示。

表7-4 橡胶软管拧紧力矩

软管外径/mm	管接头材料	
	钢或铜/N.m	铝/N.m
6	10～20	6.4～9
8	15～25	10～20
10	15～25	10～20
12	25～34	20～29
16	25～34	20～29

表7-5 金属管拧紧力矩

软管外径/mm	管接头材料	
	钢或铜/N.m	铝/N.m
6	10～20	6.4～9
8	15～25	10～20
10	15～25	10～20
12	20～39	15～20
16	25～34	20～29
19	25～34	20～29

（6）修理制冷管路。修理制冷管路需要弯曲管道时，应事先退火且弯曲半径尽可能大。切管时应使管口平整光洁，并清除管内积屑。清洗管道时应使用三氯乙烯液体并充分加以干燥。

（7）拆装歧管压力表。连接歧管压力表时，应注意高、低压接头所对应压缩机进出阀的正确连接，不能接错。拆卸高压软管时，应在压缩机停止工作后，待高压压力下降后再进行。

（8）充注制冷剂。当发动机处于运行状态时，不可打开歧管压力表上的手动高压阀，以免制冷剂倒流入制冷剂罐而引起爆炸。发动机运转过程中，如果是在低压侧加注气态制冷剂，千万不能将制冷剂钢瓶倒置，以避免压缩机“液击”。

（9）汽车空调制冷系统检漏。制冷管路的密封性好坏对制冷系统的工作影响很大，因此制冷剂检漏是汽车空调维修操作的重要环节。重点检漏的部位有拆修过的制冷系统部件、压缩机轴封、前后端盖密封垫、冷凝器散热片、制冷管接头等。

7.3 实训作业

【实施地点和要求】

拥有多辆桑塔纳 2000 轿车的实验室，整车性能良好，汽车空调系统能正常工作；各种汽车空调维护工具和设备；教学过程中，需要对桑塔纳 2000 轿车的空调系统进行维护，老师进行教学演示结束，学生再动手操作。

【实施时间】

气温为 10～20℃的天气，便于学生动手操作。

【教学要求】

根据整车数量将学生分成若干小组，每小组使用一辆整车，所有工具和设备每小组一套；实验室应配有小黑板和带写字板的座椅；指导教师先讲解并现场演示，学生再动手操作。

7.3.1 制冷系统润滑油的加注

通常汽车空调制冷系统的冷冻润滑油消耗很少，可每 2 年更换 1 次，每次应按规定数量加注（一般压缩机的铭牌上标注润滑油的型号和数量）。加注时一定要使用同一牌号的冷冻润滑油，不同牌号的冷冻润滑油混用会生成沉淀物。

制冷系统内制冷剂若泄漏很慢，对冷冻润滑油泄漏影响不大。若系统内制冷剂泄漏很快，冷冻润滑油也会很快泄漏。

汽车空调压缩机是高速运转装置，其工作是否正常，取决于润滑是否充分，但过多的润滑油也影响制冷效果。当更换压缩机和制冷系统某一部件时，必须检查压缩机内的油量。

维修汽车空调制冷系统时通常不需加注冷冻润滑油，但在更换制冷系统部件及发现系统严重泄漏时，必须加注冷冻润滑油。

1．压缩机冷冻润滑油油量的检查

压缩机冷冻润滑油油量的检查方法有以下两种。

1）观察油尺

如图 7-1 所示，卸下加油塞，通过加油塞孔察看并旋转离合器前板；将油尺用棉纱擦干净，然后捕到压缩机内，直到油尺端部碰到压缩机内壳体为止；取出油尺，观察油尺浸入深度，当加油合适时，压缩机内油面位置应为前 4～6 格，若少则加入，若多则放出，然后拧紧加油孔塞。

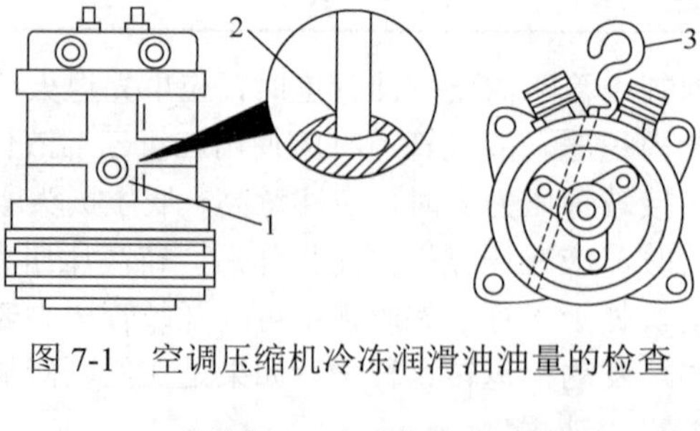

图 7-1　空调压缩机冷冻润滑油油量的检查

1—加油塞；2—加油孔；3—油尺

2）观察视镜

通过压缩机上安装的视镜玻璃，可观察冷冻润滑油油量，如果压缩机冷冻润滑油油面达到观察高度的80%位置，一般认为是合适的；如果油面在这个界限以下，则应该添加；如果油面在这个界限以上，则应该放出多余的冷冻润滑油。

2．冷冻润滑油的加注量

新的空调系统，只有压缩机内装有冷冻润滑油，其他各个部件中没有冷冻润滑油。压缩机内冷冻润滑油数量为120～150ml，不同型号的汽车略有不同。空调系统工作后，冷冻润滑油流动到达蒸发器、储液器和冷凝器内各个部件。如更换系统部件时应补充相应等量的冷冻润滑油。其加注量如表7-6所示。

表7-6　更换制冷系统部件时冷冻润滑油的加注量

更换的系统部件	冷凝器/ml	蒸发器/ml	储液干燥器/ml	系统管道/ml
冷冻润滑油补充量	40～50	40～50	10～20	10～20

3．冷冻润滑油的加注

检查压缩机的冷冻润滑油少于标准值，就要进行冷冻润滑油的加注。

润滑油的加注方法有两类，一类在系统抽真空之前，主要有以下3种方法。

（1）直接加入法。不需用专用设备。用量筒量好需加注的油量，卸下加油塞，旋转离合器前板，使活塞连杆正好在加油塞孔的中央位置，直接从压缩机的加油塞口注入。此法简单。

（2）利用压缩机本身抽吸作用，将冷冻润滑油从低压阀处吸入，此时发动机一定要保持低速运转。

（3）利用抽真空加注冷冻润滑油。

① 对制冷系统抽真空。

② 选用一个有刻度的量筒，盛入比要加注的冷冻润滑油还要多的冷冻润滑油。

③ 将连接在压缩机上的低压软管从歧管压力计上拧下来，并将其插入盛有冷冻润滑油的量筒内，如图7-2所示。

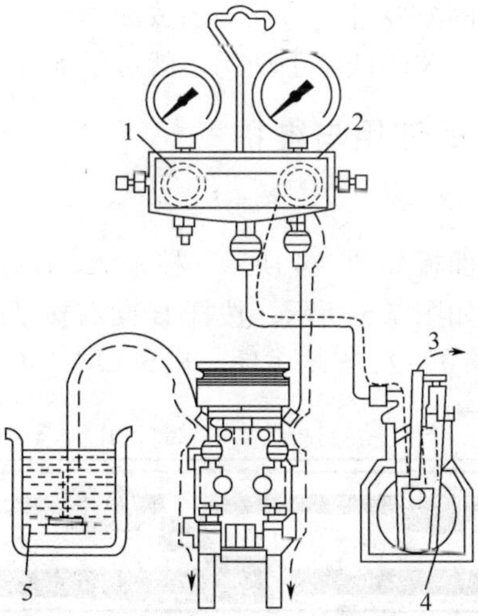

图7-2　抽真空法加注冷冻润滑油

1—低压手动阀关闭；2—高压手动阀开启；3—排出空气；4—真空泵；5—冷冻润滑油；

④ 启动真空泵，打开歧管压力计上的高压手动阀，加注的润滑油就从压缩机的低压侧进入压

缩机中。当冷冻润滑油量达到规定量时，停止真空泵的抽吸，并关闭高压手动阀。

⑤ 按抽真空法加注冷冻润滑油后，还应继续对制冷系统抽真空、加注制冷剂。

另一类在系统抽真空之后进行，其加入工艺如下。

（1）将歧管压力表、真空泵、注油器上的加油塞和放油阀连接起来，连接方法如图 7-3 所示。

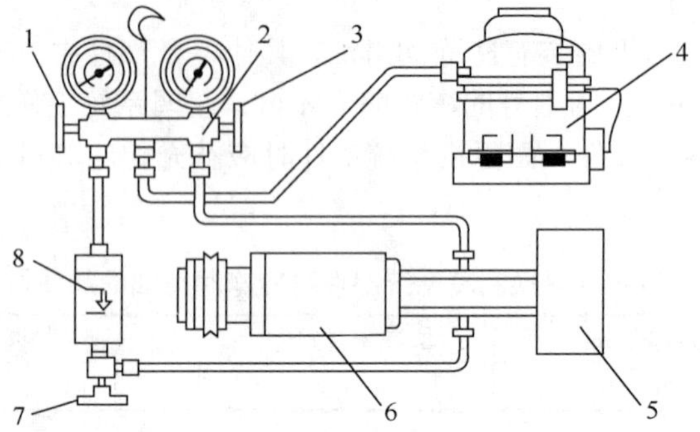

图 7-3 润滑油加注专用装置的管路连接

1—低压手动阀；2—表阀；3—高压手动阀；4—真空泵；5—空调制冷系统；6—压缩机；7—放油阀；8—注油器

（2）开动真空泵，打开高压手动阀和低压手动阀，关闭放油阀。

（3）打开注油器的加油塞，从加油塞孔中加入足量的冷冻润滑油，然后将加油塞拧紧。

（4）观察低压表，真空压力应大于 98kPa，目的是将冷冻润滑油内的水分蒸发汽化和空气一起被抽走。

（5）真空泵继续运行 5min，目的是将冷冻润滑油内的水分完全蒸发汽化被抽走。关闭高压手动阀及真空泵，并拆下中间软管，稍微打开低压手动阀，开启放油阀。这时冷冻润滑油被注入制冷系统的低压侧。

（6）当注油器油量减到要加的刻度时，马上关闭放油阀。

（7）冷冻润滑油加入完毕后，关闭低压手动阀，就可以加注制冷剂了。

7.3.2 桑塔纳空调系统的使用与维护

1．空调系统的正确使用

桑塔纳轿车空调系统的控制面板如图 7-4 所示。拨杆 A、B 控制空气的分布：拨杆 A 向左拨动时，表示出风口 5 打开，出风口如图 7-5 所示；拨杆 B 向右拨动时，表示出风口 1、2 打开；拨杆 A、B 向中间靠拢时，表示出风口 1、2、5 均关闭，出风口 3、4 出风量将增大。

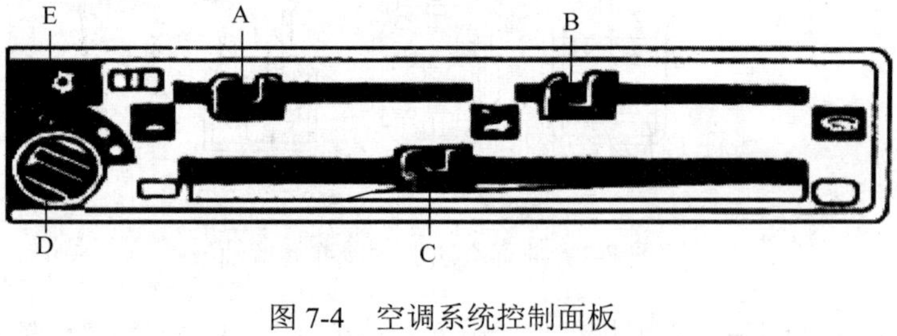

图 7-4 空调系统控制面板

A、B—空气分布控制开关；C—温度选择开关；D—鼓风机控制开关；E—空调控制开关

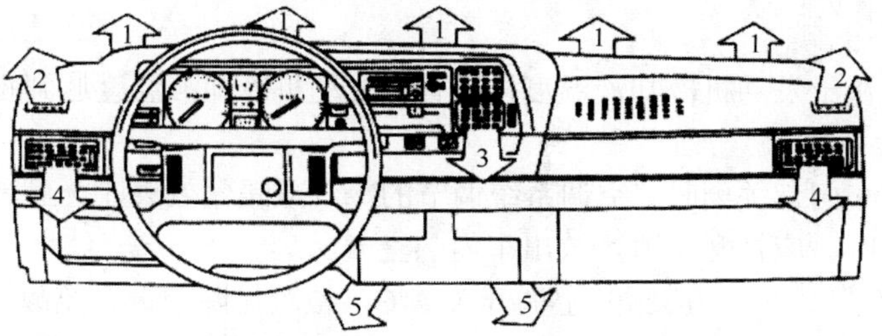

图 7-5 出风口位置的分布

拨杆 C 是温度选择开关。拨杆 C 向右拨动时温度升高；拨杆 C 向左拨动时温度降低，如此时空调开关接通，则冷气量将增大。

开关 D 为鼓风机控制开关。鼓风机控制开关五个挡位，当开关旋钮转到“0”挡位时，如空调开关 E（A/C）接通，鼓风电机将会缓慢转动。

开关 E 是空调控制开关 A/C。当开关 A/C 接通时，其上的指示灯会亮，指示空调系统开始工作。

空调系统出风口的位置分布如图 7-5 所示。未经加热的新鲜空气和空调系统调节后的冷气均可从各个出风口送出，1、2、4、5 号出风口还可供暖气。从后座出风口供出的空气与 5 号出风口一同操作拨杆 A 控制。出风口 3、4 可以单独调节，滚花盘向上表示出风口打开，滚花盘向下表示出风口关闭，调节出风口内小片可改变气流风向。

（1）冷气调节。按一下空调控制开关 E，其上的指示灯发亮。根据冷气温度要求调节拨杆 C 控制冷气温度，转动鼓风机速度控制旋钮 D 选择鼓风机转速；根据冷气分布需要拨动拨杆 A、B 和拨动出风口 3、4 的滚花盘进行调节，在 3、4 号出风口中，必须有一个保持常开。如果仅用通风就能达到所需温度，则应关闭空调，以便延长空调系统随汽车使用的行驶里程。

（2）最大冷气量的调节。关闭所有车门，接一下空调控制开关 E，其上的指示灯发亮。温度选择开关拨杆 C 拨到最左端，鼓风机控制开关开关 D 转到“4”挡（最高挡），拨杆 A、B 向中间靠拢，根据冷风风向需要调节出风口 3、4 的滚花盘来达到要求。3、4 号出风口必须有一个保持常开，以免造成制冷系统结冰而损坏制冷部件。

（3）车内快速取暖。当发动机冷却液温度达到正常工作温度后，将拨杆 A 拨到左端，拨杆 B、C 拨到右端。打开 3 号出风口，关闭 4 号出风口。鼓风机旋钮开关 D 旋转到“2”挡位置。

（4）车内舒适取暖。当车内温度达到所需温度时，将拨杆 A 保持在左端，拨杆 B 向右拨到全行程的 2/3 位置；拨杆 C 向右拨到空气温度适宜位置；鼓风机旋钮开关 D 旋转到“1”挡位置。打开 4 号出风口，新鲜空气将从出风口 4 进入车内。

（5）通风。当暖风切断后，各出风口均供给新鲜空气。使用暖风时，新鲜空气仅从 4 号出风口进入车内。当拨杆 A、B，都拨到中间位置时，出风口 3、4 的出风量达到最大量。

（6）风窗及侧窗除霜与除雾。当风窗及侧窗需要除霜时，将所有拨杆拨到右端，鼓风机旋钮开关 D 转到“2”挡位置，关闭 3、4 号出风口，即可达到除霜之目的。

当空气潮湿、风窗及侧窗玻璃上结雾需要除去时，将拨杆 A、B 拨到右端，鼓风机旋钮开关 D 转到“2”或“3”挡位置，拨杆 C 向右拨到暖风区域，关闭 3、4 号出风口，即可达到除雾之目的。

2．空调系统使用注意事项

（1）挡风玻璃前面的进风口应保持畅通。避免树叶或其他物品遮盖，以便取暖和通风时，空调系统能正常工作。

（2）鼓风机应以低速工作，拨杆 A、B、C 置于各自行程的中央位置为宜。

（3）空调系统不用时，为了避免有害气体进入车内，拨杆 A、B 应向中间靠拢，3、4 号出风口应当关闭。

（4）取暖效果取决于发动机冷却液温度，只有在发动机冷却液温度达到正常工作温度后，才能获得最佳取暖效果。

（5）只有在所有车门都关闭时，空调系统调节的冷气或暖气效果才会显著。当汽车停放在太阳光下、车内温度较高时，应打开车窗，放出车内热空气。

（6）当制冷量突然减少时，应断开空调开关 A/C，检查排除空调系统故障后再继续使用。

（7）当环境温度高、湿度大时，冷凝器表面可能会形成水珠。此乃正常现象，不要以为是泄漏。

（8）发动机过热时，应当停止使用空调。待发动机正常工作后再使用。

3．桑塔纳轿车空调系统检查方法

（1）启动发动机，使转速稳定在 2000r/min，空调拨杆放在制冷区，按下 A/C 按钮，空调风机开四挡（最高速），所有出风口打开，将电磁离合器电源线跳开，在左右出风口处用风速计测得的空气流速不少于 4m/s（相当于 90m^3/h），左右出风口风量偏差不超过±2%。

（2）发动机热态（即散热器风扇至少已转过一个周期，靠温度控制器自动控制，已停转过一次以上），电磁离合器电源线接好，开始测量前 30min 内没有使用过暖气，将 A/C 按钮按下，空调风机开四挡（最高速），所有出风口打开并放正位置，发动机罩打开，车门、窗关闭，右出风口温度达到 10℃时的所需时间与车外温度的交点应在图 7-6（a）极限曲线左方的阴影区域内。温度传感器放在右出风口中央，伸进 30～50mm，压缩机第一次门动停转（电磁离合器电路自动跳开）的时间应位于压缩机停转曲线的左方，而出风口温度则应在图 7-6（b）的阴影区内。中间出风口温度比右出风口温度最多可以高 3℃。

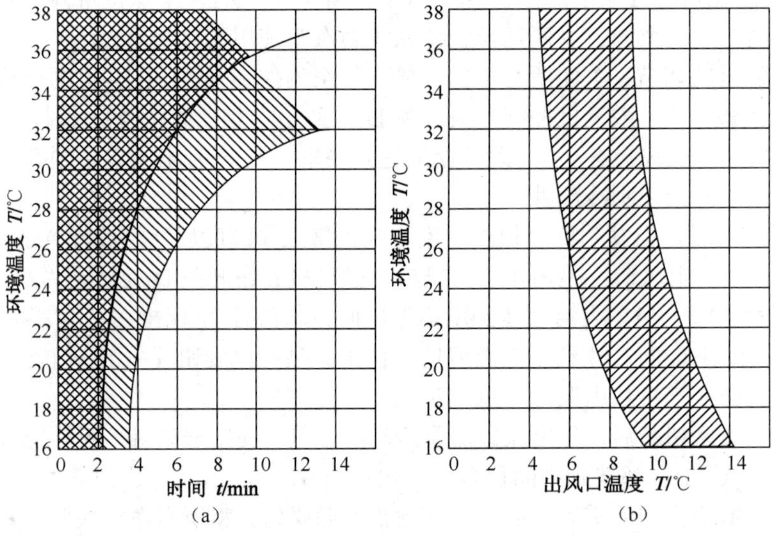

图 7-6　桑塔纳轿车空调性能检查图

（3）做完上述试验后，接着做空调系统密封性试验。发动机、空调风机、冷却风扇停止工作，用高精度检漏仪检查制冷剂回路。除压缩机外，每一个螺纹连接处的检漏仪调定值为 59g/a 时，不得有任何泄漏反应。对压缩机而言，其泄漏量不得超过 28g/a。

（4）空调风机和冷却风扇工作时，不得出现干扰性的磨削声、敲击声。操纵各种空调开关和杆件时，不得出现不正常的干涉声，压缩机不得有异常响声。

7.3.3 汽车空调维修后的性能测试

1. 汽车空调系统维修后的外观检查

修理后的汽车空调，每台都要进行外观检查。外观检查主要包括如下内容。

1）外观的观察

油漆是否均匀，有无脱落、划痕等缺陷；门窗是否密封；隔热层是否平整、牢固、紧贴；电气路线是否布置整齐、连接是否牢固；空调系统各部件仪表是否干净、有无油污，安装牢固与否等。

2）各控制键的检查

移动和旋转各个控制键时，应灵活，无阻滞。当打开空调器时，压缩机启动应轻快而噪声小；风扇换挡后，送出的风量应对应风扇变化，且并无异常噪声；按下各个功能键时，各风门的风向应按各键所规定的风向送出；移动温度键后，空调器送出的风的温度应该有变化；如果是自动空调，则看其是否在调定的温度范围内稳定运行。

3）管路和各零部件的泄漏检查

应用电子检测仪对汽车空调系统的管道和器件进行一次全面而又细致的泄漏检查。若发现有微小泄漏的地方，如果是接管或配合外形密封橡胶圈，只需略微拧紧一点螺母即可（注意，O 形橡胶圈压得太紧，密封性能反而下降）。如果是管道有裂纹等，就要补焊或更换。

目前最通常的异常泄漏判断方法如下。

将电子检漏仪的灵敏度调整到每年为 15g 泄漏量即报警。如果小于 15g/年，则认为是允许的，不会妨碍空调系统的工作，这个泄漏量用卤素检漏灯是不能检出的。因为卤素检漏灯在每年泄漏量为 48g 时，已不能检出，若每年泄漏量为 288g，其火焰呈微绿色，若每年漏量为 384g，火焰颜色变为淡绿色。由此可见，若轿车空调系统的制冷剂每年泄漏量为 200g 时，其制冷剂损失已相当严重，不能正常工作了。这样，汽车空调检漏的可靠方法应是电子检漏仪和肥皂水检测法，卤素灯只能用作辅助检查，不能作为出厂的质量检漏工具。

2. 汽车空调系统维修后的性能测试

在所有安装或修理工作结束后，并经过外观检查，应在路试之前先做一些简单项目的性能测试，以保证下一步路试的进行或维修的质量。必须说明的是，修理后的汽车空调保温性能、车内气流分布、温度差异等都不用检查，因此汽车空调修理后，只需进行简单性能测试后判定为合格即可出厂。汽车空调简单性能测试的方法是用表阀测量其高、低压力值和用温度计测量空调器吹出的空气温度即可。

1）一般空调性能测试

（1）如图 7-7 所示，将表阀和空调制冷系统压缩机吸、排气维修阀连接。连接时，先关闭高、低压手动阀，并在接好管后，排除管内的空气（否则管内空气会跑到制冷系统内）。

（2）启动发动机，设定压缩机的转速保持在 2000r/min，置空调控制板上的功能选择键在 MAX（或 A/C）位置，温度键于 COOL 位置，风扇键于 Hi 位置，并打开车窗门。用大风量风扇对准冷凝器吹风。

（3）将一根玻璃管温度计放在中风门空调出风口，再将一根湿温度计放在车内空气循环进气口处（注：湿温度计的球都要覆盖饱蘸水的棉花）。

（4）空调系统至少要正常工作 15min 后，才能进行测试工作，记录数据。

2）CCOT 系统性能测试

CCOT 系统高、低压力测试如图 7-8 所示。

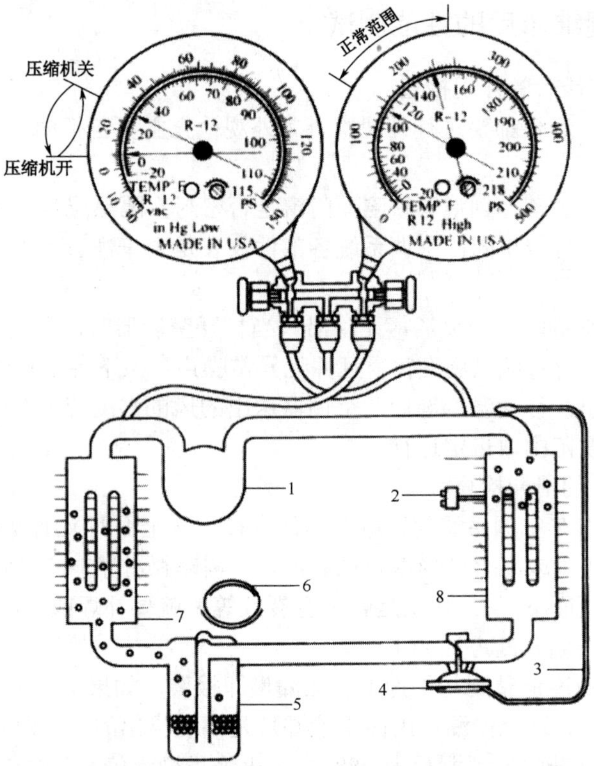

图 7-7　空调制冷系统高、低压力值正常范围

1—压缩机；2—恒温器；3—感温包毛细管；4—膨胀阀；5—储液干燥器；6—视液镜；7—冷凝器；8—蒸发器

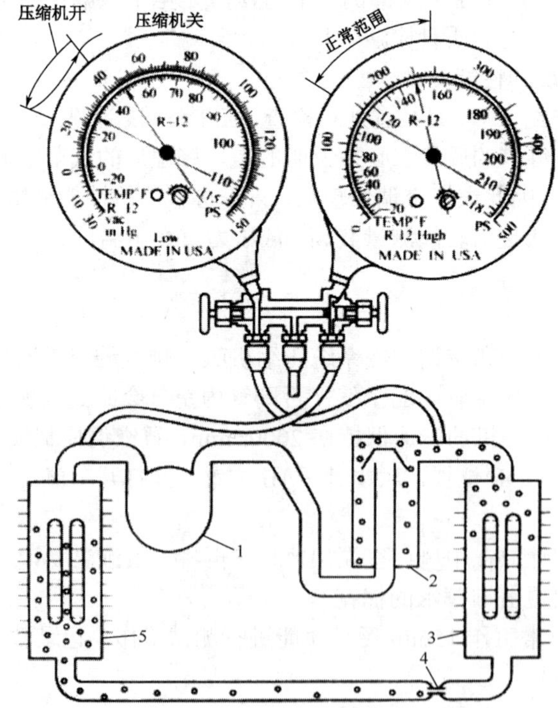

图 7-8　CCOT 系统高、低压力测试

1—压缩机；2—集液器；3—蒸发器；4—孔管；5—冷凝器

环境温度：21～32℃。

高压表值：1.0Mpa～11.55MPa。

低压表值：压缩机启动后，低压表压力开始下降，当降至约 0.118MPa 时，恒温器则会切断离合器电路。压缩机停止工作。这时，低压表压力又会上升至 0.207MPa～0.217MPa，恒温开关接通离合器电路，压缩机又开始工作，低压表压力又下降，系统便周而复始地进行循环。

空调冷风温度：1～10℃。

其他循环离合器制冷系统的环境温度和高压表值与 CCOT 系统相同。

低压表值：压缩机运行时，低压表值开始下降，在 0.103MPa 时，压缩机便停止运行。随后，低压表指针开始同升，回升到 0.207MPa～0.217MPa 时，压缩机再次启动，低压表值又开始下降，系统便周而复始地进行循环。

空调冷风温度：1～10℃。

3）POA、VIR 系统测试

POA、VIR 系统高、低压力测试如图 7-9 所示。

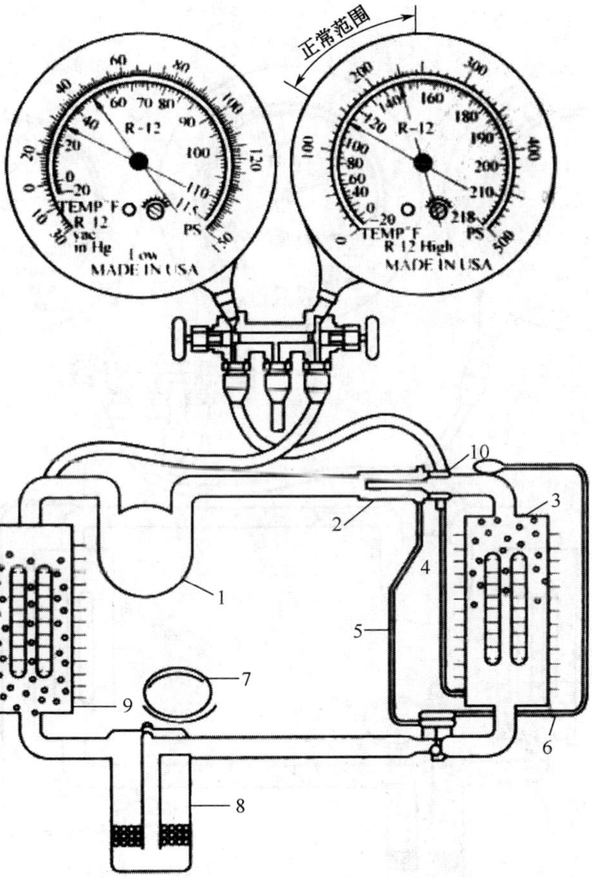

图 7-9　POA、VIR 系统高、低压力测试

1—压缩机；2—POA 阀；3—蒸发器；4—溢油管；5—外平衡管；6—感温包毛细管；7—视液镜；8—储液干燥器；9—冷凝器；10—POA 阀检测口

POA、VIR系统的表阀连接方法与循环离合器制冷系统略有不同，因为POA阀、VIR阀上均有一个检修阀门，所以，表间低压管应接至POA阀和VIR阀的检修阀门（而不是压缩机吸气检修阀）。

环境温度：21～32℃。

高压表值：1.01MPa～1.55MPa。

低压表值：0.193Mpa～0.214MPa。

由于POA、VIR系统的压缩机不停地运行，所以其低压表值变化不大。

由于制造厂家不同，压力波动值会略有不同，但通常其误差应小于3.4kPa。空调器冷风温度：1～5℃。

4）EPR系统测试

所谓的EPR系统，是指应用蒸发器压力调节阀（EPR阀）来控制蒸发器的温度而使其不产生结冰现象的系统。EPR系统多用在克莱斯勒和丰田公司的高、中级轿车的自动空调上。EPR系统压力测试如图7-10所示，表阀高压接口接压缩机排气阀，低压接口接蒸发器出口管上制冷剂注入阀，再在EPR阀的压力表阀上装一个低压表。由于EPR阀系统的接法与POA阀系统不同，因此其测试数据也会有所不同。

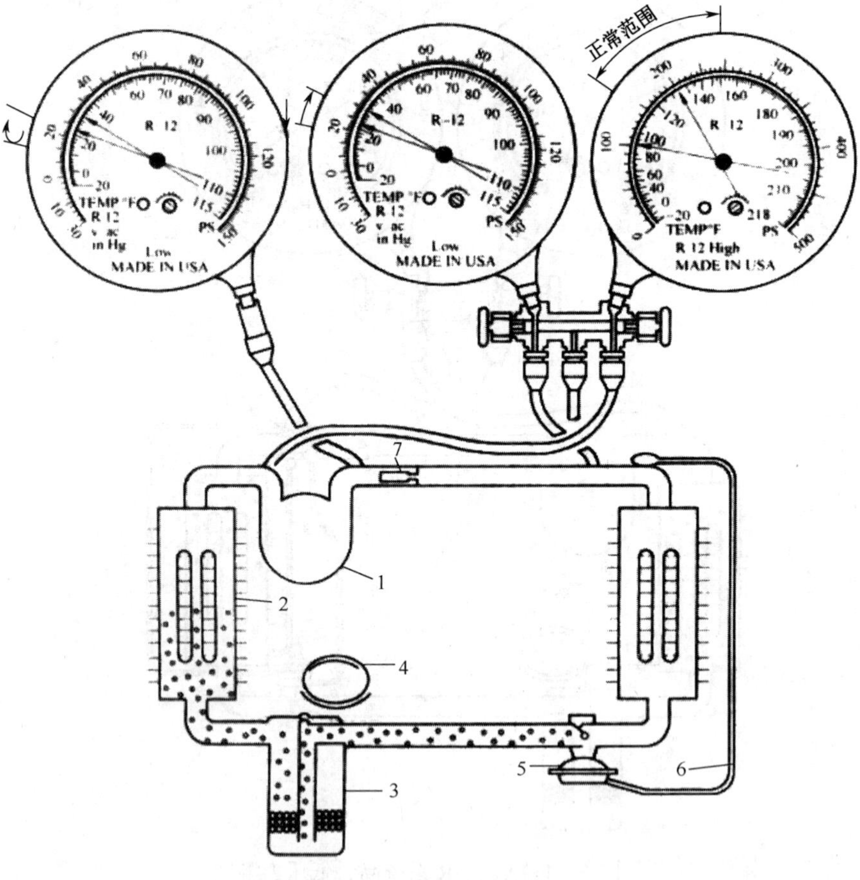

图7-10　EPR系统压力测试

1—压缩机；2—冷凝器；3—储液干燥器；4—视液镜；5—内平衡膨胀阀；6—感温包毛细管；7—EPR阀

从EPR阀制冷系统的工作可知，蒸发器压力低到一定程度时，EPR阀主通路关闭，不让制冷剂进入压缩机，而压缩机却还在不停工作，故其测试数据如下。

环境温度：21～32℃。

高压表压力：当EPR通路时，压力为1.01Mpa～1.55MPa；当EPR通路关闭时，压力为1.01MPa～1.21MPa；而在EPR阀关、开之间，高压表值应由低到高变化。

低压表压力：0.14MPa～0.20MPa，在0.14MPa时，EPR阀打开。

第三个低压表：0.11MPa～0.14MPa，在0.14MPa时，EPR阀关闭，其压力下降到0.11MPa，这是因为有小管路的制冷剂和冷冻润滑油流到压缩机，所以其压力在EPR阀关闭期间维持在0.11MPa。此循环不断重复，以保证适当的蒸发温度，保证制冷系统的正常工作。

空调温度：1～10℃。

由此看来，EPR阀的关闭压力0.14MPa是一个基准点，当表阀的低压表值在0.14MPa时，EPR关闭，其指针将开始回升，而第三个低压表由于制冷剂流量小，压缩机的抽力将使其指针下降，直到压力为0.11MPa，高压表也下降。因此，本系统的EPR阀的动作是比较频繁的，而且空调系统送出的空气温度变化比POA系统波动大。

7.4 知识拓展

7.4.1 冷冻润滑油

在空调制冷系统中，相对运动的部件需要润滑。由于制冷系统中的工作条件比较特殊，所以需要专门的润滑油——冷冻润滑油。冷冻润滑油除了起到润滑作用以外，还可以起到冷却、密封和降低机械噪声的作用。在制冷系统中的润滑油还有一个特殊的要求，就是要与制冷剂相溶，并且随着制冷剂一起循环。因此，一定要注意正确选用冷冻润滑油的型号，切不可乱用，否则将造成严重后果。

1．冷冻润滑油的作用

冷冻润滑油是制冷压缩机的专用润滑油，它是一种在高、低温情况下均能正常工作的特殊润滑油。冷冻润滑油在空调制冷系统中的作用如下。

（1）润滑作用。压缩机是高速运动的机器，轴承、活塞、活塞环、曲轴、连杆等机件表面需要润滑，以减少阻力和磨损，延长使用寿命，降低功耗，提高制冷系数。

（2）密封作用。汽车使用的压缩机传动轴需要油封来密封，防止制冷剂泄漏。有冷冻润滑油，油封才起密封作用。同时，活塞环上的润滑油，不仅起润滑作用，而且起密封压缩机蒸气的作用。

（3）冷却作用。运动的摩擦表面会产生高温，需要用冷冻润滑油来冷却。冷冻润滑油冷却不足，会引起压缩机温度过热、排气压力过高、降低制冷系数，甚至烧坏压缩机。

（4）降低压缩机噪声。在制冷系统中，冷冻润滑油与制冷剂混合，并随制冷剂一起循环于制冷系统各部分。它不仅降低了压缩机的噪声，而且可以保证压缩机正常运转和延长其使用寿命。

2．对冷冻润滑油的性能要求

冷冻润滑油在空调制冷系统中完全溶于制冷剂中，并随制冷剂一起在制冷系统中循环。因此，冷冻润滑油的温度有时会超过120℃，而制冷剂的蒸发温度为-30～10℃，使冷冻润滑油工作在高温与低温交替的条件下。为保证其工作正常，对冷冻润滑油提出以下性能要求。

（1）冷冻润滑油的凝固点要低，在低温下具有良好的流动性。若低温流动性差，则冷冻润滑油会沉积在蒸发器内影响制冷能力，或凝结在压缩机底部，失去润滑作用而损坏运动部件。

（2）冷冻润滑油应具有一定的黏度，且受温度的影响要小。温度升高或降低时，其黏度不随之变小或增大。与冷冻润滑油完全互溶的制冷剂会使冷冻润滑油变稀，因此应选用黏度较高的冷冻润滑油，但黏度也不宜过高，否则，需要的启动转矩增大，压缩机启动困难。所以冷冻润滑油的黏度要选择适当。

（3）冷冻润滑油与制冷剂的溶解性能要好。在汽车空调制冷系统中，制冷剂与冷冻润滑油是混合在一起的。当制冷剂流动时，冷冻润滑油也随之流动，这就要求制冷剂与冷冻润滑油能够互溶。若两者不互溶，冷冻润滑油就会聚集在冷凝器和蒸发器的底部，阻碍制冷剂流动，降低换热能力。如果冷冻润滑油不能随制冷剂返回压缩机，压缩机将会因缺润滑油而加剧磨损。

（4）冷冻润滑油的闪点温度要高，具有较高的热稳定性，即在高温下不氧化、不分解、不结胶、不积炭。所谓闪点温度是指在规定条件下，加热油品所逸出的蒸气和空气组成的混合物与火焰接触发生瞬间闪火时的最低温度，以摄氏度（℃）为单位。

（5）冷冻润滑油应无水分。若冷冻润滑油中的水分过多，则会在膨胀阀节流口处结冰，造成冰堵，影响系统制冷剂的流动。同时，水分会使冷冻润滑油变质分解，腐蚀压缩机材料。

3．冷冻润滑油性能指标

冷冻润滑油的性能指标主要包括黏度、凝固点、闪点、燃点、浊点、水分、酸碱性、机械杂质等。

（1）黏度。制冷压缩机用的冷冻润滑油的黏度用来衡量润滑油的黏性大小。温度上升时其黏度减小，温度下降时其黏度增大，因此表示润滑油的黏度时，应同时指出其温度值。

黏度的大小可用各种黏度单位来表示，如动力黏度、运动黏度、相对黏度、雷氏黏度和塞氏黏度。冷冻润滑油常用运动黏度来表示，它表示润滑油在重力作用下流动时内摩擦力的度量。

（2）凝固点。冷冻润滑油在温度降低时，随着黏度的增大，流动性会变差，当冷却到一定温度时便停止流动，此时的温度称为冷冻润滑油的凝固点。凝固点比浊点要低。

（3）闪点。将润滑油加热，直至所产生的油蒸气与火焰接触时能发生闪火，此时的温度称为润滑油的闪点。

润滑油的闪点必须比排气温度高 15～30℃，以免引起润滑油的燃烧和结炭，通常要求冷冻润滑油闪点在 160℃以上。

（4）燃点。润滑油的燃点比闪点高，当测得润滑油的闪点后，若还需测定其燃点，则应对油继续加热，直至所产生的蒸气能被接触的火焰点着，并燃烧不少于 5s 时的最低温度，称为该冷冻润滑油的燃点。

（5）浊点。当润滑油温度降到一定值时，油中开始析出小块石蜡，并出现絮状物，这时的温度称为润滑油的浊点。

由于油中析出固体石蜡，使冷冻润滑油变得浑浊，并堵塞过滤器，引起制冷机不正常工作。冷冻润滑油的浊点，应低于制冷剂的蒸发温度，否则有石蜡析出时，会出现石蜡积存在膨胀阀节流孔处造成堵塞现象，或积存在蒸发器表面而影响传热。

（6）酸值。它是指中和 1g 油中的酸性物质所需的氢氧化钾的毫克数，用“mg（KOH）/g（油）”来表示。

（7）抗氧化性。表示润滑油有良好的抗氧化性和化学稳定性，它的酸性和碱性也很小。

（8）水分。润滑油中不允许含有水分。其可用测定微量水分方法来测定。

（9）机械杂质。润滑油中不允许含有机械杂质。新油中是无机械杂质的。来自系统内的脏物在油内形成的机械杂质，将会引起油路堵塞，加速运动部件的磨损。

（10）灰分。它是指在规定条件下，油品被炭化后的残留物经燃烧所得的无机物，用质量分数表示。

4．冷冻润滑油的种类和汽车空调用冷冻润滑油的选择

（1）冷冻润滑油的种类。我国冷冻润滑油的牌号有四个，即13号、18号、25号和30号。牌号越大，其黏度也越大。它们的性能如表7-7所示。

表7-7 国产冷冻润滑油性能指标

性能指标 \ 牌号	13	18	25	30
运动黏度（50℃）/（$\times10^{-6}m^2/8$）	11.5～14.5	>18	>25.4	<30
凝固点/℃	<-40	<-40	<-40	<-40
闪点/℃	<160	<160	<170	<180
酸值/[mg（KOH）/g（油）]	<0.14	<0.03	<0.02	<0.01
灰分（质量分数）（%）	<0.012		<0.007	
机械杂质含量（质量分数）（%）	无	无	<0.007	无
水分（质量分数）（%）	无	无	无	无

进口的润滑油一般有SUNISO 3GS～SUNISO 5GS牌号的润滑油，其性能如表7-8所示。

表7-8 进口SUNISO冷冻润滑油性能指标

性能指标 \ 牌号	SUNISO 3GS	SUNISO 4GS	SUNISO 5GS
黏度（SUN/37.8℃）	150～160	280～300	510～520
黏度（SUN/98.9℃）	40～42	44～47	51～54
引火点/℃	172	181	196
发火点/℃	188	200	
流动点/℃	-45	-37.8	-30
絮状凝固点/℃	-56.7	-51.1	-45.6
相对密度（15℃/4℃）	0.9155	0.9213	0.9278
硫含量（质量分数）（%）	0.05	0.06	0.07
水分（质量分数）（%）	0.002以下	0.002以下	0.002以下
绝缘电压/kV	45	45	45

（2）汽车空调用冷冻润滑油的选择。冷冻润滑油的选择原则是：要充分考虑空调压缩机内部润滑油的工作状态，如吸气、排气温度等。根据冷冻润滑油的特性，在实际选用时，应以低温性能为主来选择，但也要适当考虑对热稳定性能的影响。

汽车空调制冷系统一般选择国产的18号、25号冷冻润滑油，或者进口的SUNISO 5Gs润滑油。

5．冷冻润滑油质量检查

冷冻润滑油的质量，可以通过化学和物理分析检验质量好坏。在使用过程中，还可以从外观的颜色、气味直观地判断出质量好坏。常用的方法有滴纸法和对比法。

（1）滴纸法。将待查的冷冻润滑油取出一滴，滴在一张干净的白纸上，片刻后观察油滴的颜色，若其颜色很浅，且分布均匀，则表明油内无杂质，可以使用。

（2）对比法。取干净标准的冷冻润滑油放入一试管内作为标准油，再把需待查的油取出并放入同样大小的试管内进行比较，若被检查油的颜色为浅黄色或橘黄色，则还可使用；若已变成红褐色的混浊液，则不能继续使用。

上述两种方法可观察到冷冻润滑油中是否混入了较多的水分和杂质，但不能确切地掌握润滑油变质的程度和原因。因此，要准确判断润滑油的质量，必须对它进行定性和定量分析，定期抽样化验分析。

7.4.2 与 R134a 匹配的冷冻润滑油

制冷剂 R12 以矿物油作为润滑剂，但矿物油与 R134a 不相溶，目前能与 R134a 相溶的润滑油只有聚烃基乙二醇（PAG）和聚酯油（ESTER）两类。

1．聚烃基乙二醇（PAG）

润滑油 PAG 润滑油与 R134a 不能完全互溶，低黏度时互溶性较好，高黏度时互溶性降低。PAG 在高温的情况下可分解成水、酸、一氧化碳和二氧化碳，有可能造成压缩机腐蚀现象。PAG 与矿物油、R12 不相溶，若原系统内存在有少量该物质时，将使 PAG 润滑性能降低。PAG 与有些弹性材料不相溶，吸水性也很强，其饱和吸水量可超过 10%。PAG 润滑油主要用在 R134a 推广的初期。针对上述情况，实际应用的 PAG 油都经过了改性处理。

2．聚酯类润滑油（ESTER）

聚酯类润滑油是一种合成多元酸酯，由多元醇酸基础油和添加剂配制而成。主要成分是季戊四醇、三甲基丙酮和各种直链或支链型酸酯。

聚酯油与 R134a 互溶性好，与 R12 也互溶，不会出现低湿沉积现象。其吸水性比矿物油强，但水分与油是牢固结合的，在膨胀阀处不会结冰。原系统内残留的矿物油等物质对其性能影响不明显。由于在聚酯油中加了添加剂，故其耐磨性能良好。它与聚丁腈橡胶、氯丁橡胶等弹性材料相溶性较好，与绝缘材料也有比较好的相溶性。

表 7-9 和表 7-10 所示为 PAG 油与 ESTER 油性质比较，可见 ESTER 油与 R134a 的相溶性比 PAG 油与 R134a 的相溶性好。

表 7-9 PAG 油与 ESTER 油性质比较

性能 \ 润滑油		PAG 油	ESTER 油	矿物油
互溶性	与 R134a	较好	很好	不溶
	与 R12	不溶	很好	很好
	与矿物油	不相溶	少量相溶	很好
热稳定性		差		好
吸湿性		差	较差	较好
润滑性		差	较好	较好
与弹性材料相溶性		差	差	较好
抗镀铜能力		差	较好	好
抗绝缘性		差	较好	好

表 7-10 用于 R134a 汽车空调的冷冻润滑油特性

性能 \ 润滑油		PAG 油	ESTER 油
黏度/（m^2/s）	40℃	65.1×10^{-6}	96.8×10^{-6}
	100℃	10.8×10^{-6}	10.3×10^{-6}
黏度指数		187	95
两相分离时温度/℃（油/R134a=2/8）	高温	46	80 以上
	低温	50 以下	−23
饱和含水量（25℃）（%）		2.6	0.15

7.4.3 冷冻润滑油使用注意事项

冷冻润滑油在不同的空调系统中（如 R134a、R12）不能混用。对于 R12 空调系统使用的冷冻润滑油一般用国产冷冻润滑油 18 号或 25 号，进口冷冻润滑油一般使用日本生产的 SUNI-S03GS、SUNISO4GS、SUNISO5GS。目前 R134a 空调系统中使用的是代号为 PAG（聚烃基乙二醇）及 ESTER（聚酯油）的冷冻润滑油。

冷冻润滑油的使用注意事项如下。

（1）必须严格使用原车空调压缩机所规定的冷冻润滑油，或者换用具有同等性能的冷冻润滑油，不得使用其他润滑油来代替，否则会损坏压缩机。

（2）冷冻润滑油吸收潮气能力极强，所以在加注或更换冷冻润滑油时，操作必须迅速，如没有准备好，不能立刻加油时，不得打开油罐，在加注完后应立即将油罐的盖子封紧储存，不得有渗漏现象。

（3）不能使用变质的冷冻润滑油。冷冻润滑油变质的原因是多方面的，归纳起来有如下几方面：混入水分后，在氧气作用下会生成一种絮状酸性物质，腐蚀金属零部件；当压缩温度过高时，油被氧化分解而炭化变黑；不同牌号的油混合使用时，由于不同牌号的冷冻机油所加的氧化剂不同而产生化学反应，引起变质，劣化了各自的性能。

（4）冷冻机油是不制冷的，还会妨碍热交换器的换热效果，所以只允许加到规定的用量，绝不允许过量使用，以免降低制冷量。

（5）在排放制冷剂时要缓慢进行，以免冷冻润滑油和制冷剂一起喷出。

（6）更换制冷系统部件时，应适当补充一定量的润滑油，表 7-11 所示为更换轿车空调制冷系统部件需补加的冷冻油量。

表 7-11 轿车空调制冷系统部件需补加的冷冻油量

更换部件	需补加冷冻润滑油量/ml	
压缩机	按换下旧压缩机倒出油量再加上 30ml	
蒸发器	40～60	
储液干燥器	10～30	
冷凝器	无渗漏油迹	10～30
	有渗漏油迹	40～60
软管	无渗漏油迹	可不加量
	有渗漏油迹	60
系统漏气	无渗漏油迹	可不加量
	有渗漏油迹	60
更换全系统管部件		120～150

（7）在加注制冷剂时，应先加润滑油，然后再加注制冷剂。

冷冻润滑油分布在制冷系统各个元件中。以 SGM（上海通用汽车）为例：压缩机，60ml；冷凝器，30ml；蒸发器，90ml；干燥器，30ml；管路，40ml。

系统内冷冻润滑油必须定量加注，若加注过多，会积聚在冷凝器或蒸发器内，阻碍制冷剂流动，影响散热和吸热效果，使制冷系统工作不良。例如，别克君威，250ml；别克赛欧，220ml；别克凯越，220ml。

复习与思考题

1．汽车空调系统的使用注意事项有哪些？
2．汽车空调系统的日常维护包括哪些内容？
3．汽车空调的定期维护包括哪些内容？
4．汽车空调维修注意事项有哪些？
5．如何对汽车空调加注冷冻润滑油？

参 考 文 献

[1] 林钢．汽车空调原理及维修[M]．北京：北京大学出版社，2008．
[2] 黄远雄．汽车空调维修[M]．北京：化学工业出版社，2009．
[3] 郝军．汽车空调[M]．北京：机械工业出版社，2009．
[4] 夏云铧．汽车空调应用与维修——从入门到精通[M]．北京：机械工业出版社，2009．
[5] 范爱民．汽车空调结构原理与维修[M]．北京：机械工业出版社，2009．
[6] 岳江．汽车空调系统检修[M]．北京：人民邮电出版社，2009．
[7] 张松青，杜潜．汽车空调结构原理与维修[M]．北京：冶金工业出版社，2010．
[8] 刘春晖，张学忠．汽车空调系统原理与检修[M]．北京：机械工业出版社，2011．
[9] 严安辉，王长建．汽车空调系统检修一体化项目教程[M]．上海：上海交通大学出版社，2011．